# 中国城市化与可持续发展

ZHONGGUO CHENGSHIHUA YU
KECHIXU FAZHAN

付晓东·著

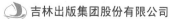
吉林出版集团股份有限公司

图书在版编目（CIP）数据

中国城市化与可持续发展 / 付晓东著. -- 长春：
吉林出版集团股份有限公司，2015.12（2024.1重印）
ISBN 978－7－5534－9829－4

Ⅰ．①中… Ⅱ．①付… Ⅲ．①城市化－可持续性发展
－研究－中国 Ⅳ．①F299.21

中国版本图书馆 CIP 数据核字(2016)第 006747 号

## 中国城市化与可持续发展

ZHONGGUO CHENGSHIHUA YU KECHIXU FAZHAN

著　　者：付晓东
责任编辑：杨晓天　　张兆金
封面设计：韩枫工作室
出　　版：吉林出版集团股份有限公司
发　　行：吉林出版集团社科图书有限公司
电　　话：0431－86012746
印　　刷：三河市佳星印装有限公司
开　　本：710mm×1000mm　　1/16
字　　数：410 千字
印　　张：23.75
版　　次：2016 年 4 月第 1 版
印　　次：2024 年 1 月第 2 次印刷
书　　号：ISBN 978－7－5534－9829－4
定　　价：105.00 元

# 目　录

# 第一章 中国城市化与可持续发展问题的提出

## 第一节 城市与城市化

### 一、城市的含义

城市，顾名思义，就是城堡加市场。中国古书上曾有过"筑城以卫君""日中为市"的记载。由此看来，城市一出现，就有防御和交易两种功能了。现代城市，"城堡"的作用削弱了，而"市场"的功能却增强了。从城市的发展看，它是跟社会分工、商品生产和市场发育紧密相连，它是人类文明进步的象征。

当今，城市是现代经济和社会活动最为活跃的区域，在这里一般都进行着较大规模的社会生产、商品交易和物资集散等，这里往往构成一定区域的政治、经济、科技文化中心。城市，具有较强的经济实力、发达的商业贸易、先进的科技教育、便利完备的基础设施、训练有素的劳动力和较高的经营管理水平等诸多优势。城市代表了一定区域的社会生产力水平，随着 21 世纪我国城市化进程的加快，城市的中心作用越来越显著，城市已经成为现代社会诸如信息、物资等各种活动交汇的特殊场所。有人预言，21 世纪是城市的世纪；还有人说，城市代表着人类的未来。

古今中外的学者从不同角度对城市进行了定义和界定，探讨城市的命运，关注城市的发展。

从人口的角度讲，城市是有一定人口规模、并以非农业人口为主的集居地，是聚落的一种特殊形态。当然，城市化不仅仅是城市人口的增加，城市地域规模的扩展。更为重要的是，它是社会经济活动方式根本的变化，是农业社会向工业社会、信息社会的转变过程。它包含着农民经济活动由农业活动向非农产业活动的转变，生活方式由农村单一性向城市生活的复杂性和多样性的转变，以及文化活动方式、思维方式、各种价值观念的转变和再社会化等①。人口集中只是城市化的表面特征，生产方式的变更才是城市化的内在动力，而广义生活方式（包括政治、文化、社会组织、行为规范、道德准则、价值观念等）的变更则是城市化过程的综合结果，三者的协调统一才能揭示城市化的真谛。② 简单地说，城市化过程就是农民工作职业化、观念现代化、行为传媒化、消费时尚化、交往多样化的过程。③

从功能方面，列宁指出，"城市是经济、政治和人民的精神生活中心，是前进的主要动力"。从特征方面，恩格斯指出："城市本身表明了人口、生产工具、资本、享乐和需求的集中"。德国著名社会学家马克斯·韦伯在他 1921 年的论文中提出，"一个聚居地要成为完全城市社区，它就必须在贸易—商业关系中占有相对优势。这个聚居地作为整体需要具备以下特征：①防卫力量；②市场；③自己的法院；④相关的社团；⑤至少享有部分的政治自治……"路易斯·沃斯在他 1938 年的论文中定义城市为："①规模大；②人口稠密，是永久性聚居地；③在社会和文化方面具有异质性的人群。"我国学者宋家泰也从特征方面对城市进行了研究，他认为："城市应该是非农业人口集中、以从事工业、商业、交通等非农产业生产活动为主的居民点，是一定地域范围内社会经济和文化活动的集中点，是区别于比较单一而分散的农村居民点的社会空间结构形式。"

从系统论角度，美国著名城市历史与建筑学家刘易斯·芒福德认为："城市既是多种建筑形式的空间组合，又是占据这一组合的结构、并不断地与之相互作用的各种社会联系、各种社团、企业、机构等在实践上的有机结合。"K.J. 巴顿认为："城市是一个在有限空间地区内的各种经济市场——住房、劳动力、土地、运输等——相互交织在一起的网状系统。"在国内，李铁映对城市的定义为："城市是以人为主体，以空间利用为特点，以聚集经济效益为目的的一个集约人口、集约经济、集约科学文化的空间地域系统。"钱学森的定义为："所谓城市，就是一个以人为主体，以空间利用和自然环境利用为特点，

---

① 张仁桥：当前我国城市化的误区，《城市问题》，2002（6）。
② 刘荣增：我国城市化中的误区，《城乡建设》，2001（2）。
③ 王春光，孙晖：《中国城市化之路》，云南人民出版社，1997。

以集聚经济效益、社会效益为目的，集约人口、经济、科学、技术和文化的空间地域大系统。"

随着人类社会的进步，经济和科技的发展，认识的不断深化，城市的内涵也在不断地拓展。由上面所述，可以概括城市的特性：一是人口的集聚性和从业的非农性；二是经济要素的集约性和产品（物资）的集散性；三是设施的齐备性和技术先进性；四是社会活动的领先性和主导性。简单地说，城市是人类历史上形成的，以非农业人口为主体的，人口、经济、政治、文化、高度聚集的社会物质系统。

按照《中华人民共和国国家标准城市规划术语》对城市化的定义，是"人类生产与生活方式由农村型向城市型转化的历史过程，主要表现为农村人口转化为城市人口及城市不断发展完善的过程"。

不论人们对城市如何表述，或是如何理解城市发展，城市却是实实在在的存在于客观世界中，存在于我们所生存的环境中。城市的客观性和必然性表现在：人类经济活动对城市的依赖性和不可回避性；经济要素在城市空间的聚集性和集约性；城市经济的开放性和辐射性；城市地位的重要性和产业的独特性。

## 二、城市化的概念

从城市产生的一天起，人类就已经开始了城市化的进程。然而古代城市只是作为统治者政治中心而存在，是与农业经济相适应的城市形态，具有人口聚集、经济发达等城市的特征。到了18世纪后半叶，第一次工业革命后，城市的发展融入了工业化的动力，直到今天，工业化与城市化也仍然是不可分割的一对"孪生兄弟"。也正是因为有了工业经济的不断发展壮大，才使得城市化进程不断加快，走向新的层次、更高的水平。

人们对城市化的理解，与对城市的认识一样，存在着各式各样的观点。在这里，我们引用国内学者的论述对城市化进行界定：城市化是传统的农业社会向现代城市社会发展的自然历史过程。它表现为人口向城市的集中、城市数量的增加、规模的扩大以及城市现代化水平的提高，是社会经济结构发生根本性变革并获得巨大发展空间的表现。

城市化具有六方面的内涵：

（1）城市化是城市人口比重不断提高的过程。城市化首先表现为大批乡村人口进入城市，城市人口在总人口中比重逐步提高。

（2）城市化是产业结构转变的过程。随着城市化的推进，使得原来从事传统低效的第一产业劳动力转向从事现代高效的第三产业，产业结构逐步升级转换，国家创造财富的能力不断提高。

（3）城市化是居民消费水平不断提高的过程。城市是高消费群体集聚的所在。城市化使得大批低消费居民群体转变为高消费的居民群体，因此城市化过程又是一个市场不断扩张、对投资者吸引力不断增强的过程，也是越来越多的国民在发展中享受到实惠的过程，是一国中产阶级形成并占主体的过程。而后者正是现代社会结构的基本特征。

（4）城市化是城市文明不断发展并向广大农村渗透和传播的过程。城市化的过程也是农村和农民的生产方式和生活方式文明程度不断提高、不断现代化的过程，也就是城乡一体化的过程。因此，城市化不能简单地理解为只是发展城市的问题，更不能狭隘地理解为只发展小城镇或者只发展大城市的问题。

（5）城市化过程是人的整体素质不断提高的过程。由于大部分国民从事着先进的产业活动，有着较高的生活质量，因此，人们的生活方式、、价值观念将会发生重大变化，告别自给自足，摆脱小富即安，追求文明进步，崇尚开拓进取。社会将建立起根本区别于农业社会的城市社会新秩序，社会化、商品化、规范化、法制化将是城市社会秩序的基本特征。人们按照既定的游戏规则自由地进行丰富多彩的社会活动，自律、自尊、自强成为社会风尚。这是现代文明的灵魂，是城市社会的真正魅力之所在。

（6）城市化是农村人口城市化和城市现代化的统一。城市化绝不仅仅是乡村人口进入城市，而是乡村人口城市化和城市现代化的统一，是经济发展和社会进步的综合表现。乡村人口城市化与经济现代化、城市结构现代化以及城市化共同构城市化的丰富内涵。如果说乡村人口城市化是城市化进程中量的增加的过程，是城市化的初级阶段，那么城市现代化和城乡一体化则是城市化进程中质的提高的过程，是城市化的高级阶段。[①]

此外，我们还需认识到，城市化一方面在为人类社会带来巨大发展推动力和大量财富的同时，另一方面也引发了一些现实问题。自第一次工业革命以来，特别是第二次世界大战后，世界各国中出现了大量的农村人口转入城市，城市的规模迅速扩大，这就带来了城市的一系列社会经济问题，如：人口膨胀、失业增加、贫富悬殊、交通拥挤、住宅紧张、地价昂贵、环境恶化等。当然，上述问题的解决，又与城市化和工业化的进程密不可分。

---

① 孙久文、叶裕民，区域经济学教程，中国人民大学出版社，第 185—186 页。

此外，还有一个概念——城镇化，这里我们采用这样的观点，城镇化是特殊历史阶段的产物，是我国城市化历史进程中的一种过渡模式，或者说，城镇化是我国城市化的起始阶段。城市化的进程就是从初级阶段城镇化上升到中、高级阶段的城市化过程。

## 专栏 1-1　城市化与其相关的术语

**一、城市化与城市现代化**

城市化和城市现代化是一个相互联系具有同质概念的两个方面，城市化包含丰富的内容，不仅表示乡村人口转化为城市人口，而且包括城市社会文化地域扩散的过程。城市化包含城市社会、经济、环境及生活方式、思想观念的改变，也就是日趋现代化的过程。

城市现代化主张以人为中心，以现代科技装备管理城市，使城市在整体素质上达到当代先进水平，强调社会的全面进步和人的全面发展，以提高居民的生活质量为目的。城市现代化强调城市内部质量的提高，是城市内部的一种级差性转化，具有相对性，是城市化的重要组成部分。

**二、城市国际化**

城市国际化——城市间国际交往的频繁与联系的密切，城市发展中资金、技术、产业、经贸、人员、机构等方面的国际性因素的增多，城市内部基础设施、流通设施、文化与服务设施等方面同国际水准趋近，城市经济运行规则向国际靠拢，是现代经济全球化的客观要求，也是城市发展的未来趋势。城市国际化一方面取决于城市在区域内的相对地位，另一方面取决于该区域的发达程度、重要性以及与外界交流的畅通程度。

**三、城市可持续性**

可持续发展的本质是要求经济在人口、资源、环境三个约束条件下，健康、稳定、有序、协调发展。城市是自然—社会—经济的复合系统，人与环境的矛盾成为这个系统的最主要矛盾。城市可持续发展要求城市生态系统中的经济环境、社会环境和自然环境能够协调发展。评价一个城市是否达到可持续发展，不仅要看经济数量的增长，看其资源、环境的损害程度，还要看其经济增长与资源环境损害对比的盈亏系数。可持续发展主要是追求综合效益的最大化，只要综合效益为正值，就可认为城市发展具有可持续性。

---

### 专栏 1-2　城镇化与城市化

城镇化道路是中国在计划经济和计划经济解体的过程中走出来的道路，它产生于中国社会转型时期，常被认为具有中国特色。事实上，城镇化是特殊历史阶段的产物，是我国城市化历史进程中的一种过渡模式，或者说，城镇化是我国城市化的起始阶段。

城市化作为一种世界性现象已成为不可阻止的全球性浪潮。我国是一个发展中国家，但由于起步晚，发展进程曲折，城市化水平很低。2002年我国城镇人口比重只有29.92%，不仅低于发达国家75%的平均水平，而且低于世界平均44%的水平，同时也低于发展中国家37%的平均水平。

未来20年，我国经济将处于高速发展时期，支撑经济高速发展的主要动力之一就是城市化的加速发展。我国城市化水平将进入从30%到70%国际公认的加速发展时期。根据专家预测，到2010年我国城镇人口将达到6.3亿左右，城市化水平将达到45%左右；2020年，我国城市化率将达到55%左右，城市化将是我国经济社会发展面临的重要任务。

赵春音，城市现代化：从城镇化到城市化，城市问题 2003 年第 1 期

---

## 三、城市化与经济发展

经济是基础，经济发展是城市系统运动发展的核心。经济发展是与城市产生、成长的整个发展过程中相联系的。随着城市化的推进，国民经济也在获得不断的发展。当然，城市化与经济发展之间也会产生了一些不协调。比如城市化过快出现的公共管理、基础设施建设和城市财政跟不上，造成城市住宅、土地、交通和就业等问题。此外，城市化进程与城市的规模、类型、性质、功能、地位和作用以及城乡经济关系；国民经济的内部结构、空间结构和企业布局也都紧密关联着。据世界银行专家估计，当前城市化水平每提高一个百分点，至少能带动 GDP1.5 个百分点。

1962 年，美国地理学家布赖恩·贝利指出："一个国家的经济发展水平与该国的城市化程度之间存在着某种联系。"谢文惠和邓卫在其编著的《城市经济学》一书里，运用回归模型对这种关系进行了分析，该模型为：

$Y = a \ln X + b$

Y——城市化水平；X——人均国民生产总值；a、b——回归系数

运用该对数模型，对 20 世纪 80 年代 153 个国家和地区的城市化水平与人均国民生产总值（即人均 GNP）进行相关分析，可得回归方程：

Y＝16.44lnX－72.14

样本数 N＝153，相关系数 R＝0.92，标准差 S＝9.28

上式揭示了在以人均国民生产总值为代表的经济发展水平与城市化水平之间，的确具有客观相关性。实际上，这也是现实城市社会发展的真实写照。这从表 1-1 中也可以清楚地看到。

表 1-1　世界城市化与人均 GNP 的关系

| 分　组 | 内　容 | 1980 | 1982 | 1984 | 1985 | 1987 | 1989 |
|---|---|---|---|---|---|---|---|
| 低收入国家 | 城市化水平（％） | 17 | 21 | 23 | 22 | 30 | / |
| | 人均 GNP（美元） | 260 | 280 | 260 | 270 | 290 | / |
| 中等收入国家 | 城市化水平（％） | 45 | 46 | 49 | 48 | 57 | / |
| | 人均 GNP（美元） | 1400 | 1520 | 1250 | 1290 | 1810 | / |
| 市场经济国家 | 城市化水平（％） | 78 | 78 | 77 | 75 | 78 | 78 |
| | 人均 GNP（美元） | 10320 | 11070 | 11430 | 11810 | 14430 | 18880 |
| 全世界 | 城市化水平（％） | 39 | / | / | 41 | 43 | 49 |
| | 人均 GNP（美元） | 2040 | / | / | 2760 | 3383 | 3856 |

资料来源：城市经济学，谢文蕙、邓卫，1996。

如果把 1989 年世界上 168 个国家和地区按城市化水平从低到高排列分组，则各组人均 GNP 亦呈现出同样的由低到高的顺序变化，即当城市化水平分别为 30％以下、30％～50％、50％～70％、70％以上时，人均 GNP 分别为 1000 美元以下、1000～3000 美元，3000～7000 美元、7000 美元以上，详见表 1-2。

2003 年，我国 GDP 总量为 117251.9 亿元，应处于城市化迅猛发展阶段，而这也正符合我国的现实。另外，利用以上的回归模型，笔者也对中国 1978—2003 年的数据进行了回归分析，可得线性方程：

Y＝5675X－116578

X——城市化率；Y——GDP

即 X 与 Y 线性相关，相关系数为 0.960774，表明 X 与 Y 强相关，如图1-1 所示。从而从我国的现实中也反映了经济增长与城市化水平之间的密切关系。

表 1-2  世界城市化与人均 GNP 的分组（1989）

| 城市化水平（%） | 人均 GNP（美元） | 城市化水平（%） | 人均 GNP（美元） |
|---|---|---|---|
| 5～19 | 372 | 60～69 | 6424 |
| 20～29 | 374 | 70～79 | 9960 |
| 30～39 | 820 | 80～89 | 8569 |
| 40～49 | 1087 | 90 以上 | 10757 |
| 50～59 | 3621 | / | / |

资料来源：世界经济，1989，12。

表 1-3  1978—2003 年 GDP 与城市化率

| 年　份 | GDP（亿元） | 城市化率（%） |
|---|---|---|
| 1978 | 3624.1 | 17.92 |
| 1980 | 4517.8 | 19.39 |
| 1985 | 8964.4 | 23.71 |
| 1989 | 16909.2 | 26.21 |
| 1990 | 18547.9 | 26.41 |
| 1991 | 21617.8 | 26.94 |
| 1992 | 26638.1 | 27.46 |
| 1993 | 34634.4 | 27.99 |
| 1994 | 46759.4 | 28.51 |
| 1995 | 58478.1 | 29.04 |
| 1996 | 67884.6 | 30.48 |
| 1997 | 74452.6 | 31.91 |
| 1998 | 78345.2 | 33.35 |
| 1999 | 82067.5 | 34.78 |
| 2000 | 89468.1 | 36.22 |
| 2001 | 97314.8 | 37.66 |
| 2002 | 105172.3 | 39.09 |
| 2003 | 117251.9 | 40.53 |

资料来源：中国统计年鉴，2004。

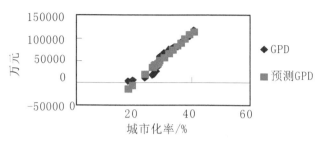

**图 1-1　城市化率与 GDP 的相关关系**

经济发展与城市化之间存在如此规律显然不是一个偶然，经济发展与城市化之间确实存在一种"双向互促共进关系"：

第一，经济发展推动了城市化步伐。由于经济收入的提高，人们的需求也得以提高。在众多的商品中，农作物产品（如粮食）的需求收入弹性较低，随着收入的增长，人们对该类产品的实际需求变化不大；而制造业产品（如电视、时装、汽车）和服务业（如旅游、保健、美容）的需求收入弹性较高，收入增长导致对它们的需求更快地增长。这就产生了需求结构随收入提高而转移的倾向，变动了的需求结构必然带动投入结构（资本与劳动的投入）和产出结构相应有第一产业向第二、第三产业的大规模转移，由此，城市化步伐得以加快。

第二，城市化过程促进了经济发展，城市化是人口和资本由分散无序状态变为高度集中的有序状态，使生产要素得以合理组织、先进技术得以大规模采用、劳动生产率得以大幅度提高，这样，城市中创造和积累的财富就远远超过了农村。日本的一份研究资料表明，同样的投入，在第一、二、三产业中所创造的价值悬殊，大体比例为：1：100：1000。可见，第二、三产业高度密集的城市，在其自身发展的同时，也大大提高了国民经济的总体水平。

---

## 专栏 1-3　经济增长与经济发展
### ——对城市发展的理解

长期以来，对发展有两种明显不同的理解：一种是西方的传统观点，认为发展就是经济增长。经济增长不但是发达国家和地区发展的主要目标，也是发展中国家和地区发展的主要目标；另一种则强调，发展应以社会——人的发展为中心，经济增长只是一种手段，目标是社会的进步，包括消除贫困、失业和不平等。有的更认为，经济增长目标只适用于发达国家和地区，社会发展目标则适用于发展中国家和地区。

> 对于城市发展的内涵，有学者认为：在社会主义市场经济新的历史条件下，城市发展应有新的含义：①发展是城市变化的一种不可逆的长期动态过程；②发展是城市质的变化，而不仅仅是量的扩张；③发展是城市从简单到复杂、从低级到高级的演进过程，并通常赋予社会文明、生态保护等积极的价值评价意义。因此，城市发展是一个城市不断进步着的经济演化过程，即伴随着经济结构、社会结构、政治结构及观念意识变化或变革的持续的经济成长过程。（陈先枢：试论中国城市发展的动力与机制）

# 第二节　中国城市化的基础背景

## 一、世界城市化进程中目标取向的转换

从世界城市化的历史实践中，我们可以看到，随着科技和人类认识水平的提高，城市化的目标经历了由初级向高级转换的过程。中国城市化需要汲取其中的宝贵经验。

城市化最初开始于 18 世纪的英国，当时的工业革命促进了生产力的极大解放，使人类生产生活开始向着摆脱四季循环天时控制的方向发展。在城市化初期，经济发展在科技创新的推动下不断增长，使人们的物质生活水平大大提高，在这个背景下，形成了以物质财富增长为核心，片面追求经济增长，认为经济增长必然带来富裕和文明的增长观，这一时期城市化的目标可以说是单一的。在这之后，追求单一的经济增长越演越烈。每次科技革命都形成了巨大的生产力，使人们攫取自然资源的能力增强，消费欲望高度膨胀，出现前所未有的"增长热"。到了 20 世纪 30 年代，以"国民生产总值"作为国民经济核算的核心后，国民生产总值指标成为国民生活水准的象征和评价经济福利的综合指标，片面追求增长的目标就具体化为追求 GNP 的增长。虽然 GNP 指标短时间提高了，但是经济结构、社会结构并未得到应有的改善，贫困、失业和收入不均等社会问题没有得到解决，住房拥挤、交通不便、特别是生态环境恶化，使人们生活质量下降。为了解决这些问题，人们开始修正发展的目标，在 GNP 指标外，补充了一些社会发展指标，如人口的预期寿命、婴儿死亡率、小学入学率、使用卫生设施的人口、获得卫生保健的人口、贫困人口、营养状

况、成人文盲率等。至此，城市化的发展进入第二阶段，即经济发展和社会发展并重的阶段，在此阶段，城市化的目标指向是二维的。人类社会发展进到 20 世纪 70 年代后，尽管人类对人与自然的关系认识不断加深，但是，"城市病"的顽疾仍然不能得到彻底医治，工业化和城市化过程中由于人与自然关系恶化引起的一系列恶果，使人们意识到工业化对资源和环境的压力，对片面追求经济增长的发展模式提出质疑和评判，确立起可持续发展作为自己的发展战略，谋求经济、社会与环境的协调发展，发展模式开始由二维状态变成三维，城市化与可持续发展思想于是越来越紧密的联系起来。

回顾城市化的历史，可以看到，用可持续发展的原则指导和推进城市化进程，使城市化与城市对人口、就业的吸纳能力、城市基础设施和环境的承载能力、城市的管理能力保持动态平衡，使城市在数量、规模、结构、等级和功能等方面继续扩大与优化，实现城市人口、经济、社会、资源、环境的协调发展，是现代城市化正确道路和必然选择。中国城市化发展应吸取世界城市化的历史教训，在推进城市化的热潮中，冷静地走可持续发展的城市化道路。

## 二、可持续发展（观）概念的提出与实践

从 1962 美国女生物学家切尔·卡逊（Rachtl Carson）《寂静的春天》，到 1972 罗马俱乐部的《增长的极限》，再到 1987 布伦特夫人世界环境与发展委员会向联合国大会提交的《我们共同的未来》，直至 1992 联合国环发大会《里约宣言》与《全球 21 世纪议程》作为传统经济发展模式反思的结果，孕育出了可持续发展思想及其相关战略。《我们共同的未来》强调指出："今天的发展使得环境问题变得越来越恶化，并对人类的持续发展产生严重的消极影响。因此，需要一条新的发展道路，不是一条仅能在若干年内，在若干地方支持人类进步的道路，而是一条一直到遥远的未来都能支持全人类进步的道路，是一条资源环境保护与经济社会发展的道路，也就是可持续发展的道路。"可持续发展就是"既满足当代人的需要，又不对后代人满足其自身需求能力构成危害的发展"。[①] 可持续发展的思想包括：经济的可持续，社会的可持续，环境的可持续。它追求的是人与自然各个方面和谐发展。

可持续发展观为城市的发展提出了新的目标且注入了新的活力，成为世界各国城市化所遵循的一条重要原则和导向。目前，城市可持续发展的导向主要

---

① 洪银兴：可持续发展经济学，北京：商务印书馆，2000。

包括三个方面，即聚集利益导向、竞争优势导向和制度创新导向。

## （一）聚集利益导向

城市作为一种空间集中的经济区域，城市的发展本质上就是有关地域经济发展与空间演进的综合运动过程。而这一综合运动过程本质上就是城市聚集效应的形成与演化过程。城市因空间聚集而产生，因空间聚集而发展、壮大；城市的物质、经济结构既是空间聚集的结果，也是城市聚集、发展的基础；空间聚集既是城市吸引力的产生原因，也是各类城市问题的产生根源。而支配城市空间聚集的经济力量则主要是聚集利益。可以说，城市的发展过程本质上也就是城市聚集利益的形成与演化进程。

聚集利益作为城市聚集效应的经济表现，是城市发展的经济基础和内在动力；城市的用地规模与结构作为聚集效应的空间表现，又是城市发展的物质基础和现实结果。在不同的制度安排影响下，城市聚集利益、用地规模与结构不同，从而城市发展状况也就具有很大差异。要维持城市持续稳定的发展，除了充分发挥聚集利益的时、空调节机制以促进土地、水等资源利用效率外，还必须采用适当的公共物品供应政策和外部性干预政策，同时还要注意其所面临的制度、资源和市场约束。在聚集利益作用下，聚集利益的最大受益者能够且愿意支付最高的竞租价格，正因为如此，城市聚集利益才可以实现最大化，城市的规模与布局才可以实现最优化。所以，为了保证城市的最优增长，首先必须维护聚集利益作用机制的正常运转。因此，城市政府的首要功能是维护聚集利益的正常的空间运转，维护聚集利益的正常的空间和经济调节功能，防止诸如垄断等不正当竞争现象对这一机制的干扰和破坏。

## （二）竞争优势导向

美国哈佛商学院的迈克尔·波特（Michael Porter）认为，一个国家的竞争优势，就是企业、行业的竞争优势，也就是生产力发展水平的优势。他说，一国兴衰的根本原因在于能否在国际市场中取得竞争优势，竞争优势形成的关键在于能否使主导产业具有优势，优势产业的建立有赖于提高生产效率，提高生产效率的源泉在于企业是否具有创新机制。波特国家竞争优势理论的中心思想是一国兴衰的根本在于国际竞争中是否赢得优势，它强调不仅一国的所有行业和产品参与国际竞争，并且要形成国家整体的竞争优势。波特认为，一国竞争优势的发展可分为四个阶段。第一个阶段是要素推动阶段，第二个阶段是投资推动阶段，第三个阶段是创新推动阶段，第四个阶段是财富推动阶段。从波特的国家竞争优势理论中，我们可以得到如下启发：国家竞争优势形成的关键是优势产业的建立和创新。国家竞争优势的提高，有赖于政府作用的发挥。

波特的竞争优势理论为我们认识城市竞争优势提供了借鉴。城市集聚发展在很大程度上取决于它的比较优势，而只有比较优势变成产业优势，进而转换成竞争优势，才能使城市发展具有强大动力。一般来说，城市具有如下生产要素的比较优势：①空间优势。包括资源优势、区位优势等；②时间优势。包括传统优势、先发优势和后发优势等；③资本优势。由于城市的"洼地效应"，城市吸引大量的资金流；④人才优势。城市集聚了相对较多的技术、管理等方面的人才，为城市发展提供着智力支持；⑤信息技术优势。城市是生产、传播、占有、使用信息的中心，也是技术创新和使用的中心；⑥市场优势。城市有相对较强的购买力，城市的市场优势往往决定了一个区域的产业结构。产业优势是生产要素优势的函数，在要素优势转化成产业优势的过程中，政府行为的作用是显著的。"有所为，有所不为"的政策环境可以激发企业家的创新精神，发挥其创新能力，创造城市的竞争优势。竞争优势又会吸引资金、技术、产业、人才等经济要素进一步集聚，出现地理上的集中和经济地方化趋向。

### （三）制度创新导向

#### 1. 市场制度

资源配置是社会经济运行的核心问题，资源配置效率的高低是衡量经济体制和经济运行机制是否合理和有效的主要标志。现代市场经济是以合理地配置权利、有效地利用资源、最大限度地增加社会财富为目的的效率性制度安排。城市要素市场的完善，对促进要素的自由流动，提高资源配置效率至关重要。传统经济发展模式下，正是因为缺乏市场制度供给，才造成要素流动性差、配置效率低的问题，造成稀缺资源的大量浪费，制约了城市的可持续发展。再者，以市场需求为导向的人口、资源流动和配置，基本决定了城市聚集的均衡规模，从而决定了城市的总体规模。因此，通过完善要素市场，通过价格机制反映要素价值和供求关系，不断提高资源的配置效率和生产要素的综合生产率，才能实现城市经济与生态协调发展和可持续发展。

## 2. 产权明晰

因为产权不清，极易造成"公地悲剧"。公共产权是未加界定的产权，未加界定的产权其作用是十分有限的，只有界定清晰的产权才能发挥制度功能。产权越是界定明确，大量的外部性才越是可以以较低的成本内在化。同时，制度经济学家们的研究还进一步证明，只有产权得到了很好的界定，即使被认为最没有效率的契约安排也可以带来良好的效率。由此可见，决定经济绩效的并不是表面上的契约形式，而是支配契约安排的产权制度。对城市而言，一些诸如环境资源、水资源、公共空间资源等尚未明确界定的产权，应该尽快从产权角度做出制度性安排，以避免这些稀缺资源的浪费和滥用。

## 3. 公共物品

城市公共物品的消费具有非竞争性和非排他性，因而是市场失灵的典型领域，因而必须依靠政府来提供。根据城市聚集规模和布局特征，提供必要的公共物品以满足城市发展的需要，是城市政府的重要职能之一。尽管城市公共物品排除了私人市场机制的作用，但可以通过适当的制度安排实现一定程度的市场化经营，以提高供给的有效性。当然，这种有效性是以充分的资源流动和市场竞争为前提的，公共物品在实行市场政策时，必须保证行为主体的充分流动性和市场的完善性。同时，为了保持城市聚集利益的稳定提高和城市的持续发展，城市政府必须采用连续性的公共物品供给政策。

## 4. 外部性控制

外部性是影响城市聚集和布局的非市场因素，也是市场失灵的典型领域之一，对外部性的干预与管理构成了城市政府的重要职能。对正外部性干预的关键在于利益分配，从而引导行为主体做出正确的决策，保证社会福利最大化的实现。而对负外部性的干预除了上述分配机制外，更重要的还在于对不利影响的控制和消除，降低负外部性带来的社会福利损失。通过对外部性的适当干预，可以提高城市聚集利益，促进城市的合理布局和土地利用效率的提高。如城市环境是典型的人造环境，城市的发展必然会对包括城市环境在内的整个生态环境产生影响和冲击，尤其是部分城市社会、经济活动的负外部性直接会损害生态环境，如废物、废气、废水等污染物的排放。因此，必须对城市中产生的负外部性进行管制。

5. 政府行为

在城市中，由于社会、经济活动的空间聚集，虽然在一定程度上可以弥补市场不完全性，提高市场效率，但也同时产生了大量的自然垄断、行政垄断、公共物品与外部性问题，从而产生市场失灵。因此，必须进行适当的政府干预，才能有效地发挥市场机制的调节作用，充分发挥城市的聚集功能，使社会资源真正实现时、空最优配置。同时，政府的另一角色就是负责城市可持续发展政策的制定，建立起维护城市聚集利益的运行管理机制。制定政策的出发点就是维持城市聚集利益的最大化和持续化，以保证城市实现可持续发展。城市发展政策主要指关于城市经济运行的外部环境及其整体发展趋势的政策，包括城乡协调政策、城市规划政策、城市规模政策、城市产业发展政策、城市管理政策、城市金融与财政政策、城市环保政策、城市土地政策等。

## 三、中国城市化的现实基础

以上提到世界城市化目标的转变过程，但由于各国国情不同，以及发展道路的差别，城市化进程也表现出不同的状态，各国在城市化当中所遇到的具体问题以及问题出现的时间也不尽相同。

我国由于没有经历过第一次与第二次工业革命，工业化的滞后导致了城市化的滞后发展，我国城市化进程的起始时间比西方发达资本主义国家普遍晚100—200年的时间。在新中国成立之初到 20 世纪 80 年代的 30 年里，城市化缓慢发展，甚至出现城市化率负增长的局面，但仍然没有背离世界城市化发展的一般规律，即片面追求经济增长，忽视社会与环境问题。这一时期，由于我国经济发展阶段处于工业化初期，加上实行的是计划经济体制，城市问题并没有明显地表现出来。直到 80 年代，改革开放，城市化速度空前加快，城市疾病与城市发展问题也随之产生。由于工业的跳跃式发展，经济的高速增长，西方国家在工业化中期以及后期的城市问题在我国几乎同时出现，迫使我们寻找一种新的城市化模式和城市化道路，而可持续发展，正是这样一条可以协调经济、社会与环境，协调代内与代际公平的发展道路。

从城乡两大板块来看，城市化是城市拉力与乡村推力的共同结果，所以城市化是一个关系城市与乡村的两方面问题。在我国，城市基础与乡村背景共同影响着城市化进程与质量。

## （一）中国的城市基础

### 1. 城市经济增长方式的粗放型

实现经济增长由粗放型向集约型转变是中国经济跨世纪转变的重要内容之一。但目前，我国许多城市，特别是中西部城市的经济增长仍然没有摆脱粗放型增长的旧有模式，高投入、高消耗，低效率、低产出，追求数量而忽视质量的增长方式给城市的可持续发展带来巨大压力。中国发展高层论坛 2004 年年会上，国家发展和改革委员会主任马凯在其演讲中也提到："我国还没有完全改变'高投入、高消耗、高排放、不协调、难循环、低效率'的粗放型经济增长方式。新中国成立 50 多年来，我国的 GDP 增长了 10 多倍，矿产资源消耗却增长了 40 多倍。平均每增加 1 亿元 GDP 就需要高达 5 亿元的投资。"

高能源消耗直接导致的后果即是能源的短缺。自 2003 年夏季起，我国部分省区开始电力短缺、拉闸限电，而电力供给不足的一个最重要原因是煤的供给不足，再加上石油价格持续走高，众多省区的经济发展已受到能源供给的限制，"电荒""煤荒""油荒"已经是我国经济发展不可逃避的问题。2004 年，中国经济增长速度 9.5%，全国缺电省份却由 2003 年的 19 个增加到 24 个，2004 年，浙江大部分城市工业企业由于电力短缺而停产，2005 年初，我国局部地区又出现冬季供电紧张局面[①]。这表明电力的短缺已经对经济发展造成影响，成为经济增长的瓶颈。如何解决三荒问题，已经是我国城市发展中的一件大事。

另外，数据显示，城镇人口的平均耗能是农村人口的 3.5 倍，这意味着农民转变为市民后，其能源消费将大幅度增长。中国的城市化水平提高一个百分点，就意味着 1300 万人口，这种城市化对能源需求增长造成的压力在世界历史上恐怕也是史无前例的。即使按照最乐观的估计，到 2020 年，中国的能源需求总量仍将达到近 25 亿吨标准煤，这个数字比 2000 年高出了 90%，而最为悲观的估计，则要高出 152%[②]。因此，在 21 世纪的中国，城市化对电力的需求大大提高，将成为能源需求增长的重要原因。

---

① 新华网，中国聚焦：谁为中国经济可持续发展供"血"，http：//news.xinhuanet.com/newscenter/2005-03-07/content_2664585.htm。

② 王以超。中国能源从危机到新政。财经，2003-12-8。

中国未来的能源问题，还不仅仅是能源供应数量的问题，还有能源结构方面的问题需要解决。目前中国城市居民和商业用能大部分来自煤炭等高污染初级能源，这些能源在使用过程中，如果大气环境得不到有效的治理，到 2020年，城市中受到污染的人口将达到 4.9 亿人，占同期全国总人口的 1/3，因污染而早亡的人口将达到 55 万人，相应的经济损失为 410 亿元[①]。因此，发展清洁能源，把高污染能源转化为低污染能源，是中国能源发展和城市发展的当务之急，也是一项严峻的挑战。

不仅是能源问题，中国城市化进程也面临耕地资源、水资源的严重不足问题。首先，是城市化和城市发展面临水危机的挑战。在中国取得经济成功的背后，隐藏着较严重的水危机。这不仅制约经济的增长、城市化的推进，而且危机居民的生存安全。中国的水危机包括两个层面：一是水资源短缺，而是水污染[②]。据统计，中国水资源总量为 208 万亿立方米，人均占有量只有 2300 立方米，约为世界人均水平的 1/4，排在世界第 121 位，是世界上 13 个贫水国之一。目前全国 668 个城市中有 400 多个供水不足，其中严重缺水的有 300 多个，全国城市日缺水量达 1600 万立方米。加上中国城市生活污水处理率偏低（2001 年城市污水处理率仅为 36.5％），中国城市河段有 70％受到不同程度的污染，污染导致的"水质性缺水"城市增多。对于中国的城市化乃至 21 世纪中国的发展而言，水资源短缺是最大的瓶颈之一。其次，是城市化与耕地资源保护矛盾突出。中国仅占世界 7％的耕地，却养活着世界 1/5 的人口，人地矛盾十分突出。随着城市化推进，我国城市化和城市发展面临耕地短缺的制约将更加明显。按照目前的科学技术水平测算，养活一个人至少需 0.7 亩耕地，也就是说人均耕地不能少于 0.7 亩，所以联合国制定的人均耕地警戒线为 0.8亩。然而，我国在 2000 多个县中，就有 666 个县人均耕地小于 0.8 亩，其中463 个县人均耕地不足 0.5 亩[③]。处于维持中国自身粮食供应能力的战略考虑，中国政府需要实施世界上最严格的耕地保护制度。这无疑将影响未来中国城市化和城市发展模式的选择。

---

[①] 王春光，孙晖：《中国城市化之路》，云南人民出版社，1997。

[②] 中国国家发展计划委员会地区司、日本国际协力事业团，城市化：中国现代化的主旋律。湖南人民出版社，2001。

[③] 经济日报，2000-7-5。

**专栏 1-4　水！水！**

　　北京人均水资源占有量为 300 立方米左右，仅为全国人均占有量的 1/7，为世界人均占有量的 4%。最新的计算表明：2000 年平常年份北京将缺水 2 亿立方米，枯水年将缺水 11 亿立方米。2010 年，两项数字会分别达到 9.9 亿立方米和 20 亿立方米。现在北京主要供水源密云水库蓄水量仅为常年的一半，存水估计只能够用一年。如遇旱年，北京将难逃"水荒"之苦。北京市社科院的一个专门小组，长期研究水资源供应与城市人口容量的关系后得出结论：2005 年，北京可支持的人口容量为 1277.77 万人，其中常住人口 1156.11 万人，外来人口 121.76 万人。这一结果是北京人口容量的最大值。但实际北京总人口在 1997 年即突破 1500 万大关，其中常住人口 1210 万人，外来人口 350 万人，而这一数字仍以每年 20 万人的速度在增长。

　　北京的生态环境压力则远比我们想象的严重：大量地下水长期超采以后，形成了 2000 多平方公里的地下漏斗区，最严重的东部地区过去 40 年已经下沉了 700 多毫米。地面大面积下沉最终会影响整个城市建设，导致地基不稳，墙壁开裂，道路中断等严重后果。

　　现在，南水北调工程被很多人看作是解决京津地区缺水的"灵丹妙药"。但以最多人赞同的中线工程为例，他的投资达到 1000 多亿元，工程量大，工期长。且工程实施后，汉江中下游流域将严重缺水。何况中线工程流经的豫、冀都是缺水大省，如何分配将大有争议，能有多少水流到京津将大有疑问。

　　2. 产业结构问题

　　从我国城市整体发展水平来看，当前正处于产业结构升级的时期。产业结构调整任务艰巨，部分城市主导产业不明显。东部地区的城市面临向重化工业和高科技产业的过度，中西部城市也面临发展城市第三产业的艰巨任务。但由于城市用地规模、资源、能源供给有限，城市中原有的传统产业需要转移出去，新的产业才能转移进来。但由于劳动力供给的过剩，传统产业往往很难转移出去，而新的产业则没有发展空间，产业结构整体升级面临很大困难。这主要反映在我国老工业基地改造与大城市非合理膨胀方面。从城市一、二、三次产业结构来看，第二产业中支柱产业发展不突出，技术密集型产业、高新技术产业所占比重不大，传统产业仍未升级换代，第三产业层次不高，商业、饮食等传统第三产业偏重，信息咨询业、金融服务业等新兴第三产业偏低，城市实力在相当程度上以消耗资源的加工行业为主。城市主导产业不明显，城市与城市之间产业结构趋同现象显著。长三角产业趋同问题令人担忧，深圳等城市甚至出现产业空心化。

### 3. 失业问题

在计划经济体制下，中国城市一直实行"低工资、高就业"的模式，严格限制城乡劳动力流动，使中国农村出现大量剩余劳动力，城市国有企业内也存在大量富余人员。随着经济转型，城乡人口流动日益活跃，长期累积下来的就业问题日益显现出来：一是城镇每年新增劳动力约 300 万～400 万需要安置；二是农村上亿的剩余劳动力需要转移，进入城镇务工经商；三是国有企业现有2000 多万富余人员需要分流安置。目前，尽管中国经济处在高速增长阶段，但中国劳动力资源占世界总量的 26.3％，而资本资源仅占世界总量的 3.4％。[①]

在这种资源格局下，就业始终是中国发展面临的难题。何况随着中国进入重化工业化和加速城市化阶段，经济增长促进就业增长的效应会越来越弱。在20 世纪 80 年代，中国 GDP 每增加 1％，带来 0.32％的就业机会的增加。这时期的增长是"就业创造性增长"。而到 20 世纪 90 年代中期，情况发生了很大的转变：GDP 每增加 1％，就业机会仅增长 0.14％。到 20 世纪 90 年代末，中国产出增长的就业弹性进一步下降：1999 年中国 GDP 增长 7.1％，而就业机会随之增长了 0.36％。这样，中国实际上自 20 世纪 90 年代以来，就开始进入高失业阶段。据胡鞍钢[②]的估计，1998 年中国城镇实际失业人员约为 1540万～1600 万人，乡镇企业实际失业人口约 1700 万人，两者合计失业人数约为3200 万～3300 万人，另外农业劳动力中还有 1.5 亿～1.6 亿剩余劳动力。毫无疑问，21 世纪中国的城市将长期面临就业人口增长与有限吸纳就业能力之间的矛盾。

### 4. 城市贫困群体

在计划经济体制下，中国城市实行的是平均主义的分配政策，加上严格限制农村人口向城市迁移，贫困基本上发生在农村地区，是一种农村现象。因

---

① 胡鞍钢. 跨入新世纪的最大挑战：中国进入高失业阶段，中国人口科学，1999（6）。
② 胡鞍钢. 跨入新世纪的最大挑战：中国进入高失业阶段，中国人口科学，1999（6）。

此，直到 20 世界 90 年代初期，中国政府在制定有关政策时，主要着眼点依然是如何消除农村贫困。然而，到了 20 世纪的最后 10 年，随着经济转型和收入分配制度的改革，城市居民之间的收入差距迅速扩大，加上经济结构调整和国有企业下岗分流改革的推进，许多职工下岗失业，城市贫困问题日益显现，相当多的城镇人口陷入其中。根据亚洲开发银行 2000—2001 年组织国内外专家进行的"中国城市贫困问题"的研究，如果采用人均收入确定贫困线，1998 年中国城镇贫困人口总计约 1477 万人，如果改用人均支出确定贫困线，全国的城镇贫困人口则升至约 3710 万人[①]。另据胡鞍钢等人的估计，1997 年全国城镇贫困职工约为 300 万；最贫困的退休人员 500 万人；最困难居民 300 万人；全国城镇最低收入困难户为 580 万户，2100 万人。以上 4 项加总，全国城镇贫困人口超过了 3000 万人[②]。

实际上，现有城镇贫困人口统计和估算，仅限于对户籍人口的统计，而自 20 世纪 90 年代以来，中国大量农村劳动力流入城镇打工，这些流动人口中，有相当部分人属于贫困人口阶层。在 20 世纪中期以前，这些流动人口基本上属于"候鸟型"或"两栖型"流动人口，农忙与农闲季节在城镇与农村之间往返流徙，但自 20 世纪 90 年代后期以来，越来越多的流动人口开始携妻带子，到城镇定居生活，流动人口家庭化的趋势比较明显。在这种发展趋势下，中国如其他发展中国家一样，近年来也出现了所谓的"贫困的城市化（urbanization of poverty）"现象。城市反贫困已经成为中国城市化和城市发展的新课题。

在市场经济发达国家的城市里，贫困阶层与富裕阶层在居住空间上也是相互隔离的：穷人一般居住在中心城区而富裕的中产阶层一般居住在郊区[③]。在计划经济体制下的中国城市，由于收入分配上的平均主义和福利分房制度，不仅贫富差距较小，也没有贫富空间上的隔离。然而，随着住房市场化进程的推进，市民可以自由选择居住和活动的空间，区位的竞争和分化使不同的收入层次和不同的区位条件产生直接联系。那些交通状况、购物娱乐状况、社会服务状况都优越的地区正逐渐被高收入阶层所占据，经济和社会地位处于劣势的弱势人群则因为没有竞争力而只有被隔离出主流社会。城市贫富差距的扩大，使

① 亚行专家组。中国城市贫困问题研究。中国社会科学院社会政策研究中心。社会政策网：http：//www. social-policy. info/1008. htm。

② 胡鞍钢，常志霄。城镇贫困与综合性反贫困政策框架。经济学家 2000（6）。

③ Glaeser E. L and Kahn M. E, Rappaport J. Why do the Poor Live in Cities? NBER Working Paper 7636. http：//www. nber. Org/papers/w7636.

社会交往和居住空间的双重隔离已日益成为中国当前城市的一个重要社会问题。加上现有户籍制度和社会保障制度的缺陷，许多流入城市的农村人口难以纳入正轨的网络管理，难以融入城市社会，导致大城市犯罪现象增多，危机城市社会秩序和公共安全。防止犯罪、防止社会分裂、促进社会融合，将成为中国城市化过程中的新挑战。

5. 城市公共财政和建设资金的筹措

与中国乡村工业化相比，城市化将是高成本的、资本密集型的。任何产业和劳动力一旦迁入城市地区，都将提高资本的密集程度。因此，城市化是需要支付成本的，这包括个人支付成本和公共支付成本。根据中国城市发展战略"白皮书"中的测算：每进入城市1个人，需要个人支付成本1.45万元，公共支付成本1.05万元，总计每转变一个农民成为城市居民平均需要支付社会总成本2.5万元。在现有城市人口的基础上，未来50年期间中国约增加6亿~7亿城市人口，城市化所需的社会总成本达到15万亿~16万亿，这个数字是2000年中国GDP总量的2倍。50年期间平均每年支付城市化成本约为3000亿~3500亿元人民币，相当于2000年中国GDP总量的4%左右。

目前，中国城市基础设施与发达国家的城市还存在很大差距，水电、燃气、住房、公路和绿地等都需要城市政府的巨额资金的投入，但这还不是中国城市建设最大的压力。城市化不仅仅是农民进城，而是农民转变为市民的过程。在这种转变过程中，移民将丧失原有的传统社会关系网络，城市相关部门和社区需要在建立社会保障网络方面采取主动，为所有城市居民提供正式的社会保障网络。而且，农民要具备参与工业、服务业等现代产业生产活动的能力，在城市就业，也需要大量的教育和培训。因此，一般而言，城市化的第一件段主要是基础设施投资；第二阶段，随着城市化过程，大量的农民变为市民，大量支出将是社会保障、教育、医疗保健和环境保护等方面。大量的公共支出如教育、医疗保健和环保等都需要城市政府公共财政支持，从而给城市财政带来巨大的压力。目前，中国城市化总体上处在第一阶段，农民土地征用费用还比较低，城市的社会保障支出占财政支出的比重也非常低。但从国际经验看，社会保障支出将是城市化后的最大支出[①]。对于中国这样一个资本相对稀缺的国家来说，将农民转变为市民，城市公共财政的压力是始终存在的。

---

① 经济增长前沿课题组. 经济增长、结构调整的累积效应与资本形成. 经济研究，2003（8）。

6. 城市交通和环境保护

在改革开放以前，中国的交通问题主要表现为地区间和城际间的道路等交通设施的短缺，城市交通还是一个十分遥远的问题。但是，从 20 世纪 80 年代中后期开始，伴随着城市化进程的加速、流动人口大量涌入城市、城市机动车辆出现爆炸性的增长趋势。从全国情况来看，1985 年到 1995 年，中国城市人均拥有道路面积由 3.1 平方米迅速提高到 7.3 平方米，10 年增长了 1.4 倍。但同期全国机动车辆拥有量却由 415.7 万辆急剧增加到 2534.6 万辆，增长了 5.1 倍。交通基础设施的增长还远远赶不上交通需求的增长[①]。再加上交通建设和管理的无序，越来越多的城市道路上开始出现交通拥挤的现象，交通问题已经成为许多大城市的头号问题。

目前，中国许多城市公共交通与发达国家的城市比较起来，距离还相当大。自从 1863 年伦敦修建第一条地铁以来，世界上许多大城市纷纷建立了快速轨道交通系统。目前，开通地铁的城市已达 100 多个，其中第二次世界大战后开通的有 80 多个。伦敦总长 400 公里的地铁每天客运量在 300 多万人次，巴黎地区有 1000 多公里的轨道交通系统，其中市郊铁路每天运客在 100 万人以上。日本东京城市圈约有快速轨道交通线 2000 多公里，仅东京市内 35 公里长的环线高架铁路，每天可运客量就高达 300 万～400 万人次。相比之下，中国北京、上海、广州、天津这 4 个有地铁的城市地铁运营总里程也仅有 100 多公里[②]。

在公共交通落后的情况下，近年来，中国城市的私人汽车却在迅速增长。1940 年，中国几乎没有什么汽车；1970 年，每 1000 人也仅有 5 辆机动车；到 2000 年，每 1000 人拥有约 40 辆机动车。如果这种趋势继续下去的话，预计到 2030 年，每 1000 人将拥有约 150～250 辆，如果没有其他交通方式建立，这将意味着将有 2.5 亿～5 亿辆机动车在运行。这些机动车需要能源、道路、高速公路、停车场，还会带来污染，也可能带来郊区化和都市蔓延[③]。

此外，中国城市在飞速发展的同时，城市环境质量也面临巨大的压力。目前，中国城市空气环境质量恶化的趋势有所减缓，但整体污染仍较严重。世界

---

① 魏后凯。面向 21 世纪的中国城市化战略。管理世界，1998 (1)。
② 熊贤良，快速轨道交通建设与大城市结构升级和经济增长，管理世界，2000 (2)。
③ Feiner J, Shiwen M, Schmid W. A. Meeting the Challenge of Future Urbanization：Risks and Opportunities for Future Urban Planning in the People's Republic of China. The 1st World Planning Schools Congress, 11—15 July, 2001, Shanghai, China.

卫生组织 1998 年公布了全球空气污染最严重的 10 个城市，其中中国就占了 7
个。重点城市区域环境噪声处于轻度污染状态，垃圾围城现象比较严重①。据
对中国 381 个城市的调查，中国城市垃圾的产生量平均每年增加 10％，而清
运量仅占产生量的 40％～50％，无害化处理率则不到 5％，2/3 的城市处于垃
圾的包围之中②。可见，在城市化过程中，工业和人口高度集中可能带来城市
环境质量退化，损害居民身体健康，降低生活质量。因此，在 21 世纪，中国
在推进城市化的过程中，不仅仅是将人口和产业集中到城市，更重要的是创造
一个良好的人居环境。改善城市环境质量无疑是未来中国城市化面临的又一严
峻挑战。

（二）中国的农村背景

城市化与农村有着不解之缘。中国未来 20—50 年内，每年将会有1000 万～
2000 万农村人口转移到城市中来，这将是一场意义伟大、影响深远、任务重
大而艰巨的中华民族"新的长征"。在我国全面实现小康的过程中，关键在于
全体农民实现小康和农村实现现代化，毕竟，农民是中国的最大多数，农民问
题应该是考虑中国长远发展战略的根本出发点；遗忘或忽视农民，将会严重影
响中国的现代化、城市化进程。

历史已经说明了这一点。中国的问题，归根结底是农民的问题。21 世纪
中国的最大问题将是农民就业，农民进城！

1. 农业副业化

1985 年以后，我国农业劳动生产率和农业经济增长速度大大减缓。近 10
年来，农业的发展可以说是基本停滞，甚至出现局部的倒退。从农业对国民经
济的贡献来看，农业占 GDP 比重大幅度下降，对国民经济贡献作用弱。农业
占 GDP 的比重由 1996 年的 20.4％下降到 2001 年的 15.2％，平均每年下降 1
个百分点左右，照这个速度下降，到 2006 年农业占 GDP 比重将不足 10％。
在此情况下，我们很难依靠这么低的农业 GDP 比重来提高 50％农业劳动力的
劳动生产率和 2/3 农村人口的农业收入③。大量实证研究发现：农业在经历了
20 世纪 80 年代前期几年高速发展后出现停滞的根本原因是广大农民对农业的

① 张力威，中国城市的可持续发展，环境保护，2003（1）。
② 魏后凯，面向 21 世纪的中国城市化战略，管理世界，1998（1）。
③ 胡鞍钢，"三农"问题是经济发展首要问题，国研网，2002-7-22。

兴趣较之农村改革初期明显降低，以农为本的传统行为观念正在向农业副业化转变。产生这种现象的重要原因是农村家庭承包制在释放出这种制度推行初期对农业生产的巨大推动力后对农业可持续发展的约束力日益显示出来了。20世纪70年代末80年代初，自下而上的农村家庭承包制以"均田分包，好坏搭配""户户包田、人人种地"为基本特征，将地块规模本来就较小的耕地分割得空前畸形零碎和超小型化，户均经营规模亦因紧张的人地关系而十分细小。1985年初，有关部门对全国28个省市区36667家农户的调查表明土地零碎现象十分突出，36667家农户平均承包耕地8.35亩，每户承包耕地9.73块，平均每块面积只有0.86亩[①]；河北省经营10亩以下耕地的农户，平均每户经营耕地分为9.4块，平均每块仅0.49亩[②]。近年来，随着人口的增长和农村家庭日益核心化，农地细碎化趋势有增无减。在这种情况下，农户的经营负荷越来越小，势必将主要劳动力、劳动时间和资金投入比较收益较高的非农产业。与此同时，由于农业剩余劳动力的非农化尚无足够的宽松环境，人口乡城迁移"门槛"和二元户籍制度使得多数农民不愿意放弃作为生存之本的小块土地的经营权；而另一方面，一些农业专业户因为粮、棉、油等主要农产品国家实行低价硬性合同订购，再加上农业生产资料价格猛涨，也不愿意多承包土地。农民在这种"家家有其田"格局下的理性行为必然是农业"户户小而兼（业）"，于是许多地区农地耕作主题是"386199"部队（妇女、儿童、老人），耕作时间是"工业三班倒、农业早中晚"的"八小时以外农业"，耕作方式是兼业化的粗放式经营。在农业经营规划管理方面，品种无法布局，农田基本建设无法配套，农业机械化优势难以发挥，先进技术难以推广。在一些经济发达地区，这种现象更为普遍，强壮劳动力大多已转移从事非农业，只在早晚、节假日和农忙季节搞一点农业劳动，而常年从事农业劳动的主要是妇女、儿童和老人；农业投入逐年下降；农民对粮食等基本必需食品等生产大多抱着："不想多搞，不想不搞，不想搞好"的心态。农业的这种"副业化"趋势任其下去，农业的停滞乃至萎缩将难以避免。可见均分土地的家庭承包既将大量农业剩余劳动力推向非农产业，同时又阻滞了农业的规模经营和农业剩余劳动力的彻底转移。在农村现有小小土地经营规模条件下，相当一部分转向本地乡镇企业的农民为了"进有致富之路，退有养身之本"，满足于"粮食够吃就行"，只种"应付

---

① 杨帆。进一步发展家庭经营的潜在力。农业技术经济，1986（6）。
② 田则林等。三权分离，农地代营。中国农村经济，1990（2）。

田"，不肯在土地上下功夫和增加物化劳动投入，造成了农业粗放兼业甚至出现农田抛荒现象，浪费了宝贵的土地资源。另一方面，一部分种田能手又由于土地规模过于狭小，生产成本高，丧失了种田的积极性。这种农业副业化的兼业趋势不仅使农业自身的发展陷入步履维艰的境地，也在一定程度上使农村非农产业的发展难以走上正轨。

### 2. 农村工业乡土化

农村工业乡土化特征主要体现为农村工业企业布局分散化、规模细小化、人际关系亲缘化、经营管理封闭化、决策主体附属化。中国农村工业的最初形式社队企业就是以为农业服务而获得自己最初生存的合法性。早期关于社队企业的"三就地（就地取材、就地生产、就地销售）"原则就清楚地体现了这一点。"三就地"思路作为我国农村工业发展的指导思想，尽管在实践中对农村工业的起步，剩余农业劳力的转移以及乡村产业结构的改善和经济实力的增加起到了积极的作用，但是它却是一种放大了的自然经济思路，因而存在明显不足，不利于商品经济和社会分工的发展，在很大程度上导致了农村工业布局的不合理。20 世纪 80 年代兴起的农村劳动力非农化在"离土不离乡、进厂不进城"的基本框架下进行，"乡办企业在乡、村办企业在村"这种农村工业化被形象地描述为"村村点火、户户冒烟"。这种形式的工业化带有极强的地缘性和血源性，社区政府是管理集体企业的实体，起着类似于控股公司的作用，拥有企业的人事权、生产投资权和经营管理权。企业职工主要是来自本社区的农民，外来劳动力极少。企业的经营资金要来自社区政府或社区集体经济，外来资金极少或根本没有，人、财、物、产、供、销基本上是社区内临近地区小范围的封闭运行。以联户或个体形式出现的合作企业较之社区集体所有的乡镇企业在更大程度上没有摆脱血缘关系的束缚，人、财、物基本上来自于家庭内部，企业生产经营用房与家庭生活用房成为统一体，联户企业产权缺乏严格的法律界定或产权关系模糊。应当承认，农村工业的上述乡土化特征在发展初期有其客观可行性，如在乡村原籍办厂启动成本低，开办费少，有利于就地利用资源和吸收劳动力，同时还便于工农兼顾。

然而，随着这种乡土化农村工业的发展和蔓延，发展到今天，产生的弊端已经影响到农村工业乃至整个农村经济的健康与持续发展：

（1）分散型的乡镇企业缺乏城镇基础设施和服务体系的支持，不能获得集聚效益和规模效益，单位产值的能源和原材料消耗高，交通运输、商品流通成本和经营成本高。

（2）乡镇企业分散布局，重复建设，既浪费经济资源，也不利于分工与合作，不利于新技术的吸收和扩散。乡村社区政府集乡镇集体企业的行政管理权、财产所有权、经营决策权于一身的现象普遍存在，使得乡镇企业在职工录用、工资发放、利润分配、投资追加等方面受制于社区政府。这种与社区政府之间的紧密联系在不少地区已经产生了类似于旧体制下国有企业的一些弊端，成了丧失活力的"二国营"。同时，乡镇企业与社区政府的企业还是一些乡镇干部产生以权谋私和腐败行为的温床。

（3）散布于乡间的乡镇企业因其地缘性、封闭性和对社区政府的依附性，使得生产要素流动困难，不利于他们向城镇集中和现代企业制度的建立，从而不利于企业成长壮大和开拓外地市场。

（4）乡镇企业劳动力需求的非市场供给，造成职工素质普遍低下，阻碍了企业技术进步，延缓了农村产业结构的合理调整。

（5）本乡本土的劳动力加上分散于乡间的乡镇企业不易彻底割断乡镇企业职工与土地的联系，极易造成农村兼业化和农业规模经营受阻，同时也不利于农业劳动力的彻底转移和农村非农产业的专业化发展。

（6）由于农村地价低于城镇，因而同等规模企业在农村的征地需求明显大于在城镇开办的征地需求，从而容易造成土地的不经济利用。同时，单位工业产值对环境造成的影响远比城镇严重，而且难以集中治理。

3. 离农人口"两栖化"

在农村非农化浪潮中，农村地区相当数量的劳动力已经进入城镇务工经商，基本上脱离了农业。但是，由于这种转移没有纳入正式渠道，是一种暂时性的转移，户口常住地依旧在原籍，于是便出现了一个既非农民，又非市民的"两栖性"游离阶层。这种离农人口的"两栖性"和不稳定性决定了一旦环境发生变化，就会出现逆向转移。这一阶层的出现对于解决农村剩余劳动力的就业出路，发展城镇经济和增加农民收入起到了重要作用。但同时也吸引了多方面的不可忽视的弊端：

（1）"两栖"人口因其对土地的复杂感情一方面不愿意放弃土地，而将其视为一种职业保障或发生不测风云时的退守阵地；另一方面，在农业与非农产业比较利益反差极大的条件下，他们又不愿意在农业上投入更多的时间和资金，依旧实行粗放经营。

（2）"两栖"人口对于所从事的非农产业怀有不稳定心理，没有长期规划，也不愿意进行大规模投资，在基础设施建设和再生产投入上举棋不定，不利于农村分工分业和城镇建设的发展。他们虽然增加了许多收入，但不愿意把这些收入用于生产性投资，而是将钱用于生活消费上。这种状况不利于经济发展。

（3）"两栖"人口的不稳定状况使他们在经营中具有短期行为，甚至只追求利润，不求质量和信誉。

（4）"两栖"人口所处的户口所在地和流入地"两不管"状况使得他们很难收到社会规范的约束，而不利于城镇社会秩序的稳定[①]。

（5）不少"两栖"人口在农村和城镇占有双份的生产资料和生活设施，从宏观上和微观上都造成了资源的浪费，同时他们却并不因为拥有双份的生产和生活资料而得到较高的经济效益和消费效用。

4. 小城镇无序化

一些经济、自然条件优越的乡村，工商业等非农产业相对发达，农村劳动力也主要从事非农产业活动。尽管由于上文提到过的原因是他们不能进入城市成为市民，却并不能阻止他们对城镇生活的向往，而是极力将自己居住的乡村发展为小城镇或小集镇。尤其是在沿海地区，"村村点火、户户冒烟"式的农村工业的发展形成了"村村盖楼、乡乡建镇"的遍地开花、首尾相连的农村城镇化发展格局。人口规模过小导致经济发展水平低，综合服务能力低，基础设施落后。目前，我国小城镇单位土地面积提供的国内生产总值仅相当于城市平均水平的1/3，相当于200万人口以上城市的3％。在我国当前农村城镇化过程中，一些地方不顾条件，一哄而上，遍地开花，在数量上盲目扩张，齐头并进，布局分散，摊子铺得过大过宽。一些地区乡镇企业、村庄和小城镇犹如满天散落的星斗。一些根本不具备城镇发展条件的地方也人为地建立工业区，建设大市场，结果使目前小城镇规模过小。缺乏统一规划的分散城镇化所产生的后果应当引起后发展地区农村以有关政府部门的高度重视：

（1）小而全的集镇基础设施投资大，利用效率低，规模不经济；

（2）占用耕地面积多，破坏了农村生态环境；

（3）工业厂区、商业服务区、居民生活区布局混乱，既不利于生产，也不利于生活；

---

① 辜胜阻，简新华。当代中国人口流动与城镇化。武汉大学出版社，1994，388 页。

　　（4）小城镇、集镇布局过密，规模过小，非农业人口比重低，难以有效担当起现代工业和其他非农产业发展载体的功能和发挥城市规模效益；

　　（5）使农村非农产业发展进一步社区化、乡土化和封闭化而难以扩大规模，提高档次，走向开放的竞争市场；

　　（6）处处铺摊、规模过小而又封闭色彩浓厚的小集镇只是传统农村村落的变种，现代城市文明难以得到传播和普及。小城镇无序发展的另一表现，也可以说是原因在于支撑小城镇发展的产业基础薄弱。在我国当前一些城镇建设，特别是中西部地区城镇建设中重视城镇的基础设施硬件建设，忽视了对本地区支柱产业的培育，缺乏特色产业和主导产业支撑。有关资料表明，我国现有的1.9万个小型城镇中，平均每个城镇有人口4.54万人，就业人口平均为1.18万人，就业人口为城镇总人口的25.9%；而在我国200万人口以上的大城市中，就业人员占总人口数的比重高达60.3%，100万～200万人口的城市，就业比重为62.6%，50万～100万人的城市就业比重为66%，20万～50万人口的城市就业比重为55.5%。

### 5. 农村生态环境恶化

　　集中于城市的工业对环境的污染一般是点污染，比较容易集中治理，而分散化、乡土化的农村工业粗放式经营所造成的工业污水、污气和废料大多采用直接排放，导致了整个农村的面污染，不便于集中治理，不仅影响了农村居民的生活，同时还严重地影响了农村生产的自然条件。与城市工业化相比，分散的农村工业对生态环境造成的严重影响在如下三方面更为突出：

　　（1）所占比重较大的污染性行业如造纸、化工、冶炼、采掘、制革、漂染、电镀企业的废水排污量超过内河水系的自净能力，使水质下降，污染农田土壤，并使鱼类稀少以致绝迹。

　　（2）自然资源开发型企业的过度发展，使一些矿体、岩石、森林和植被滥采乱挖，自然环境被破坏，自然消耗过快。在沿海地区，过量的捕捞船和网眼过细的捕捞渔具使渔业资源濒于枯竭。

　　（3）遍地开花的乡镇企业、千家万户的建房热、星罗棋布的小集镇的厂区、宅基地和公共设施占地明显大于同等规模的城市建设用地，成为侵吞农村耕地的三只"恶虎"。

　　这种生态环境恶化的原因关键在于多数农村城镇对管理的重要性认识不足，重建轻管，建管分离。许多农村城镇基础设施建设标准低，质量普遍不高，究其原因，主要是一些地方急功近利，不遵循基本建设程序，不严格执行工程项目建设制度，城建工作人员质量意识不强，业务不熟，技能不精，搞因陋就简，地勘、设计、施工队伍选择和建筑材料选用搞低质低价，把关不严；有的地方在建设资金的筹措上一味死守"等、靠、要"的老一套，资金到位难，大量工程沦为"胡子工程"。由于现有城镇缺乏城镇必要的基础设施和城镇氛围，又缺乏支柱产业吸纳农村劳动力就业，导致小城镇吸引力低。城镇建成以后，由于缺乏科学管理的制度和队伍，运行时间不长，基础设施毁坏，乱搭乱建，乱停乱放，污水满街流，垃圾满天飞。

6. 农村社会问题的趋重化

大量剩余劳动力囤积于农村，是人地关系紧张程度日益加深，加之农业生产经营季节性突出的特点，使农村在松弛或基本瘫痪的社区组织无力对农民的生产和生活进行有效的管理和规范的情形下，农民生活方式表现出了比较严重的病态：浑身充满精力的劳动适龄人口无所事事，打牌赌博、打架斗殴、滋生闹事、偷盗抢劫、杀人越货等现象或比比皆是，或与日俱增。封建迷信、无知愚昧导致了相当多的农村居民特别是经济落后地区的农村居民精神涣散、思想空虚、无所寄托，极大地恶化了农村社会的精神状态。可以这么说，"城市病"现象发生在社会经济文化的中心地区而倍受人们关注，而事实上，更大量、更大范围的是发生在农村，但我们却未能或无力予以应有的关注。然而，面对严重程度比"城市病"有过之而无不及的"农村病"，我们无论如何也不能视而不见[1]。

（三）中国城镇化的实践

1. 时代的产物：城镇化的扬弃

由乡镇企业发展而带动的中国城镇化热潮是特殊历史阶段的产物，在中国经济发展中曾经而且仍在起着重要作用。但是，城镇化却与经济社会可持续发展之间存在冲突：一是伴随乡镇企业发展而来的城镇化造成了严重的环境污染；二是城镇化的发展浪费了公共资源；三是城镇化造成了宝贵的土地资源的浪费。

---

① 种水映。人口流动与社会经济发展。武汉大学出版社，2000，176 页。

首先，由于城镇化与乡镇企业是共生的，所以，在小城镇这个乡镇企业集中的地方造成了环境污染，如我国长江三角洲地区目前年燃煤 8000 万吨，燃烧产生的二氧化硫大量进入大气，酸雨频率达 30％～40％。近 20 年来，太湖部分水域的水质每隔 10 年降低一类。人们曾经哀叹发展中国家发展乡村工业是"20 世纪干 18 世纪的事"。乡镇企业的污染使我国的环境问题由城市向农村扩散，形成当今最难治理的大范围、区域性的污染。"倒 U 型环境库兹涅茨曲线"认为，在经济发展水平较低时，环境污染的水平也较低；在经济起飞、制造业大发展时期，资源的耗费超过了资源的再生，环境趋于恶化；在经济发展的更高阶段，经济结构改变，污染产业停止生产或者被转移、被控制，经济发展所带来的收入用来治理环境，同时，人们的环境意识也得到加强，环境状况开始改善。我国许多乡镇企业集中的小城镇现在就处于曲线的第二阶段，即高人均收入伴随着高污染。

其次，城镇化导致的小城镇发展，不利于节约土地。按照生产要素替代规律，当某一种生产要素价格较高时，就会导致生产者减少使用该种生产要素，运用更加便宜的生产要素替代之。因为生产要素价值构成生产者的成本，成本太高就会降低其竞争能力。所以，在大城市，因土地价格高昂遏制着土地使用量。相反，在小城镇，土地价格相对较低，生产者在许多情况下就可以肆无忌惮地使用土地，尤其是在我国这种土地管理制度存在很多问题的情况下就更是如此。实际资料也支持了这个论点。据一项抽样调查表明，中国 10 万人口规模以下的小城市和建制镇人均用地为 117.83 平方米，而 200 万人口以上的特大城市人均占地为 52.21 平方米，不及前者的一半。而耕地对于我国具有非常重要的意义。由于人口基数庞大，且增长势头不减，对耕地的需求与日俱增，加之工业化、城镇化加速，使我国人均耕地面积日趋减少，土地矛盾日益尖锐。

再次，城镇化所引起的小城镇的发展，不能产生城市的聚集效应和规模经济效益。在小城镇密集的苏南地区，人们曾形象地描述："走了一城又一城，城城都像村；走了一村又一村，村村都像城"。人口不能聚集，便不能产生更多的就业机会。因为很多就业，特别是服务行业的就业都是与人口的聚集密切相关的，如果没有人口聚集，许多事情仍局限于家庭来做的话，是永远不会实现社会化的。北京、上海、广州和深圳等大城市对外来人口的巨大吸纳能力就充分地说明了这一点。此外，大城市、特大城市在国民经济发展中起着骨干作用。它们除了有比中小城市高得多的经济效益以外，大城市的高度发展，既能增强综合国力、提升我国产业国际竞争力，也能够从根本上提高我国城市化水平及其质量。最后，小城镇的发展，导致了许多公共设施的低层次重复建设。许多公共设施具有自然垄断的性质，规模生产比分别地生产它们所花费的成本更低，如城市供电系统、供水系统、排污系统、通信系统等，城市的规模越大，这些产品的平均成本就越低。但是，由于城镇的规模小，这些具有自然垄断性质的公共设施的建设成本居高不下，远远没有达到规模经济效益。不仅如此，许多小城镇公共设施简陋，根本无法满足城镇居民生活的基本要求，如我国城市（含城镇）获得安全饮用水的人口占城市总人口的 87％，即仍然有13％的人口不能获得安全饮用水。

此外，城镇化所引起的小城镇的发展，不能适应知识经济时代的挑战。知识经济是一个经济学概念，也是一个产业概念。知识是一种资源，也是一种生产要素。在知识产业中，除了人们所认识的生物、计算机、信息、新材料、航空航天等高新技术以外，软件、咨询、设计、教育、卫生保健、文化传媒等知识服务业等也在悄然兴起，而且在整个产业体系中所占的地位和所起的作用也越来越大，最终将形成适应知识经济要求的产业群。而小城镇的发展，根本无法适应知识经济的这种要求。更重要的是，发展小城镇并没有从根本上使中国农村由村镇社会向城市社会转型，仍然存在大城市与小城镇之间的分割。小城镇与大城市之间人口的流动还受着许多制约，传统的户籍制度仍然起着作用，从而限制劳动力流动，成为人力资源合理配置的主要约束。同时，城市居民的社会保障制度还未延伸到小城镇，医疗制度、劳动就业制度、教育制度还没有完全确立。

显然，在城镇化的问题上，行政控制和计划经济的思维仍然占有重要的位置。由此看来，仅仅依靠大量"乡改镇"造成小城镇数量扩张，不仅无法实现中国城市化发展的长期目标，而且这种分散的发展模式甚至可能导致对我国资源——环境生态系统的巨大浪费与破坏。众所周知，与农村工业发展相对应的中国特殊的城镇化道路是基于当时历史条件和思想认识的现实选择。当我们明确认识了城市化的种种优势以及城镇化所造成的小城镇的种种弊端以后，就应该适时地对城镇化战略进行调整。在 18 世纪末 19 世纪初的英国，许多厂商的信笺上加盖了"蒸汽企业"的字样，甚至还印上烟囱在滚滚冒烟的厂房的印记，这是工业化时代开始时一种享有盛誉的标志。现在，烟囱工业已一去不复返了，因为这种工业化社会的思维已经被新的对生命和自然负责的可持续发展的思想所取代。对于城镇化及其与之相伴生的乡镇企业的认识也应该是这样，当我们盛赞城镇化和乡镇企业的卓著功勋时，也必须明确我们将要走的是能够促进经济社会可持续发展的城市化道路。既然城镇化是在特殊历史条件下产生的，而且它与可持续发展之间存在冲突，存在许多弊端，就应该从初级阶段的城镇化上升到中级阶段的城市化正常进程中，明确中级阶段的发展是城市化，而不应该再隐晦曲折地用城镇化表示。针对各个地区实际情况的不同，即在北方地区可以适当发展中小城市，而在南方尤其是长江三角洲等人口密度大的地区发展大城市。

2. 城镇化带来的思考：我国城市化必须考虑的因素

（1）农民对城市文明追求的因素

城市化的实质是农村人口转移到城市的过程。而我国城市化即将有数亿农民转移到城市，我国的城市化必须认真考虑满足亿万农民转移到城市的意愿、需求和目的。其主要有：一是在经济上获得比农村较高的城市经济收入，获得比农村更有发挥个人才能的"各尽所能"的条件和机会；二是在政治上能获得同城市居民一样的平等地位，解决实际上存在的低人一等的身份问题，能成为自由竞争、自由择业、自由流动的"自由劳动者"；三是在生活上能享有城市丰富多彩的生活，能享用城市的公共设施，能享有较高的科学文化教育、较好的卫生医疗、较安全的社会保障、保险。

（2）人口众多的因素

有不少人认为，我国人口众多，城市化只能走发展小城镇的道路，也就是走人口分散居住的道路。这种观点值得商榷。一是人口集中居住比人口分散居住，有利于保护生态环境。由于人口众多，如果分散居住，会造成严重的生态问题；而集中居住所出现的生态环境问题更便于治理和管理，成本也会低一些。二是世界上一些人口众多的国家，城市化仍然是走人口集中居住的道路，而且效果也较好，如印度、日本等。三是人口集中居住，有利于人口数量控制和人口质量的提高。四是人口集中居住比人口分散居住，有利于第三产业的发展，有利于解决人口的就业问题。五是人口集中居住，有利于加快城市化进程，有利于充分发挥城市的经济集聚效应、规模效应和规模溢出效应，有利于市场经济资源合理配置，有利于经济的快速发展与可持续发展。

（3）耕地稀缺的因素

按照目前的科技水平测算，养活一个人需 0.7 亩耕地，也就是说人均耕地不能少于 0.7 亩，所以联合国制定的人均耕地警戒线为 0.8 亩。然而我国在

2300 多个县中，就有 666 个县人均耕地小于 0.8 亩，其中 463 个县人均耕地不足 0.5 亩。因此，我国在选择城市化道路时，应考虑如何减少、节约居民居住用地和工矿、交通用地。

（4）农村人口迁移成本的因素

由于我国长期控制农村人口迁移到城市，形成了以户籍制度为核心的整套制度和政策，这就加大了农村人口的迁移成本。时至今日，这一政策变化不大，目前农村人口迁移到城市，无论是个人还是社会都要付出较高的迁移成本。所以，在选择城市化道路时，必须要考虑降低迁移成本，便于农村人口迁入城市，尽量减少个人和社会支付的成本。

（5）城市经济规模净收益的因素

城市规模过小或特大，都会造成城市经济规模净收益偏低，甚至为负数。有关研究结果表明：城市经济规模收益随城市规模扩大而增加。乡镇企业分散、污染严重而无力治理、低水平的重复建设、产业结构趋同、第三产业发展滞后，其导致的直接后果是：①降低了就业水平；②耕地锐减，城市地租收益损失，房地产业停滞不前；③小城镇建设遍地开花，依靠行政力量推进，加重农民负担；④农村剩余劳动力转移受阻，农村人口迁移成本增加；⑤先富裕的农民难于在大城市投资，城市难于启动民间资本的聚集作用；⑥城市化进程受阻，国内扩大内需缓慢；⑦农村、农业、农民问题难于从根本上解决，以致农村改革与发展的问题积重难返。

3. 在调整中推进城市化

目前，中国经济发展进入快速发展时期，也是中国城市现代化从初级阶段城镇化上升到中级阶段城市化的契机。为此，大城市的发展应当成为首选，进一步提升大城市的功能。大城市的发展和功能提升，是一个国家经济实力的重要标志。在大城市改造过程中，把城市居民区、办公设施、写字楼等延伸到郊区，进而把郊区纳入到城市建设中。充分利用大城市的规模经济效益和聚集效应，提高原来居住在城镇中的人口的生活质量，使他们也能享受大城市良好的医疗、文化教育和各种社会保障，享受大城市的现代文明。在推进大城市发展的过程中，同时，扩张中小城市数量。我国目前大约有 1.9 万个建制镇，把条件具备的镇，提升为中小城市。一方面要合理重组乡镇企业产业布局，将产业结构调整与乡镇企业迁移、集中布局有机结合，汇聚在有利于可持续发展的中小城市工业园区，实现各个地区工业聚集效应；另一方面，则需要用先进技术对原有企业进行改造和升级，大力发展无污染、无公害产业。只有这样，才能在发展中解决由于城镇化和乡镇企业发展而积累的各种非持续发展问题。在农村，则应通过农业产业结构的调整促进农业资源集约化、农业规模化经营和农业产业化，从而使更多的农业剩余劳动力集中于中小城市。

### （四）中国城市化的滞后

对我国城市化滞后程度的判断，有几组常用比较参数。一是所处发展阶段和城市化率的关系，如人均 GNP 或工业化水平和城市人口对比；二是产业结构和就业结构的关系；如农业增加值比重和农业从业人员比重对比；三是一些微观变量和人口的关系，如各产业的劳动生产率、就业弹性或近年人口增速和劳动力转移对比。

对中国城市化滞后的认识，可以从以下一些方面来看。

第一，进城潮的冲击和城市的无奈。农民流动的目的在于生存和温饱。他们要养家糊口而非公费旅游，盲目不起。大部分农民没有流向小城镇绝不是贪恋都市的繁华，只因为复杂的城市比简单的乡镇有更多的挣钱机会；只因为昂贵的城市比便宜的乡镇有更高的相对收入；只因为混乱的城市比宁静的乡镇有更好的法制环境。进入城市的农民还要咬着牙交暂住证费、管理费、体检费、外出打工费和房租；忍受着白眼、谩骂、驱赶；冒着生病无钱医、工伤无劳保以及被骗、被罚、被遣返的各种风险。但是，最后他们还是选择遥远的城市而舍了移居小城镇的便利和"常回家看看"的亲情。如广州目前就聚集了 240 多万民工，北京、上海、深圳等每个城市外来打工人员都在数百万之上。大量的人口流向城市，使得城市原本入不敷出的基础设施更显得捉襟见肘。

第二，城市的"围墙"与民工的无奈。尽管市场配置资源和推进城市化已经写进了一系列文件，但是劳动力市场远未放开，常见的是城市对"农民盲目流动"的封堵。改革以来，虽有少数新兴城市出现，却不足以牵动全局。一些经济高速增长并吸引了大量外来工的城市，也不能很好地发挥城市吸纳移民的功能。广东一个地级市，仅工业使用外来固定工即达 20 万人，每年奖励性的户口指标不足百名。城门 20 年来未能打开，为城市耗尽青春的农民工极少有迁居城市的机会。农村青壮年劳力"暂住"城市打工挣钱，几年或十几年以后回乡定居，生育更多的"打工仔"，"流动人口"像雪球一样越滚越大。这种局面下农村人口增长率降不下来，直到现在我国每年新增 1200 万人口。只有允许青年农民工结婚后定居城市，才会缓解人口增长。农民没有出路，国家不会安康；城市若不生长，经济无法繁荣。这里需要更新一个观念，居民是城市主体，不是负担，是一种经济资源。他们既是消费者，又是生产者。增加一个城市居民，财政每年要多拿出上万元钱的说法，只是事实的一个侧面。仅从消费者角色来看，居民能聚合商业、服务业的需求，且人口的增长必然扩大税基。另外，：基础设施和社会服务这些公共产品，基本特征就是具有非排他性，在一定的规模内，一条道路、一套电缆、并不因使用者数量的增长而加大成本。许多城市的基础设施为何陈旧，公共服务为何总是紧缺，应当另找原因。

其实，可以建立城乡互通调节机制。城市的难题可以靠农村得到解决，农村的难题也可以靠城市解决。如允许城市居民到农村租赁、开发荒山荒地，可以使城市资金、人口流向农村。城市也要减少进城门槛，允许农民进城就业与定居。

第三，原有政策的僵化和"打开城门"的忧虑。原有政策的目标之一是利用城市辐射力量拉动周边农村的经济社会发展；另一个目标是靠城市吸纳农业剩余劳力。依靠推进"县改市""乡改镇"来实现上述目标。但是，从城市化进程角度看，"市管市、市管县"带来的弊病是城市变大而无忌，基本聚合功能降低，有些上千平方公里的"城市"建成区人口不足 20 万。由此带来的土地问题尤为严重：多数城市"摊大饼"式扩张，城郊农村干部热衷于租售土地，20 世纪 90 年代以来全国耕地锐减与县改市、乡改镇不无关系。大量土地的浪费，城市和郊区土地的价值被长期低估，土地收益流失和非法侵占严重，阻碍了城市化进程和扭曲城市化，势必加重地方保护，排斥外地人，居住地和就业地分离引发的社会问题会更加严重。城郊农民用耕地换来城镇户口以后，主要靠租金而不是劳动力资本致富，这种"城市化"进程不是可持续的，留有很多隐患，仍然在强化行政力量的同时压抑市场力量。因此，这种"城乡一体化""农村城市化"需要重新审视。

长期的城乡壁垒积累起巨大势能，很多人担心"打开城门"会影响社会稳定。那么，为了稳妥地推进迁移，现实选择是，一可靠培育新兴城市来分流大城市的压力，使新兴城市实现人口扩容；二可靠"卖户口""卖商品房"，但那样会将城市门槛抬得过高，农民照样得跳龙门，而且这种方式会加剧农村的通货紧缩。可以尝试的办法，是对沿海地少人多的省份，按城市吸纳人口数量相应增加建设用地指标，对于占用和减少的农田保护面积，允许其在其他地区（如西部地区），以市场手段，寻求平衡和补偿。

## 四、城市经济的重要地位与作用

城市作为我国经济文化中心，在国民经济中的核心地位进一步得到了提高，成为整个国家经济发展的重要动力。2001 年诺贝尔经济奖得主之一的斯蒂格列茨认为新世纪"中国的城市化将是区域经济增长的火车头，并产生最重要的经济利益"。

### （一）城市经济是社会经济结构的主要成分

如果把国民经济分为城市经济和乡村经济两大块，就不难发现，不论是在国家层次还是在地区层次，不论是发达地区还是落后地区，城市经济都居于主导地位。

表 1-4　2001、2003 年底城市经济的地位

| 区域范围 | 城市个数 | 国内生产总值（亿元） | 城市市区国内生产总值（亿元） | 城市占全区的比重% |
|---|---|---|---|---|
| 全　国 | 662 (660) | 94346.40 | 55056.98 | 58.36 |
| 北京市 | 1 (1) | 2845.65 (3663.10) | 2697.94 | 94.81 |
| 上海市 | 1 (1) | 4950.84 (6250.81) | 4893.01 | 98.83 |
| 江苏省 | 41 (40) | 9511.91 (12460.83) | 4053.22 | 42.61 |
| 安徽省 | 22 (22) | 3290.13 (3972.38) | 1374.46 | 41.78 |
| 河南省 | 38 (38) | 3290.13 (7048.59) | 1708.91 | 30.3 |
| 四川省 | 32 (32) | 4421.76 (5456.32) | 1864.57 | 42.17 |
| 云南省 | 17 (17) | 2074.71 (2465.29) | 870.77 | 41.97 |
| 青海省 | 3 (3) | 300.95 (390.21) | 70.66 | 23.48 |

资料来源：《中国城市统计年鉴》2002、《中国统计年鉴》2004。

注：括号中数据为 2003 年底的数值。

## （二）城市经济是国内国际经济循环的枢纽

虽然城市规模有大有小，功能有多有少，地位有高有低，作用有大小，但是，作为人流、物流、能流、信息流和价值流的枢纽这一特征却无所不在。我们知道，经济系统的运行需要有载体，而现代城市就是承担经济运行载体的空间形态之一。现代城市为人口的流动提供了必要的优质的生存空间和活动空间；为物流的配送提供了必要的交通工具和城市设施；为物资、能源的交换、消费和利用提供了巨大的市场；为工业生产提供了技术、人才、市场、基础设施等支持；现代城市还为信息的传递、处理提供了必不可少的接收传输、交换、处理设备和各种网站设施；为资金的运动通过集中在城市的金融机构和金融市场提供了可靠的便利的渠道。正因为如此，人口、物质、能量、信息、资金会在城市中高度聚集并通过市场进行有效配置，然后向城市以外地区扩散。以城市为枢纽的生产经营和服务活动就是在这一聚集与扩散的过程中完成的。

现代城市是一个充满商机的大市场。首先，城市是各种要素聚集的场所，又是新要素扩散的源头。聚集与扩散运动的过程中会产生许多需求。有需求就有市场，这是市场存在的根本性因素。其次，城市为市场的存在和运作提供了很好的条件，包括硬件和软件。因此，无论是国际金融市场，还是集贸市场，一般都集中在现代城市中，市场的存在本身就是一种巨大的市场需求。如城市政府为了维持城市正常运转，每年从市场上要采购大量的各种物品，这个数字就十分可观。因此，城市这个充满商机的大市场搞活了，不论其地域大小，这一带的经济必然会蓬勃发展。

## （三）城市经济是实现城乡一体化的主导力量

城市化发展趋势已经成为不可逆转的潮流。随着这一潮流的推进，城市和乡村的差距会越来越小，城市和乡村的融合会越来越快，"环球同此凉热"。在城乡共同繁荣发展的过程中，城市起着重要的支撑和领导作用。这主要是由于城市：一是聚集了强大的现代工业基础，生产集中，分工发达，协作面广，产销体系完善，可以对广大的农村和腹地进行工业化辐射，按照产品生命周期规律和产业转移的趋势，这将大大促进农村地区的产业技术进步和技术改造，实现城乡专业化协作配套；二是汇聚了雄厚的科研力量、众多的人才和管理队伍，随着网络化的发展，可以对广大的农村和腹地进行知识化辐射，促进农村地区的智力开发，提高整个区域的素质与形象，科技成果的开发与推广，也有利于包括农业技术的提高和进步；三是巨大的财力、物力、人力优势，形成了巨大的市场和经济发展的推动力，创造了巨大的就业吸纳市场，有利于农村富余劳动力的转移，推动着城市化，同时，也创造了巨大的内需消费市场，为城乡经济合作与繁荣奠定了基础；四是城市具有城市化早一期的经验教训，可以对后来进行城市化的地区进行引导和示范，以减少城市化过程中的损失和浪费，这样可以少走弯路，加快城市化进程。

城市之所以产生巨大的辐射作用、领导力量，在于城市经济产生的聚集效应。我们知道，城市是各种物资和能量的集散地，城市经济是一个地区经济的集中表现。根据规模经济理论，随着城市规模的增大，城市经济产生的收益逐步递增，也就是存在城市经济规模收益递增的现象。聚集效应的来源有：一是，上规模上档次的基础设施条件，这是一般农村地区所不具备的，随着城市规模的扩大，城市有能力有力量提供更好的设施，比如道路、铁路、机场、港口等运输条件，可以提供更为完善的金融服务、信息服务、技术服务以及生活服务。二是，上规模的市场条件，这也是一般农村地区所不具备的，城市企业直接面对一个巨大的市场，面对千千万万个密集的、有相当支付能力的消费者，有较大的产品开发和营销空间，可以节约单位产品的运营费用。三是，便利完善的协作条件，形成了社会化大生产和专业化协作的社会经济网络，使生产要素在城市空间中达到优化配置。

英国城市经济学家巴顿则把城市的聚集经济效益归纳为 10 大类：

（1）本地市场的潜在规模成长；

（2）大规模的本地市场对实际生产费用的减少；

（3）交通运输业的设置和规模发展有了人口依托；

（4）某种工业在地理上集中于一个特定地区，有助于促进辅助性工业建设，以满足其进口的需要，也为成品推销与运输提供方便；

（5）熟练劳动力汇集和适合于当地工业发展所需要的一种职业安置制度；

（6）有才能的经营家和企业家的聚集；

（7）大城市金融与商业机构条件更为优越；

（8）娱乐、社交、教育设施的集中；

（9）工商业者可面对面地打交道；

（10）聚集刺激企业进行更大规模的改革。

城市的聚集效应树立了城市在城乡一体化中的主导地位。

### (四) 城市经济是实现社会主义现代化的先锋

现代城市是先进的生产方式、经营方式、管理方式和生活方式的诞生地和传播源。随着现代城市产业从劳动密集型向资本密集型、知识密集型的不断升级，生产、经营和管理方式都发生了根本变化，如出现了柔性生产方式、无纸化交易、网络化管理等；与此同时，无论是人际交往方式、休闲娱乐方式还是居住和消费方式也已升级换代。如出现了网上交流、超市购物、泡网等新的生活方式。上述先进的方式不仅在现代城市中诞生，并且从现代城市传播出去，带动周边地区生产和生活方式的变革，从而推动整个社会的进步。

城市是现代经济的主战场，当代科技的发源地，整体素质要优于整个社会或周边地区，城市现代化相对于全社会的现代化具有先导性和示范性。城市经济是现代化的先锋。主要体现在：第一，先进性，城市经济中包含着最先进的生产方式，蕴藏着开发和更新现有生产方式的巨大潜在力量，城市中科学技术的不断创新，成为我们社会日新月异变化的源泉；第二，示范性，城市是展示现代化科技成果和其他人类文明成果的大舞台，城市凭借它的雄厚经济实力和巨大的潜在市场，不断地为新发明、新创新"买单"，推波助澜，引导整个社会包括物质上精神（观念）上的进步；第三，领导性，城市不仅是经济、政治、科技的载体，也实实在在的是经济、政治、科技的活动中心，现代化涉及的诸多内容均集中地反映在城市中。在我国，城市自然充当着某一行政区域的管理者的角色，行政管理权限的大小不仅决定了城市发展的影响辐射范围，也影响到城市的产业配置与布局，进而影响到城市化的方式和进程。城市化要求在城乡网络中必须要有强有力的城市作为"领头羊""火车头"，他们以周边地区的经济发展为基础，与周围乡村地区及其他城市相互协调，明确职能分工，形成一个有机的城市网络，通过自身的发展，带动区域的繁荣。我国一些地区在造（催生）人口百万的大城市、甚至几百万的特大城市的思路，其实就是这个道理。

### (五) 城市经济是知识经济的策源地和创新基地

所谓知识经济，简单地说就是直接依据知识和信息进行一切经济活动的经济。这种经济依托的基础是受过良好教育、掌握丰富知识和一定技能、具有敏锐的洞察力和创新能力的知识精英，而大批的知识精英却是聚集在现代化的城市中，这样，相对于农村，城市成为知识经济的策源地和创新基地，城市经济又是城市中最为活跃的成分，也是知识和信息汇聚的核心，因此，城市经济也是知识经济的策源地和创新基地，正因为如此，知识经济才会如燎原烈火燃遍世界各个角落。

我们知道，现代城市，尤其是科学城（硅谷、筑波等）和中心城市，它集中了大量的科学技术研究单位和机构，它们每天创造出众多的科研成果，并通过城市这个"大工厂"转化为产品或商品，形成新的财富。知识经济的一大特征是信息和通信技术在知识经济的发展过程中处于中心地位。现代城市是信息中心，具备先进的信息和通信技术和设施；有些高级别的经济中心城市还是信息港的所在地，因此，信息通信的新技术革命离不开现代城市，知识经济的发展也必须以现代城市为载体。

## 第三节　中国城市可持续发展的未来趋势

目前，总结我国城市可持续发展主要有六大趋势：群体化、生态化、知识化、市场化、国际化和现代化。

### 一、群体化与一体化

城市群是在快速城市化过程中逐渐形成的一种城市空间集聚现象，是社会生产力和城市化发展的必然结果。它是在世界经济增长重心转移过程中产生的，是经济高速增长时期城市化空间运动的产物。有人给城市群作了如下定义：所谓城市群是指在一定地域范围内，由相当数量的规模等级不同、各具特点而又相互联系、相互作用、相互依存的城市构成的网络体系或集合体。

城市群体布局是当今世界城市发展趋势之一。这种布局的特点是，在一定区域范围内聚集着众多的城市，组成一个相互依赖、兴衰与共的经济组合体，其中有一个中心城市起带头作用。美国有三大城市群（带），即大西洋沿岸的波士顿—华盛顿城市群，中部五大湖地区芝加哥—匹兹堡城市群，太平洋沿岸的圣地亚哥—旧金山城市群。日本大都市群以东京、名古屋、大阪3大城市圈为核心，包括横滨、川崎、京都、神户等大城市。欧洲以多个大城市集聚区的形式形成欧洲大都市连绵带，这些都市带包括：英国伦敦—伯明翰—利物浦—曼彻斯特大城市集聚区；德国莱茵—鲁尔大城市集聚区是欧洲工业中心。

中国的城市化进程中也出现了城市群体化现象，并且这一现象正不断强化成为一种趋势。产业和人口向城市集聚以及城市经济向周围地区扩散是中国现代城市密集带发育的主要因素。现在被大家普遍接受的城市群有五个，即长江三角洲、珠江三角洲、京津唐地区、辽中南地区和山东半岛。

国外城市群的发展表明，城市群体化的主要优点是可以在一个大的区域范围内，对所在的各个城市进行合理的规划和建设，避免大城市的人口和工业等活动过于集中。有关城市各扬其长，既相互独立又相互联系，组成一个有机综合体。这样，既可避免或减少大城市过于膨胀的弊病，又可较好地促进大区域各方面的发展。因此，城市群体化已为人们所重视，这一趋势将进一步增强。

城市发展与区域发展还呈现一体化的趋势[①]。城市化发展的规律表明，当一国的城市化率超过 30％以后，城市化发展速度将进入加速状态，并且出现城市与区域发展一体化的趋势。我国近三年来城市化率从 30.89％提高到 37.66％的指标表明，这一规律正在发挥它的作用。

根据预测，到 2020 年，我国的城市化率将达到 60％左右。对于我国特殊的城乡二元结构的国情来说，这意味着城市化率每年需提高约 1.5 个百分点。而城市化水平每提高一个百分点，就意味着要有 1500 多万农村人口转移到城市。如何实现大量农业劳动力向城市非农产业的转化，将成为我国城市化进程中遇到的最大挑战。因此，在做大、做强城市的同时，通过城市的发展带动区域的联动、实现城市与区域的一体化、进而加速推进城市化将成为全社会的共识与政府的主要努力方向。

在此情形下，各地（城市）政府已经或正在制定的近期、中期、远期的城市化发展目标与发展战略，都将城市与区域的一体化协调发展作为重要内容予以规定，在一些经济比较发达地区，都市圈规划、城市群规划等区域性规划也已经成为指导区域发展的纲领性文件，并在城市协作、区域竞争与协调中发挥重要作用。城市与区域的一体化发展趋势，将成为今后城市与区域联动发展的新的增长源。

## 二、生态化与园林化

有学者认为生态城市是"生态化"的城市，强调生态城市应遵循经济规律和生态规律，是城市经济效益和生态效益相统一的城市。杨开忠教授认为"生

---

[①]　中国城市发展的若干趋势与特征，《光明日报》，2003-5-28。

态城市是一个经济发展、社会进步、生态保护三者高度和谐，技术与自然达到充分融合，城乡环境清洁、优美、舒适，从而能最大限度地发挥人的创造性、生产性并有利于人们生存的城市。"生态城市是一种在城市生态环境综合平衡制约下的城市发展模式，涉及经济、社会、环境、制度的持续性。生态城市不仅包含了塑造城市外在形象的内容，还包含了生态文明在公众中的普及和人与人、人与社会、人与自然关系的调整。城市生态化可分解为经济的生态化、社会的生态化、环境的生态化和制度的生态化，城市生态化是实现生态城市的动态过程。

提高城市环境质量、实现城市可持续发展已经成为各国城市发展的共同目标。对于中国的城市来说，生态化与园林化建设既是对以往忽视生态环境建设、破坏生存环境的一种补偿性、修复性的被动行动，又是基于对人类建设性破坏活动理性反省的一种前瞻性、预支性的主动行为。正在快速城市化过程中的我国城市，没有任何理由再重蹈发达国家曾经的"先破坏后建设"的覆辙。

可以明显地看到，各级城市政府都已经开始自觉或不自觉地将城市的环境建设作为政府工作的主要内容，建设生态城市与花园城市的费用已经成为大多数城市政府城建投入中上升比例最快的一项财政支出，其中用于环境治理与污染控制投入所占的比例最大。持久的努力终将会有丰厚的回报。中国人将会以"天人合一"的环境观与"无为而治"的空间管治观等传统文化精华与现代西方先进城建手段相结合的理念建设一批令世界注目的中国式的生态花园城市。

## 三、知识化与现代化

知识经济是可持续发展的经济。与以往的经济形态相比，知识经济的发展不是直接取决于资源的数量和规模，而是依赖知识或有效信息的积累与利用。在知识经济中，知识已不像传统的经济理论所认为的那样，是经济增长的"外生变量"，而是经济增长的内在的核心因素。当知识成为主要经济要素后，经济的增长方式会发生根本的变化，知识经济成为一种可持续的经济发展模式。

知识经济时代城市空间结构形态将会出现网络化与虚拟化趋向。美国社会学家丹尼尔·贝尔在其专著《后工业社会的来临》中，指出"后工业社会是围绕着知识组织起来的，其目的在于进行社会管理和指导创新与变革，从而产生新的社会关系和结构"。知识经济是后工业社会的核心。知识经济的特征决定了必然导致对以工业经济为基础的城市功能结构和布局的重大变革。知识经济社会的一个显著特征是社会网络化，或称之为"网络化社会"。网络的社会化影响塑造新的城市形态，网络化的城市将朝着多元化、多中心、多极化和无中心化发展。虚拟的和概念意义上的城市已经出现：如网络城市（Network City）、全球城市（Global Cities）等，预示着城市社会结构的变迁在发生着质的飞跃。知识经济时代城市形态布局具有不同于工业经济城市的鲜明个性和特征，它是以知识经济的高科技产业、知识服务业为主要特征的城市。可能将出现产业结构的升级与城市形态多极化混合的发展模式。此外，"数字城市"与"学习型城市"的出现，也是城市知识化的典型特征。

城市现代化是城市化的一个重要方面，如果说由农业向非农产业的过度是城市化的初级阶段，那么城市现代化就是城市化的高级阶段。传统观点认为，现代化的实质是工业化，是经济落后国家或地区在一定历史条件下实现工业化的过程。但20世纪80年代以来，经济社会的发展与进步推动了发展观的演变，也促进了现代化内涵的演进。我们现在所指的现代化是现代生产力导致世界经济加速发展和社会适应性变化的革命性过程；现代化是以现代工业、信息与技术革命为推动力，实现传统的农业社会向现代工业社会与信息社会的大转变，是工业主义渗透到经济、政治、文化、思想各个领域，并引起社会组织、社会结构和社会行为发生深刻变革的过程。现代化既是社会经济、政治、文化相互促进、协调发展的历史过程，又是某一发展时段的结果，在不同的发展阶段，现代化的内涵及实现程度应该有所不同。在发达国家，它是指城市的信息化、高技术化，将城市发展与电脑应用、现代科技革命结合起来；在发展中国家，城市现代化主要是指完善的城市产业结构、高度分工和社会化的生产体系、发达的市场交换、完善的基础服务和城市居民生活质量提高等。在这种现代化趋势下，第三产业逐步成为城市化的主要动力，城市公共事业和基础设施建设更为人们所重视，城市景观形态的多元化、彩色化。这种现代化趋势在世界已形成一股强大的潮流，在我国也不乏经典范例。

## 四、市场化与效益化

城市发展的市场化，从大的背景来看，主要是改革开放后，我国从计划经济向市场经济转型，城市经济也逐步以市场为主要手段，政府从直接参与经济活动变为间接调控；企业从原来政府的附属物变为自主经营自负盈亏的主体，开始真正的按照市场规律活动；城市居民从企业职工终身制的襁褓中脱离出来，作为生产要素的提供者，可以自觉按照市场规律自由流动。在政府间接调控经济的背景下，城市产业作为城市经济的最重要支撑不再是"有条件要上，没有条件创造条件也要上"，而是根据市场规律，发挥城市资源优势，进而把比较优势转化为经济优势，把农村的剩余劳动力通过发展工业部门不断予以转移。政府从直接经营领域撤出后，投资的主体也趋向于分散化、多元化，国有资本、民间资本、外商投资共同构成了多元的投资主体，各种投资通过市场方式相互流通转化。另外，经营城市的理念近几年在我国悄然兴起，城市的公共物品与公共资源也开始从非经营性资产逐步转化为可经营性资产，市场配置城市资源的范围不断扩大，程度不断提高。如城市土地、基础设施、城市历史文化、城市投资环境等，都被列入城市经营的范围，虽然城市经营的主体依旧是政府，但运作手段却完全是市场化了。

城市发展效益化是指资源有效配置和资源集约利用，实现其利益最大化。对于中国这样一个人多地少的国家，在追求多元城市发展目标的过程中，城市政府将在土地开发与其他空间资源的经营中从粗放型开发向集约型开发转化；从关心量的扩大到关心质的提高；从注重政府政绩到注重城市经营的实效，城市基础设施的建设以及其他公共设施的建设都将在认真考虑投入与产出效益的前提下予以实施，为此注重提高城市开发建设的集约化与效益化水平与质量将是今后城市发展的主要特征。

长期以来，城市的粗放型发展以城市范围无限制的外延扩展以及空间的无序蔓延为主要特征。20 世纪 80 年代中期至 90 年代中期的十年间，我国城镇用地规模平均扩展了 50.2%，一些城市已经超过 200%。根据国际上比较合理的城市用地增长率与人口增长率 1.12∶1 的比例，我国已经高达 2.29∶1。造成单位用地的平均产出远低于国际的平均水平。因此，如何在城市经营过程中以最少的土地利用容纳最多的城市人口、提高城市资源的开发效益将是城市政府面临的一项艰巨的任务。因此，一方面今后工作的重点将检讨城市各类开发区的政策，杜绝城市土地资源的浪费现象；另一方面城市的地下空间开发作为城市充足的后备空间资源将得到高度的重视。可以预料，今后我国的城市尤其是大城市和特大城市包括土地在内的城市资源利用模式将发生重大的改变。

## 五、国际化与专业化

在世界经济一体化网络中，城市职能的国际化与专业化已经成为中国城市走向世界，主动纳入世界城市体系的前提。因此，发掘自身的优势与潜力，认识自身的不足，找准自己的城市功能定位，积极参与世界城市分工，向国际化、专业化与专门化方向发展是今后我国城市发展的主流。

国际化是城市发展到一定阶段的必然要求，一个健康发展的城市必然是开放的，不但是对地区开放的、也是对国际开放的，因为市场经济是开放的经济，市场经济要求城市与区外、国外的最广泛联系，从而在更广的范围进行分工合作，以降低成本减少消耗。世界上最著名的大都市无一不是一个国际化城市，纽约、东京、巴黎……无一不是在对外交往与联系中找到自己的定位与发展的方向。

这种国际化趋势在我国东部地区，甚至是中西部地区的大城市已经初步形成，特别是我国长三角城市群已经被认为是世界第六大城市带和新的世界制造业中心，每年大量外资进入长三角，这一地区已经明显地国际化了。

只有民族的，才是世界的。我国一些中西部城市虽然经济发展水平较东部差，但或由于悠久的城市文明或由于旖旎的自然风光或由于独特的城市历史也步入国际化城市的行列，并由于这些城市无形资产的独占性，国际化程度会进一步加深。21世纪中国城市的国际化进程加快，特别是中国加入世贸组织，将给中国的城市化带来一种全方位、系统化、整体性的机遇，同时也将是中国城市化进程全方位、系统化、整体性地与国际化进程相融合的过程。

专业化是指城市某些职能的强化。上海重新明确自己的功能定位并积极推进向国际金融中心职能的转变，通过搬迁和撤并1500家工业企业的中心城区的重建，为打造国际化大都市进行大规模的空间演替。广州将城市发展的方向扩展到珠江以南，并以建设高起点的中央商务区作为城市新的形象定位。南京、大连、重庆、杭州、武汉等特大城市在各自的发展战略规划中都提出了明确的参与国际化城市分工的发展策略。与此同时，各地城市政府都在修编的新的城市总体规划中重新明确各自的功能定位，编织起国际化大都市、区域性大城市或地区性中心城市的新的理想宏图。建设具有国际意义的高新技术产业基地、现代制造业基地、重化工业基地；国际性的旅游观光城市、消费休闲城市以及时尚中心、文化中心、教育中心等成为各级城市参与国际化与专业化分工的新的目标定位。毫无疑问，专业分工更为细致、专门化程度更高、比较优势更为明显的城市将在世界新的经济体系与城市体系的重组网络中最先采集到第一桶金。

## 六、个性化与人本化

### ——城市特色的个性化与地域化

保护与发掘城市的文脉与景观特色，弘扬地方文化，极力打造城市特色品牌成为城市政府在城市经营与城市竞争过程中最重要的手段，也是对过去城市特色模糊、城市发展模式雷同的理性反思。

中国几千年的文化底蕴与各类城市地域文化相结合成为发展特色城市的重要文化资源，一批具有鲜明地方文化特色与个性特色的城市将脱颖而出，水乡特色城市、滨海城市、高原城市、山海城市、沙漠城市等以地理风貌为特色的城市；服装之都、水晶之都、丝绸之都、玩具之都等以产业与资源为特色的城市；以及昆剧之乡、南音之乡、评剧之乡等以地方文化为特色的城市迅速为世界所了解，并为城市的发展带来可观的社会与经济效益，对于有着悠久历史的大多数中国城市来说，个性化的特征就是保留城市的历史痕迹，并将她上升为城市的灵魂。因此，在城市的更新改造过程中，为恢复和保留城市的文脉而做出的各种努力都将得到应有的回报，而且也已经成为提高城市竞争力的重要手段。

　　——城市建设理念的人本化与人性化

坚持人性化与人本化的城市建设理念是我国古代劳动人民对世界城市建设史所作的重要贡献。重新回归历史的优良传统，尊重人的生理与心理欲求，坚持"以人为本"的建设思想将成为今后城市建设中压倒一切的首要目标。

人性化与人本化的规划建设强调，无论大中小城市均应具有适宜居住的空间环境与尺度，处处体现人文关怀与呵护的匠心设计。城市空间作为一种提供交流活动的场所空间，只有当特定的线索对应了人的行为规范时，设计才具有意义。后现代主义的城市环境设计与建设在发达国家城市中所受到的冷遇表明，强调大尺度的城市景观远不如创造宜人的有情趣的城市环境空间更受百姓的欢迎。

反思一段时期以来各地盲目地建大广场、大草坪等贪大求洋的所谓"政府形象工程"的现象，城市政府正在调整城市建设的指导思想并重新将人文关怀作为城市建设与城市改造的原则。因此，各类城市开始将步行街、步行区等作为倾心打造的一个亮点，适合市民休闲的小公园及街坊绿地的建设也开始成为规划师与城市建设决策者关注的内容，与此同时，注重以居住社区为单元的市民社会的物质与精神建设，建设具有亲和力的居住社区，建立新颖健康的社区生活等也将成为城市政府今后日益重要的工作。

## 七、集中化与分散化

集中化与分散化是一个相对应的概念，我们这里概括的是城市空间扩展集中化与分散化的有机结合这一趋势。城市化与逆城市化是世界城市发展过程中的两种趋势，反映在城市空间结构与形态上是城市空间的集中化与分散化两种相互作用、相互交织的过程，在高速城市化的过程中，城市空间的演化将随之加快，一方面集中程度越来越高，另一方面，分散的要求也越来越强烈，两种力量在不同时空内表现出不同的强弱对比，因此城市空间集中发展还是分散发展历来成为城市空间发展中两种思想、两种主义争论的焦点。我国城市化达到一定水平后将不可避免地出现逆城市化的空间分散现象，同时城市中心区的集中程度将加剧，这对我国选择合理的城市空间扩展模式提出了严峻的课题。

是否必须重复西方国家城市化与逆城市化过程中城市空间演化集中与分散二元发展的经历，根据我国的国情以及总结其他国家的经验，尽力避免城市空间扩展过度集中与过度分散同时并存的空间管治措施正在成为新一轮城市规划的强制性内容。因此，解决集中与分散二元发展的矛盾将使中国的城市政府在今后更加理智地对待城市空间发展的规律，并自觉地利用这一规律合理地确定城市空间的有序涨落，使城市空间扩展的集中化与分散化有机结合。

## 八、公平化与公开化

公平化与公开化是指城市资源分配方面的公平、公正、公开。公平化是可持续发展概念的核心内容之一。公平地占有城市资源特别是土地资源不仅体现为时间和空间上的公平，而且也体现为代际公平和代内不同人群之间的公平。

在计划经济时代，建立在以结果公平为特征的平均主义基础上的所谓"公正"以牺牲效率为代价；市场经济强调效率优先的作用机制又使公平与效率的天平失衡。在城市的快速发展过程中，如何处理好公平与效率的关系，并在未来的城市规划与建设中，真正体现出社会公平与公正的规划建设理念将成为保障城市社会稳定发展的大事。作为城市演化发展的一种趋势，社会空间的分异将不可避免，城市核心区与周围边缘区、城市开发与城市保护、富裕阶层与社会普通阶层以及社会弱势群体之间等为分配城市土地、环境以及其他资源的矛盾将日益凸现，因此，城市政府将通过提高资源分配的透明度，采取公众展示、参与，以及市场调节与政府管治相结合等一切公开化的手段来杜绝一切暗箱操作及由此而产生的腐败行为，不遗余力地保持城市的稳定发展。

总之，这几大趋势在城市发展过程中相互交织，相互影响，构成了现代城市发展的主旋律。

**本章参考文献：**

1. 纪晓岚：《论城市本质》，中国社会科学出版社 2002 年版。

2. 许学强，周一星，宁越敏：《城市地理学》，高等教育出版社 1996 年版。

3. 王春光、孙晖：《中国城市化之路》，云南人民出版社 1997 年版。

4. 吴敬琏：吴敬琏纵论经济热点，《中国经济时报》，2001 年 3 月 10 日。

# 第二章　国内外城市化进程透视

## 第一节　世界城市化的历史进程及其特点

### 一、世界城市化的基本历程

世界城市化的过程很复杂，它的发展水平和性质取决于一国一个地区的经济发展水平、人口状况、人口构成以及自然地理等多方面的条件。世界城市化起步于 18 世纪中叶英国开始的工业革命。在此之前，英国进行了长达几个世纪的农业革命、商业革命。这不仅为英国工业革命夯实了基础，也为本国城市化的启动积累了资金。工业革命开辟了人类的新纪元，在短短两个世纪之内已席卷全球，世界从此进入了工业社会和城市时代。20 世纪以后，世界城市化进程大大加速，城市化已成为当今社会进步和现代化的重要标志[①]。到 20 世纪末，世界城市化水平达到 46%，发达国家的城市化水平平均在 80% 以上。

按照发达国家城市化经验来看，当一个国家或地区，城市化水平达到 50% 时，人们的思维方式，生活理念发生改变，整个国家的经济、社会、文化方面等都会发生根本性的质变，其中，结构性变动最为激烈，各种社会矛盾和问题暴露得最为充分。据此，把城市化水平达到 50% 的时候，称为城市化的基本实现阶段[②]。依据这种思维，我们把自 18 世纪中叶开始至今的城市化进程划为三大阶段：

---

① 目前，国际上比较通用的现代化标准是美国社会学家英格尔斯提出的 10 项指标，城市化水平是重要标准指数之一。

② 高　义：《中外城市化比较研究》，南开大学出版社 1991 年版，第 15 页。

## （一）城市化兴起阶段（18 世纪 60 年代—19 世纪 50 年代）

该阶段也是城市化在英国的起步阶段（1760—1851）。英国率先成为世界上第一个实现工业化的国家和第一个城市化达到 50% 以上的国家。18 世纪中叶以蒸汽机的发明和应用为标志的工业革命，它实现了由工场手工业向大机器生产的飞跃，这种变革，极大地促进了工业的发展，从而使人类社会由农业社会向工业社会，由农村时代向城市化时代的转变。现代社会的许多特征都是从这里开始的，所以这个阶段可称为世界城市化的起步、验证和示范阶段。英国工业革命后，城市发展逐渐趋于稳定，总体水平稳步增长，城市成了社会与国家发展的主导力量。

1800 年时，世界城镇人口比重仅为 5.1%，而工业革命之后，到 1850 年时达到 6.3%，同年（也就是 1760 年的产业革命后 90 年），英国成为世界上第一个城市人口占总人口比重超过 50% 的国家。巴黎、维也纳、莫斯科、芝加哥等 10 余个城市人口也相继超过百万。但从世界范围来看，早期的城市化进程还比较迟缓，生产力水平还很低、农业是经济的主导部门，农业人口占绝对优势，城市人口增长缓慢。1850 年，世界城市化水平仅为 6.3%（见表 2-1）。

表 2-1　世界城市化的发展历程及预测（1800—2025）

| 年　份 | 总人口（100 万人） | 城市人口（100 万人） | 城市化率（%） |
|---|---|---|---|
| 1800 | 978 | 50 | 5.1 |
| 1825 | 1100 | 60 | 5.4 |
| 1850 | 1260 | 80 | 6.3 |
| 1875 | 1420 | 125 | 8.8 |
| 1900 | 1650 | 220 | 13.3 |
| 1925 | 1950 | 400 | 20.5 |
| 1950 | 2520 | 738 | 29.3 |
| 1955 | 2754 | 864 | 31.4 |
| 1960 | 3021 | 1033 | 34.2 |
| 1965 | 3338 | 1186 | 35.5 |
| 1975 | 4077 | 1538 | 37.7 |
| 1980 | 4444 | 1752 | 39.4 |
| 1985 | 4846 | 1999 | 41.2 |

续　表

| 1990 | 5285 | 2278 | 43.1 |
|------|------|------|------|
| 1995 | 5716 | 2585 | 45.2 |
| 2000 | 6158 | 2926 | 47.5 |
| 2005 | 6594 | 3300 | 50.0 |
| 2010 | 7032 | 3707 | 52.7 |
| 2015 | 7469 | 4143 | 55.5 |
| 2020 | 7888 | 4599 | 58.3 |
| 2025 | 8294 | 5065 | 61.1 |

资料来源：1800—1925 年的数据引自 J. V. Greuman，Orders of Magnitude of the World's Urban Population in history；1950—2025 数据引自 United Nations，World Urbanizations Prospects：The 1994 Revision。[①]

英国的城市化是在一种毫无前例的情况下进行的，似乎成了世界城市化的一个试验基地。英国第一个制定了"城市规划法"，第一个建立了"田园城市"，第一个实现了城市社会保障制度，即"从摇篮到坟墓"的福利制度，第一个建立了卫星城，第一个实现了郊区城市化等。这是一场伟大的社会试验，试验的结果表明：产业革命是成功的，城市化是卓有成效的。当时的伦敦的景象便是一个缩影，它集中而形象地反映了英国产业革命和城市化的成就。恩格斯对此曾有这样一段精彩的描述："像伦敦这样的城市，就是逛上几个钟头也看不见它的尽头，而且也遇不到表明快接近开阔的田野的些许征象——这样的城市是一个非常特别的东西。这种大规模的集中，250 万人这样集聚在一个地方，使这 250 万人的力量增加了 100 倍；他们把伦敦变成了世界的商业中心，建造了巨大的船坞，并聚集了经常布满在泰晤士河的成千上万的船只。从海面向伦敦桥溯流而上时看到的泰晤士河的景色，是再动人不过的了。"[②]

当然事情的另一面就是由于城市化初级阶段所带来的一系列社会、经济问题，诸如住宅紧张、环境污染、生态破坏、交通拥挤、犯罪率上升、失业者增加等城市病日趋严重。同样，当时伦敦的景象便是一个缩影，马克思对英国城市环境的恶化状况曾做了深刻的描述："在伦敦，拥有一万人以上的贫民窟约有 20 个，那里悲惨的景象是英国人和其他地方都看不见的，就说是地狱生活，也不算过分。这种环境对成年人是令人堕落的，对儿童则有毁灭性的作用，完全不适合人类居住。"[③] 英国的自由放任式的工业化和城市化模式导致的恶果不

---

[①] 转引自，谢守红：《城市化发展理论和实践》，中央编译出版社 2004 年版，第 38 页。
[②] 恩格斯：《英国工人阶级状况》（1845 年 3 月），《马克思恩格斯全集》第 2 卷，第 303 页。
[③] 马克思：《资本论》第 1 卷，第 728 页。

仅仅限于工人生活状况的恶化，它带来了城市生态环境的恶化，直接威胁到富人的健康和生存环境。一个城市的空气污染和水污染是任何人也躲不掉的，也会使全城人带来同时受到伤害。

然而人们是最擅于权衡利弊的。正当这些问题在英国日趋严重时，欧洲和北美等许多国家毅然选择了与英国同样的道路：产业革命和城市化的道路。

### （二）城市化在欧美发达国家的推广阶段（19 世纪 50 年代—20 世纪 50 年代）

1851 年以后，随着工业化体系在欧美发达国家的普及和基本实现，工业成为主导产业部门，大批破产农民从农村往城市转移，城市化迅速推进，城市地域范围不断向外扩张，城市数量不断增加，城市化水平迅速提高。在这个阶段，欠发达地区的城市化也在进行，但水平较低。到 1950 年，世界城镇人口达到 7.38 亿人，世界城市化水平为 29.3％。发达国家城市化水平平均超过 50％，英国城市化水平已由 51％上升到 78.9％，进入了高度发达的城市化阶段；发展中国家城市化水平为 17.0％。

这个阶段（1851—1950 年）从实际进程来看，欧美等发达国家走过的城市化道路虽然与英国有些区别，但作为基本实现城市化阶段的过程，从主要特点上来看基本上与英国相似。例如，都是靠产业革命推动；城市人口主要由农村移入城市；城市病日趋严重等。从经历的年限来看，发达国家的城市人口比重达到 50％以上（1950 年为 51.8％）花了整整 100 年的时间，比英国多花了 10 年时间。虽然如此，在 1850 年，整个发达国家的城市人口大约只有 4000 万，而到了 1950 年则增加到 4.49 亿人。在这 100 年时间里，发达国家的城市化进程推动了 4 亿多人口走向城市化，这不能不说是一个巨大的历史进步。

由表 2-2 和图 2-1 可以基本看出这个时期发达国家城市化的基本发展过程。

表 2-2　5000 人以上的城镇总人口占世界总人口的百分比

| 年度（年） | 人口数量（万人） | 百分比（％） |
| --- | --- | --- |
| 1800 | 27.4 | 3 |
| 1850 | 74.9 | 6.4 |
| 1900 | 218.7 | 13.6 |
| 1950 | 716.7 | 29.8 |

资料来源：恩力斯，仲斯：《市和镇》（伦敦，牛津大学出版，1966 年版第 32 页）。

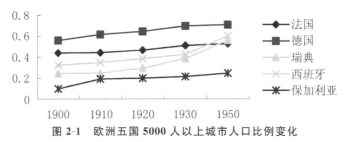

图 2-1　欧洲五国 5000 人以上城市人口比例变化

数据来源：恩力斯，仲斯：《市和镇》，伦敦：牛津大学出版，1030 页。

这段时期，随着工业化国家的增多以及工业化进程的加速，城市化的进程大大加快。大约有 4 亿多人从农村转入城市。这一百年中，美国城市人口从 14.8％上升到 64％，德国由 36％上升到 71％。

同时由于当时的政治背景——二战的发生直至结束，发展中国家和地区的城市也有了一定的发展，城市人口有所增加。1850 年发展中国家城市人口为 4000 万，到 1950 时已增至 2.68 亿。于是，在 20 世纪 50 年代全世界城市人口达到 7.17 亿人，占总人口的 29.8％，这一时期可以称为快速发展的城市化阶段。

---

### 专栏 2-1　我国的城市化是否操之过急？

最近，不断有我国城市化发展迅猛的报道，说我国 2003 年的城市化水平已达到 40.5％，超过原来计划指标，还说我国城市已进入"加快发展期"，甚至有的报道称目前出现城市化"大跃进"。这样造势，推动城市化进程，是不是好事？会不会带来什么负面效果？

按照原来规划，我国城市化水平到 2005 年达到 35％左右，到 2010 年达到 40％～42％。换句话说，我国已提前 6 至 7 年实现原定城市化的目标。权威部门提出，我国在 21 世纪中期城市化水平要达到 65％，再进而达到 75％。

我们城市化的步子是不是太快了，太急了？英国城市化水平从 26％提高到 70％用了 90 年时间，法国从 25.5％提高到 71.7％，美国从 25.7％提高到 75.2％，都用了 120 年。而我们从 1993 年的 28％提高到 2003 年的 40.5％仅用 10 年，不说加快，即使用这样的速度，2020 年左右就能达到 60％，2035 年以前就能达到 75％左右。换句话说，我们只用英国的一半时间，法国和美国的差不多三分之一的时间，走过同样的城市化进程。

（新华网，徐学江）

## （三）城市化加速发展阶段（20 世纪 50 年代至今）

这个时期，也是城市化在全世界范围内的普及阶段（1950 年至今）。第二次世界大战以后，世界各国都加快了经济建设的步伐，随着全球经济的复苏与新科技革命的推动，世界城市化的速度大大加快。全球范围内的人口和财富进一步向城市特别是大城市和大城市带集中，大城市在现代社会经济活动中居于支配地位。

目前，世界城市化水平达到 50％，高收入国家的城市化水平达 77％以上，中等收入国家城市化水平也达到 50％，低收入国家的城市化水平已达到 31％。美国、日本、法国、加拿大等发达国家城市化水平平均在 70％以上，英国、德国、澳大利亚城市化水平更达到 80％以上，例如，2000 年，英国的城市化率为 89.1％，法国为 82.5％，日本为 77.9％。巴西、韩国和墨西哥等发展中国家的城市化水平也在 70％以上（见表 2-3）。同时城市化又出现了一些新的形式，比如发达国家中出现的郊区化、逆城市化、再城市化等，而且出现了超级城市、巨城市、城市聚集区和大都市带等新的城市空间组合形式。[①]

表 2-3　世界部分国家城市化水平

| 国家名称 | 1980 年城市化水平 | 1999 年城市化水平 |
|---|---|---|
| 澳大利亚 | 86 | 85 |
| 巴　西 | 66 | 81 |
| 加拿大 | 76 | 77 |
| 中　国 | 20 | 32 |
| 法　国 | 73 | 75 |
| 德　国 | 83 | 87 |
| 印　度 | 23 | 28 |
| 日　本 | 76 | 79 |
| 韩　国 | 57 | 81 |
| 墨西哥 | 66 | 74 |
| 南　非 | 48 | 52 |
| 英　国 | 89 | 89 |
| 美　国 | 74 | 77 |
| 低收入国家 | 24 | 31 |
| 中等收入国家 | 38 | 50 |
| 高收入国家 | 75 | 77 |

资料来源：汪洋等，"十五"城镇化发展规划研究，2001。[②]

---

[①] 谢守红：《城市化发展理论和实践》，中央编译出版社 2004 年版，第 38 页。

[②] 转引自，谢守红：《城市化发展理论和实践》，中央编译出版社 2004 年版，第 39 页。

从这三个发展阶段，可以看出，随着工业化，现代文明的发展，世界总体城市化水平也在不断提高，而且速度在加快，其增长过程与财富的积累程度成正比。1800—1900 年的 100 年间世界城市人口比重上升了 10.6％，1900—1950 年的 50 年上升了 15％，1950—2000 年的 50 年上升了 17％。与此同时，世界中心也从英国，西欧转向北美，再转向亚太地区。

## 二、世界城市化的特征

发达国家的城市化可以说基本上已经走完了其兴起、发展和成熟的历程，进入了自我完善阶段，城市化速度趋缓。而发展中国家由于历史的原因，起步比较迟，到目前还处于城市化快速发展的阶段。就全球范围来看，这个阶段城市化呈现如下特点：

### （一）全球城市化速度加快，但地区差异性很大

这是因为城市化本身具有阶段性规律。据美国地理学家诺瑟姆（1975）对各个国家城市人口占总人口的比重的变化研究发现，城市化进程具有阶段性的规律，全过程呈一条稍拉平的 S 形曲线。城市化初期，人口增长缓慢，一旦城市人口比重达到一定高度（20％）以后，城市化的进程呈加速发展的趋势。这种加速发展的趋势，一般要到城市人口比重达到 70％～80％左右时才能减缓下来。由此可知，城市化的进程一般要经历发生、发展和成熟三阶段，其阶段性的变化是发生阶段速度缓慢，发展阶段速度加快，成熟阶段速度又趋缓。事实证明也是如此，世界城市化已经进入了一个快速发展的阶段。从世界人口城市化率的增长速度来看，年均增长幅度 1800—1850 年为 0.08 个百分点，1850—1900 年为 0.14 个百分点，1900—1950 年为 0.29 个百分点，1950—1970 年为 0.46 个百分点，1970—1990 年为 0.63 个百分点[1]。另一份资料也表明了同样的结论，1950—1960 年世界城市人口平均每年增长率高达 3.5％，分别大大高于 1920—1930 年年平均增长率的 2.2％；1930—1940 年的 2.4％和 1940—1950 年的 2.2％的水平。发展中国家 1950—1960 年的城市人口平均每年增长率高达 8％，几乎等于 1920—1930 年平均增长率 3％的 3 倍。[2] 同时世界城市化水平也由 1800—1900 年的平均年增长率为 0.82％增至 1900—2000

---

[1] 谢文蕙，邓卫．《城市经济学》，清华大学出版社，1996 年，第 60 页。
[2] 中山大学人口理论研究室：《人口研究译文集》第 1 集，第 172 页。

年的平均年增长率为 3.27%。

全球城市化的地区差异性很大，表现在：发展中国家的城市化进程大大快于发达国家，城市化的重心正在由发达国家向发展中国家转移。大部分发达国家城市化基本实现阶段在 20 世纪上半叶已经完成。随着工业化的迅速推进，大批乡村人口进入城镇从事非农产业，城市化水平提高很快。到了 20 世纪末，虽然科技水平日新月异，但发达国家城市化水平提高的速度已经大大减缓，说明发达国家城市化进程量的增加的过程已经基本完成，主要表现为质的提升了。发达国家城市化水平增长趋缓并不是走向衰落，这是城市化水平到达一定高度的自然现象，是城市化自我完善的表现。

发展中国家的城市化进程整体上大约落后发达国家 75 年。发达国家进入成熟城市社会时，发展中国家则刚刚开始进入城市化高速发展阶段。到 20 世纪末，发展中国家的平均城市化水平仍然仅为 38.4%，比发达国家 1925 年的 39.9% 的城市化水平还要低 1.5 个百分点。发展中国家的城市化水平正处于量的扩张的阶段。

世界城市化进程不平衡，城市化重心由发达国家转向发展中国家。分析城市化水平时一般用发达国家和发展中国家两类进程比较。城市化起源于最早进行工业革命的英国，其城市化水平很高。随即西欧、北美的一些国家开始工业革命，工业的发展带动了城市的发展，使这些国家成为发达国家；同时较晚走上工业化道路的国家和地区成为今天的发展中国家。到了 20 世纪末，发达国家城市的经济技术水平处于世界领先位置，但城市化水平提高速度已经大大放慢，这表明这些国家的城市化进程量的过程已经基本完成，接下来则是质量方面的不断提高。

从表 2-4 可以看出，发展中国家的城市化进程在总体上落后于发达国家约 75 年。因为发展中国家工业化与城市化大都起步于二战后，这时起，城市化中心开始由发达国家向发展中国家转移，并且处于量的增加阶段。

（二）工业化特别是科学技术、交通工具等方面的进步对城市化
　　　起着有力的推动作用

应该说，随着工业化国家的增多及工业化进程的加速，世界城市化进程大大加快。据测算，发达国家 1820—1950 年的工业化与城市化的相关系数为 +0.997，这反映了工业化与城市化极高的相关度。由图 2-2 也可以看出，两者呈同步上升的状态。

表 2-4　世界城市化进程及其地区差异

| 年份（年） | 全　世　界 | | | 发达国家和地区 | | | 发展中国家和地区 |
| --- | --- | --- | --- | --- | --- | --- | --- |
| | 总人口（百万人） | 城镇人口（百万） | 城市化水平（%） | 城镇人口（百万） | 城市化水平（%） | 城镇人口（百万） | 城市化水平（%） |
| 1800 | 978 | 50 | 5.1 | 20 | 7.3 | 30 | 4.3 |
| 1825 | 1100 | 60 | 5.4 | 25 | 8.2 | 35 | 4.3 |
| 1850 | 1262 | 80 | 6.3 | 40 | 11.4 | 40 | 4.4 |
| 1875 | 1420 | 125 | 8.8 | 75 | 17.2 | 50 | 5 |
| 1900 | 1650 | 220 | 13.3 | 150 | 26.1 | 70 | 6.5 |
| 1925 | 1950 | 400 | 20.5 | 285 | 39.9 | 115 | 9.3 |
| 1950 | 2501 | 724 | 29 | 449 | 52.5 | 275 | 16.7 |
| 1975 | 4076 | 1564 | 38.4 | 753 | 68.6 | 811 | 27.2 |
| 1997 | 5829 | 2681 | 46 | 880 | 77.3 | 1801 | 38.4 |

资料来源：叶裕民：《中国城市化之路》，商务印书馆 2001 年版，第 9—16 页。

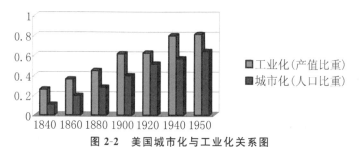

图 2-2　美国城市化与工业化关系图

数据来源：《主要资本主义国家经济统计集》，知识出版社 1962 年版，第 7，14，18 页。

　　自第一次工业革命后，科学技术，尤其是高新技术成为推动城市化发展的根本动力。第二次世界大战以后，以计算机技术为核心的高新技术产业的发展推进了城市化的前进。它主要表现在：一是高新技术产业成为许多城市的主导产业，例如美国，1995 年，软件、计算机和通信设备投入已占全部企业投资的 75%，其增长率是其他投资的 2 倍[①]。二是高新技术多借助于网络连接，降低交流成本，缩短了联系距离，可以在更大更广的范围内进行社会分工与合作。这些技术需要发达的大城市为依托，也使传统工业有了更大的发展自由度。三是高新技术促进了第三产业的发展，带动了服务业的快速发展，提高了城市居民生活水平，从而促进了城市发展。四是高新技术应用于农业，提高了农业现代化的进程，更多的农村人口进入城市，加快了城市化发展。

---

① 黄仁伟等。《美国新经济与对外政策的互动关系分析》，《社会科学》，2000 年第 2 期。

### （三）发展中国家城市化过程中城市质的提升很慢，经济驱动能力不强

发展中国家城市人口集中快，规模大，但发展质量提高缓慢，也就是说，发展中国家城市人口的高速增长并没有带来经济的同步发展。1985 年世界上 35 个最大城市中有 23 个在发展中国家，100 万人口的城市全世界有 270 个，发展中国家占 140 个，1000 万人口的城市 17 个，发展中国家占 10 个，到 1997 年发展中国家的城镇人口是发达国家的两倍多，占世界城镇人口的 67.2%，但是这些国家创造的 GDP 占世界的比重不足 1/7。在许多发展中国家中，城镇人口增加了，城市化水平提高了，而创造财富的能力却没有相应幅度的提高。或者说，与发达国家相比，发展中国家城市化进程主要表现为量的增加，而城市发展质量还比较低。

同时，城市基础设施和就业机会跟不上城市人口的增加，人均国民收入很低的情况下城市人口比重却很高，呈现出一种"低水平"的城市化。大量农村人口进入城市，但由于城市开发潜力不够，城市超负荷运转，产生一系列社会问题。所以说，与发达国家相比，发展中国家城市化进程仅体现为量的增加，而城市质量较低。

### （四）在城市化的进程中，过度城市化和城市化不足并存

在世界城市化的进程中，发达国家和发展中国家，都曾经发生过过度城市化和城市化不足（滞后城市化）的问题。所谓过度城市化[①]，是指在城市化的过程中，城市化进程大大快于工业化进程。乡村人口过快地向城市迁移，超过城市经济发展的需要和城市基础设施的承载能力，以至于造成大量人口缺乏就业机会，城市住房紧张，交通拥挤，犯罪增加等城市病。而城市化不足（滞后城市化），是指城市化进程大大滞后于工业化进程。中国当前具有城市化不足的特征。在发达国家工业化过程中城市化不足则主要表现为城市非农产业的劳动力供给不足，从而限制了城市化的进程，也进一步限制了经济的发展。

目前，从世界范围看，过度城市化与城市化不足（滞后城市化）的现象并存着。

过度城市化是许多发展中国家城市的发展模式。由于这些国家的城乡二元结构，城镇具有极大的拉力，农村具有极强的推力，促使农村人口大量盲目流

---

① 叶裕民：《中国城市化之路——经济支持和制度创新》，商务印书馆 2001 年版，第 13 页。

入城市，从而形成了"过度城市化"，以至于城市基础设施与经济发展情况跟不上人口增加，出现交通拥挤，住房不足等一系列城市问题。例如，巴西、墨西哥，1997 年的城镇人口比重分别为 82％和 74％，城市化水平与发达国家相当，但人均 GDP 仅为 8570 美元与 3680 美元，远远低于发达国家水平。这种现象，不仅使城市不健康发展，而且由于农村人口大量涌入城市，也造成农业衰退，农村凋敝的恶果。

城市化不足（滞后城市化）是与过渡城市化相反的一种城市化模式。在发达国家中，主要表现为工业水平已发展到一定程度，但由于非农业劳动力供给不足，限制了城市化发展。而在发展中国家的这种现象，则一般由两类原因造成：一是政策因素，例如户籍管理制度等，限制农民进城。二是工业发展不集中，仅在乡镇进行发展。10 年前中国的城市化也是十分滞后的，1995 年，中国城市化水平为 29％，近 10 年，中国的城市化进程加快，2004 年已达到城市化水平为 41％，当然，与其他发达国家相比，还有较大距离。

（五）知识经济使世界城市化挑战和机遇并存

二战以后，以计算机技术为核心的高技术产业和信息产业的大发展，终于在世纪之交把世界推向了一个新的时代——知识经济时代，产业结构和产业组织发生了重大变化。知识经济的发展使得经济全球化成为可能，使人力、资源和资本的在生产环节中的重要性发生了变化，对城市的空间结构和规模职能提出了新的要求。逆城市化（含郊区化）、中小城市化是知识经济时代城市化进程中的空间表现形态之一。知识经济对仍然以量的扩张为主的发展中国家推进城市化进程提供了在质的方面发展的良好机遇。

# 第二节　中国城市化的轨迹

## 一、中国城市化的起点界定

城市是一定历史发展阶段的产物，有其自身发生、发展和变化的规律。正如我们在上一章中探讨过的，城市化不仅仅是指人口向城市集中的过程，而且还包括社会结构、生活方式、价值观念、文化等的变化过程，是一个国家经济达到一定发展水平的产物，特别是工业化程度不断提高的产物。认识城市化的历史进程及每一个阶段的特点，是正确制定一个国家城市化发展战略的重要依据。

人类社会的早期，人们以采集、狩猎和捕鱼为主要的生产方式，没有固定的长期的居住地点。直到人类第一次社会大分工，即种植业与牧业、渔业的分工，才出现了以种植业为主的固定居民点。人类第二次社会大分工，使得手工业从农业中分离出来，出现了非农产业。加上劳动生产率的提高，物产的丰富与剩余，交换日益兴盛。由此，许多区位良好的地方就形成了固定的或者临时的交易市场，这就是古代"市"的雏形，为城市的发展奠定了基础。当人类第三次社会大分工后，出现了不从事生产、只从事商品交换的商人，这时居民点开始分化为两大类型，一类是以农业为主的乡村，一类是以手工业、商业为主的城市。人类进入了城市文明。

人类开创了城市文明之后，社会经济发展不断进步，城市化的脚步日益加快，城市经济的内涵日益丰富。第一次工业革命给城市打上了工业化的印记，一方面，新兴的工业城市不断涌现，像诸多的工矿城市（美国的匹茨堡、底特律；英国的曼彻斯特、利物浦；德国的鲁尔；我国的鞍山、淮南、玉门、大庆等）；另一方面，大工业在传统的城市中扎根开花，这类城市更是数不胜数。在又经过数次工业革命后，城市更加现代化，城市区域更加扩大化普及化，一些发达国家几乎找不到传统意义上的农村。现代城市经济催生了大都市群（带）、国际性大都市、超大城市以及专业化特色城市（汽车城、油城、钢城、电子城、科学城）等。当前，又处在信息化和知识经济浪潮中，城市发展的命运紧紧与时代结合在一起，未来的城市将向着网络化、智能化、人性化（生态化）的方向发展。

中国的城市发展历史久远，殷商时代就出现了城市，并且达到了一定的数量与规模。到了战国时期，已是"千丈之城，万家之邑相望"了。汉唐时期，中国的城市不论是建筑艺术，城市规模，还是商肆、作坊均堪称世界一流。宋元明时期，商品货币经济显著发展，城市经济的内容和规模不断扩大，主要有商贸经济、手工业经济、交通运输经济、服务业经济等。中国进入近代以后，城市经济的发展开始注意学习外国的模式，诸如办工矿、兴商贸、修铁路及至建学堂等，这种世界工业化的浪潮推动了中国城市的发展，也使一些村落或矿产地演变为城市。但奴隶社会与封建社会的城市与现代工业城市显然具有质的差别。

一般对于城市化起点的界定在学术界有两种观点：一种观点认为，城市人口占全国总人口的比重达到 10%，即可视为城市化的开始；另一种观点则认为，城市化持续较快发展的起步时间，应伴随着重大的政治、经济事件的发生与结果。

我国城市化始于近代工业技术的引入，因此，1840 年的鸦片战争作为中国城市化的历史起点较为准确，这个起点比世界城市化的历史开端晚了 40 年。而真正得到持续发展的是在中华人民共和国成立之后，这里我们主要来看新中国成立以后的城市化进程。

## 二、1949 年新中国成立后中国的城市化进程

新中国成立后的 50 多年里，经济发展虽几经波折，但总体上保持了高速持续增长的趋势，这在改革开放后表现得更为明显，从而为城市繁荣打下了坚实的基础。

结合当时的经济与政治背景，中国的城市化进程可以划分为 4 个阶段：健康发展阶段、曲折不稳定发展阶段、启动恢复发展阶段和快速推进阶段。

表 2-5　中国城市化发展 4 个阶段的比较

| 时　　期 | 恢复发展阶段 | 动荡阶段 | 稳定发展阶段 | 快速发展阶段 |
| --- | --- | --- | --- | --- |
| | 1949—1957 年 | 1957—1978 年 | 1978—1996 年 | 1996—2002 年 |
| 城市化率（%） | 10.6—15.9 | 15.9—17.9 | 17.9—29.4 | 29.4—39.1 |
| 城市化率总增长额 | 5.3 | 2.5 | 11.5 | 9.7 |
| 年均增长额（%） | 0.66 | 0.12 | 0.64 | 1.62 |

资料来源：《中国统计年鉴 2002》，转引自姚士谋等《21 世纪中国城市化模式探讨》。

（一）健康发展阶段（1949—1957 年）

1949—1957 年间，国民经济处于恢复发展阶段，这一时期城市的发展特征是消费型城市向生产型城市转化，1953 年起全国进入大规模经济建设，开始进入工业化时期，与此相适应，一批新城镇出现，城市化呈稳步上升趋势，城市人口迅速增长。特别是原苏联援建的 156 个项目和 694 个限额以上项目的建设，带动了一批城市的发展，包括哈尔滨市、沈阳市、鞍山市、武汉市、西安市等老工业基地改造更新；也有长春市、包头市、兰州市等一批新兴的工业城市涌现出来。

表 2-6  1952—1957 年城市化过程及城乡人口增长

| 年　份 | 城镇人口<br>（万人） | 乡村人口<br>（万人） | 城镇人口<br>比重（%） | 城镇人口<br>增长率<br>（%） | 乡村人口<br>增长率<br>（%） | 城镇人口<br>增长规模<br>（万人） | 乡村人口<br>增长规模<br>（万人） |
|---|---|---|---|---|---|---|---|
| 1952 | 7163 | 50319 | 12.46 | — | | | |
| 1953 | 7826 | 50970 | 13.31 | 9.26 | 1.29 | 663 | 651 |
| 1954 | 8549 | 52017 | 13.69 | 5.41 | 2.05 | 423 | 1047 |
| 1955 | 8285 | 53180 | 13.48 | 0.44 | 2.24 | 36 | 1163 |
| 1956 | 9185 | 53643 | 14.62 | 10.86 | 0.87 | 900 | 463 |
| 1957 | 9949 | 54704 | 15.39 | 8.32 | 1.98 | 764 | 1061 |

表 2-7  1949—1957 年中国各级规模城市数量（个）

及在城市总数量中所占比重（%）

| 年　份 | 合　计 | | 100 万人口<br>及以上 | | 50 万～100 万<br>人口 | | 20 万～50 万<br>人口 | | 20 万人口<br>以下 | |
|---|---|---|---|---|---|---|---|---|---|---|
| | 城市<br>数量 | 比重 | 城市<br>数量 | 比重 | 城市<br>数量 | 比重 | 城市<br>数量 | 比重 | 城市<br>数量 | 比重 |
| 1949 | 136 | 100 | 5 | 3.7 | 8 | 5.9 | 17 | 12.5 | 106 | 77.9 |
| 1950 | 141 | 100 | 6 | 4.2 | 7 | 5.0 | 22 | 15.6 | 106 | 75.2 |
| 1952 | 157 | 100 | 9 | 5.7 | 10 | 6.4 | 23 | 14.6 | 115 | 73.3 |
| 1957 | 178 | 100 | 10 | 5.6 | 18 | 10.1 | 36 | 20.2 | 114 | 64.1 |

这一时期的主要特点是：

1. 在大规模工业建设基础上开展城市建设

1949 年，中国仅有城市 136 个，第一个五年计划的提出，大大促进了城市发展。到 1957 年，全国已有城市 178 个，城市人口也大幅度增加。这一时期，城市的发展动力在于工业尤其是重工业的大力发展。由于工业化的发展必须以城市地区为依托，所以一系列城市工业基地迅速形成，例如煤炭工业城市鸡西，钢铁工业城市马鞍山等。同时原有工业的畸形状况也得到了改善，比如合理利用了沈阳、长春、哈尔滨、上海等城市已有的工业基础，加强了鞍山钢铁工业的发展，在西南地区开始部分新工业项目建设等。

2. 城市建设步入正轨

1955 年 6 月，国务院颁布了《关于设置市、镇建制的决定》，有效解决了过去市镇设置的主观性与随意性，有了具体法规依据后，城市发展逐步走上正轨。并且，新中国成立后，全国进行了大规模城镇整治工作，城市基础设施有了很大的进步。其中包括：大力发展公共交通、清除垃圾、实施自来水供应等多项措施。城市规划得到重视，城市的建设与管理有了合理性。

3. 城市空间布局由东向西转移

由于历史原因，中国近代城市地理分布极不平衡，东部发展迅速，西部日渐衰落。为了改变这种状态，在改造建设原来城市基础上，国家有计划地把城市建设重点由东向西转移，在西部地区新建了一些工业城市，如南宁、乌兰浩特、个旧等。从 1949—1957 年，城市增长了 42 个，涨幅为 30.4%。西部地区尤为明显，由 13 个增至 31 个，涨幅高达 138.5%，初步改变了新中国成立初期东密西疏的不平衡状态。

4. 城市经济功能有所增强

新中国成立以前，中国城市经济功能很小，消费型城市占据主导地位。新中国成立以后，中央把城建放到了重要位置，纳入了国家经济建设计划，从而与经济建设紧密结合，增强了城市的经济功能。并通过大力提高生产力，调整生产力布局，促进经济区域的形成与发展。

（二）曲折不稳定发展阶段（1958—1978 年）

这一时期，国民经济处于动荡年代。1958 年后，"鼓足干劲，力争上游"的"大跃进"时期，全国兴起市市办工业，大炼钢铁，全面跃进，导致了农村劳动力爆发性的涌进城市，致使我国城市化进入了一个盲目发展阶段。随后的三线建设使大量人力、物力、财力投向内地三线地区，尽管沿海地区的经济发展、经济效率受到了影响，而内地一批新兴的工业城市如十堰市、攀枝花、绵阳市等却拔地而起，大大促进了城市化向内地的推进。

表 2-8  1957—1960 年中国城市化历程及城乡人口的增长

| 年 份 | 城镇人口<br>（万人） | 乡村人口<br>（万人） | 城镇人口<br>比重（%） | 城镇人口<br>增长率<br>（%） | 乡村人口<br>增长率<br>（%） | 城镇人口<br>增长规模<br>（万人） | 乡村人口<br>增长规模<br>（万人） |
|---|---|---|---|---|---|---|---|
| 1957 | 9949 | 54704 | 15.39 | 8.32 | 1.98 | 764 | 1061 |
| 1958 | 10721 | 55273 | 16.25 | 7.76 | 1.04 | 772 | 569 |
| 1959 | 12371 | 54836 | 18.41 | 15.39 | −0.79 | 1650 | −437 |
| 1960 | 13073 | 53134 | 19.75 | 5.67 | −3.10 | 702 | −1702 |

表 2-9  1958—1977 年中国各级规模城市数量（个）

及在城市总数量中所占比重（%）

| 年 份 | 合 计 | | 100 万人口<br>及以上 | | 50 万～100 万<br>人口 | | 20 万～50 万<br>人口 | | 20 万人口<br>以下 | |
|---|---|---|---|---|---|---|---|---|---|---|
| | 城市<br>数量 | 比重 | 城市<br>数量 | 比重 | 城市<br>数量 | 比重 | 城市<br>数量 | 比重 | 城市<br>数量 | 比重 |
| 1958 | 176 | 100 | 11 | 6.3 | 19 | 10.8 | 36 | 20.4 | 110 | 62.5 |
| 1959 | 183 | 100 | 15 | 8.2 | 20 | 10.9 | 32 | 17.5 | 116 | 63.4 |
| 1960 | 199 | 100 | 15 | 7.5 | 24 | 12.1 | 32 | 16.1 | 128 | 64.3 |
| 1961 | 208 | 100 | 15 | 7.2 | 22 | 10.6 | 33 | 15.9 | 138 | 66.3 |
| 1962 | 198 | 100 | 14 | 7.1 | 20 | 10.1 | 52 | 26.3 | 112 | 56.5 |
| 1963 | 174 | 100 | 15 | 8.6 | 18 | 10.4 | 54 | 31.0 | 87 | 50.0 |
| 1965 | 171 | 100 | 13 | 7.6 | 18 | 10.5 | 43 | 25.2 | 97 | 56.7 |
| 1966 | 172 | 100 | 13 | 7.6 | 18 | 10.5 | 46 | 26.7 | 95 | 55.2 |
| 1970 | 176 | 100 | 11 | 6.3 | 21 | 11.9 | 47 | 26.7 | 97 | 55.1 |
| 1973 | 181 | 100 | 15 | 8.3 | 21 | 11.6 | 54 | 29.8 | 91 | 50.3 |
| 1974 | 181 | 100 | 15 | 8.3 | 22 | 12.1 | 53 | 29.3 | 91 | 50.3 |
| 1975 | 185 | 100 | 13 | 7.0 | 25 | 13.5 | 52 | 28.1 | 95 | 51.4 |
| 1976 | 188 | 100 | 15 | 8.0 | 22 | 11.7 | 57 | 30.3 | 94 | 50.0 |
| 1977 | 188 | 100 | 15 | 8.0 | 24 | 12.8 | 56 | 29.8 | 93 | 49.4 |

资料来源：①顾朝林著，中国城镇体系——历史·现状·展望；②朱铁臻主编，中国城市手册；③中国城市统计年鉴；④中国统计年鉴。

数据来源：①中国统计年鉴；②中国城市统计年鉴。

由表可以看出，在 1958 年至 1960 年，城市增加了 22 个，城市人口平均年增加 1041 万人，城镇人口幅度增加较快。但交通、电力、水源、住房等多方面基础设施水平与城市人口增长不协调，影响了国民经济发展，城市居民生活困难重重。

1961 年后，政府相继颁布了新的市镇设置标准，压缩城市人口，把进入城市的人口划回农村，从而城市人口大幅度减少。

表 2-10　1961—1978 年中国城市化历程及城乡人口的增长

| 年　份 | 城镇人口（万人） | 乡村人口（万人） | 城镇人口比重（%） | 城镇人口增长率（%） | 乡村人口增长率（%） | 城镇人口增长规模（万人） | 乡村人口增长规模（万人） | 城市数量（个） |
|---|---|---|---|---|---|---|---|---|
| 1961 | 12707 | 53152 | 19.29 | −2.80 | 0.03 | −366 | 18 | 208 |
| 1962 | 11659 | 55636 | 17.33 | −8.25 | 4.67 | −1048 | 2484 | 198 |
| 1963 | 11646 | 57526 | 16.84 | −0.11 | 3.40 | −13 | 1890 | 174 |
| 1964 | 12950 | 57549 | 18.37 | 11.20 | 0.04 | 1304 | 23 | 173 |
| 1965 | 13045 | 59493 | 17.98 | 0.73 | 3.38 | 95 | 1944 | 171 |
| 1966 | 13313 | 61229 | 17.86 | 2.05 | 2.92 | 268 | 1736 | 172 |
| 1967 | 13548 | 62820 | 17.74 | 1.77 | 2.60 | 235 | 1591 | — |
| 1968 | 13838 | 64696 | 17.62 | 2.14 | 2.99 | 290 | 1876 | — |
| 1969 | 14117 | 66554 | 17.50 | 2.02 | 2.87 | 279 | 1858 | — |
| 1970 | 14424 | 68568 | 17.38 | 2.17 | 3.03 | 307 | 2014 | 176 |
| 1971 | 14711 | 70518 | 17.26 | 1.99 | 2.84 | 287 | 1950 | — |
| 1972 | 14935 | 72242 | 17.13 | 1.52 | 2.44 | 224 | 1724 | — |
| 1973 | 15345 | 73866 | 17.20 | 2.75 | 2.25 | 410 | 1624 | 181 |
| 1974 | 15595 | 75264 | 17.16 | 1.63 | 1.89 | 250 | 1398 | 181 |
| 1975 | 16030 | 76390 | 17.34 | 2.79 | 1.50 | 435 | 1126 | 185 |
| 1976 | 16341 | 77376 | 17.44 | 1.94 | 1.29 | 311 | 956 | 188 |
| 1977 | 16669 | 78305 | 17.55 | 2.01 | 1.20 | 328 | 929 | 188 |
| 1978 | 17245 | 79014 | 17.92 | 3.46 | 0.91 | 576 | 709 | 192 |

数据来源：①中国统计年鉴；②中国城市统计年鉴。

由表可以看到，1961 年到 1963 年，城镇人口减少了 1100 万人，城市减少了 34 个。1963 年后又基本恢复了增长，但这种恢复性增长背后动因是当时提出的"三线建设"。"三线建设"是指一线（即沿海地区要搬家）、二线（即中部地区）、三线（即战略后方）。这一时期的城市建设和生产布局也形成了一些"隐痛"和"痼疾",如"山、散、洞""先生产、后生活"的建设布局模式,致使城市化发展大大落后于经济建设。

1966年开始的"文化大革命"以及政治、经济领域里一系列的重大决策失误,使我国国民经济蒙受了巨大损失,也严重制约了城市的发展。由于"文化大革命"撤销了城镇机构,停止了城市建设工作,大批下放城市人口,约有3000万城市人下放到农村。而且由于"三线建设",工厂建设分散,工业发展不集中,根本无法形成城市。城市发展几乎停滞。

由表可以看出1965—1971年全国城镇人口由13045万人增至14711万人,增长了12%,而全国总人口则增长了17%,并且城市化水平下降了0.7个百分点。1976年,"四人帮"粉碎后,城市化进程又有了一定的发展,城市化率也比1970年增长了近0.54个百分点。十年间,年平均上升了0.06个百分点,而1949—1957年年平均上升0.6个百分点。由此,可以看出这段时期城市化发展水平非常迟缓。

这一时期城市化主要特点是:

**1. 城市发展严重受到政策干扰,法规约束**

1957年的"左"倾错误,1958年的"大跃进",之后的"三线建设""文化大革命"等,都严重制约了中国城市化的发展,引致倒退的结果。而诸多的国家硬性约束也使城市发展趋于停滞状态。

**2. 城市空间布局进一步向西转移**

与当时的政策相适应,中西部地区发展速度加快,进一步改变了全国城市空间布局。1957年,全国178个城市,西部31个,占17.6%,到1978年时,西部增加了40个,占全国城市的20.7%。

**3. 大中城市发展较快,小城市呈下降趋势**

1957—1978年间,100万人以上大城市增加3个,50万~100万人的大城市增加9个,20万~50万的中等城市增加23个,而20万以下的小城市则由112个减至92个[①]。由此,大中城市发展速度大大快于小城市发展。

---

① 顾朝林,《中国城镇体系——历史·现状·展望》,商务印书馆1996年版,第188页。

### (三）启动恢复发展阶段

第三次是 1978—1992 年，我们知道，党的十一届三中全会以后，随着工作中心的转移和改革开放的逐步展开，我国城市建设也迎来了一个崭新时期。通过拨乱反正，下放的知识青年和干部大批返回城市，同时相当数量的农民进入城市发展，为城市增添了新的活力，推动了城市化进程。进入 80 年代，由于沿海开放战略的实行，我国先后成立了深圳、珠海、汕头、厦门、海南 5 个经济特区，开放了 14 个沿海港口城市，同时还将珠江三角洲、长江三角洲、福建沿海、广西沿海、辽东半岛和山东半岛也列为对外开放地区，政策和体制因素的作用，大大推动了我国东部沿海地区城市的发展，形成了一系列发达的城市群或城市带，如珠江三角洲地区城市群、长江三角洲城市带、辽东南城市带、胶济沿线城市带等。其间，1984 年 10 月中共十二届三中全会通过了《中共中央关于经济体制改革的决定》，确定了以城市为重点的经济体制改革，国民经济持续增长，乡镇企业大大发展，从而更加促进了城市化的顺利发展。

**表 2-11　1978—1992 年中国城市化历程及城乡人口的增长**

| 年　份 | 城镇人口（万人） | 乡村人口（万人） | 城镇人口比重（%） | 城镇人口增长率（%） | 乡村人口增长率（%） | 城镇人口增长规模（万人） | 乡村人口增长规模（万人） |
|---|---|---|---|---|---|---|---|
| 1978 | 17245 | 79014 | 17.92 | 3.46 | 0.91 | 576 | 709 |
| 1979 | 18495 | 79047 | 18.96 | 7.25 | 0.04 | 1250 | 33 |
| 1980 | 19140 | 79565 | 19.39 | 3.49 | 0.66 | 645 | 518 |
| 1981 | 20171 | 79901 | 20.16 | 5.39 | 0.42 | 1031 | 336 |
| 1982 | 21480 | 80174 | 21.13 | 6.49 | 0.34 | 1309 | 273 |
| 1983 | 22274 | 80734 | 21.62 | 3.70 | 0.7 | 794 | 560 |
| 1984 | 24017 | 80340 | 23.01 | 7.83 | −0.49 | 1743 | −394 |
| 1985 | 25094 | 80757 | 23.71 | 4.48 | 0.52 | 1077 | 417 |
| 1986 | 26366 | 81141 | 24.52 | 5.07 | 0.48 | 1272 | 384 |
| 1987 | 27674 | 81626 | 25.32 | 4.96 | 0.60 | 1308 | 485 |
| 1988 | 28661 | 82365 | 25.81 | 3.57 | 0.91 | 987 | 739 |
| 1989 | 29540 | 83164 | 26.21 | 3.07 | 0.97 | 879 | 799 |
| 1990 | 30191 | 84142 | 26.41 | 2.20 | 1.18 | 651 | 978 |
| 1991 | 30543 | 85280 | 26.37 | 1.17 | 1.35 | 352 | 1138 |
| 1992 | 32372 | 84799 | 27.63 | 5.99 | −0.56 | 1829 | −481 |

这一时期（1978—1992 年）城镇人口由 1978 年的 17245 万人增至 1992 年的 32372 万人，14 年间增加了 15127 万人，年均增加达到 1080.5 万人，新型的城乡管理体制逐步形成。1983 年，民政部和劳动人事部向国务院提出了撤县设市和撤销县并入市的标准，由这一标准，九年中，我国新设城市 139 个，每年平均增加 15.1 个城市。

这个阶段城市化的主要特征：

### 1. 政治稳定，规范标准，促进了城市化的健康发展

1978 年，中央纠正了过去"左"倾错误，以一个中心两个基本点作保障，充分认识到城市工作的重要性，根据实际国情，制定了一系列城市规划，发展和管理的方针政策。比如 1980 年提出了"控制大城市规模，合理发展中等城市，积极发展小城市"的全国城市建设工作方针。1989 年颁布了关于城市规划的法令，这些举措，无疑为城市发展指明了道路，提供了坚实的保障。

### 2. 国民经济实力不断增强

以经济建设为中心是我国的一项基本国策，经济的高速发展使我们比预定目标提前五年 GDP 于 1980 年翻两番，国民经济整体实力增强，农村的"联产承包责任制"，分田到户，把农民的利益与土地紧密联系起来，大大提高了农民的积极性，在 20 世纪 80 年代，连续几年获得大丰收。农业是工业与第三产业的基础，它的稳定发展促进了工业的发展，为城市化提供了坚实的物质基础。

### 3. 经济结构的转型

过去的计划经济体制，缺乏能动性，产业结构单一，由当时的政策，农民长期只能在农村务农，很少有进城工作的机会，从而城市人口仅靠每年出生人口来增加，非农业人口增长极为缓慢，城市化发展也大大滞后，改革开放以后，社会主义市场经济体制的不断完善，经济结构向着全方位、多层次、宽范围迈进。乡镇企业、三资企业崛起和第三产业的迅速发展，已经成为推动中国经济发展的"特快列车"和加快城市化的动力。

### 4. 经济体制转轨

由于过去的城市化发展都是以公有制经济为基础，而进入 20 世纪 80 年代

以来，我们的经济体制则是以公有制为主体的多种所有制经济共同发展，特别在一些小乡镇，个体经济、私营经济、"三资"企业等合作经济与混合经济占较大比重，有的可是说是占据地方的主体地方，大大促进了中国小城镇的兴起与发展。

改革开放以来，制度的创新为城市化的进一步发展起到了巨大的拉力作用。20世纪80年代初，多年阻碍城乡劳动力流动的定量供应制度取消，户口再也不是农民进城的限制条件。

5. 城市的空间布局由过去的向西转移变为向东转移

改革开放初期，中西部城市的增长速度要快于东部地区。例如1977—1985年，全国共增加城市134个，其中东部增加了45个，但增长速度远远慢于西部。1985年以后，东部沿海地区在改革开放与经济发展等方面都逐渐走到了全国前列，城市空间布局也随之由西向东转移，1985—2002年增加的338个城市中，东部有187个，占总量的55.3％，而西部虽然增加城市114个，但速度明显慢于改革开放以前。

（四）快速推进阶段

第四次是1992年邓小平南行讲话以后，我国开始全面建立社会主义市场经济体制，人民的思想获得了新的解放。中国城市呈现多层次、全方位开放格局。一是开放城市和地区增多，新批准长江沿岸28个城市和8个地区以及东北、西南、西北地区13个边境城市对外开放，11个内陆地区省会城市实行沿海开放城市的政策，形成了东部沿海开放地区，以上海浦东开发为龙头的长江沿岸地区、周边地区和以省会城市为中心的中西部地区的多层次、全方位开放格局，大中型城市得到了空前的发展。二是城市经济体制改革拉开序幕，简政放权、企业下放、搞活民营、以市带县、县改市、乡改镇轰轰烈烈，形成了城市发展的新局面，各类城市得到了空前的发展。目前，我国城市发展可以说进入了新的一轮城市化高潮，这一次具有了许多新的特征，诸如开始注意提高城市自身素质和形象、提高人居环境质量；提高城市产业水平与竞争力；城市的管理和运营更加科学和有效率等。

这一时期（1992年至今），虽然经历了通货膨胀和亚洲金融风暴，我国国民经济还是持续发展，尤其是第二、三产业的迅速发展，带动了城市化的新发展。到2000年，我国除港澳台地区外，共设市663个。基本形成了以大城市

表 2-12 1993—2002 年中国城市化历程及城乡人口的增长

| 年 份 | 城镇人口<br>（万人） | 乡村人口<br>（万人） | 城镇人口<br>比重（%） | 城镇人口<br>增长率<br>（%） | 乡村人口<br>增长率<br>（%） | 城镇人口<br>增长规模<br>（万人） | 乡村人口<br>增长规模<br>（万人） |
|---|---|---|---|---|---|---|---|
| 1993 | 33351 | 85166 | 28.80 | 3.02 | 0.43 | 979 | 367 |
| 1994 | 34301 | 85549 | 28.62 | 2.85 | 0.45 | 950 | 383 |
| 1995 | 35174 | 85947 | 29.04 | 2.55 | 0.47 | 873 | 398 |
| 1996 | 35950 | 86439 | 29.37 | 2.21 | 0.57 | 776 | 492 |
| 1997 | 36989 | 86637 | 29.92 | 2.89 | 0.23 | 1039 | 198 |
| 1998 | 37942 | 86868 | 30.4 | 2.58 | 0.27 | 953 | 231 |
| 1999 | 38892 | 87017 | 30.9 | 2.50 | 0.17 | 950 | 149 |
| 2000 | 45594 | 80739 | 36.1 | 17.2 | −7.2 | 6702 | −6278 |
| 2001 | 48064 | 79563 | 37.66 | 5.42 | −1.46 | 2470 | −1176 |
| 2002 | 50212 | 78241 | 39.09 | 4.47 | −1.66 | 2148 | −1322 |
| 2003 | 52376 | 76851 | 40.53 | 4.31 | −1.78 | 2164 | −1390 |

表 2-13 1978—1992 年中国各级规模城市数量（个）
及在城市总数量中所占比重（%）

| 年 份 | 合 计 | | 100 万人口<br>及以上 | | 50 万～100 万<br>人口 | | 20 万～50 万<br>人口 | | 20 万人口<br>以下 | |
|---|---|---|---|---|---|---|---|---|---|---|
| | 城市<br>数量 | 比重 | 城市<br>数量 | 比重 | 城市<br>数量 | 比重 | 城市<br>数量 | 比重 | 城市<br>数量 | 比重 |
| 1978 | 192 | 100 | 13 | 6.8 | 27 | 14.1 | 60 | 31.2 | 92 | 47.9 |
| 1979 | 216 | 100 | 16 | 7.4 | 27 | 12.5 | 67 | 31.0 | 106 | 49.1 |
| 1980 | 223 | 100 | 15 | 6.7 | 30 | 13.5 | 70 | 31.4 | 108 | 48.4 |
| 1981 | 233 | 100 | 18 | 7.7 | 28 | 12.0 | 70 | 30.1 | 117 | 50.2 |
| 1982 | 245 | 100 | 19 | 7.8 | 29 | 11.8 | 70 | 28.6 | 127 | 51.8 |
| 1983 | 289 | 100 | 19 | 6.6 | 29 | 10.0 | 73 | 25.3 | 168 | 58.1 |
| 1984 | 295 | 100 | 19 | 6.4 | 31 | 10.5 | 81 | 27.5 | 164 | 55.6 |
| 1985 | 324 | 100 | 21 | 6.5 | 31 | 9.6 | 94 | 29.0 | 178 | 54.9 |
| 1986 | 353 | 100 | 23 | 6.5 | 31 | 8.8 | 95 | 26.9 | 204 | 57.8 |
| 1987 | 382 | 100 | 25 | 6.5 | 30 | 7.9 | 103 | 27.0 | 224 | 58.6 |
| 1988 | 434 | 100 | 28 | 6.5 | 30 | 6.9 | 110 | 25.3 | 266 | 61.3 |
| 1989 | 450 | 100 | 30 | 6.7 | 28 | 6.2 | 116 | 25.8 | 276 | 61.3 |
| 1990 | 467 | 100 | 31 | 6.6 | 28 | 6.0 | 117 | 25.1 | 291 | 62.3 |
| 1991 | 479 | 100 | 31 | 6.5 | 30 | 6.3 | 121 | 25.2 | 297 | 62.0 |
| 1992 | 517 | 100 | 32 | 6.2 | 31 | 6.0 | 141 | 27.3 | 313 | 60.5 |

表 2-14　1993—2000 年中国各级规模城市数量（个）

及在城市总数量中所占比重（％）

| 年份 | 合计 | | 100万人口及以上 | | 50万~100万人口 | | 20万~50万人口 | | 20万人口以下 | |
|---|---|---|---|---|---|---|---|---|---|---|
| | 城市数量 | 比重 | 城市数量 | 比重 | 城市数量 | 比重 | 城市数量 | 比重 | 城市数量 | 比重 |
| 1993 | 570 | 100 | 32 | 5.6 | 36 | 6.3 | 160 | 28.1 | 342 | 60.0 |
| 1994 | 622 | 100 | 32 | 5.2 | 41 | 6.6 | 175 | 28.1 | 374 | 60.1 |
| 1995 | 640 | 100 | 32 | 5.0 | 43 | 6.7 | 191 | 29.9 | 374 | 58.4 |
| 1996 | 666 | 100 | 34 | 5.1 | 44 | 6.6 | 195 | 29.3 | 393 | 59.0 |
| 1997 | 668 | 100 | 34 | 5.1 | 47 | 7.0 | 205 | 30.7 | 382 | 57.2 |
| 1998 | 668 | 100 | 37 | 5.5 | 49 | 7.3 | 205 | 30.7 | 377 | 56.4 |
| 1999 | 667 | 100 | 37 | 5.5 | 49 | 7.3 | 216 | 32.4 | 365 | 54.7 |
| 2000 | 663 | 100 | 40 | 6.0 | 53 | 8.0 | 218 | 32.9 | 352 | 53.1 |
| 2001 | 662 | 100 | 166 | | 279 | | 180 | | 37 | |
| 2002 | | | | | | | | | | |
| 2003 | 660 | 100 | 174 | | 274 | | 172 | | 40 | |

为中心，中小城市相结合得较为合理的城市体系结构。城市化进入了一个发展活跃时期，城市体系与布局逐渐与城市经济发展与产业结构相适应。未来的 20 年，面对着大好形势，将是城市化发展的一个重要时期。

城市化快速发展的原因是：

1. 市场力量成为城市化的重要推动力

这一时期，我国市场机制逐步建立起来，城市地区更加开放，不仅是商品市场、产业领域，涉及用工、劳务、保险、医疗、教育、住房、信贷等，城乡之间的壁垒一步步被拆除，在我国一些发达地区，已经取消了农民户口这一形式。20 世纪 90 年代后，户籍制度、商品供应制度、劳动用工制度及社会福利保障制度、建市标准等一系列的变革，拓宽了人们选择工作环境，这种制度创新与变革，无疑有助于加快中国的城市化进程。

2. 第二、三产业的快速发展，推动城市化

进入 20 世纪 90 年代以后，第二、三产业得到了快速发展。20 余年，第

二产业增长了 20 多倍，第三产业增长了 30 余倍。由于第二、三产业的发展大多数要以城市为依托，从而带动了城市化的进程，为我国城市化的进一步发展打下了坚实的经济基础。

3. 制度的创新进一步拉动城市化

制度改革一直是我国 25 年来经济社会发展的核心，它扮演了重要的角色。尤其是 1994 年的包括财政、金融、税收、投资、外贸等领域的全面经济体制改革，奠定了市场经济的基本框架。此后，多次的政府机构改革、户籍制度改革、人事、用工制度改革、劳动和社会保障改革等，进一步完善了我国社会主义市场经济体制。这些制度的实施，推动了城市化进程，如我国南方一些发达地区，取消了区域内城乡户口的区别，不再有居民和农业户口之分，统一为公民户口，在一定辖区范围内（主要为小城镇）可自由迁转户口。原农村人口管理纳入城市管理体系，成立街道办事处，各种待遇与市民靠拢，"农民"只是一种职业称谓了。

4. 城市职能向着特色化、个性化发展

应该说新中国成立以后，中央便把城市建设与经济建设相结合，把消费型城市向生产型城市发展，兴建了一批工商业城市。改革开放以后，城市的经济功能不断增强，有了较强的工业生产和商贸能力，并且城市还向着综合性方向发展，我国多数城市具有政治、经济、文化等多方面的综合性功能。进入 20 世纪 90 年代后，城市竞争越加激烈，城市不再都是综合性的城市，也不是过去的单一的生产性城市，而是向着发挥城市潜力、特色的方向演进。如一些城市打造"科技城""大学城""旅游城""历史文化名城""交通枢纽"等职能。

5. 小城市与中等城市发展速度最快，特大城市发展速度较快，大城市
   发展较慢

目前，中国的城市发展为一种"纺锤式"结构，中间小，两头大。

20 年间，小城市增长了 2.4 倍，20 万～50 万人的中等城市增长了 2.1 倍，50 万～100 万的大城市增长了 1.7 倍，100 万以上的特大城市增长了 2.7 倍①。同时建制镇也由 2173 个增至 20312 个，增长了 8.35 倍。由此可见，小

---

① 国家统计局《一九八〇年 220 个城市国民经济基本情况统计资料》《中国城市统计年鉴 2001》。

城镇发展速度快于中等城市，而大城市的发展最为缓慢。

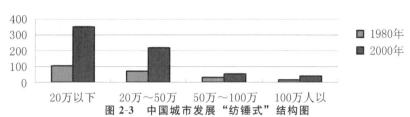

图 2-3　中国城市发展"纺锤式"结构图

需要指出的是，我国城市化与世界水平相比还不容乐观。按第五次人口普查资料，到 2000 年中国的城市化率为 36.06%，这个指标，不仅低于世界上同等经济发展水平国家，也与自身工业化程度和经济发展水平不协调。目前，世界城市化平均水平已近 50%，发达地区国家为 75%，发展中国家也在 40% 以上（见表 2-15）。

表 2-15　部分国家和地区人均 GDP 与城市化水平比较（1999 年）[①]

| 国家和地区 | 人均 GDP（美元） | 城市化水平（%） |
|---|---|---|
| 全世界平均 | 4,890 | 46（2000 年数据为 50） |
| 低收入国家<br>（人均 GDP800 美元以下） | 410 | 31 |
| 下中等收入国家<br>（人均 GDP800～3000 美元） | 1200 | 43 |
| 上中等收入国家<br>（人均 GDP3000～1 万美元） | 4900 | 76 |
| 高收入国家<br>（人均 GDP1 万美元以上） | 25730 | 77 |
| 中　国 | 780（按购买力平价计算为 3,291）2002 年实际达到 1000 | 32（2000 年为 36；2001 年为 38） |
| 印　度 | 450 | 28 |
| 韩　国 | 8490 | 81 |
| 巴　西 | 4420 | 81 |
| 俄罗斯 | 2270 | 77 |
| 日　本 | 32230 | 79 |
| 法　国 | 23480 | 75 |
| 美　国 | 30600 | 77 |

资料来源：《世界发展报告 2000—2001》，中国财政经济出版社 2001 年版，第 40 卷第 4 期；《北京大学学报》（哲学社会科学版），2003（7）。

---

[①]　王骏，关于中国城市化战略若干问题的思考，北京大学学报（哲学社会科学版）2003 年第 4 期。

### 三、中国城市形态类型与布局结构[①]

我国现有大中小城市 660 多座，作为城市可持续发展的主体，这些城市对于我国国民经济发展有着举足轻重的影响。考察这些城市的空间结构与分布特点，将会深化对我国城市化进程的理解和认识。

以城市行政区划边界以内，城市伸展轴组合关系、用地聚散状况和建成区总平面外轮廓为标准，大体可以将城市形态结构分为集中型和群组型两大类型。

#### （一）集中型

集中型城市主要包括块状集中型、带型、放射型三种。

1. 块状集中型

城市建成区主体轮廓长短轴之比小于 4∶1，是城市长期集中紧凑全方位发展形成的状态，包括方形、圆形、扇形等若干子类型，是一种常见的形式，城市往往以同心圆向外围扩展。这种形态属于一元化的格局，人口和建成区在一定时期内比较稳定，主要城市活动中心多处于平面几何中心附近，市内道路网为较规整的格网状。

2. 带型

城市建成区主体平面形态的长短轴之比大于 4∶1，并明显呈单向或双向发展。这种形态的形成，或是受自然条件所限，如沿河流两岸或沿湖、海延伸，沿山谷的狭长地形的发展，或是依赖区域主要交通干线，如不断沿铁路、公路干线在一个轴向作扩展。这种城市的规模往往不大，整体上使城市的各部分均能接近自然生态环境，空间形态的平面布局和交通流向组织也较单一。

3. 放射型

建成区总平面的主体团块有三个以上的明确发展方向，呈现出星状、指状、花瓣状等形态。这类城市多是位于对外交通便利的平原地区，在迅速发展阶段同时沿交通干线自发或按规划多向多轴外向扩展，形成放射型走廊。这类

---

[①]　《中国城市可持续发展研究》，郭培章主编，经济科学出版社，2004。

城市具有强烈的向心性和开放性，在一定规模时多只有一个主要中心，而形成大城市后往往发展出多个次级中心，形成多元结构。

## （二）群组型

群组型城市主要有星座型、组团型、散点型三种。

### 1. 星座型

城市是由一个相当大规模的主体团块和三个以上次级团块组成的复合式形态，通常是大型城市为母体，在其周围一定距离内建设发展若干相对独立的新区或卫星城镇。这类城市人口和建成区用地规模很大，具有非常集中的中心商务区和若干副中心或分区中心，以及联系各中心的对外交通环形网和联系主体团块和次级团块的放射型干道，形成复杂而高度发展的综合式多元结构。

### 2. 组团型

城市建成区是由两个以上相对独立的主体团块和若干个基本团块组成，形成原因多是由于较大河流或其他地形等自然环境条件的影响，城市用地被分隔成几个有一定规模的分区团块。团块之间有一定的空间距离，有各自的中心和道路系统，但由较便捷的联系通道使团块之间组成一个城市实体，属于多元复合结构。

### 3. 散点型

城市没有明确的主体团块，各个基本团块在较大区域内呈散点状分布。资源较分散的矿业城市往往形成这种形态，也有的是由若干相距较远的独立发展的规模相近的城镇组合而成为一个城市。散点型城市通常因交通不便，难于组织较为合理的城市功能和生活服务设施，每一个组团需分别规划布局。

从我国的城市布局结构看，形态演变有以下几种方式：

（1）由内向外呈同心圆式连续发展

新扩展部分易于与原有建成区保持连贯性，基础设施建设较为容易，在规划管理较为完善的情况下，可以获得较高的集聚效益。但扩展到一定阶段，就会导致中心区规模过大，人口和就业高度集中，交通拥堵，环境恶化。

（2）轴向扩展

沿主要对外交通轴线放射状扩展，可以使新区与中心城区保持良好的通达性。轴向扩展往往在不同方向发展的次序、速度不同，呈现出非均衡的周期性推进。

（3）蛙跳式扩展

这是一种不连续的城市空间扩展方式，当城市规模扩大到一定程度，连续性扩展方式由于地理环境或其他因素无法连续进行，或考虑到良好生态环境、疏解城市中心区功能等目的，城市用地在与中心城区相距一定距离的地点以跳跃方式成组团式发展。

（4）低密度连续蔓延

这是一种无秩序、无规划的随机性空间扩张方式，无一定发展方向和功能分区，土地利用率低。我国 20 世纪 50 年代以及在 90 年代初部分城市盲目发展时期就经历了这种过程。新发展的土地包含有大量的空地和插花地，功能布局不明，用地浪费严重。

# 第三节　中国城市化地带差异及其成因分析

城市地带性差异明显是我国城市的一个重要特点，特别是这种地带性已经成为我国现阶段经济分析的重要依据，1949 年新中国成立以来，我国城市化经历了不同的历史阶段，东、中、西三大地带之间的城市化水平差距也有着一定的变化，这里我们仍然分阶段进行分析，借以回顾和了解中国城市化地带差异的形成轨迹。

## 一、改革开放前中国城市化的地带差距及其原因

首先回顾一下新中国成立以后到改革开放之前中国城市化的发展情况。

如图 2-4 显示的是这一阶段全国城市化发展的历程，表明了从 1949 年新中国成立到 1978 改革开放前中国的城市化经历了起步、起伏和停滞三个过程。1949 年到 1957 年，城市化水平从 10.64% 上升到 15.39%，是起步阶段；1958 年到 1965 年是起伏阶段，城市化水平从 16.25% 变化到 17.98%，其中 1960 年的城市化水平曾经达到 19.75%；1966 年到 1977 年是停滞阶段，城市化水平基本维持在 17% 左右。

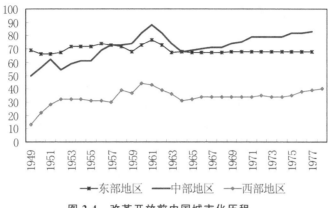

**图 2-4 改革开放前中国城市化历程**

资料来源：《新中国城市五十年》，北京：新华出版社 1999 年版。

1965 年后，市镇人口快速增长，但是城市化水平却略有下降，这是因为这段时间乡村人口以更快的速度增加导致的。

**（一）改革开放前中国城市化的地带差距**

改革开放前，三大地带的城市化发展基本沿袭了全国城市化水平的发展趋势，但是在不同时间内各自发展的程度和趋势有所不同，下面从以下几个方面分别说明：

**1. 三大地带各自城市化水平比较**

由于 1966 年之后中国的城市化发展进入了停滞不前的阶段，因此可以认为，1975 年三大地带之间城市化水平的差距可以代表改革开放之前他们之间的差距。现根据我们资料计算出 1975 年三大地带城市化水平，如下表所示：

**表 2-16 1975 年三大地带分别的城市化水平及其差距**

| 年 份 | 城市化水平（%） | | | 城市化水平差距（百分点） | | |
|---|---|---|---|---|---|---|
| | 东 部 | 中 部 | 西 部 | 东中地带 | 东西地带 | 中西地带 |
| 1975 | 25.20 | 6.07 | 2.99 | 19.13 | 22.21 | 3.08 |

资料来源：《1999 人口统计年鉴》，北京：中国统计出版社 2000 年版。

1975 年全国平均城市化水平为 17.45%，而东部地区高出了这个平均水平 7.75 个百分点，而中西部地区的城市化水平远远低于全国的水平，东部地区的水平甚至是西部地区的八倍多。以此可以看出，到改革开放前三大地带之间的城市化水平相差非常大。

### 2. 三大地带城市数量增长情况比较

1949年，我国共有城市132个，到1978年改革开放之前全国城市总数量增加到193个。在将近30年的时间里，增加了61个城市，每年平均只增加2个城市，这反映了这个时期内中国城市化水平较为低下。

与此同时，三大地带城市的数量增长情况也各不相同。东部地带1978年的城市数量与1949年相同，均为69个，城市数量保持一致，没有任何变化。中部地带的城市数量则从1949年的50个增加到了1978年的84个，增幅达到68%，并且该阶段中部地区增加的城市数量占全国增加数量的55.7%。西部地区在这个阶段城市数量由13个增加到40个，占全国增加数量的44.3%。这与当时我国以平衡区域协调发展为目的的经济发展政策是密切相关的。

下面就来看看这个阶段各个地带城市数量变化的情况：

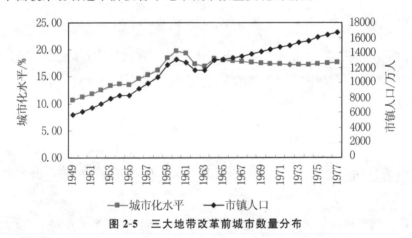

**图 2-5　三大地带改革前城市数量分布**

资料来源：《新中国城市五十年》，北京：新华出版社1999年版。

从上图可以看到，从1958年到1965年，三大地带的城市数量都有较大幅度的波动，而以中部地区的波动为最，最大的变化甚至高达14个。1957年和1964年，东部和中部地区的城市数量达到一致，其中1957年均有73个城市，1964年均有68个城市。1957年之前，三大地带的城市数量都在增加，但是东部地区的速度明显慢于中西部，导致东部与中西部地区城市数量的差距有所缩小。1965年之后，东部城市数量基本保持不变，只是在1969年由67个增加到68个，但是中西部地区仍然保持增加的趋势，只是速度较为减慢，因此导致了与东部地区的差距进一步缩小。

3. 三大地带市区人口变化比较

新中国建立后，各个区域内的市区人口都有提高，但是区域间的增加幅度各有不同：

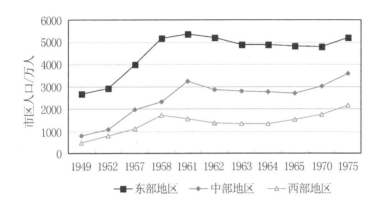

**图 2-6 三大地带改革前市区人口增加分布**

资料来源：《1999 人口统计年鉴》，北京：中国统计出版社 2000 年版。

首先从量来说，三大地带存在着较大的差距，东部地区在新中国成立初就有市区人口 2682.04 万人，但是中西部地区均不到 1000 万人。1961 年，东部地区达到了这个阶段市区人口的最大值，5360.25 万人，而这时西部地区已经开始有了下降的趋势，中部虽然也达到了其最大值，但是只有 3222.44 万人，这时东西部的差距达到了最大。1975 年，中部地区的市区人口增长最快，导致与东部的差距较 1949 年下降到了这个时期的最低点。

其次从发展速度来说，1952 年之前，三大地带市区人口的增长相近，分别以每年 56、72 和 80 万人的速度增长。但是从 1953 年开始三大地带的增长速度有了明显的差别，东部地区的增长速度明显快于中西部，其中西部是速度最慢的，并且其增长持续的时间也是最短的，到 1958 年就开始减少了，东部和中部的增加趋势都延续到了 1961 年。之后，三大地带都进入了缓慢减少的阶段，只不过西部地区的幅度最大。中西部地区在 1965 年扭转了这个趋势，重新恢复了慢速增加的趋势，但是东部一直到 1970 年才开始缓慢的增加。

虽然三大地带市区人口的整体发展趋势相似，但是因为各自不同的发展速度，也导致了三大地带之间差距的变化，见表 2-17。

表 2-17　三大地带市区人口差距变化（万人）

| 年　份 | 东中差距 | 东西差距 | 中西差距 |
|---|---|---|---|
| 1949 | 1891.48 | 2205.59 | 314.11 |
| 1952 | 1825.58 | 2108.47 | 282.89 |
| 1957 | 2035.31 | 2894.2 | 858.89 |
| 1958 | 2839.82 | 3455.58 | 615.76 |
| 1961 | 2137.81 | 3810.47 | 1672.66 |
| 1962 | 2334.53 | 3826.59 | 1492.06 |
| 1963 | 2098.06 | 3551.95 | 1453.89 |
| 1964 | 2111.34 | 3536.56 | 1425.22 |
| 1965 | 2131.05 | 3299.65 | 1168.6 |
| 1970 | 1765.61 | 3040.49 | 1274.88 |
| 1975 | 1642.6 | 3070.82 | 1428.22 |

资料来源：《1999 人口统计年鉴》，北京：中国统计出版社 2000 年版。

从上表中可以看到西部与东部和中部的差距都有了不同程度的提高，其中与中部的差距由 1949 年的 314.11 万人增加到了 1975 年的 1428.22 万人，这主要是因为中部地区市区人口的快速增加。西部与东部的差距在 1961 年之后以较慢的速度下降，并且这种趋势一直保持到了改革开放。

与此同时，也由于中部地区市区人口的快速增加，其与东部地区的差距较 1949 年减少了 248.88 万人。

因此，可以知道，在改革开放前，中部地区和西部地区的城市化水平都处于提高的阶段，只是各自提高的速度不同，但是东部地区的城市化水平却有所下降。因此中西部与东部地区的差距都有不同程度的缩小。但由于西部地区的发展速度慢于中部地区，因此中西部之间的差距有所拉大。

（二）三大地带城市化差距的原因分析

产生三大地带之间城市化水平差距变化的原因主要是计划经济的影响，国家经济发展的重点对于区域城市化水平的发展一度成为具有决定性作用的因素。在计划经济体制下，工业化的整体格局都由计划决定，意味着计划实际决定了投资的方向，进而决定劳动力的需求，决定着劳动力，特别是农村剩余劳动力向城镇、工矿建设点的流动和聚集。尤其是在二十世纪五六十年代，中国走的是优先发展重工业的道路，投资规模比较大，比较集中，因此投资与计划对城市化发展的导向作用更为突出。

在新中国成立以后，国家经济发展的重点是促进区域的协调发展，因此针对东部地区经济较为发达的现状，把发展的重点放在了中西部。这也是这个时期内东部地区的城市化水平降低而中西部地区城市化水平反而提高的主要原因。

三大地带之间这种差距的形成还与国家政策的导向作用相关。如在 1955 年 6 月，国务院发布了《关于设置市、镇建制的决定》，为城市发展方向提供了规划，因此导致东部地区撤销了一批小城市，中西部地区新建了一批工业城市[①]。这就反映在 1957 年以后一段时间内东部地区的城市数量是减少的，但是中西部的城市数量却在增加。

三大地带的城市化发展受到了各个区域内部自然资源和环境因素的影响。东部地区由于其较好的区位优势，在新中国建立以后一直保持领先的地位。而西部虽然具有较多的自然资源，但因为其城市的承载能力限制，无法实现快速的城市化。而中部地区在这个阶段的快速城市化则主要得利于其较好的地理位置，在国家重点开发中西部时成为最大的受益者，成为这个时期城市化水平发展最快的区域。

## 二、改革开放至 20 世纪 90 年代中期城市化的地带差距

通过改革开放，中国的经济得以复苏和发展，中国的城市化也得到了快速的发展。截至 1995 年，中国工业化进入了中期阶段，城市化也基本上完成了前期阶段的发展，开始向中期阶段发展。下面首先看看全国城市化发展和市镇人口发展的历程：

从下图可以看到，这个阶段不论是城市化水平还是市镇人口都处于稳步上升的阶段，其中城市化水平年平均增长速度达到了 0.62 个百分点，在 1995 年达到了 29.04%。

从上图可以看出，这个阶段是中国城市化道路恢复和发展的阶段，同时我国的经济结构也快速完善和发展。1979 年到 1983 年是我国城市化恢复阶段，市镇人口快速增加。1984 年到 1993 年城市化水平稳步发展，到 1995 年，中国的城市化发展出现了又一次的快速增长期。

---

① 顾朝林。《中国城市地理》[M]，商务印书馆，1999 年。

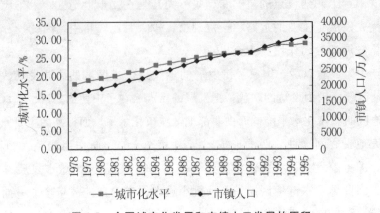

**图 2-7　全国城市化发展和市镇人口发展的历程**

资料来源：《新中国城市五十年》，北京：新华出版社 1999 年版。

## （一）改革开放至 20 世纪 90 年代中期城市化的地带差距

### 1. 三大地带城市化水平比较

根据现有的资料，可以计算出三大地带 1990 年和 1995 年城市化水平的情况和相互之间的差距，见表 2-18。

**表 2-18　改革开放至 20 世纪 90 年代中期三大地带各自城市化水平比较**

|  | 城市化水平（%） | | | 地带差距（百分比） | | |
|---|---|---|---|---|---|---|
|  | 东　部 | 中　部 | 西　部 | 东中地带 | 东西地带 | 中西地带 |
| 1990 年 | 27.7 | 24.9 | 20.5 | 2.8 | 7.3 | 4.5 |
| 1995 年 | 33.8 | 27.1 | 24.2 | 6.8 | 9.6 | 2.9 |
| 平均年增长速度 | 1.3 | 0.4 | 0.8 | — | — | — |

资料来源：《1999 人口统计年鉴》，北京：中国统计出版社 2000 年版。《1990 年第四次人口普查资料》，北京：中国统计出版社 1991 年版。

首先，1995 年全国平均城市化水平为 28.77%，东部、中部和西部三大地带的城市化水平与 1990 年的城市化水平相比都提高了，分别为 6.12%、2.085% 和 3.75%。

但是三大地带的城市化水平提高的幅度和速度都各有不同。1990 年到 1995 年，东部的增长速度最快，其次是西部，中部最慢，三大地带之间城市化的相对差距加大了。同时，三大地带之间的城市化水平绝对差距除了中西部有所缩小以外也都加大了，其中最为严重的是东西部之间的差距，增加到了 9.60%。

### 2. 三大地带城市数量增长情况比较

这个阶段是我国城市数量变化最大的时期，全国的城市数量从 1979 年的 216 个增加到 1995 年的 640 个，总共增加了 424 个，增幅达到 196.3%，平均每年增长 25 个城市。如下图所示。

从图 2-8 和图 2-9 可以看到，东部地区的城市数量增加最多，从 1979 年的 78 个增加到了 1995 年的 290 个。1991 年之后增长速度加快，平均每年增加 12 个城市。

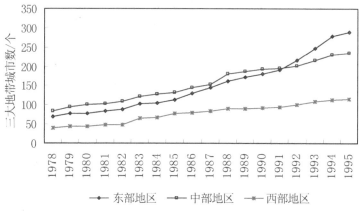

**图 2-8　改革开放后三大地带城市数量变化图**

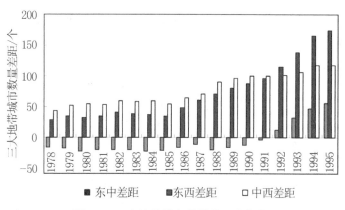

**图 2-9　三大地带城市数量差距变化图**

中部和西部地区的城市数量增加速度则较为稳定。中部地区的城市数量由95个增加到了234个，平均每年增加8个城市，而西部地区从1979年的43个城市增加到了1995年的121个，平均每年增加5个城市，所以，西部地区整体的数量均少于东中部。这样不同的发展速度也就导致了三大地带之间城市数量差距的变化：

从上图可以明显地看到三大地带之间城市数量差距的变化，1991年东部地区比中部地区的城市数量少3个，但1992年，东部地区的城市数量超过中部地区13个，两者的差距由负数变成了正数。1995年东西部地区的差距达到了最大，相差174个城市。1986年至1994年全国共设市300个，其中东部地区设立了145个，占48.53%，中部地区设立了121个，占40.33%，西部地区设立34个，只占11.33%[①]。从这个历史数据中不仅可以知道为什么中西部地区城市数量远远少于东部地区，也能预测到如果仍然保持这样的趋势，以后三大地带城市数量的差距将会越来越大。

3. 三大地带市区人口变化比较

改革开放后，各个地带的经济都有了不同程度的发展，因此也导致了三大地带市区人口不同程度的增长，三大地带之间市区人口的差距也有了不同的发展。如图所示，东西部的差距不仅在数量上一直较大，并且其变化的速度也快于其他两个地区的差距，截至1995年，东西部市区人口的差距高达8246.08万人。东中部的差距1991年之前变化较小，之后增长的速度加快。

因此，可以总结知道，改革开放到20世纪90年代中期（1995年）城市化发展的重点是东部地区，东部地区和中西部地区城市化水平和经济发展水平差距拉大。东部地区这种较快速度的发展会持续较长时间，因此与中西部地区的绝对差距将有加大的趋势。

与此同时，西部地区的发展快于中部地区，导致中西部地区城市化水平差距的缩小。

（二）三大地带城市化差距的原因分析

改革开放使中国的经济形势发生了深刻的变化，随着一系列改革、开放措施的落实，农村经济有了较快的发展，城市经济中心作用加强，并且中国城市

---

① 高佩义.《中国城市化比较》[M]。

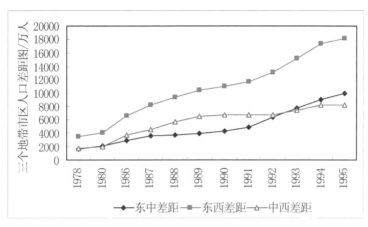

图 2-10　三大地带市区人口差距变化图

设置也进入了恢复发展阶段。但是由于经济、投资、自然资源和制度创新等不同的原因，导致了三大地带城市化发展的速度不同，差距有加大的趋势。下面就分别从以下几个方面来分析产生这种现象的原因：

1. 改革开放给东部地区带来的城市发展契机

1978 年以后，在邓小平的领导下，我国开始了一次从沿海到内地的全面对外开放，国家投资和建设的重点转移到了东部沿海地带。由于东部沿海地区具有优越的区位和交通条件，因此成为我国经济发展的重点地带，首先开放的沿海城市，大大推动了沿海东部地区的城市化水平快速提高，因此导致最后不仅没有减缓东、中、西三个地区之间的差距，反而把这个差距拉大了。

随着中央经济权利的下放，所有制成分的多样化以及投资主体的多元化，国家对工业的投资渐渐从直接投资转入政策引导，国家工业发展政策对城市经济发展和人口增长的影响力逐步减弱，减弱了中央和地方政府原来在经济建设中的主体地位，也就减弱了在城市发展中的主导作用，城市发展将更多地取决于城市政府本身的能力和城市的发展潜力。东部地区以其自身的区位优势和较好的经济基础，成为这个阶段城市化水平提高最多的地带。

2. 经济发展的原因

改革开放后，我国经济快速发展。东部沿海地区的发展速度快于中西部地区，中西部地区在原本就较差的经济基础上以较慢的速度发展，使得三大地带之间经济差距扩大。这个时期，经济差距的变化可以划分为两个阶段。

第一个时期是 1979 年到 1991 年，"六五"期间东部的基础设施建设投资比重占全国的 47.7％，比上个时期上升了 5.5％，东西的差距有所扩大，但是幅度不大。"七五"中东部的基础设施建设投资比重占全国的 51.7％，中部为 24.4％，西部为 16.3％，东西部的差距进一步地扩大了。

第二个时期是从 1992 年到 1995 年，是地区差距拉大速度最快的时期。1990 年，东部和中部的人均 GDP 比值为 1：0.63，东部和西部的比值为 1：0.55，但是到了 1995 年，两者分别为 1：0.54 和 1：0.42[①]。

### 3. 中西部地区在城市化过程中发展滞后

在中西部地区，随着经济的增长，人口、资源、环境与发展之间的矛盾在不断加深，资源破坏、环境污染、江河断流等问题突出。中部西地区农村人口增长快，工业化程度低，粗放型的经济增长方式对资源的不合理利用，造成严重的资源破坏和浪费，加剧了资源短缺和生态失衡的矛盾。中西部地区许多城市严重缺水，耕地紧张，农村剩余劳动力和城市人口急剧增加带来就业难题，所有这些都严重地制约着中西部城市水平的提高和经济的可持续发展。

### 4. 小城镇的发展也是导致三大地带城市化水平差距的主要原因之一

1984 年，中央颁布了新的户籍管理政策，允许农民自带口粮进镇务工经商和进镇落户，又调整了 60 年代以来市镇建制标准[②]。而东部地区的乡镇工业发展一直是全国的榜首，乡镇工业是促进东部地区小城市和小城镇的主要动力，这样也就导致了这个阶段东部与其他两个地带差距加大。同时西部地区小城市城镇非农业人口的年平均增长率也逐步提高，如下表所示：

**表 2-19　东、中、西部地区小城市非农业人口年平均增长率比较**

| 时　　期 | 西部地区 | 东部地区 | 中部地区 |
|---|---|---|---|
| "六五"期间 | 1 | 2.06 | 1.64 |
| "七五"期间 | 1 | 1.41 | 1.10 |
| "八五"期间 | 1 | 1.32 | 1.32 |

资料来源：根据建设部城市规划司"城市及城市人口统计资料"整理。[③]

---

① 赵德馨。《中华人民共和国经济史》，河南人民出版社，2000 年。
② 沈建国：《新世纪中国城市化道路的探索》，中国建筑工业出版社，2001 年 6 月，第 141 页。
③ 《中国区域协调发展战略》。

### 三、1995 年以来中国城市化的地带差距及其原因

1995 年之后，中国工业化进入了中期发展阶段，城市化发展也开始向中期阶段发展，进入稳步发展的阶段。1999 年到 2000 年中国的城市化水平提高了 5.32 个百分点。但是三大地带之间的区域不平衡仍然存在，下面就从以下几个方面说明他们之间的差距。

#### （一）1995 年以来中国城市化的地带差距

1. 三大地带各自城市化水平比较

表 2-20　2000 年三大地带城市化水平比较

| 年　份 | 城市化水平（%） | | | 地带差距（百分点） | | |
|---|---|---|---|---|---|---|
| | 东　部 | 中　部 | 西　部 | 东中差距 | 东西差距 | 中西差距 |
| 1995 年 | 33.8 | 27.1 | 24.2 | 6.8 | 9.6 | 2.9 |
| 2000 年 | 44.7 | 33.5 | 27.0 | 11.2 | 17.7 | 6.5 |

注：本表是 2000 年全国人口普查。

资料来源：《2001 年中国统计年鉴》，北京：中国统计出版社 2002 年版。

2000 年，全国的平均城市化水平为 36.22%，东部地区超过全国的平均水平 8.45%。中西部地区的城市化水平都低于全国的平均水平，特别是西部地区，其城市化水平只有全国平均水平的四分之三，只有东部地区的百分之六十。

与 1995 年的城市化水平相比，三大地带之间的差距更大了，东西部之间的差距甚至高达 17.66%。

2. 三大地带城市增加数量比较

随着东部经济的飞速发展，城市数量也在随之快速的增长，虽然西部大开发是中西部经济发展的契机，但是由于该政策的执行受到较多外界因素的干扰，并且中西部本身的经济基础较差，导致了西部大开发的执行效果远不如改革开放对东部带来的变化大，因此也就形成了中西部地区城市增加数量偏少的现象。

表 2-21　三大地带城市数量比较（个）

| 年　份 | 东部地区 | 中部地区 | 西部地区 | 东中差距 | 东西差距 | 中西差距 |
|---|---|---|---|---|---|---|
| 1996 | 298 | 245 | 123 | 53 | 175 | 122 |
| 1997 | 300 | 247 | 121 | 53 | 179 | 126 |
| 1998 | 300 | 247 | 121 | 53 | 179 | 126 |
| 2002 | 287 | 247 | 126 | 40 | 161 | 121 |
| 2003 | 284 | 247 | 129 | 37 | 155 | 118 |

2003 年，全国共有城市 660 个，按每万平方公里的城市数目计算，东部的城镇分布密度为 2.19 个/每万平方公里，中部的分布密度为 0.86 个/每万平方公里，西部的分布密度为 0.22 个/每万平方公里，其中东部是中部的 2.55 倍，是西部的 9.95 倍。

3. 三大地带城镇规模结构不同

首先来看看 2003 年三大地带按地区分类的城市统计：

表 2-22　2003 年三大地带城市规模分布表

| 城市规模 | | 合　计 | 东　部 | 中　部 | 西　部 |
|---|---|---|---|---|---|
| 400 万以上 | 个数（个） | 11 | 7 | 1 | 3 |
| | 比例（%） | 100 | 63.64 | 9.09 | 27.27 |
| 200 万～400 万 | 个数（个） | 22 | 16 | 5 | 1 |
| | 比例（%） | 100 | 72.73 | 22.73 | 4.55 |
| 100 万～200 万 | 个数（个） | 141 | 76 | 45 | 20 |
| | 比例（%） | 100 | 53.90 | 31.91 | 14.18 |
| 50 万～100 万 | 个数（个） | 274 | 132 | 106 | 36 |
| | 比例（%） | 100 | 48.18 | 38.69 | 13.14 |
| 20 万～50 万 | 个数（个） | 172 | 49 | 73 | 50 |
| | 比例（%） | 100 | 28.49 | 42.44 | 29.07 |
| 20 万以下 | 个数（个） | 40 | 4 | 17 | 19 |
| | 比例（%） | 100 | 10 | 42.5 | 47.5 |

资料来源：《2004 年中国城市统计年鉴》，北京：中国统计出版社 2004 年版。

从上表可以知道，200 万以上的城市中东部地区占有绝对的优势，而中等城市中中部的比例较大，西部 200 万到 400 万规模的城市数量最少，说明目前东部地区的城市规模较大，中西部地区的规模偏小，同时西部大城市短缺，这就有可能导致城市功能薄弱。东部地区超大城市过于集中，大城市数量不多，中等城市数量过多，与此同时小城市数量太少；中部地区则是超大城市、大城市发展力度不够，同时小城市数量不足；相反，西部存在着大城市比例过低的问题，更为突出的问题是小城市的数目也较小，因此需要在发展大城市的同时积极发展小城市。

4. 三大地带城市化水平和工业化水平的协调性比较

中西部城市化水平也远远滞后于工业化水平，主要表现在城市人口占总人口的比重与非农业产值占国内生产总值比重之间的差距过于悬殊。2002 年，西部地区第二、三产业构成的非农业产值所占比重为 79%，而城市人口所占比重仅仅为 27%，两者相差 52 个百分点。诚然，这两个比重不完全是一回事，由于农村中也存在一些非农产业，城镇人口比重会程度不同的低于非农产业比重，两者之间存在一些差距是难以避免的。但是差距不能过大，按照国际经验，一般以相差 20 个百分点为宜[1]，而西部地区的这两个差距竟是合意差距的 2.6 倍之多。

5. 中心城市的综合实力

根据国家统计局发布的 2002 年的相关数据对 200 个城市的综合竞争力进行计量评估、分析后可以知道，在前 50 个最具竞争力的城市中东部、中部和西部分别占有 38 个、8 个和 4 个，所占比例分别为 76%、16% 和 8%[2]，而且前 20 位均是东部地区的城市。通过对这些城市综合竞争力排名的分析可以得出以下的结论：

（1）东部三大都市圈涵盖的城市仍是中国最具有竞争力的城市。

（2）中东部的部分城市开始起飞，受到东部产业转移等因素的影响，一些城市的竞争力快速上升，如芜湖、马鞍山和合肥等城市的发展加快。

（3）西部中心城市竞争力有提高，呼和浩特、乌鲁木齐、重庆、成都和西

---

① 冯邦彦、徐枫。《城市化：西部大开发的战略选择》［J］．商业研究，2003 年 5 月，总第 265 期。
② 《中国城市竞争力报告》，社会科学文献出版社。

安等发展迅速，代表了西部大开发对中心城市竞争力的提高起到了一定的促进作用。

因此可以知道目前西部部分城市正以较快的速度发展，综合竞争力已经有所提高，但是与东部相比较仍然存在着较大的差距，并且中心城市数量也较少。

（二）三大地带城市化差距的原因分析

可以说 1995 年之后是三大地带的城市化水平都快速提高的阶段，但是由于各自发展的机遇不同，导致了三大地带之间的城市化差距加大了，现分析原因如下：

（1）当前，我国正在全面推进市场化改革，其最终目标是建立社会主义市场经济体制。随着改革的深化和市场的发展，中西部地区的资金、人才和技术（如发明）等生产要素将会出现向沿海地区聚集的趋势。并且这种生产要素的东向流动大大超过西向流动，对中西部地区的经济开发产生极为不利的影响，由此也进一步加剧了地区经济发展的不平衡。

（2）中西部在改革与开放方面走在沿海地区的后面，其经济发展面临诸多制约因素。随着我国加入 WTO，中西部地区经济将同时面临来自东部地区和国际市场双重竞争压力。在这种竞争中，中西部地区的工业特别是一些幼稚工业因起步晚，现有基础差，市场竞争力较弱，将处于更为不利的地位。

（3）虽然 2000 年实行了西部大开发政策，但是由于中西部地区城市经济根基较弱，同时土地及生态环境的承受能力受限，生产潜力大的区域主要位于东部和中部几条大河流域的中下游盆地，而西部沙漠较多，短期内无法改变西部的高寒气候和山石地质构造，无法改变人口及城市地域分布的不平衡，也就导致即使国家重点建设西部却拉动作用不大的事实。

（4）在 1997 年之后人口的流动在较大的总量规模上平稳运行，但是流向出现了多元化的趋势，而正是这些多元化的特征导致了这个阶段西部地区城市化水平的提高以及三大地带之间城市化水平的拉大。

由于人口的流动开始向新疆、西藏以及一些新兴的开发地区分流，虽然仍是集中在东部沿海地区，但一些新兴的开发热点地区，如新疆、西藏和京九沿线等地区也成为新的流入地，在保证东部地区城市化发展提高的同时，中西部地区的城市化水平也有所提高。

由于市场经济的逐步建立，出现了"回乡创业潮"，越来越多的人选择了回到乡村创业，比如"温州模式"和"苏南模式"①，这样东部地区因为其优越的区位特点，加上小城镇的良好发展，吸引了大批的创业人才，城市的发展速度较快，也因此拉大了与中西部地区的差距。

由于外来人口流入大城市谋生有长期化的趋势，东部地区的大城市比例较大，不仅能够吸引较多流入人口，而且还可以保持人口流入的稳定性。因为这些流入人口的长期化趋势，使得城市经济发展更趋于稳定。

由于中西部人口大省仍然主要是人口输出省，这样中西部地区的城市化发展受到了制约，必将拉大与东部地区的城市化水平差距。

正是因为上述的几个人口流动特点导致了1995年后三大地带的城市化水平各有提高，但是差距却拉大了。

我们知道，城市化水平不仅是衡量一个国家经济发展水平的重要标志之一，也是当今世界社会经济发展中的一个主要趋势。我国自改革开放以来，工业化速度不断加快，推动了城市化的发展。但由于地区之间历史的、政策的、自然的、经济的差异，引起了城市化区域不平衡的现象，并且随着市场经济的不断发展，东西部地区的城市化水平差距还在不断扩大。东部沿海地区除了有着良好的历史基础、优越的经济地理位置之外，还有国家提供的优惠政策，使这一地区城市化水平处于这个中国的领头地位，而中西部地区幅员辽阔，资源丰富，但城市化发展却总体上不乐观。目前，从国家到地方都在采取相应的措施，根据各地区的背景、优势和特点，在西部大开发、振兴老工业基地等重大战略指导下，调整产业（重大项目）布局和投资、信贷、人才、技术等政策，促使各地区合理发展，相互协调，携手并进。

# 第四节　中国城市规模与产业结构分析

## 一、中国城市规模分析

作为我国经济发展重要动力的城市经济要想达到最优，就必须有一个最佳的城市规模。城市规模包括了人口规模、用地规模、经济规模、基础规模等，

---

① 刘家强。《中国人口城市化》[M]，西南财经大学出版社，1997年4月，第154页。

但人口规模和用地规模是基础，是城市规模研究的主要对象。

微观经济学对生产规模的扩大与报酬的关系和规律进行了揭示。那么，对于城市而言是否也存在规模经济效应，从实际情况看，城市的规模增长与其效益回报确实符合规模经济这一规律。

与此相关的还有乘数理论。所谓乘数，就是指在一定的消费倾向下，增加的投资可以引起收入和就业增加若干倍。乘数理论已经成为宏观经济学研究中的一种工具，它因其应用领域不同，而有投资乘数、预算乘数、对外贸易乘数、货币创造乘数等。

## （一）关于城市最佳规模

现代经济学认为，城市是人口和生产从分散走向集中的产物，城市具有集聚效应。作为各类生产要素高度集聚的场所，发生在这个空间系统中的经济活动应该具有更高的效率。城市规模的扩大，带来递增的经济效益，城市因此可以拥有更好的基础设施条件，可以提供更完善的生产服务进而形成更大规模的市场，并且在技术、知识、信息、人力资本这些方面都会产生更明显的溢出效应，带动周边地区的经济发展。

但是，城市的发展受到资源和环境等外在条件的制约，而且城市自身发展也不是越大越好。城市的规模越大，除了边际收益递减外，还带来居住拥挤、交通堵塞、环境污染、犯罪率上升等问题，同时，城市规模扩大，政府必然要进行巨额基础设施投资，用于公共交通、公共设施、污染治理、治安管理以及城市管理，这些城市的外部成本也随着城市规模的扩大而增加。因此，城市规模不能"没有极限的增长"。在20世纪60年代经济学家提出"最佳城市规模"（Optimal City Size），认为城市的规模一旦超过一定的限度，物质要素的增长反而将带来集聚效应的下降。从理论上说，当城市集聚效应与外部成本之差最大时，城市就处在最佳规模或者说是合理规模上。

## （二）对城市规模的认识与实践

自从1949年新中国建立以来，中国的城市规模一直按照超大城市（＞200万人）、特大城市（100万～200万人）、大城市（50万～100万人）、中等城市（20万～50万人）、小城市（＜20万人）进行分类。1978年，中央在第三次城市工作会议报告中提出了"控制大城市，多搞小城镇"的城市发展方针。在1989年，"严格控制大城市规模，合理发展中等城市和小城市"的发展方针被写入了《中华人民共和国城市规划法》。尽管我国实施了控制大城市的方针，但大城市尤其是特大城市的发展并没有因此受到抑制。事实上大城市的发展对全国的开放和发展起到了十分关键的作用。除了大城市主导城市化的意见外，还有主张中小城市优先发展的观点。我国学者周一星曾提出"中国城市的经济效益与城市规模之间只是一种弱的正相关关系，城市经济效益主要不决定于城市规模的大小。决定城市（工业）经济效益的主要因素是投资强度和产业结构，不是城市规模。"[①] 通过长期的总结和实践，目前，越来越多的学者认为应当提倡"多元发展"的城市化方针。而在 2002 年，党的十六大报告在深刻总结城市规模政策的基础上提出了"要逐步提高城镇化水平，坚持大、中、小城镇协调发展，走中国特色的城市化道路"的"协调发展论"。在 2003 年，我国城市基本构成如下：

表 2-23　中国城市的基本构成

| 城　　市 | 全　　国 | 东部城市 | 中部城市 | 西部城市 |
|---|---|---|---|---|
| 合　　计 | 660 | 284 | 247 | 129 |
| 超大城市 | 15 | 9 | 3 | 3 |
| 特大城市 | 30 | 16 | 10 | 4 |
| 大城市 | 64 | 33 | 27 | 4 |
| 中等城市 | 225 | 110 | 79 | 36 |
| 小城市 | 326 | 119 | 128 | 79 |

资料来源：《中国城市统计年鉴》2004。

目前，我国已基本形成了：

三大城市群：珠江三角洲城市群、长江三角洲城市群、京津唐城市群。

七大城市带：沿长江城市带、沿陇海铁路城市带、哈长沈大城市带、沿京广铁路城市带、济青烟威城市带、成渝沿线城市带、沿南昆铁路城市带。

以及二十多个大城市圈（中心城市）：以省会城市和具有优势和特色的地级市为主的区域中心城市。

我国已具规模的城市群、带、圈的发展牵引着整个中国经济健康，快速的向前发展。根据我国各级城市引导经济发展的现实和我国城镇化和工业化仍处于中期或中期向后期转化阶段的具体情况，人口和产业继续向城市尤其是大中城市集聚的现象是客观事实。我们要充分重视城市发展的规模效应，重视大中城市发展的积极意义。

---

① 《人文地理》，周一星，2001 年 16 卷 1 期 1—5，39。

表 2-24　中国各级规模城市经济效益综合比较

| 城市规模<br>项　目 | 小城市 | 中等城市 | 大城市 | 特大城市 | 超大城市 |
|---|---|---|---|---|---|
| 城市综合投入产出比 | 0.533 | 0.676 | 0.798 | 1.157 | 1.606 |
| 各类城市综合投入产出的比较 | 1.00 | 1.27 | 1.50 | 2.17 | 3.01 |
| 人均 GDP 比较 | 1.00 | 2.19 | 2.47 | 2.72 | 3.32 |
| 城市劳动生产率比较 | 1.00 | 1.13 | 1.23 | 1.30 | 1.60 |
| 人均收入比较 | 1.00 | 1.74 | 2.30 | 2.54 | 2.89 |
| 城市每增加 1 万人的新增产值 | 1.00 | 1.61 | 2.34 | 2.85 | 3.67 |

引自：韩士元：《城市经济发展专论》，天津社会科学院出版社 2004 年版，第 36 页。

与国际比较，中国人口超过 100 万的城市集中度比世界平均低 5 个百分点，比中等收入国家低 11 个百分点，比高收入国家低 21 个百分点。中国大城市的规模明显低于世界水平，尤其低于发达国家水平。东京、伦敦和首尔的 GDP 分别占到本国比重的 18.6%、17% 和 26%，北京和上海 GDP 分别占我国 GDP 总量的 2.5% 和 4.6%。以我国最大城市上海而言，其 GDP 是中国香港的 1/4，东京的 1/20。与世界级大都市比较，中国大城市的人口特别是经济规模都还偏小，影响了世界城市体系中地位的提升以及对经济社会发展和对外开放的带头作用。

### （三）中国对城市用地规模的控制

城市化的实质之一就是对土地等自然资源和社会资源的利用方式从粗放型向集约型转化，集约化程度从低级向高级发展的过程。不可再生、不可移动的土地是城市发展最基本的资源和资产，土地资源的高效综合利用是城市可持续发展的主要目标之一。

新中国成立后曾长期实行变消费城市为生产城市的方针，城市发展走的是一条"重生产、轻生活""重工业、轻商贸"的道路，城市用地中对居民生活、城市基础设施、公用设施和环境设施的重视不够，居住、环境、道路广场用地的标准偏低，中心城区工业、居住、仓储用地比例较高。

改革开放以来，以提升城市功能为目标的产业结构调整、以改善城市基础设施为重点的城市建设、以增加绿化为主要手段的生态环境建设加快，使得这些方面的用地扩展较快。城市用地结构的这种变化，体现了城市功能和土地利用结构的调整优化。

20 世纪 90 年代以来，由于部分地方政府的城市建设指导思想出现偏差，建设用地规模失控成为一个严重的问题。一些地方政府急于求成，未做规划、未经审批或超越权限大量征用、出让土地，片面追求所谓的"以地生财"，把卖地作为增加财政收入、吸引投资的主要手段；部分地区不顾城镇发展和建设的客观规律，超越经济发展实力和资源条件，占用大量土地设立各类开发区，盲目建设行政中心、中央商务中心、大学城、步行街、大广场、宽马路；一些城市存在突破城市总体规划规定的城市建设用地范围、突破批准城市总体规划确定的总用地规模的现象。这些做法都严重违背了可持续的原则。

为了合理利用有限的土地资源和保护耕地，切实保证城市、乡村和农业的可持续发展，从 2003 年 7 月起，国务院发布了清理城市土地市场、整顿各类开发区的通知，并组织了国家五部委联合督察。部分地方浪费土地、大肆占用耕地的做法将得到遏制。

按照中国城市规划设计研究院对适应 21 世纪的、适宜人类居住的城市发展水平的各项用地指标匡算，我国发展到世界中等发达国家时，人均居住用地应提高到 30～35 平方米，人均工业用地宜为 20～25 平方米，人均城市道路宜为 15～20 平方米，公共设施 8～15 平方米，公共绿地 7～12 平方米，人均市政公用设施用地 5～8 平方米，仓储 5～10 平方米。在对外交通用地、生产防护绿地、特殊用地不参与用地平衡的情况下，总用地为 90～125 平方米。应该说，这是一个能够体现良好生产、生活环境，基本满足城市可持续发展的用地规模指标。和发达国家相比，我国的人均用地水平仍然较低，例如美国在 20 世纪 90 年代中期，人口大于 25 万人的城市的人均建设用地为 204 平方米，大于 25 万人的城市为 404 平方米。但我们要充分考虑人多地少的国情特点，大力挖掘城市现有用地潜力，实事求是地适当进行城市外延扩展。

---

### 专栏 2-2 我国与世界工业七国（G－7）的城市发展比较

1. 农业产值比重（中国：G－7）：19%：2%（中国明显偏高）

2. 工业产值比重（中国：G－7）：49%：35%（中国明显偏高）

3. 服务业比重（中国：G－7）：32%：63%（中国明显偏低）4. 城市化率（中国：G－7）：36%：81%（中国明显偏低）

5. 百万人口以上城市占全国人口比重（中国：G－7）：11%：32%（中国明显偏低）

6. 最大城市人口占城市总人口比重（中国：G—7）：4%：16%（中国明显偏低）

7. 城市收入差异（最低收入人群占最高收入人群的比例）（中国：G—7）：6.3%：11.1%（中国城市贫富差异大于工业发达国家）

8. 百万人口城市上班所花时间（分钟）（中国：G—7）：47 分：25 分（中国明显偏高）

9. 城市住房价格与收入之比（中国：G—7）：45.8%：6.1%（中国明显偏高）

10. 城市交通事故（每千辆伤亡人数）（中国：G—7）：31：12（中国明显偏高）

11. 城市交通里程（百万辆公里）（中国：G—7）：165000：998639（中国明显偏低）

12. 城市总悬浮颗粒物（$mg/m^3$）（中国：G—7）：320：45（中国明显偏高）

13. 城市 $SO_2$（$mg/m^3$）（中国：G—7）：82：19（中国明显偏高）

14. 城市氮氧化物（$mg/m^3$）（中国：G—7）：88：56（中国明显偏高）

中国城市化战略必须克服"大城市不大、中城市不活、小城市不强、小城镇不优"的现状。

引自《中国城市发展报告》（2001—2002），西苑出版社 2003 年版，第 120 页。

### （四）中国城市化过程中的规模问题

城市规模问题是每个城市在其发展过程之中不可回避的问题，在我国，城市规模也是一个城市制定城市总体规划的重要内容之一。尽管每个城市在其发展规划中都运用一定的理论和方法，对城市的规模（经济、人口、用地）做出了安排和指导性意见，但是在实践中，还是出现了一些问题。他们表现在：

第一，城市趋同化现象较为严重，导致城市竞争加剧。在城市快速发展中，尤其是中小城市的发展，表现在城市形态、产业结构、建设方式的趋同化较为突出，重复建设严重，导致土地资源的浪费和资金的浪费。城市个性和特色不突出。

第二，在城市发展中"大而全小而全"的思想严重，缺乏区域协调和分工协作精神。例如个别地区在不足 500 平方公里范围，各个城市都建设机场，导致效益低下，利用率不高，土地资源浪费严重。这是在城市发展中，尤其是在市场经济条件下，应引起重视的问题。

第三，城市结构不合理，不同规模的城市不能形成有效的级配体系。50多年来，我国城市得到了快速发展，但从大区域上看，东中西部发展很不平衡，在城镇结构上也很不合理。东部地区城市以及小城镇都比较发达，基本上形成大中小相配套和衔接的城镇网络体系，而中部地区中小城市有了很大发展，但在区域经济中具备中心地位的大城市与特大城市较少；而在西部地区大中城市多数处在省会，除此之外，大中城市发展很慢，如青海、甘肃、宁夏等省都是如此。

农村城市化进展与经济发展速度相比相对滞后。新中国成立50多年来，前30年国内生产总值平均年增长6％；后20年平均增长8％以上，而城市化率从1949年10.6％，增至2003年40.53％，50年平均每年增长不足1个百分点，城市化率的增长与经济增长相比，显然城市化滞后。

## 二、我国城市产业结构的分析

### （一）产业结构演进的一般规律

产业经济理论认为，经济发展的有序阶段性集中地表现为产业结构变动的有序阶段性。从国民经济的部门结构变化看，产业结构的变动表现为，从以农业为主到以轻工业为主，继而发展到以重工业为主，最终转向以服务业为主的过程。即产业结构变动呈现出工业化和服务化的趋势。从工业内部看，它表现为从以原材料工业为中心到以加工、组装工业为中心的发展过程，即工业化过程呈现高加工化和高附加值化的趋势。从资源结构或要素结构的变化看，它表现为劳动密集型到资金密集型、进而发展为技术知识密集型的发展轨迹，即产业结构变动呈现集约化趋势。

总的来说，产业结构的演进可以分为三个阶段和四个层次。

产业结构的演进的三个阶段是指产业结构比重由第一产业占优势转向第二、第三产业占优势，即三大产业之间由"一三二"（农业社会）或"一二三"（农业—工业社会）变为"二一三"（工业化初期）或"二三一"（工业化中期），然后变为"三二一"（后工业社会）的过程。

产业结构演进的四个层次包括：

（1）由农业→轻工业→重工业演进，该过程反映工业化程度；

（2）由原材料工业和传统工业→机械工业和现代化工业演进，该过程反映高加工度化程度；

（3）由初级产品产业→中间产品产业→最终产品产业演进，该过程反映产品结构加工深度；

（4）由劳动密集型产业→资金密集型产业→技术知识密集型产业演进，该过程反映生产要素密集度的转变。

（二）我国产业结构演变

我国产业结构发生较大的变化起始于改革开放初期，由于农村解放出来的生产力的拉动，第一产业的比重从 1978 年的 28.1％提高到 1982 年的 33.3％。此后，随着工业化水平的提高，该比重持续降低。1984 年开始的城市经济体制改革，首先解决的是城市建设中长期由于"先生产，后生活"所积累和遗留的住房、交通、通信以及其他服务业严重不足的问题，因此城市改革首先启动的是第三产业庞大而多样化的市场。城市大规模的土建工程吸引了数千万农民进入城市，而庞大的流动人口又进一步促进了第三产业的发展，使第三产业成为 20 世纪 80 年代拉动经济增长的重要力量，第三产业增加值在 GDP 中的比重由 1980 年的 21.4％，在 1983 年市政改革前缓慢提高到22.4％，进而到 1989 年迅速提高到 32％。但是进入 20 世纪 90 年代中期以后第三产业处于徘徊状态。第三产业的补足性增长基本完成，产业结构的变化重新归位于处于进入工业化中期阶段应有的特征，即第二产业作为增长主体的作用得以发挥。90 年代以来，拉动经济增长的主要是第二产业，其增加值比重由 1990 年的 41.6％增加到 2003 年的 52.2％。

表 2-25　我国产业结构演变轨迹

| 年　份 | 占 GDP 比重（％） | | | 就业比重（％） | | |
|---|---|---|---|---|---|---|
| | 第一产业 | 第二产业 | 第三产业 | 第一产业 | 第二产业 | 第三产业 |
| 1990 | 27.1 | 41.6 | 31.3 | 60.1 | 21.4 | 18.9 |
| 1991 | 24.5 | 42.1 | 33.4 | 59.7 | 21.4 | 19.8 |
| 1992 | 21.8 | 43.9 | 34.3 | 58.5 | 21.7 | 21.2 |
| 1993 | 19.9 | 47.4 | 32.7 | 56.4 | 22.4 | 23 |
| 1994 | 20.2 | 47.9 | 31.9 | 54.3 | 22.7 | 24.8 |

| 1995 | 20.5 | 48.8 | 30.7 | 52.2 | 23 | 26 |
|------|------|------|------|------|------|------|
| 1996 | 20.4 | 49.5 | 30.1 | 50.5 | 23.5 | 26.4 |
| 1997 | 19.1 | 50.0 | 30.9 | 49.9 | 23.7 | 26.7 |
| 1998 | 18.6 | 49.3 | 32.1 | 49.8 | 23.5 | 26.7 |
| 1999 | 17.6 | 49.4 | 33.0 | 50.1 | 23.0 | 26.9 |
| 2000 | 16.4 | 50.2 | 33.4 | 50.0 | 22.5 | 27.5 |
| 2001 | 15.8 | 50.1 | 34.1 | 50.0 | 22.3 | 27.7 |
| 2002 | 15.3 | 50.4 | 34.3 | 50.0 | 21.4 | 28.6 |
| 2003 | 14.6 | 52.2 | 33.2 | 49.1 | 21.6 | 29.3 |

资料来源：《中国城市统计年鉴》2004。

在三次产业的贡献率（如图 2-11 所示）中，也可以看到第二产业的贡献率始终保持在一个较高的水平，从 2001 年开始更是保持了一个很好的上升势头，而工业在第二产业中的贡献率中占有很大的比重，可见工业在拉动经济发展方面发挥了很大的作用。第三产业在 2000 年以前一直保持了稳定上升的贡献率，但从 21 世纪开始，第三产业的贡献率有所下降，也从一个侧面说明了第二产业在本时期发展的主导地位。

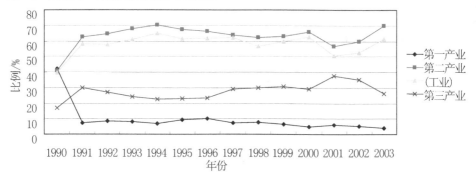

**图 2-11　三次产业贡献率**

注：三次产业贡献率指各产业增加量与 GDP 增量之比。

资料来源：《中国统计年鉴》2004。

目前，我国的城市化水平滞后于工业化水平。工业化一般是指工业（主要是制造业）劳动力不断增加、农业劳动力不断减少的过程和工业占经济总量的比重上升、农业的比重下降的过程。衡量一个国家是否达到工业化，目前国际上通行的标准是：农业产值占 GDP 的比重在 15％以下，农业就业人数占全部就业人数的比重在 20％以下，城镇人口占全部人口的比重在 60％以上。2002年，我国的基本情况是：人均 GDP8184 元（按当年价格计算），农业产值占GDP 的比重为 15.4％，城镇人口占全部人口的比重（城市化水平）为39.1％，第一产业就业比重达 50％，而如果从居住地看还有 62％的人生活在乡村。从人均 GDP 水平和城市化水平看，中国只处于工业化初期阶段。但人口（特别是农业人口）众多这一事实，客观上造成中国的许多数量指标，只要人均以后就很难用来和国际相关指标比较，容易低估中国的发展水平。以国际上常用的工业结构高度和产值结构水平这两个指标来说，中国已基本进入了以原材料加工业为重心的重工业化阶段，并正在向高加工度化阶段转变，2001年工业增加值在 GDP 中的当年价格比重为 44.4％，而制造业增加值在 GDP中的比重为 39.2％，均达到或超过了一般模式中工业化中期阶段的水平。综合中国工农业发展状况，与国际上相关指标加以比较，可以认为中国目前处于工业化中期阶段。我国城市化水平明显滞后于工业化水平。

### （三）经济全球化背景下我国城市产业结构的发展趋势

#### 1. 城市产业结构的高度化

产业结构的高度化是城市经济发展到一定阶段之后所出现的必然趋势。产业结构的高度化表现为产业结构的知识集约化和经济服务化，使得产业具有更高的附加价值。我国要在较短的时间内实现工业化，完成工业化中期向工业化后期的过渡，走新型工业化道路是必然选择。伴随着产业结构高度化，产业结构的成长开始突破工业社会的框架，实现向"后工业社会"的产业结构转变，以后的趋势将是信息化过程取代工业化的过程。

#### 2. 产业结构的软化

信息和软件业兴起，产品结构中硬件逐步减少，无形的信息产品、知识产权正成为产品结构中增长的主体。过去以重、厚、长、大为特征的重型化硬件产品已经被高效、智能化的知识和信息产品所代替。近年来，美国经济增长的主要源泉是 5000 多家软件公司，美国全年新增产值的 2/3 是这些公司创造的，他们对世界经济的贡献不亚于名列前茅的 500 家世界公司。

### 3. 服务产业已经成为经济增长的动力

当代发达国家城市经济增长的基本动力都来自于第三产业的发展。对于城市经济来说，不同的发展阶段，经济增长的依托和动力也不同。工业化时期，经济增长的基本动力是工业生产，城市服务业是作为一个服务和配套的行业而发展的，对城市工业具有很强的依附性，第二产业的聚集和膨胀，推动城市经济实现了"量的扩张"。到了工业化后期以及后工业时期，第三产业在城市发展中异军突起，成为一个独立的第三产业走上了自我发展的高级阶段，逐步成为城市化和城市经济增长的主要动力，城市逐步从工业生产中心转变为第三产业中心，商业、贸易、金融、证券、房地产和信息咨询等行业蓬勃兴起，工业制造业和农业对城市经济的贡献率逐渐弱化，第三产业推动城市经济实现"质的提高"。进入 20 世纪 90 年代以来，伦敦、巴黎、纽约、东京等城市第三产业比重都已经达到 80％左右。

### 4. 信息产业成为城市产业结构中的新兴的主导产业

随着知识经济时代的来临，以无形的智力投入为主形成的特殊服务行业——信息产业因其特殊的覆盖性和增值性，与传统的有形服务产业产生日益强烈的离心趋向，其作为一个独立产业的鲜明特征也日益增强。因此，在不少发达国家，信息产业独立于传统服务业而作为新兴的第四产业已经得到了理论界和实业界人士的广泛认同。

信息产业的形成及其发展对城市经济结构产生深刻的影响。信息经济是在知识化的工业社会中发展起来的经济。信息经济并不否定工业经济，而是促进工业经济和物质生产的高科技化，并使传统产业信息化。美国经济发展的轨迹就说明了这一点。20 世纪 70 年代以来，美国经济曾经出现衰落现象，其中的原因之一就是"后工业经济"理论过分强调服务业的重要性，把制造业视为"夕阳产业"，没有予以足够重视。20 世纪 80 年代末，美国开始反思，认识到那种认为信息革命的来临意味着制造业衰退的看法是不全面的，因而大力推动先进制造技术的研究与应用，重新夺回制造业的优势。正像工业化没有淘汰农业一样，信息经济也绝不会淘汰制造业，而是促进制造业发生革命性的变化。同时，信息产业也需要制造业提供各种各样新的物质载体和设备。

**本章参考文献：**

1. 郭培章，《中国城市可持续发展研究》，经济科学出版社 2004 年版

2. 中国市长协会，《中国城市发展报告（2001—2002)》，西苑出版社 2003 年版

3. 郭鸿懋，论 21 世纪中国城市化发展的战略基点，《南开学报》（哲学社会科学版），2004 (6)

4. 周毅，走中国特色城市化道路的历史必然性，《嘉兴学院学报》，2004 (2)

5. 郑静、陈革，论大城市、小城镇与可持续发展的城市化道路，《规划师》，2000 (5)

# 第三章 中国城市化的可持续发展
## 面临的问题和挑战

2001 年诺贝尔经济学奖获得者之一、经济学家斯蒂格列茨认为，新世纪对于中国有三大挑战，居于首位的是中国的城市化。中国的城市化将是区域经济增长的火车头，并产生最重要的经济利益。中国市长协会于 2002 年 12 月 19 日推出了中国城市发展战略"白皮书"——《（2001—2002）中国城市发展报告》，报告指出中国要用 50 年左右的时间，使城市化率从现在的 37％提高到 75％以上，使城市的人口容量达到 11 亿～12 亿，形成结构合理、功能互补、整体效益最大化的大、中、小"城市体系"。2050 年之前，中国城市化率必须从现在的 36％提高到 70％以上，这就意味着只有每年平均大约增加 1％左右的城市化率，即每年大约有 1000 万～1200 万人口从乡村转移到城市，才能满足实现城市化的要求。

我国的城市化进程已步入快速发展期，但由于我国人口众多，人均资源居世界后列，生产力水平和生产效率低下，产业结构不合理，长期存在的二元经济结构等不利因素，城市化所面临的问题的艰巨性与紧迫性也已更加突出。

可持续发展是解决人口、资源、环境和社会经济发展问题的一种战略决策。我们必须坚持可持续发展的观点，坚持经济、社会、自然、协调全面持续发展的原则，走出一条中式的可持续发展的城市化道路。

## 第一节 人口问题影响城市化的可持续发展

我国人口数量众多，特别是还存在着占总人口近 60％的农村人口，要将这些农民化为市民，这本身就是一件极其困难的事情。并且我国人口平均教育程度较低，近年来又面临人口老龄化的问题，可想而知，我国人口城市化的进程将更为艰难。

## 一、人口数量众多

人口数量对社会的进步和经济的发展有着重要的影响，人口数量是人类社会存在的前提。没有一定数量的人口，就没有社会关系，也就不可能有人类社会。同时，人是生产力最活跃的因素，在一定条件下，人口数量的增加可以促进生产力的发展，因为这使劳动更广泛的分工和结合等成为可能。但在另外一些条件下，人口数量众多，则可能成为经济发展和社会进步的障碍。因为人口数量过多必然带来教育、就业、交通、医疗保险等一系列的社会压力。

中国人口由 1949 年的 5.3 亿（估计）增长到现在 13 亿，增长了 1.4 倍。现在每年仍以 1100 万～1200 万的数量在持续增加，全国人口总数占世界总人口数的 22%。虽然进入 20 世纪 90 年代以来，中国人口总量的增长率呈下降趋势，但是由于人口基数大，在 20 世纪 90 年代的头五年每年人口增长数量在 1200 万以上。21 世纪的前几年人口增长的速度仍将维持在较高的水平上。直到 21 世纪中叶，人口的出生率和死亡率才可能大体相当，人口增长也才有可能持平。那时，人口总数将达 16 亿左右。[①]

再看城市人口。2030 年，城市人口比目前增加 2.957 亿。若发展 20 万人口的小城市，则要增加 1478 座；若发展 50 万人口的中城市，则要增加 591 座；若发展 100 万人口的大城市，则要新增 296 座。若按目前大中小城市平均人口计，即 5.1 亿非农人口住在 663 座城市中，每城平均人口为 77 万计，那么，2.957 亿人口需建 384 座中型城市。按目前每人进城需基础设施投资 1.5 万元计，即每城总共需投资 115.5 亿元，全部投资需 44352 亿元。[②]

人口基数大是我国城市化过程中必须面对的一个现实问题，见表 3-1 以 2000 年中国城市化率为基准，按城市化水平每年提高 1 个百分点，计算出城市每年新增的人口数。从表 3-1 可以看出，每年全国新增加的城市居民数达 1000 多万，且逐年递增，当 2010 年城市化率达到 42.4% 时，当年城市新增人口将达到 1824 万，每年新增如此多的人口对我国这样一个发展中国家来说，其负担是相当沉重的。而且人口基数过大，增长速度过快，还会导致资源过多的耗用、环境污染、交通堵塞、基础设施滞后等种种矛盾，严重阻碍城市的可持续发展。

---

① 刘燕，郭良继：探讨解除中国人口、资源、环境压力的措施，《中国人口·资源与环境》，2001 年第 11 卷，总第 52 期。

② 黄文忠：直面城市化制约因素，《城市导报》，2004 年 10 月 12 日第 4 版。

表 3-1　2000—2010 年中国城市人口增长趋势

| 时　　间 | 全国总人口<br>（万人） | 城市总人口<br>（万人） | 城市每年新增<br>人口（万人） | 城市化<br>水平（％） |
|---|---|---|---|---|
| 2000 | 126815 | 41088 | — | 32.4 |
| 2001 | 137829 | 42695 | 1607 | 33.4 |
| 2002 | 128852 | 44235 | 1630 | 34.4 |
| 2003 | 129883 | 45979 | 1654 | 35.4 |
| 2004 | 130922 | 47656 | 1677 | 36.4 |
| 2005 | 131909 | 49356 | 1700 | 37.4 |
| 2006 | 133025 | 51082 | 1726 | 38.4 |
| 2007 | 134089 | 52831 | 1749 | 39.4 |
| 2008 | 135162 | 54605 | 1774 | 40.4 |
| 2009 | 136242 | 56405 | 1800 | 41.4 |
| 2010 | 137333 | 58229 | 1824 | 42.4 |

资料来源：宋佳珉：可持续发展——中国城市化的现实选择，《商业研究》，2004（13）。

## 二、人口素质不高

改革开放以来，虽然我国的教育事业有了很大发展，但国民文化素质总体上仍然不高。2000 年我国 25～64 岁人口平均受教育年限为 7.97 年，与 1999 年美国和日本人均受教育年限分别达到 12.75 年和 12.55 年相比，整整低了近 5 年，与新兴工业化国家韩国 11.48 年相比也要低 3 年多。2004 年虽然我国 6 岁及以上人口平均受教育年限达到 8.01 年，比 2000 年提高了 0.39 年，但与上述国家相比，差距仍然很大。发达国家和新兴工业化国家接受过高等教育和中等教育的人口所占比例较高，如美国和韩国，25～64 岁人口中具有高中及以上受教育水平者比例分别占 87％和 66％，其中接受过高等教育的人口比例分别占 35％和 23％。而中国 2000 年 25～64 岁人口中具有高中及以上受教育水平者比例仅占 18％，初中及以下受教育水平的占 82％，其中小学及以下受教育水平者比例高达 42％，每 100 个人中具有大专及以上受教育水平的人数不足 5 人，我国国民文化素质的差距主要表现在接受高层次教育人口比例过低和初中以下学历人口比例过大。[①] 2004 年我国人口粗文盲率（15 岁及 15 岁以上不识字或识字很少的人口占总人口的比重）高达 8.33%，而发达国家已基本没有了文盲。

人口素质的高低直接影响城市化的进程。城市化的过程不仅是城市人口数量的增长，即用城市化率来表征的城市化水平，更是城市文明在全社会的推广并作为城市化的标志。当前我国人口素质的现状决定了我国城市化进程的艰巨性。

### 三、人口老龄化

我国已于 1999 年 10 月提前进入人口老龄化国家的行列。世界上最早从年轻型转入老年型人口的法国用了 150 年；日本 65 岁以上的人口所占比例从 1920 年的 5.3% 升至 1970 年的 7.1%，花了 50 年时间，而我国 65 岁以上人口所占比例从 1982 年的 4.8% 升至 2000 年的近 7%（见表 3-2，图 3-1 所示），只花了 18 年的时间，人口老龄化速度世界罕见。我国老年人口绝对数量大，中国现有 60 岁以上的人口 1.32 亿，已占人口总数的 10%，列世界首位。未来 50 年，中国老年人口增长可分为 3 个阶段：第一个阶段是平稳增长阶段。2000—2027 年，65 岁及以上人口将从现在的不足 1 亿增加到 2 亿以上，年均增加 400 万人，老年人口比例约 14%。第二个阶段是急速增加阶段。2028—2036 年，65 岁及以上人口将由 2 亿增加到 3 亿以上，年均增加 1000 万人，老年人口比例为 20% 左右。第三个阶段是基本平稳阶段。2037—2050 年，65 岁及以上人口将由 3 亿增加到 3.35 亿人，年均增加 260 万人，老年人口比例达到 23%。[②] 我国的老龄化现象表现出"两高两大两低"的基本特征，即高速、高龄、基数大、差异大、社区养老水平低、自我养老和社会养老意识低，由此而带来了一系列与老龄化相关的社会经济问题。

表 3-2　我国老龄人口占总人口的比重（%）

| 年　龄 | 1953 年 | 1964 年 | 1982 年 | 1990 年 | 2000 年 |
|---|---|---|---|---|---|
| 65 岁及以上 | 4.41 | 3.56 | 4.91 | 5.57 | 6.96 |

资料来源：《中国统计年鉴》，2004。

---

① 徐坚成：中国人力资源国情分析及未来展望，《人口研究》，2003（6）。
② 蔡昉：《中国人口与劳动问题报告 2004》，社会科学文献出版社，2004 年，第 23 页。

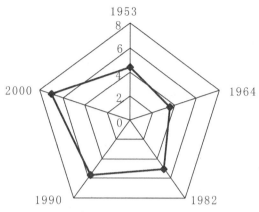

图 3-1　我国老龄人口占总人口的比重

　　从人口老龄化对经济发展的挑战看，发达国家的人口老龄化是在人均国民收入较高水平情况下出现的，例如日本进入老龄化社会时的人均国民收入已达1689 美元，而我国老龄化出现在我国经济刚刚起步阶段，我国 2000 年步入老龄化社会，65 岁以上人口占总人口的近 7%，而此时的人均 GDP 也不过 800美元，这迫使我国在经济还不够发达的时期解决比发达国家还要严重的老龄化问题。老龄人口的增长会改变人口的抚养比，被抚养人口的增加必将加重劳动人口的负担，社会用于老年人的支出加大，社会积累下降。随着越来越多人口退出劳动生产，我国劳动资源率下降，劳动资源的减少直接影响物质财富的创造。社会消费结构也将发生变化。同时，也要求社会增建能够满足老年人生活需求和精神需求的公共设施和公共场所。

　　从人口老龄化对社会发展的挑战来看，在宏观方面，由于老年人的绝对数和在总人口中所占比例的增加，生活保障制度、医疗保险制度、闲暇活动、文化教育、居住环境乃至法律法规等，都会产生新的需求，发生相应变化。在微观方面，主要是家庭结构变化，特别是独生子女进入婚育年龄，成为家庭主角之后，家庭小型化和家庭功能的削弱，必然对家庭养老的传统带来挑战。由此带来的老人赡养、日常照料和精神慰藉乃至住房等问题都将日益突出。[1]

---

[1]　郭培章：《中国城市可持续发展研究》，经济科学出版社，2004 年，第 15 页。

## 第二节　资源问题限制城市化的发展

资源短缺与利用效率低下并存制约着城市化的发展。一方面，城市水、土地等资源日益稀缺，成为城市可持续发展的巨大障碍；另一方面，资源使用不当或技术水平落后，造成资源利用效率不高、随意浪费的问题十分普遍，导致自然资源与生态价值严重耗损。

对历史的研究表明，城市化加大了对资源的消耗，主要表现在这样几方面：

第一，城市化建立在工业化的基础上，反过来推动工业化进程，而工业化特别是初期工业化，主要是对各种资源的加工、转换和消耗为主，可以说在工业化和城市化出现之后，人类对资源的消耗是成几何形式增加的。

第二，城市生活通过城市化得到推广，而城市生活则是以消耗大量资源为特征的，不论从城市交通、城市住宅、城市日用品还是城市用水、城市用电、城市取暖等，远远地超过农业社会，而且随着城市消费主义的盛行，更加增大了对资源的消耗。

第三，城市化也将城市生活向农村传输和扩散，从物质形态到生活观念上都改变了传统模式，所以增大了对资源的消耗。[①]

同样，城市化对我国资源提出了很大的挑战，这应该从两方面来看，一方面资源的有限性对我国城市化的约束增大，另一方面城市化反过来强化了资源的有限性。

### 一、水资源严重短缺

据统计，我国目前设市城市约有 420 多座城市缺水，其中 114 座严重缺水，全国城市日缺水量达 1600 万 $m^3$，年缺水量 60 亿 $m^3$。由于缺水，据粗略估计，每年给国家造成经济损失大约为 2000 多亿元。其中，天津、长春、大连、青岛、唐山和烟台等大中城市已受到水资源短缺的严重威胁。

在 114 个严重缺水城市中，以华北缺水城市数目最多，华北和沿海地区缺水城市已经连片（如图 3-2 所示）。[②] 目前，京津沪都是缺水城市，北京市人均

---

① 王春光，孙晖：《中国城市化之路》，云南人民出版社，1997 年，第 220—221 页。
② 刘昌明，何希吾：《中国 21 世纪水问题方略》，科学出版社 1996 年版，第 172—173 页。

水资源不足 300m³，上海市人均水资源不足 200m³，天津市更属资源型缺水城市，人均水资源仅 153m³。

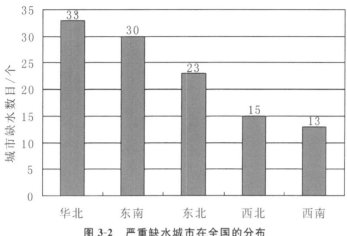

图 3-2　严重缺水城市在全国的分布

区域水资源短缺是我国城市发展的一个主要制约因素。然而，我国城市同时又存在着对于水资源的巨大浪费。我国目前合理用水水平还比较低，万元国内生产总值（1999 年当年价）用水量为 680m³，工业万元产值耗用水量近 91m³，是发达国家的 10～20 倍。我国生产技术水平又比较落后，平均每生产一吨钢需水 25～30m³，而发达国家不到 6m³；造一吨纸需水 400～500m³，发达国家不到 200m³；每发一万度电需水 50～1500m³ 不等，是国外耗水量的 10 多倍。[①] 我国工业企业的工艺、技术和设施落后，水的重复利用率很低，与发达国家相比有着明显的差距。

我国城市供水水源的主要特点是，南方城市的水源比较丰富，且以地表水为主；北方城市的水源相对匮乏，且以地下水为主。如果就全国城市总体而言，在新老城市及其邻近地区增加开发 300 亿～900 亿 m³ 水源来满足 2010 年、2030 年和 2050 年的用水需求，并不是没有可能。但是，具体到水源比较短缺的北方，尤其是华北地区来说，有些城市现状水源已"入不敷出"，仅靠传统方法开发当地传统资源（地表水和地下水）根本无法满足这些地区城市用水需求。

## 二、土地资源不足且浪费严重

我国土地资源不足主要表现在耕地资源十分短缺，人均耕地只有 1.43 亩，

---

① 郭培章：《中国城市可持续发展研究》，经济科学出版社，2004 年，第 13 页。

不足世界平均水平的百分之四十。国土资源部提供的资料显示，自 1996 年至 2003 年的 7 年间，中国耕地面积已由 19.5 亿亩减少到 18.5 亿亩，7 年减少了 1 亿亩，平均每年约减少 1429 亩，比两个海南省的耕地还要多。按照目前的科学技术水平测算，养活一个人需 0.7 亩耕地，也就是说人均耕地不能少于 0.7 亩。联合国制定的人均耕地警戒线为 0.8 亩。然而我国 2000 多个县中，就有 666 个县人均耕地小于 0.8 亩，其中 463 个县人均耕地不足 0.5 亩。即使这样非农用地仍然有增无减。1996—2003 年连续 7 年，我国耕地面积以年均 1400 万亩的速度递减，7 年间中国耕地减少了 1 亿亩，2003 年全国耕地净减少 3806.1 万亩。耕地剧减同加速基础设施建设与全面实施小城镇发展战略有关。[①] 在城市化过程中，我国特大城市郊区土地占用惊人，在当前和未来的一段时间内，其人均耕地将普遍达到或接近警戒线水平（见表 3-3）。

表 3-3 我国若干特大城市郊区土地减少趋势

| 城 市 | 1949 年以来减少<br>土地（万亩） | 平均每年减少（万亩） | 2000—2025 年<br>人均耕地（亩） |
|---|---|---|---|
| 北京市 | 93.0（1949—1985） | 1.8 3.8（近三年平均） | 0.76～0.60 |
| 上海市 | 130.0（1949—1985） | 3.7 8.9（近三年平均） | 0.95～0.86 |
| 天津市 | 157.0（1954—1980） | 2.85 3.4（近三年平均） | 1.0～0.75 |
| 南京市 | 98.7（1950—1989） | 2.1 1.2（近二年平均） | 1.4～1.10 |
| 成都市 | 51.6（1950—1986） | 2.6 5.0（近三年平均） | 1.2～0.98 |

资料来源：宋佳珉：可持续发展——中国城市化的现实选择，《商业研究》，2004（13）。

一些地方片面理解工业化和城市化，提出不切实际的城市发展战略，互相攀比，竞相提出建国际大都市、建特大城市的口号，据不完全统计，全国有 110 多个城市提出要建成"国际大都市"；一些城市脱离实际贪大求洋，高起点、高标准建设城市新区，搞大广场、大马路等"形象工程"，成倍甚至翻番地扩大城市用地。有的地方以建设各种园区名义大规模"圈地"，据统计，全国 900 余家省级开发区规划占地约 2 万 km² （约 3000 万亩），已开发面积仅占 13.5％左右，可是一些地方又以调整发展方向、调整建设布局、改善环境条件等名义，规划建设新的高科技园区、大学城、工业新城等，形成了新形势下的用地"热潮"，"圈地"现象再次升温。部分城市房地产用地供应出现失控，别

---

① 唐闪光：我国城市化道路应考虑四大因素，《经济论坛》，2004（21）。

墅类高档房地产用地量过大，出现了结构性的房地产"泡沫"。还有一些地区忽视当地经济发展水平和实际需要，缺乏科学论证和统一规划，以促进小城镇建设发展的名义，遍地开花布设小城镇建设试点，规模偏大、用地偏松等现象突出，导致土地资源和投资的大量浪费。

21世纪是中国城市化加速发展的时期，随着越来越多的农村居民转变为城市居民，城市人均用地，特别是居民住宅用地会普遍增加；城市基础设施建设，改善城市生态环境都需要大量土地。如果没有足够的土地供应，城市化的目标就难以实现。

## 三、能矿资源消耗巨大

我国是一个人口众多的国家，虽然能源生产总量大，但人均占有能源消费量较低，只有世界平均水平的一半，仅及工业化国家的5%～10%。中国矿产资源总量居世界第5位，人均为第53位。从2010年开始，2/3的主要矿产将进入短缺状态，金、银、铜和石油等将短缺1/2。矿产资源中，石油、天然气是有战略意义的能源，也是衡量综合国力和人民生活水平不可或缺的重要指标。中国人均煤炭资源为世界平均水平的51.3%，人均石油资源为世界平均水平的11.3%，人均天然气为世界平均水平的3.78%。而且石油、天然气探明储量匮乏，使能源成为制约国民经济发展的重大因素。[①]

在1980年到2000年的20年中，我国以能源翻一番，支持了GDP翻两番。2002年，全国一次商品能源消费总量为14.8亿吨标准煤，成为继美国之后的世界第二能源消费大国。其中，煤炭占66.1%，石油占23.4%，天然气占2.7%，水电占7.1%，核电占0.7%。1978年到2003年我国能源消费总量变化趋势如图3-3所示。据预测，如按目前的状态发展下去，到2020年我国对国际石油市场的依存度将达到50%左右。此外，许多资源的不合理开采和浪费，更加剧了资源短缺。

近两年，我国一些用电大省还出现了区域性、季节性、时段性、结构性缺点，且有逐年加剧的趋势。2003年先后有21个省拉闸限电，电力工业的火电平均利用小时数在逐年提高，2003年已达5760小时。发电用煤也在高速增长，

---

① 刘燕，郭良继：探讨解除中国人口、资源、环境压力的措施，《中国人口·资源与环境》，2001年第11卷，总第52期。

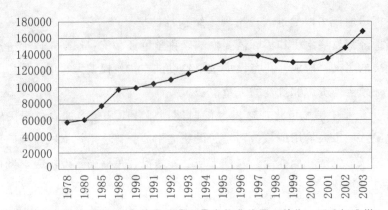

**图 3-3　1978 年到 2003 年能源消费总量变化曲线图**（单位：万吨标准煤）

资料来源：《中国统计年鉴 2004》。

2003 年增加 3.4 亿吨，增长 61.17%。电力是国民经济发展的重要基础。电力供应紧张是电力领域面临的最大挑战。

从能源市场的供求和需求来看，这种短缺并不是短期现象——我国 118 个资源型城市中，近 40 个城市面临资源枯竭，约占 1/3。从 1993 年开始，我国成为能源净进口国，而且，我国正处于工业化进程中，社会经济发展对能源的依赖要比发达国家大得多。按照目前的能源消耗方式预测，我国能源 2010 年约短缺 8%，到 2050 年约短缺 24% 左右。经济发展受到能源"瓶颈"的制约绝不是危言耸听。

我国能源利用效率低下是影响我国城市化和可持续发展的又一制约。按 2000 年我国单位国内生产总值能耗计算，每吨能源消耗实现的国内生产总值为 6500 元，按现汇折算约为 800 美元，按 1997 年的数据计算，日本每吨能源消耗实现的国内生产总值是我们的 9 倍、英国是 4 倍、法国是 5 倍、美国是 3 倍。[1] 和世界发达国家相比，我们的效率还是很低的。

## 第三节　城市化快速推进带来的生态环境问题

现代工业的兴起和城市化的迅速发展，是人类科学技术进步的又一重要标志和改造自然的能力提高的重要标志。但是随着城市数量和规模的扩大，人类

---

[1] 郭培章：《中国城市可持续发展研究》，经济科学出版社，2004 年，第 14 页。

大幅度地改变了人类生存的生态环境的组成与结构，改变了生态系统的物质循环与能量转化的功能，虽然扩大了人类的生存空间，改善了人类的物质生活条件，与此同时也带来了严重的生态环境危机。

20世纪初，在"追求物欲""占有自然"观念误导下，一些资本主义国家以前所未有的速度为所欲为地发展经济，无节制地掠夺自然资源，毫无顾忌地破坏自然环境，走的是一条高消耗、高污染、低效益的经济增长模式，最终导致生态环境恶化，遭到自然的无情报复，城市的生存受到威胁和伤害。如：伦敦的烟雾事件、日本的水俣病等。部分西方国家均走了先污染、后治理的弯路，损失惨重，教训深刻。

我国城市的生态环境不容乐观。一些城市对环境容量的无偿占用与对环境质量的自觉养护之间产生严重失衡，城市人口的爆炸性增长和城市工业的迅速发展，已使城市面临严峻的生态环境问题。城市空气污染和水环境污染加剧，垃圾等固体废弃物污染也愈演愈烈，"白色污染""垃圾围城"等现象随处可见；绿地减少、建筑密度增大，城市变得日益拥挤不堪，城市"热岛效应""温室效应""峡谷效应"时有发生。由于这些城市生态环境得不到有效保护和治理，城市居民的身心健康受到损害、生活质量受到极大影响，城市的魅力在减小，吸引力在降低。

从可持续发展角度看，城市化进程既是产生城市环境问题的进程，也是人类与城市环境污染做斗争的进程。

## 一、水资源污染

自20世纪80年代以来，由于工业快速增长，以及人口和生产发展的多重压力，农药使用量大幅度增加，地面水和地下水的质量严重下降。城市化过程中生活、工业、交通、运输以及其他服务业所排放的污染物大量流入水库，使水质恶化。据调查，全国城市粪便年均3000万吨，无害处理率不足5％，许多城市粪便未经处理直接排入江河湖海，严重污染水源。全国城市污水排放量每年300多亿吨，其中97％未经处理直接排入江河。目前我国七大水系中近一半的河段污染严重，"三湖"（太湖、巢湖、滇池）尤为突出；500多条主要河流和几乎所有的湖泊受污染面积达82％以上。据国内有关机构统计，2002年全国660个城市中有420多个缺水，其中110多个严重缺水，流经城市的河段中78％不适合作为饮用水水源，50％以上的城市地下水受到污染；水资源短缺已经成为城市发展的主要瓶颈。更为严重的是，各类污染已经由城市蔓延至小城镇和乡村。

2002 年经水资源质量评价的约 1202 万 km 河流中，水质劣于五类标准的河流长度占 35.3%，其中污染极度严重的河流长度占 17.5%。在所监测的 176 条城市河段中，绝大部分河段受到不同程度的污染，52% 的河段较为严重，其中 V 类水质为 16%，超 V 类水质为 36%（如图 3-4 所示），[1] 主要分布在辽河流域、海河流域、淮河流域和长江流域。尽管目前已采取了严格的排污控制措施，并新建大量的污水处理厂，使城市生产、生活污水排放得到一定程度的控制，但城市化带来的水质污染问题远未彻底解决，并有进一步恶化的趋势。

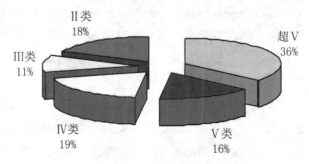

图 3-4　我国城市河段水质状况分布图

水污染的危害十分严重，直接影响饮用水源的水质，危害人体健康。而且还祸及农业生产、渔业生产、工业生产以及生态环境，这些负面影响都会表现为经济损失，将阻滞经济的发展。世界银行曾对我国大气污染和水污染所造成的损失作了估算，其结论是，由于大气污染和水污染对人体健康造成的影响，其相当的经济损失是每年 2422.8 亿万美元，占我国国民生产总值的 3.5%。[2] 要注意，这仅是对人体健康的影响，还不包括其他方面的经济损失。可见，水污染已到了相当严重的程度。

## 二、城市固体废弃物污染

工业固体废弃物，是指在工业、交通等生产活动中产生的固体废弃物，它包括危险废物、冶炼废渣、粉煤灰、炉渣、煤矸石、尾矿、放射性废物和其他废物等 8 类，不包括矿山开采的剥离废石和掘进废石（煤矸石和呈酸性或碱性

---

① 钱易：《中国城市水资源可持续开发利用》，中国水利水电出版社，2002。
② 王祥荣：《生态与环境》，东南大学出版社，2000。

的废石除外)。从城市工业固体废弃物产生量及特点看,中国工业废弃物总产生量 1981 年为 3.37 亿吨,1995 年增长到 6.45 亿吨,2000 年则为 8.16 亿吨。从 1981 年到 1988 年,中国经历了一个工业固体废弃物产生量年增长率高达 8%～15%的高速增长时期。1989 年起,增长率降为 2%～5%。由表 3-4 可以看出,近几年的工业固体废物产生量增加较快,2003 年全国工业固体废物产生量为 10.0 亿吨,比上年增加 6.3%。其中危险废物产生量 1171 万吨,比上年增加 17.1%。随着工业化进程的加快,工业固体废物的产生量在今后相当长的时期内还将持续增长。

**表 3-4　全国工业固体废物产生及处理情况**　　　　　　单位:万吨

| 年　度 | 产生量 | | 排放量 | | 综合利用量 | | 贮存量 | | 处置量 | |
|---|---|---|---|---|---|---|---|---|---|---|
| | 合计 | 危险废物 | 合计 | 危险废物 | 合计 | 危险废物 | 合计 | 危险废物 | 合计 | 危险废物 |
| 1999 | 78442 | 1015 | 3880 | 36 | 35756 | 465 | 26295 | 397 | 10764 | 132 |
| 2000 | 81608 | 830 | 3186 | 2.6 | 34751 | 408 | 28921 | 276 | 9152 | 179 |
| 2001 | 88746 | 952 | 2894 | 2.1 | 47290 | 442 | 30183 | 307 | 14491 | 229 |
| 2002 | 94509 | 1000 | 2635 | 1.7 | 50061 | 392 | 30040 | 383 | 16618 | 242 |
| 2003 | 1E+05 | 1171 | 1941 | 0.3 | 56040 | 425 | 27667 | 423 | 17751 | 375 |
| 年度增减率(%) | 63 | 17.1 | −26.3 | −82.4 | 11.9 | 8.4 | −7.9 | 10.4 | 6.8 | 55 |

注:在"综合利用量"和"处置量"中含有综合利用和处置往年量。

资料来源:《中国环境状况公报》2003 年。

20 多年来,我国城市化进程的一个显著特点就是逐步向大中城市发展。随着城市规模的不断扩大,非农业人口比例也在不断增长,这大大加重了城市生态系统的负荷,超过了它的吸收能力,从而导致了城市生活垃圾的迅猛增长。城镇垃圾已构成一种公害,它占有大量耕地,污染农田,污染水源,任意堆放还会污染地下水,传播疾病,已成为困扰我国各级城镇、影响居民生活、健康、社会经济发展和城乡生态卫生的一个瓶颈问题,不利可持续发展。目前,我国城市人均年产生活垃圾 440kg。1979 年以来,我国的城市垃圾平均以年增长率 8%～9%的速度增长,少数城市如北京的垃圾增长率则达到 15%～20%。2000 年,仅据我国 668 个城市统计年产垃圾就有 2 亿多吨,人粪便

0.75 亿～0.8 亿吨，污泥 2080 亿吨。2001 年全国年产生活垃圾总量约 5 亿～7 亿吨，污泥 5500 万吨（干重）。而我国城市垃圾、粪便年清运量仅 1.3 亿吨左右，平均处理率为 58.5％。[①] 大量未经处理或仅作简单处理的垃圾堆积在城市周围郊区，形成垃圾包围城市，并逐渐向农村蔓延的趋势。

## 三、大气污染

随着城市化和工业化进程的加快，城市中生产、生活释放出大量废热以及 $SO_2$、$CO_x$ 等有害气体和各种气溶胶颗粒物，不仅造成大气污染，同时还会改变局部气候。近几年我国环保部门对城市空气中的二氧化硫、氮氧化物、颗粒物和降尘等四项主要污染物所作的监测结果表明，城市中大气环境质量符合国家一级标准的很少，几乎所有城市的降尘、颗粒物和二氧化硫浓度均超标，氮氧化物虽未超标，但其浓度值呈上升趋势，前景不容乐观。从表 3-5 可以看出，全国近年废气中主要污染物排放量呈逐年上升趋势，特别是工业二氧化硫排放量、工业烟尘排放量和工业粉尘排放量数量大、增速快。

表 3-5　全国近年废气中主要污染物排放量　　　　单位：万吨

| 项目\年度 | 二氧化硫排放量 | | | 烟尘排放量 | | | 工业粉尘 |
|---|---|---|---|---|---|---|---|
| | 合计 | 工业 | 生活 | 合计 | 工业 | 生活 | 排放量 |
| 1998 年 | 2091.4 | 1594.4 | 497.0 | 1455.1 | 1178.5 | 276.6 | 1321.2 |
| 1999 年 | 1857.5 | 1460.1 | 397.4 | 1159.0 | 953.4 | 205.6 | 1175.3 |
| 2000 年 | 1995.1 | 1612.5 | 382.6 | 1165.4 | 953.3 | 212.1 | 1092.0 |
| 2001 年 | 1947.8 | 1566.6 | 381.2 | 1069.8 | 851.9 | 217.9 | 990.6 |
| 2002 年 | 1926.6 | 1562.0 | 364.6 | 1012.7 | 804.2 | 208.5 | 941.0 |
| 2003 年 | 2158.7 | 1791.4 | 367.3 | 1048.7 | 846.2 | 202.5 | 1021.0 |
| 增减率（％） | 12.0 | 14.7 | 0.7 | 3.6 | 5.2 | −2.9 | 8.5 |

资料来源：《中国环境状况公报》2003 年。

---

[①] 王如松：《复合生态与循环经济》，气象出版社，2003 年，第 52 页。

我国是世界上 $SO_2$ 排放量最多的国家之一。2003 年，25.6％的城市二氧化硫超过二级标准。与上年相比，二氧化硫年均浓度超过三级标准的城市比例增加 3.6 个百分点。二氧化硫污染较重的城市主要在山西、河北、河南、湖南、内蒙古、陕西、甘肃、贵州、四川和重庆等地区。

影响城市空气质量的主要污染物仍是颗粒物，54.4％的城市颗粒物浓度超过二级标准；空气质量劣三级的城市中 80％的城市颗粒物超过三级标准。颗粒物污染较重的城市主要分布在西北、华北、中原和四川东部。

目前，我国受酸雨危害的土地面积已占国土面积的 1/3 左右，主要集中在华中、西南和华南，已成为与欧洲、北美并列的世界三大酸雨区之一。[①] 487 个市（县）的降水监测结果显示，2003 年降水年均 pH 值范围为 3.67（江西省萍乡市）～8.40（甘肃省嘉峪关市）。出现酸雨的城市 265 个，占上报城市数的 54.4％；年均 pH 值小于和等于 5.6 的城市 182 个，占上报城市数的 37.4％；酸雨频率大于 40％的城市 138 个，占 28.4％。与上年相比，出现酸雨的城市比例增加 4.1 个百分点；降水年均 pH 值小于和等于 5.6 的城市比例上升了 4.7 个百分点，其中降水年均 pH 值小于 4.5 的城市比例增加 2.8 个百分点；酸雨频率超过 40％的城市比例上升了 7.2 个百分点，酸雨污染较上年加重。[②] 酸雨造成的我国一些地区森林死亡、农业减产、建筑物腐蚀，每年的经济损失在 140 亿元以上。

城市化对局部地区的气候会产生影响，像城市"五岛"效应（即热岛、雨岛、混浊岛、干岛和湿岛），其中热岛效应是人类活动对城市区域气候影响中最典型的特征之一。城市热岛的形成有自然的因素，但更重要的是人为因素。随着城市形态的变化，建筑覆盖物增多增高，使城市的大气边界层不断变化，而建筑物热容量大，导热率高，因而热传导率市区比郊区高，致使城市白天储热多，夜晚散热慢。加上城市中燃烧大量的燃料，释放出很多热能，且排放大量的 $CO_2$ 等温室气体能强烈吸收地面辐射，有明显的增温效应，造成城区气温比郊区高，形成城市热岛效应。[③]

## 四、噪音污染

因城市人口集中，工业生产、建筑施工、商业经济、交通运输等活动都

---

① 孙峻：城市化进程及其环境影响，《资源与人居环境》，2004（5）。
② 国家环境保护总局：《中国环境状况公报》2003。
③ 孙峻：城市化进程及其环境影响，《资源与人居环境》，2004（5）。

产生一定的噪声，直接影响人的身体健康，噪声的声源主要有三个方面，一是交通运输噪声；二是工业噪声；三是公共活动，这些噪声随声压级的不同对人体及生存环境的影响深浅不一，但随着城市化的发展影响的强度和广度都将扩大。另外，还有振动、微波的污染，这些都是由城市化发展过程中引起的。2003年中国环境状况公报显示，[①] 在352个城市中，2个城市（陕西延安和辽宁铁岭）属重度污染，占0.6%；9个城市属中度污染，占2.6%；150个城市属轻度污染，占42.6%。178个城市区域声环境质量较好，占50.6%；13个城市等效声级低于50分贝（A），声环境质量好，占3.6%。如图3-5所示。

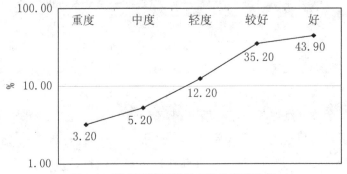

**图3-5 城市区域环境噪声污染程度比例**

2003年中国环境状况公报显示，道路交通噪声污染状况不容乐观。401个城市中，13个城市属重度污染，占3.2%；21个城市属中度污染，占5.2%；50个城市属轻度污染，占12.5%。如图3-6所示。[②]

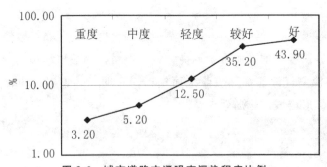

**图3-6 城市道路交通噪声污染程度比例**

---

① 国家环境保护总局：《中国环境状况公报》2003。
② 国家环境保护总局：《中国环境状况公报》2003。

## 专栏 3-1　机遇与挑战：21 世纪中国的可持续发展

　　未来十多年，是我国全面建设小康社会的重要时期，是完善我国社会主义市场经济体制的关键时期。在我国未来的发展过程中，以下三个方面对我国可持续发展目标的实现非常重要和紧迫：

　　首先，兼顾城乡、区域和经济社会发展，为实现社会公平创造平等的机会。当前，我国资源消耗、人均生态占用与经济发展水平的差异并不完全一致，部分经济不发达地区的资源消耗和人均生态占用比一些经济发展水平较高地区还高。这种经济发展与资源、生态占用的背离，很大程度上反映了我国资源流动的成本比资本、技术流动的成本低，反映了一些资源较丰富、经济不发达地区为一些经济发达地区承担了发展的部分成本。资源、生态空间的这种不合理流动以及不公平的使用可能是中国目前个人、地区贫富不均的重要历史原因，同时也可能是资源浪费以及环境污染的根本原因之一。为了解决这一资源和生态空间利用的不合理性与发展的不公平性问题，同时又能够确保经济的快速发展，国家应该尽快建立相应的发展补偿机制，为全面实现小康社会奠定制度基础。

　　第二，协调人和自然的关系，进一步调整经济结构，使之适应自然资源短缺的现实，确保我国资源、生态的安全。在对待自然资源安全的对策上，有三种不同的倾向：一种倾向是通过大规模的生态环境建设来改变自然资源与环境状况，但这需要大量的投入，而且完全恢复自然状态非常困难；一种倾向是无视发展对生态环境可能造成的破坏，在经济发展中不顾自然资源的过度耗费和造成的生态环境问题；还有一种倾向是绝对的保护主义，对现有自然资源危机和环境冲突做出了过于严重和悲观的估计，从而忽视自然资源系统自我恢复的能力和人类生存发展的内在需要。我们认为，我们所能做的应该是谦恭而严肃地对待自然，通过各种严厉的措施来阻止大规模的自然资源浪费性消耗和破坏，在自然生态系统所能承载的安全范围内合理地、高效地利用自然资源，从而实现资源安全。

　　第三，着眼全球，建立开放的全球性自然资源有效供给体系，以减轻我国的资源、环境压力。在世界经济日益一体化的新形势下，世界资源已经是一个开放的、具有全球市场的系统。我们应该树立资源全球化的观点，在经济全球化的进程中解决我国自然资源和生态环境的问题。从比较优势出发，经济合理地利用国际、国内两种资源。我国人口众多，要想实现现代化，必须走资源和市场同步全球化的道路。要长期保持我国的经济繁荣，仅靠我国国内的自然资源是十分困难的。但是，如果把中国放到世界自然资源体系去看，在可预见的将来，全球资源体系的正常运转完全可以满足我国持续增加的资源需要。

总之，我国的可持续发展要以人为本，以发展经济、全面提高人民的生活质量为核心，保障人与自然、人与环境和谐共存；既要提高全体人民的生活水平，又要改善生存和生活环境，提高生活质量；既要保证经济的持续、快速、健康发展，又要使自然资源和生态环境得到永续利用和保护，达到自然和发展的协调一致。最终，实现中华民族的伟大复兴，国家的可持续发展。

（王伟中　周海林）

资料来源：中国人口报，2005 年 2 月 7 日第 3 版。

## 第四节　城市布局与功能定位不当影响城市化进程

在城市化的进程中，人口急速向城市流动，给城市的生产、就业、生活、消费带来了积极的作用，也对整个区域的城市体系形成了冲击，对城乡关系赋予了新的内涵。由于对快速城市化的到来，许多城市准备不足或者应对不当，也引起了一些矛盾和问题。

### 一、城市体系结构失衡，功能减弱

城市自身出现结构性衰退与功能性衰退。所谓结构性衰退是指随着城市经济结构和社会结构变迁，要求城市功能、产业结构和空间布局进行适应性变化，但由于种种原因，城市结构往往难以及时适应外部环境和城市自身的发展变化要求，从而导致城市结构性衰退。如我国的一些资源型老工业基地城市的衰退，主要是因为资源枯竭、产业结构未能及时优化升级造成的结构性衰退；所谓功能性衰退是指城市内部各个系统因为不能有效协调，造成城市功能不能正常运转，甚至系统功能相互抵消，城市出现功能性失调。在城市的发展过程中，随着城市人口增长和规模扩大，合理的城市环境容量往往被突破，如水资源紧缺造成的城市整体功能下降，从而造成城市超负荷运转，整体机能下降，出现城市功能性衰退，我国北方一些缺水型城市就属该类情况。城市化滞后于工业化也是这方面的表现。此外，还有制度供给不足、成本外部化导致"制度失灵"和"政府失灵"。因为城市意识淡薄、管制政策失当、政府管理乏力等，造成"公地悲剧"与公共物品供给不足的现象比比皆是。

中国在积极推行城市化过程中，由于利益机制的影响，各类城市的发展是不平衡的，大城市处在急剧扩张的潮头。近几年来，累计约有2亿农村人口流入城市，主要是大城市，其中只有10％的人口流入中小城市，导致城市体系结构严重失衡。

一是城市规模结构不协调，具有规模效益的大城市不多，小城镇数量太多，降低了城镇体系的整体辐射和带动功能。

二是城市空间结构不平衡，东、中、西三大地区城市发展的空间差异显著且不断拉大。2000年，三大地带的城市化率为38.5％、28.1％、23.4％，分别比1980年提高了17.9、8.9和7.4个百分点，设市城市密度分别为每万平方公里2.24、0.74和0.27个。

三是城市产业结构不合理，很多城市出现产业虚高度化和同构化，大中小城市之间也没有形成合理的分工体系，处于中国城市体系顶尖位置的特大城市，虽然人口规模和地域空间与发达国家的顶尖城市相当，但经济结构层次、综合实力以及效益指标要低得多。如上海的GDP总量仅为中国香港的1/4，东京的1/20左右。

## 二、城乡关系不和，二元结构明显

城市和农村作为人类生活的主要聚落，具有相互弥补性和支撑性。但在中国城市化的进程中，城乡矛盾一直十分突出，城乡差别日益显著，"三农"问题突出。根据有关专家统计，改革开放以来，城市改扩建和道路、机场、水利、矿山等建设，尤其是开发区建设占用了大量土地，但农民及村集体最终只得到微不足道的补偿，仅仅通过征地，农民的损失就高达2万亿元；再加上农村土地的不合理集中使用，农民失去了生活的最后屏障——土地，却依然享受不到城市居民的最低收入保障等政策，以致广大农村区域陷入贫困和购买力低下之中，不能为城市的和工业的可持续发展提供有力的支撑。

我国城市发展存在的种种问题已经引起了人们的关注，但至今并没有找到一个解决这些问题的有效办法，现有的城市发展模式仍然停留在规模的扩大，经济总量的增长，而没有真正从城市的可持续发展角度考虑解决的方案，城市循环经济的提出也许可以为我们找到维持城市可持续发展的答案。

城乡二元结构现象影响城市健康发展。从我国社会经济的整体上来分析，城市与乡村之间的反差极大，是典型的"二元结构"。这种二元结构表现为既有发达先进的城市，同时，也有落后贫穷的农村地区。从而构成城乡之间人均收入、基础设施、文化科技水平等多方面的差距。由于城乡二元结构存在，体制与政策障碍造成城市与乡村的封闭，除了造成社会的不公平性不稳定性外，在经济上导致效率的损失，生产要素不能自由流动，资源配置效率低下，削弱了城市聚集效应，聚集经济不能充分发挥。

目前，在我国反映居民消费支出的恩格尔系数呈下降趋势，说明了人民整体生活水平的提高，但是反映社会公平的基尼系数还较高，其中最高收入的10％与最低收入的10％人口之间的差距达到12.7倍。

效率与公平一旦失去平衡，也就是在追求经济增长效率与保障社会发展公平之间继续失调，区域之间、城乡之间、城市之间、居民之间的收入与消费差距将进一步拉大，二元结构再次扩大。

## 三、城市建设无序，特色渐失

中国幅员辽阔、历史悠久，五千年的灿烂文化在城市中积淀，神奇的自然景观塑造了城市形象，基本形成了不同的城市特色。但近20年的粗放式建设，导致历史文明载体严重破坏，自然景致也风光不再，民族文化特色和地域特色在逐渐消失。而且，由于全国大中小城市的建设模式和步调基本一致，从欧式建筑一条街到大型草地广场，从林立的高楼大厦到新区拓建，城市出现了普遍的千城一面的景观"克隆"现象。城市的可识别性缺失。

## 四、城市交通基础设施滞后

在城市化进程中，城市交通基础设施在社会经济中的作用日益增强。随着国民经济的发展，城市规模的迅速扩张带来了城市交通量的急剧增长，尽管近年来中央和各级地方政府投入了相当大的力量进行城市道路建设，但总体上看，城市道路的建设还是赶不上交通量的增长。大中城市普遍存在以拥堵为主要特点的城市交通问题，在北京等超大城市甚至成为久治不愈的顽症。据有关资料显示，我国有113座大城市存在着严重的交通问题；我国大城市因城市交通运输的制约，GDP 损失约有 1~2 个百分点。① 可见，我国的城市化进程正面临城市交通问题的严重挑战。

（一）城市交通基础设施不足

改革开放以来，我国各大中城市虽加大了城市道路基础设施的投资力度，城市道路交通基础设施规模和能力有了很大的提高。尽管如此，城市道路建设仍然滞后于日益增长的交通需求。我国城市普遍存在道路密度（道路总长度城区建成总面积）、道路面积率（道路面积城区总面积）偏低的问题，这是我国城市尤其是大城市拥挤的一个重要原因。我国城市道路的密度只有 6.8km/km²，而在 20 世纪 80 年代，世界发达国家就已达到 20km/km²。20 世纪 90 年代中期，城市的道路面积率，我国北京为 5.9％，上海为 6.4％，而国外东京为 13.8％，伦敦为16.6％，巴黎为 25％，纽约为 35％。② 1995 年我国城市道路总长度 130.308km，平均每万人拥有的道路长度为 7.0km，道路面积为 135 810 万 m²，平均每万人拥有面积 7.3 万 m²。2000 年，全国城市道路总长达到 159.617km，平均每万人拥有道路长度达到 7.6km，道路面积达到 190.357 万 m²，平均每万人拥有面积达 9.1 万 m²。③ 近年来，国家虽不断加大城市道路建设力度，但仍赶不上车辆的增长速度，且与世界其他国家相比，差距仍很大。

此外，在一些大城市地区，随着机动车数量的增加和私车比例的提高，停车场地不足和停车难的问题也日益突出。尤其是在大城市中心区，由于人口和建筑密集，且以高层建筑为主，原有非机动车为主时期的规划标准、城市结构和城市用地均已无法满足机动车停车的需要。即使是一些新建的住宅小区和商业设施，对停车场地也往往估计不足。以北京市为例，在交通流量最为集中的市区内线，停车泊位不足 2 万个，缺额至少达 5 万个。这种状况迫使车辆停放大量占用人行道和车行道，加剧了城市交通的拥堵程度。

与城市道路数量和停车场地的严重不足相比，我国城市机动车辆的迅速增长更是加剧了城市道路的拥堵状况。20 世纪 90 年代以后，机动化进程加快。统计数据显示，我国小汽车产量达到第 1~4 个 100 万辆分别经历了 40 年、8 年、2 年和不到 1 年。1990—2003 年间，全国民用汽车拥有量以每年 12.7％的速度增长（如图 3-7 所示）。目前汽车已成为我国城市最主要的交通工具，

①　郭培章：《中国城市可持续发展研究》，经济科学出版社，2004，第 132 页。
②　刘思华：《可持续城市经济发展论》，中国环境科学出版社，2002，第 285 页。
③　中华人民共和国国家统计局：《中国统计年鉴 2001》，中国统计出版社。

以北京市机动车为例，1998 年拥有量为 104.12 万辆，截至 2003 年底，机动车拥有量已达 200 万辆，年均增长 15%（如图 3-8 所示）。在民用汽车中，私人汽车增长最为迅速，1990—2003 年全国私人汽车拥有量平均增长 22.6%，2003 年达到 771 万辆。北京、广州、成都、天津 4 个城市是我国私人汽车主要集中的城市，拥有量占全国 1/4 以上。私人汽车进入家庭的实质是汽车进入城市道路系统，70% 以上机动车交通量是由城市道路系统承担的。

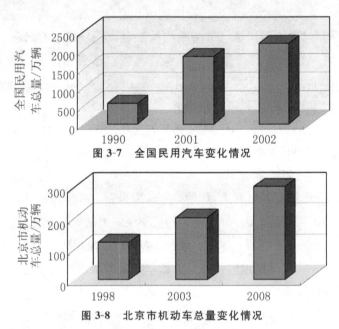

图 3-7　全国民用汽车变化情况

图 3-8　北京市机动车总量变化情况

（二）城市路网结构不合理

目前，我国绝大多数城市的交通结构过于单一，除少数大城市有地铁，绝大多数城市居民出行都是依靠公共电汽车、自行车和步行。这种较为单一的地面公共交通形式，同世界上许多大城市的地上高架路、地下铁路、地面交通所组成的多方式，多层次立体交通系统相比，差距甚大。我国许多城市的道路系统沿袭了几十年甚至上百年前的原有结构，线形没有统一标准，很多地段路面狭窄，瓶颈、断头现象较多，路网的连续性、连通性、可达性较差。目前，全国 70% 左右的城市尚未建成干道网，严重影响了城市道路的通行能力。[1]

城市市区道路网容量，除了取决于道路长度和面积外，在很大程度上还决

① 刘思华：《可持续城市经济发展论》，中国环境科学出版社，2002，第 286 页。

定于城市快速路、主干路、次干路和支路之间合理的比例关系及其连通性等。我国城市普遍存在道路网密度偏低、主干道间距偏大的问题。交通过度集中在主干道上，而在一定程度上忽视了次干道、支路的建设，造成主干工程设施不配套，并且各干道在出入口形成瓶颈。因此，道路整体效率下降。如北京市的交通结构是在旧城棋盘式街道常规交通为主的基础上发展起来的，长期以来市内二环路、三环路和四环路之间缺乏快速联络线，形成市区主干路、次干路与支路的长度比例呈倒梯形的非稳定基本架构，造成在快速路和干路上集中的大量车流难以通过交通网络上合理分流。致使北京城区的主干道、次干道和支路间没有形成综合的道路网络系统。

### （三）公共交通未发育完善

城市公共交通包括常规的公共汽车交通、地铁、地面或高架的轻轨交通、城市高速铁路等。城市公共交通在占用道路空间、道路环境污染和能源消耗等三个方面，具有其他交通方式无法比拟的优越性，若按在市区同样运送 100 名乘客计算，使用公共汽车与使用小汽车相比，道路占用长度减少近 9 倍，节省油耗约 5 倍。因此，优先发展公共交通是当今世界各国解决城市交通的共识。即使在私人汽车相当普及的发达国家，也非常强调公共交通的重要性。发达国家大都市公共交通客运量占市民日常出行量的 50%～60%，而我国城市公共交通系统建设却严重滞后，城市交通客运量占总出行量的比例不足 30%，比起东京的 80% 相差甚远，（如图 3-9 所示）。公共交通落后是我国城市交通拥挤的一个重要原因。

影响我国城市公共交通发展的一个重要因素是公共交通结构单一。我国绝大多数城市的公共交通以常规的公共汽车交通为主，只有北京、天津、上海、广州等少数城市拥有地铁。这种单一的地面交通，同世界上许多大城市由地上高架路、地下铁路、地面交通共同组成的多方式、多层次立体交通系统相比，

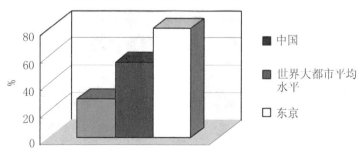

**图 3-9　我国城市公共交通系统建设严重滞后**

差距甚大。

我国城市的大运量公共客运系统发展迟缓。目前，轨道交通在整个公共客运系统中承担的客运量只占 10％左右。由于轨道交通发展水平有限，目前我国大城市现有公共客运系统在城市日常出行中所承担的份额仍不足 40％。2002 年我国开通的城市轨道交通线路总长 207.49km，还不如伦敦（408km）、巴黎（211.3km）、东京（290km）、纽约（370km）等单个城市的地铁多。[①]此外，我国城市常规公共交通发展也较为缓慢。目前，由于道路拥挤，常规公共交通运营速度由过去每小时 12～14km 下降到 5～10km，公共交通服务水平和承担的客运比例也不断下降。这使部分公交乘客转向其他交通方式，导致大部分城市的出行以自行车为主，交通结构个体化的趋势越来越明显。

此外，我国城市公共交通还面临公交场地建设严重不足，公交换乘枢纽设施建设滞后，线网密度、场站覆盖率、车辆配置等基础设施与经济发展水平不相协调等问题。

面对我国城市交通基础设施不足，路网结构不合理以及公共交通滞后的现状，交通拥堵现象已经十分突出。目前，在北京、上海、武汉、西安、广州等超大城市，交通堵塞现象已日趋白热化，成为影响城市经济发展的重要制约因素。如北京市区交通繁忙时间每小时机动车流量超过 4000 辆以上的路口有 98个，超过 1 万辆以上的路口有 52 个，市区主要干道负荷度已达到 90％。自 20世纪 80 年代以来，中国特大城市市区机动车平均时速已由过去的 20km 左右下降到现在的 12km 左右。在一些大城市中心地区，机动车平均时速已下降到每小时 8～10km。全国 31 座百万人口以上的特大城市，大部分交通流量负荷接近饱和，有的城市中心地区交通已接近半瘫痪状况。一些城市不得不采取小汽车分单双号行驶的措施，造成极大浪费。中国每年因城市交通不畅，运输效率下降，造成经济损失达数百亿乃至上千亿元。交通运输堵塞问题已经严重影响了城市的经济和社会发展。

## 专栏 3-2　世界各大城市解决拥堵的各自之道

**纽约**

从郊区到达市中心都是直达的放射性线路，阻塞状况并不明显。私车一律停在郊外。到纽约曼哈顿的上班族，是从家里开车到市郊地铁站或火车站，

---

① 单连龙："十一五"我国城市交通发展展望，《中国经贸导刊》，2005（3）。

再换乘进入市区，然后在市内乘公共汽车、地铁或出租车去上班、办事。曼哈顿的许多街道，只有持特殊牌照的车辆才能停车上下货和上下客，其他车辆不得停放，否则即遭罚款。

### 华盛顿

公交车送官员上下班。不仅工商人士不能驾驶私车进入华盛顿的办公楼，美国联邦政府官员也不得驾车出入华盛顿。官员们大多不住在华盛顿市内，而是住在与华盛顿特区相邻的三个州的小镇上。如果他们每天开几十公里车到华盛顿上班，通向华盛顿的几十条公路都会堵车。为此，联邦政府拟定用公交工具接送代替个人开车的计划，使部分人放弃自己开车，改由公交车接送。

### 巴黎

公交优先，轿车分单双号入城。由于私家车急剧发展，到20世纪70年代初，巴黎的城市交通几近瘫痪。于是，法国政府开始下大力气重点优先发展公共交通。如今，巴黎设置了480多条全天或部分时间禁止其他车辆使用的公共汽车专用道。对于小汽车，巴黎市政府规定，采用分单双号车牌形式来限制轿车进城。市中心的就业功能被疏散到郊区的卫星城镇中，缓解就业与居住之间的不平衡。

### 东京

如果你不能证明你拥有或者租用了一个停车场，你就不能购买汽车。而在公用交通系统则呼吁地铁至上。东京人的家用汽车平日放在车库里，上下班乘地铁。一则是因为乘地铁才能准时上下班，二则是公司里只有总经理和董事长才有车位。截至1999年，东京圈40公里范围内有高速铁路13条，地铁10条，高速公路9条，短距离轻轨2条，每日负担2804.5万人次的客运量，其中高速铁路占61.4％，地铁占26.3％，公共汽车占6.7％，其他占5.6％。交通路况电子信息牌实时显示路况信息，以供交通管理人员疏散拥挤路段和人们选择行车路线。

### 伦敦

停车费抑制轿车。当地政府发出交通白皮书公告市民，为了限制轿车数量，减少堵车和空气污染，从2000年起提高停车费用，同时城市内原有的各大公司、公共场所的免费停车场一律改为收费停车场。从今年7月份起，伦敦又规定，进入拥挤市区必须额外收费。

### 阿姆斯特丹

逐渐禁止汽车在市中心区通行；采取行人专用道和自行车道来保证交通安全和生活质量。

**中国香港**

得益于良好的公共交通系统。中国香港人口 700 万，截至 2000 年 12 月行车道路的总长度只有 1904 公里，许多不到 20 米宽的车道上，跑着各式机动车辆，但仍能做到运行顺畅。中国香港的道路大量实行单向行驶，驾私车的人从此地到彼地也许直线距离很近，但要兜很大的圈子才能到达。所以中国香港的交通很大程度上依赖良好的公共交通系统。其公共交通服务种类繁多，市民可按快捷、舒适及方便程度，选择各自心仪的出行交通工具迅捷到达。每天，地铁、有轨电车、公共汽车、出租车和渡轮等交通工具秩序井然，载客超过1000 万人次。

**多伦多**

行人地下通道网非常发达，即使在暴风雪的恶劣天气，人们也能通过地铁、城铁和公交车安全舒适地抵达目的地。

**维也纳**

鼓励人们弃私车坐公车。政府为公共交通支付高昂的津贴，再用高昂的燃油税、停车费和严格的停车规定，来限制私车出行量。

**新加坡**

重视交通基础设施建设和管理。全国约 80 万辆汽车（其中约 50 万辆为小汽车）在城市有序分流。新加坡之所以交通顺畅，主要有以下三方面因素：重视交通基础设施建设，完善陆路交通立体网络；服务规范，管理严格；独创电子道路收费系统及拥车证制度，有效控制市区车流量及车辆总体数量。

**法兰克福**

明文规定建造一座办公大楼必须带建一个停车场；工人必须购买自己的停车车位。

资料来源：王鸣：拥堵与混乱：城市化的困惑，《当代汽车报》，2005 年 1 月 5 日。

## 第五节　"三农"困境与农村剩余劳动力转移压力

"三农"问题是农业问题、农村问题和农民问题的总称。我国的"三农"问题是国家工业化进程中城乡经济社会变革和发展不同步造成的结构偏差问题，是国家前进中的可以克服的问题；然而因为它的复杂性、严重性和化解艰巨性堪称世界之最，所以它现已构成当今我国改革与发展中的最大难题。

解决"三农"问题的根本出路到底在哪里？我们认为，中国"三农"问题的根本出路在于大量减少农民的数量。而大量减少农民的数量，大量吸纳农村的剩余劳动力，只有靠实施城市化战略、提高人口的素质和技能、大力创造就业机会才能够最终完成。一旦当农村人口数量下降到总人口的 25% 以下时，农村土地的价值才能达到市场化要求的成本阀值，此时农业土地的集约化生产、规模化生产和专业化生产才达到一定的水平，农业的科技含量、服务水平和农业成本才有了大幅度的改善，农民的收入水平和整体素质才会有明显的进步，至此，中国"三农"的一系列根本问题才能得以彻底解决。

目前，我国已进入工业化的中期阶段，但城市化程度却只达到 37.7%，比 2000 年世界平均城市化水平要低 10.3%。我国目前人均 GDP 仅有 900 美元，但已经出现了严重的农产品需求制约，最基本的原因是城镇农产品消费群体比重太小。我国农村剩余劳动力转移困难，最根本的障碍是城市化进程明显滞后。2001年，我国农业 GDP 份额已经下降到 15.2%，而农业就业比例仍高达 50%。农村人口非农化和城镇化进程缓慢，农民比重过大，导致农业相对劳动生产率过低，这是"三农"问题的症结所在。因此，从根本上解决现阶段的"三农"问题，不能就农业论农业、就农村论农村，必须重点解决制约农业和农村发展的体制性矛盾和结构性矛盾，改革计划经济体制下形成的城乡分治的各种制度，减少农民，加速农村城镇化进程，发挥城市对农村发展的帮助和带动作用。

---

### 专栏 3-3 城市化是解决"三农"问题的根本出路

全国政协委员、中国科学院可持续发展战略研究组首席科学家牛文元教授认为，城市化是中国解决"三农"问题的根本出路。

中科院一日推出其 2005 年度"科学与社会"三大系列报告，牛文元领衔完成了其中《中国可持续发展战略报告》并表达出上述观点。他说，中国"三农"问题的根本出路，在于大量减少农民的数量，而大量减少农民的数量，大量吸纳农村的剩余劳动力，唯有靠实施城市化战略才能够最终完成。

牛文元称，当农村人口数量降到全国人口的百分之二十五以下时，农村土地即达到市场化要求，此时土地的集约化、规模化和专业化生产才达到一定程度，农业的科技含量、服务水平和生产成本才有大幅度改善，农民的收入水平和整体素质才有明显进步。这样,"三农"的一系列根本问题才能得以彻底解决。

对于中国如何推进城市化、如何解决"三农"问题服务?牛文元提出六项基本措施:

——尽快修改《城市规划法》,放松对大型、超大型城市的规模控制,构建两到三个世界级城市作为中国城市体系的龙头。

——将中国城市发展视作一个有机联系的整体系统,进一步调整全国城市布局,优化城市功能和加强产业转移力度,放大城市扩散效应。

——认真规划国家大城市的规模和数量,加强城市基础设施建设和第三产业发展。

——加大中小城市建设步伐,重点提升城市建设质量,尤其要加大城市基础设施建设、城市服务业和社区建设力度。

——对于乡镇企业比较发达且分布比较集中、城镇密度比较高的地区,鼓励城镇集中合并,选择以中心城镇为中心、卫星城镇分布周围的方式发展小城镇。

——改革户籍管理制度,逐步打破"二元结构、城乡分治、一国两策"的体制,积极引导,加强管理,实现人员自由流动,缩小城乡差别,实现城乡一体化。

资料来源:中经网,2005 年 3 月 2 日。

## 一、"三农"问题积重难返,转移压力大

我国的"三农"问题集中表现为农村、农业、农民比城市、工业、市民(城市居民)发展滞后,现代化程度低。如今,农村基本上仍是农业社会,农业基本上还是以传统手工操作为主的耕作方式,农民还是很贫穷;城乡差别、工农差别、城乡居民收入差别仍然很大,甚至越来越大。在自然的、历史的、现实人为的等因素的影响下,农村和农业不被重视,发展缓慢。我国的"三农"问题到了非常严重的程度,这主要表现在:

### (一)农民收入增长缓慢,城乡居民收入差距越来越大

自 20 世纪 90 年代中期以来,我国农产品的供求关系发生了重大变化,几乎所有农产品都呈现出阶段性、结构性和区域性的供过于求,农产品价格连年

下跌。"九五"期间，我国农民人均纯收入平均增长 2.89%，每年的实际增长率分别是 9%、4.6%、4.3%、3.8% 和 1.9%，增幅呈逐年下降趋势。[①] 尤其是一些贫困地区和粮食主产区，农民收入呈负增长状态。

近年来，我国的基尼系数不断恶化，已达到 0.5，大大超过了世界公认的警戒水平，已成为世界上贫富差距最大的国家，我国社会的收入分配已经进入到绝对不平均状态。1996 年农民年收入比上年增幅为 9%，但从 1997 年到 2003 年七年间，全国农民人均纯收入的增幅最高的年份增长 4.8%，最低的只增长 2.1%，年均增长 4%；而同期城镇居民人均可支配收入增长了 8%。1997 年我国城乡居民收入差距为 2.47∶1，2003 年则扩大到 3.24∶1，如果考虑到城市居民的隐性收入和社会福利等因素，真实的差距已达到 5∶1（有人甚至计算到 6∶1）。城乡居民收入差距不断扩大，迅速崛起的城市富裕阶层、收入持续增长的城镇居民与收入在低水平徘徊的农民形成了鲜明的反差。有学者计算说，50 个中国富豪的资产，相当于 5000 万中国农民的年均收入，而 300 万个百万富翁的资产，则相当于 9 亿中国农民 2 年的纯收入。[②] 这种情形，已经严重影响到国民经济的整体发展和社会的全面进步。

## （二）农村城市化水平低，农村剩余劳动力转移困难

我国城市化程度很低，城乡差别越来越大。据世界银行 2000—2001 年世界发展报告，按人均 GNP 计算，我国在 1999 年就达到了下中等收入国家水平，但我国城市人口仅占全国总人口的 30.9%，远远低于下中等收入国家城市人口比重为 43% 的平均值。[③] 在经济重心早已移到城市并正步入新型工业化道路的情况下，我国仍有 70% 的人口滞留在农村，这在世界工业化历史上是绝无仅有的。城市化的严重滞后是导致城乡差距日益扩大的根本原因。1978 年以来，我国城市化发展虽然加快了速度，但是在城市发展模式的选择上忽视了农村的需要，城市发展被置于相对孤立的格局中。国家的财政、金融和教育资源过于向大城市倾斜，中小城市特别是小城镇分享资源较少。

我国是人多地少的国家，农村人口多，而农业资源特别是土地资源相对匮乏，庞大的农村人口基数降低了人均农业资源的占有量、资源短缺与劳动力过

---

① 李中华：我国"三农"问题的现状、成因和对策，《云南财贸学院学报》第 19 卷，第 6 期。

② 金光农业网 www.jgny.net.

③ 牛若峰：我国的"三农"问题：回顾与反思，《古今农业》，2003（4）。

剩的矛盾突出。按照我国目前的耕地规模，只需 1.5 亿农村劳动力，这就意味着，在我国 3.2 亿农村劳动力中约有 1.7 亿不能充分就业或根本无法就业。这么庞大的劳动力队伍需要转移到城里去就业，城市又面临产业结构调整的巨大压力，城市本身存在大量的下岗职工难以安置，农村剩劳动力向城市转移受到了极大的限制。

### （三）农村面貌落后，农村经济不发达

我国城乡相差很大，当今我国城市现代繁荣日新月异，而广大农村依然基本上是农业社会，别若天壤。难怪有人形容，我国的城市像欧洲、农村像非洲。城乡的差别还在扩大，并且很多是人为因素造成的。2000 年，中国财政用于农业的支出为 1298 亿元，约占财政总支出的 8%，比 1990 年的 10%约低 2 个百分点，比 1980 年的 12%约低 4 个百分点，这样，在基础设施（交通、邮电、通信等）、医疗卫生和义务教育等公共品供给方面农村远远落后于城市。

在基础设施方面，从获得和享受国家资源和公共产品来看，城乡存在严重的不平衡，并且差异越来越大。近 5 年来，国家实行积极的财政政策，增发长期国债，加强基础设施建设，1998—2001 年，中央安排国债资金 5100 亿元，其中用于农业基础设施建设的为 56 亿元，仅占 1.1%，只能满足同期农业基础设施建设资金需求的 10%左右。

在医疗卫生方面，新中国成立后的 20 世纪 60—70 年代，我国农村曾经有成功的合作医疗，曾被世界卫生组织称为世界上非常成功的典范。然而当世界上一些国家还在积极效仿我国的合作医疗制度的时候，合作医疗却在我国的绝大部分农村消失了。1990—2000 年，政府投入农村医疗卫生总费用比重由 12.5%下降到 6.6%，87%的农民是完全自费医疗，有统计说，我国 70%的农村人口仅消费 5%的医疗商品，而 30%的城市人口消费 95%的医疗商品。被列为世界上卫生公共资源最不公平的国家之一。

在教育资源分享方面，城乡相差真是天壤之别。农村义务教育投入主体错位，农村教育附加和教育集资明显加大了农村基础教育成本和农民负担。现在，教育支出已经成为农民开支中仅次于生活费的第二大项，全国平均而言，每个小学生一年的各种费用在 500 元左右，初中生则在 1000 元左右，这对于人均年收入只有 2000 元或不到 2000 元的农民家庭而言，无疑是很难

承受的。[①]"义务教育"对于许多农民和农家子女来说，成了难以享受的"奢侈品"了。

## 二、农村剩余劳动力数量多，转移任务重

城市化意味着农村人口的绝对减少，而对于我国这样一个人口众多特别是农村人口占绝大多数的国家，要想实现城市化，其难度可想而知。到 2003 年，我国仍有 6 亿农村人口，占全国总人口的 60%。庞大的农村剩余劳动力的存在，使得人口转移任务相当繁重。

目前我国究竟有多少农村剩余劳动力？对此，学者们有不同估计：[②] 低位估计为 1 亿～1.5 亿；[③] 中位估计为 2 亿[④]～2.5 亿人；[⑤] 高位估计为 4 亿～5 亿人。[⑥] 而且，劳动力过剩的矛盾还在加剧：一是我国人口基数大，受人口惯性的影响，劳动力供给量还将持续增长，从 2003 年到 2005 年，我国每年将新增劳动力 1246 万人；二是根据国家有关规定，全国耕地中坡度大于 25 度的 0.91 亿亩耕地将逐步还林还草，以改善生态环境，这又将少吸纳 600 多万劳动力。加入 WTO 后又有 1000 万左右的农业劳动力要转移到其他部门，同时近年来国有企业的战略性结构调整，也使下岗职工总数不断增加，城市安排重新就业的压力增大，这又为转移农村剩余劳动力增加了难度。[⑦]

根据目前的人口增长态势，估计到 2050 年中国的人口达到最高点，总数在 14.54 亿～15.81 亿之间。[⑧] 如图 3-10 所示，未来 20 年是中国劳动力数量最多的时期，也是农村劳动力最多的时期。中国的经济专家们一般都认为，中国目前的农业劳动力大约有 30%～40% 是剩余的。如果依现阶段农村剩余劳动力 40% 计算，那么到 2010、2020、2030、2040、2050 年，中国的农村剩余劳动力将分别达到 1.94 亿、1.73 亿、1.44 亿、1.25 亿和 1.07 亿。这也就意味着，到 2050 年，除去这 1.07 亿的剩余劳动力，中国的农业劳动力将占全国人口的 10% 左右。

多年来，乡镇企业一直是我国引以为豪的改革产物，至少在吸收农村剩余

---

① 李成贵：我国的二元结构与"三农"困境，《古今农业》，2003（4）。
② 吴敬琏：吴敬琏纵论经济热点，《中国经济时报》，2001 年 3 月 10 日。
③ 农业部课题组：21 世纪初期我国农村就业及剩余劳动力利用问题研究，《中国农村经济》，2000（5）。
④ 陈剑光：发展乡镇企业，扩大农民就业，《经济日报》，2000 年 12 月 11 日。
⑤ 张忠法、金文、孙普希：寻找农村劳动力战略转移新途径，《中国经济时报》，2000 年 12 月 8 日。
⑥ 温铁军：21 世纪的中国仍然是小农经济？《新西部》，2001（12）。
⑦ 王瑞娟：农村剩余劳动力转移的难点和思路，《理论探索》，2004（1）。
⑧ 董锁成：《中国 21 世纪可持续发展新论》，陕西人民出版社，1999。

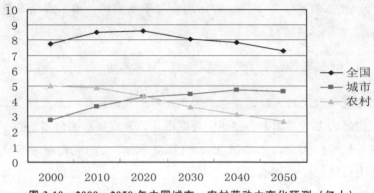

**图 3-10 2000—2050 年中国城市、农村劳动力变化预测（亿人）**

资料来源：胡英：中国城镇农村人口发展趋势预测，《中国人口科学》，1997（6）。

劳动力方面发挥过不可替代的作用。但是，20 世纪 90 年代以来，乡镇企业吸纳就业的能力明显下降。导致乡镇企业吸纳就业能力下降的原因主要有两个：

一是在经历了 20 世纪 80 年代的超常规高速增长之后，乡镇企业的增长速度开始放慢。1983—1986 年及 1992—1995 年乡镇企业增长率达到 33.7％和 48.9％，"七五"时期，平均每年增加 596 万人；"八五"时期，平均每年增加 688 万人。[①] 这完全得益于国民经济结构偏差的矫正效应和出口需求的拉动，而随着亚洲金融危机的影响，1997 年、1998 年增长速度则降至 17.4％和 17.3％，由于增长速度的放慢，就业增长率也必然随之下降；2003 年末中国乡镇企业从业人员达 1.35 亿人，比上年增加了 212 万人，仅增长了 1.6％，但由于农业人口基数过大，乡镇企业从业人员占农村劳动力的比重仍不足 30％，以至于农村剩余劳动力无序转移，并由此带来一系列的问题，如民工潮冲击大中城市，而且来势越来越猛，导致部分城市和农村社会治安出现问题；

二是我国乡镇企业发展已由扩张发展阶段向质的集约发展阶段转变，资本有机构成不断提高，就业弹性明显下降，乡镇企业吸纳劳动的边际递减规律开始发挥作用。1980—1988 年，按不变价格计算，乡镇企业固定资产年均增长率为 20.26％，比就业增长率 15.57％高出约 4.7 个百分点，而 1991—2001年，乡镇企业固定资产年均增长率为 20.1％，比就业增长率 6％高出 14.1 个百分点。[②] 显然，按照马克思资本有机构成的原理，由于资本有机构成的提高，

① 吴亚军，董人芳，苏建军：农村剩余劳动力转移困难的成因与对策分析，《农村经济》，2004（2）。
② 张宏：加入 WTO 农村剩余劳动力转移的困难与对策，《江西社会科学》，2002（9）。

必然造成一个相对过剩的人口，资本对劳动力需求而言，弹性较小。

另外一个原因主要是乡镇企业的布局过于分散，存在"村村点火，遍地开花"的分散格局，由此带产生不了相应的聚集效应和辐射效力，无法带动农村第三产业的发展，限制了农村劳动力在第三产业中的就业，不利于农村剩余劳动力的转移。

### 三、农业劳动力素质较低，转移难度大

文化水平低，是我国农村富余劳动力向城市转移过程中最根本的素质障碍，它突出表现在两个方面：

#### （一）文化程度低

从受教育的程度来看，我国农村劳动力文化程度很低，仍以具有初中和小学文化程度的人为主体。据第五次人口普查资料显示，2000 年中国总人口的文盲率已下降到 7％左右，但各个不同地区的文盲率却存在明显的差异，华北和东北的文盲率比较低，绝大多数省在 5％以下，而西南和西北地区的文盲率较高，西藏的文盲率甚至在 32.5％，青海、甘肃、宁夏、贵州、云南、安徽的文盲率都在 10％以上。而农村的文盲占农村劳动力总数的 7.4％，小学程度的为 31.1％，初中程度的为 49.3％，高中程度的为 9.7％，中专程度的为 2％，大专及大专以上的为 0.5％。[1]而且在经济利益的驱使下，大量的中小学生辍学，不够就业年龄就过早地加入到农业劳动力队伍中，造成农村劳动力低文化程度的恶性循环；与此相反，现代社会的企业生产其技术含量越来越高，对劳动力的文化程度的要求亦越来越高。劳动和社会保障部 2003 年初对长江三角洲、环渤海及中西部地区主要城市用工意向调查表明，招用新农民工的企业主要集中在纺织服装、建筑施工、机械电子、冶金化工等行业，餐饮服务、食品加工、物业管理、物流配送等行业对农民工的吸纳力也较强。85％以上岗位要求具有初中以上文化，其中 25％要求具有高中以上文化程度。[2] 但 2003 年我国农村外出务工劳动力中接受过专业技能培训的不足 15％，中专及以上学历的占 4.3％，高中学历的占 10.8％，初中学历的占 66.3％，小学学历的占 16.7％，文盲占 1.9％。[3] 这说明，低文化和无文化的农业富余劳动力受市场竞

---

① 王瑞娟：农村剩余劳动力转移的难点和思路，《理论探索》，2004 年（1）。

② 王进业，张军："三农"热点透视：农民就业遭遇"高板凳"，中国农网，http：//www.aweb.com.cn。

③ 阳俊雄：我国农村劳动力转移速度放慢，《中国国情国力》，2004（5）。

争机制的约束，其转移难度明显增大，而文化程度较高的农民在转移过程中则具有一定优势，且转移的稳定性也比较强，职业选择的余地也比较大。

### （二）技术素质低

农民的技术素质主要是指农民所具备的科技知识水平以及将其运用于实践的熟练程度。改革开放以来，农村富余劳动力向城镇转移的经验和教训都告诉我们，现代农业和现代城镇都同样钟爱高技术素质的劳动力。在就业竞争异常激烈的形势下，没有一定的技术素质，农村劳动力无论在农业内部转移还是向城镇转移都将面临重重困难。例如我国中、西部区域，大量的农村劳动力技术素质是很低的，他们没有接受过专业的技能培训，特别是很少接受城镇生存的专业技能培训。缺乏科技知识，对电工、钳工、家政、苗圃、美发、汽修、建筑、烹饪、酒店服务等技术知识也了解甚少，与城镇下岗人员相比，素质相对更低的农村富余劳动力在城市里的就业竞争中处于更加劣势的地位。有资料显示，全国城镇对熟练工人的需求达 58% 以上，而我国农村劳动力的技术素质离这种需求相差甚远。据第五次人口普查资料显示，2000 年中国农村劳动力中受过专业技能培训的仅占总数的 13.6%。全国仅有农业科技人员 271.7 万人，每万名农业人员拥有农业科技人员不足 4 人，而发达国家在 20 人以上。[①] 文化和技术素质的低下，限制了农民的就业空间，只能从事依靠传统经验生产的产业，这给农村剩余劳动力的转移带来了一系列问题和困难。

## 四、我国经济结构不尽合理，转移能力弱

我国农村剩余劳动力人数众多，但就业空间却非常有限。从农业本身来看，目前农村劳动力人均占有耕地面积呈逐年下降趋势，随着农业集约经营的不断发展，农业劳动生产率的不断提高，农业吸纳劳动力的容量会进一步缩小。从第二产业来看，由于我国工业在进行产业结构和经营方式的双重调整，国有企业进行体制改革，减员增效，使国有企业大量存在的隐性失业显性化，特别是乡镇企业发展速度放慢，对农村低素质劳动力需求减少，大大缩小了吸纳农村劳动力的容量。从第三产业来看，尽管第三产业发展速度明显加快，对劳动力的需求也有所增加，但由于大中城市企业下岗职工的机构改革，分流人

---

① 王开良：增加人力资本投资是促进农业剩余劳动力转移的根本途径，《经济师》，2003（11）。

员增多，大都转移到了第三产业，农村劳动力进入城市第三产业就业的机会相对减少。因此，从总体上来看，农村劳动力就业空间十分有限。

下面是改革开放以来我国产业结构和就业结构的对比分析。

从总体来看，我国的产业结构呈现第一产业比重不断下降，第二产业平稳发展，第三产业有了较大提高的趋势。第一产业比重已从改革之初的28.1%下降到2003年的14.6%，同时第三产业由23.7%增加到33.2%，但是第三产业仍然是发展不充分，第一产业比重过大，与发达国家差距明显，甚至还低于一些低收入国家。再来看与产业结构相对应的就业结构，虽然改革开放以来我国第一产业的劳动力就业人数在不断降低，但第一产业就业人数比重仍高达50%，而第三产业比重不到1/3，远低于发达国家。由此可见，第一产业的比重过大和第三产业的发展滞后直接导致了我国目前的农村剩余劳动力过多的状况。不合理的经济结构滞缓了我国城市化的进程。

从我国产业结构和就业结构的对比来看，第一产业就业结构严重滞后于产值结构（见表3-6）。1978年第一产业的产值结构与就业结构分别为28.1%和70.5%，到了2003年，第一产业的产值结构下降到14.6%，但就业结构仍高达近50%。农业部门的就业结构的滞后程度（见表3-7）到20世纪90年代末进一步加强了。这说明第一产业劳动的边际生产率较低，农业内部聚集了大量的待转移的剩余劳动力，农业还带有明显的传统农业特征。

表 3-6　按三次产业分的产值结构及就业结构　　　　单位：%

| 年　份 | 产值结构 | | | 就业结构 | | |
|---|---|---|---|---|---|---|
| | 第一产业 | 第二产业 | 第三产业 | 第一产业 | 第二产业 | 第三产业 |
| 1978 | 28.1 | 48.2 | 23.7 | 70.5 | 17.3 | 9.3 |
| 1980 | 30.1 | 48.5 | 21.4 | 68.7 | 18.2 | 12.2 |
| 1985 | 28.4 | 43.1 | 28.5 | 62.4 | 20.8 | 13.1 |
| 1986 | 27.1 | 44.0 | 28.9 | 60.9 | 21.9 | 16.8 |
| 1987 | 26.8 | 43.9 | 29.3 | 60.0 | 22.2 | 17.2 |
| 1988 | 25.7 | 44.1 | 30.2 | 59.4 | 22.4 | 17.8 |
| 1989 | 25.0 | 43.0 | 32.0 | 60.0 | 21.6 | 18.3 |
| 1990 | 27.1 | 41.6 | 31.3 | 60.1 | 21.4 | 18.5 |

续　表

| 1991 | 24.5 | 42.1 | 33.4 | 59.7 | 21.4 | 18.9 |
| 1992 | 21.8 | 43.9 | 34.3 | 58.5 | 21.7 | 19.8 |
| 1993 | 19.9 | 47.4 | 32.7 | 56.4 | 22.4 | 21.2 |
| 1994 | 20.2 | 47.9 | 31.9 | 54.3 | 22.7 | 23.0 |
| 1995 | 20.5 | 48.8 | 30.7 | 52.2 | 23.0 | 24.8 |
| 1996 | 20.4 | 49.5 | 30.1 | 50.5 | 23.5 | 26.0 |
| 1997 | 19.1 | 50.0 | 30.9 | 49.9 | 23.7 | 26.4 |
| 1998 | 18.6 | 49.3 | 32.1 | 49.8 | 23.5 | 26.7 |
| 1999 | 17.6 | 49.4 | 33.0 | 50.1 | 23.0 | 26.9 |
| 2000 | 16.4 | 50.2 | 33.4 | 50.0 | 22.5 | 27.5 |
| 2001 | 15.8 | 50.1 | 34.1 | 50.0 | 22.3 | 27.7 |
| 2002 | 15.3 | 50.4 | 34.3 | 50.0 | 21.4 | 28.6 |
| 2003 | 14.6 | 52.2 | 33.2 | 49.1 | 21.6 | 29.3 |

资料来源:《中国统计年鉴 2004》。

表 3-7　中国农业就业结构转换滞后于产值结构转换的程度

| 年　份 | 农业就业结构 | 农业产值结构 | 滞后程度（%） |
|---|---|---|---|
| 1978 | 70.5 | 28.1 | 150.89 |
| 1980 | 68.7 | 30.1 | 128.24 |
| 1985 | 62.4 | 28.4 | 119.72 |
| 1986 | 60.9 | 27.1 | 129.72 |
| 1987 | 60.0 | 26.8 | 123.88 |
| 1988 | 59.4 | 25.7 | 130.74 |
| 1989 | 60.0 | 25.0 | 190.40 |
| 1990 | 60.1 | 27.1 | 121.77 |
| 1991 | 59.7 | 24.5 | 143.67 |
| 1992 | 58.5 | 21.8 | 136.35 |
| 1993 | 56.4 | 19.9 | 183.42 |
| 1994 | 54.3 | 20.2 | 168.81 |
| 1995 | 52.2 | 20.5 | 154.63 |

| 1996 | 50.5 | 20.4 | 147.55 |
|------|------|------|--------|
| 1997 | 49.9 | 19.1 | 161.26 |
| 1998 | 49.8 | 18.6 | 167.74 |
| 1999 | 50.1 | 17.6 | 184.66 |
| 2000 | 50.0 | 16.4 | 204.88 |
| 2001 | 50.0 | 15.8 | 216.46 |
| 2002 | 50.0 | 15.3 | 226.80 |
| 2003 | 49.1 | 14.6 | 236.30 |

注：根据《中国统计年鉴》（2004 年）数据计算。计算公式为：农业就业结构滞后于产值结构转换程度＝（农业就业结构－农业产值结构）/农业产值结构。

资料来源：梅建明：二元经济结构转换与农业劳动力转移，《上海经济研究》，2003 年第 6 期。

以上分析表明，改革以来农村劳动力虽在大规模向非农产业转移，但由于多种因素的制约，农业的就业结构仍严重滞后于其产值结构，农业劳动力转移的任务仍十分艰巨。而且，也只有当农村剩余劳动力转移到使农业部门的就业结构与其产值结构相适应（国际经验表明，一国经济越发达，其农业产值份额及就业份额也越低）时，我国二元经济结构才可能一元化。

## 五、相关制度建设明显滞后，转移阻力多

在计划经济体制和城乡二元社会结构条件下，我国按照"生产资料优先增长"规律，通过工农业产品之间的价格"剪刀差"这种不利于农业的交换条件牺牲农业补偿工业，从而促进工业的优先发展。其直接的结果导致城乡隔绝，生产要素尤其是劳动力的流动受到严重阻隔。从目前实际情况看，阻碍农村剩余劳动力转移的主要体制性障碍是：

### （一）户籍制度

目前，我国是世界上仅有的几个实行户籍管理的国家（中国、朝鲜、苏丹等）之一。1958 年《中华人民共和国户口登记条例》的规定标志着我国以严格限制农村人口向城镇流动为核心的户口迁移制度的形成。这种二元化的户籍管理制度，明确将居民分为农村户口和城市户口，并严格规定非经城市有关户

籍管理部门同意，农村人口不得进入城市。我国现行的城乡分割的二元户籍制度，虽然有所改革，但并未从根本上改变。农民与市民在地位、身份、就业、住房、补贴劳保、福利等方面仍存在着不平等。他们无法取得与当地市民平等竞争的权力和平等待遇，同时给他们在吃、住、就业、加薪、子女上学等方面造成许多困难。[①] 这就为农村剩余劳动力向城市转移加大了转移的成本，增加许多人为的难度。许多农民因无力承担进入城镇的高成本，而不得不像候鸟一样长期往返奔波于打工城镇与家乡之间。这样就限制了农村人口进城就业和定居生活，制约了农村剩余劳动力的合理、有序转移，妨碍了国家城市化的进程。

### （二）农地制度

现行农地制度实行承包经营权 30 年不变，对稳定和发展农业有重要作用；土地所有权和占有经营权分离的实现，也在客观上赋予了农村剩余劳动力转移的巨大推力。然而，"均田制"和小规模的经营方式，加之根深蒂固的"农本"思想和乡土观念，又形成了对农村劳动力流动的拉力。同时，在农地两权分离情况下，土地产权关系的不明晰和土地流转制度的不健全，也阻碍了农村剩余劳动力的转移。[②]

### （三）就业制度

自 20 世纪 50 年代初开始实行的劳动用工制度，原则上只负责城镇非农人口在城市的就业安置，不允许农村人口进入城镇寻找职业。近些年，尽管各地加大对农村劳动力转移的引导和扶持力度，农民就业环境有所改善，但仍然不够宽松。部分大中城市为了保护本地劳动力就业，推出了对外来劳动力就业的各种限制政策，设置各种障碍，且有愈演愈烈之势。如 2002 年，北京市劳动局限制农民工的职业由 2000 年的 34 个增加到了 103 个。又如 2002 年 5 月上海市劳动保障局明确规定，单位使用外来人员前，必须通过上网发布招聘信息，在确认招聘本市劳动者不足的情况下，方可使用外来人员；而上海市经济性裁员的单位，不允许使用外来人员。[③]

---

① 安洪：我国农村剩余劳动力转移的制约因素及对策，《中共太原市委党校学报》，2004（5）。
② 陶为民：转型期农村剩余劳动力转移的障碍及对策，《绍兴文理学院学报》，2004（6）。
③ 陶为民：转型期农村剩余劳动力转移的障碍及对策，《绍兴文理学院学报》，2004（6）。

## （四）社会保障制度

在传统的计划经济体制下，我国的社会保障制度也呈现出明显的二元结构。目前我国城市中基本上建立起了以社会保障为核心、以最低生活保障制度为基础的社会保障体系；而在广大的农村，社会保障制度建设被长期忽略，社会保障体系基本上没有建立起来，土地已成为农村劳动力的唯一失业保障和养老保险，农村剩余劳动力一旦离开土地进城以后，将处于毫无保障的真空地带，一旦失业，基本生活就难以保障，其他诸如养老、医疗、子女上学和住房等现实问题更是无从谈起，这在很大程度上阻碍了农村剩余劳动力的横向流动。

## （五）城镇教育制度

进入城镇务工经商的农村劳动力，有相当一部分已有学龄子女。但是，由于城镇教育制度上一些不合理的限制性规定，使得他们的子女无法跟随自己就地上学，而不得不留在家乡成为没有父母照顾的"留守儿童"。实践证明，由于缺少父母的养育和疼爱，"留守儿童"往往会出现一些生理、心理、智力、性格缺陷。[①] 因而，许多农村劳动力往往在进城务工经商或在家照顾子女之间犹豫徘徊，这方面的考虑和担忧，已成为一部分农村劳动力转移的严重障碍。

---

### 专栏 3-4　"三农"问题与和谐社会

温铁军

目前，我国农业在国民经济中所处的地位是怎样的？大家看近年来的GDP 结构，就会知道，农业占 GDP 的比重已经下降到 15% 以下，常年大概维持在 14.5% 左右；乡村两级的消费占全社会商品零售总额的比重也下降到 30% 以下，常年大概维持在 27%～28% 左右，如果把县级的消费加上，县以下的消费占全社会商品零售总规模的 38% 左右。农村社会经济总量占全国经济总量的比重，县以下现在是 40% 左右。尽管我们国家还有 9 亿左右的户籍农民人口，还有接近 8 亿的实际农村人口，但是不可能立足于 14% 的农业产值，28% 的农村消费，来产生足够的税源，维持一个比较现代的上层建筑，包括政府管理、文化娱乐、宣传教育、卫生科技、法制建设等方面。

如果把上面一组数据作为分析依据的话，我们现在面临的"三农"问题

---

① 胡顺延，周明祖，水延凯：《中国城镇化发展战略》，中共中央党校出版社，2002，第 387 页。

的主要矛盾，就应该得出一个很清晰的被马克思主义基本常识所确定的概念，那就是：这种比较传统的生产力，它所决定的生产关系是什么呢？这样一种相对比较落后的经济基础，它所决定的上层建筑应该是什么呢？我们既不可能要求上层建筑决定经济基础，也不可能要求生产关系决定生产力。党的宣传工作者应该掌握的一个基本常识，当然就是马克思主义的基本常识，那就是生产力决定生产关系，经济基础决定上层建筑，而不是相反的。当然，辩证法也告诉我们，在某些个别时空条件之下，上层建筑可以反作用于经济基础，生产关系也可以反作用于生产力。但是任何这种反作用，都必然会带有一定的成本，这个成本从学术上说可以叫作制度成本。

因此大家也看到了，每当我们自上而下地要求加强某个方面的农村工作，如果不能配合以足够的财政资助，那么，当上面的任务下到农村基层的时候会带来什么呢？往往会带来农民负担加重。无论是我们自上而下地要求加强农村基层组织建设，还是加强其他工作，如果不给钱，就意味着让农民来拿钱加强。我们以自上而下的方式要求加强农村基础教育，如果不给钱，也意味着农民拿钱。我们要求加强农村基层治安管理，如果不给钱，也仍然是农民负担加重。上级方方面面的要求，到了基层，只要没有配以足额的经费，都会意味着加重农民负担。

究其原因，就是我们刚才所说到的，因为农业占 GDP 的份额已经下降到 15% 以下，农村的 8 亿消费人口的消费也只占 27%～28%。如此低的经济量，产生不了足够的财政资源，无法维持庞大的、高成本的、现代化上层建筑。

我们以往的很多问题就在于官员坐在办公室里，或者学者坐在书斋里去想象出一个要加强什么，但客观现实却是，如果没有同时安排资金，恐怕都会导致这种上层建筑和农村现实经济基础之间的矛盾。

所以，"三农"问题本来其实并不复杂，只要把握了马克思主义基本常识，都可以理解为什么会是这样的。而最后以上层建筑过度的反作用到经济基础上所造成的制度成本，那就是一方面农民负担加重，另外一方面乡村正规组织缺乏开支。而自上而下的号召，基层贯彻不了，于是乎，在有些同志那儿就认为是基层不好，甚至说一些乡村干部都是土豪劣绅，不要相信他们。其实基层乡村干部 90% 都是好的，只不过没有足够的财政资源，支撑这些自上而下下达的指示。

　　老百姓说，上面千条线，下面一根针，这根针能不能缝得上乡村社会的复杂问题？取决于乡村正规组织的针眼有多大。上面那么多条线下达的任务，如果它的财政资源不够，就意味着针眼不够大，线就穿不进去。

　　我前两天刚从河北一个农村回来，村里的干部说，我们花了20多万块钱，按照上级的部署搞文明村建设。部署的任务是什么呢？就是村的街道两侧搞花坛、搞绿化。上级要来检查。这个村刚把两侧的水泥花坛砌起来，再用城里街道上常常能看得到的铸铁栏杆围上，刚修到这儿，就连种花种草的钱都没有了。可见，上级下达的任务，到了基层就变成了成本，把这个村一年的开支几乎全都花完了，其他的事怎么办呢？上级领导想的是很好，要怎么样。有这么多的"要"，都给钱吗？不给。

　　请注意另外一个更为严重的问题。国家每年都按季公布我们的供求平衡商品和供大于求的商品有多少。大家稍加注意就会发现，国内已经没有需求大于供给的商品。也就是说，按照一般政治经济学的理论，这就是生产过剩。随之，就是企业普遍开工不足，无论怎么改制。当60%～70%的企业开工不足、设备闲置，连年生产过剩，在这种情况之下，怎么改制也不会有正效应。

　　这就是今天很多宣传部门的同志绕不开的理论误区，但这是现实。

　　无论上级怎么强调要扩大内需，占人口60%～70%的农村地区如此低的消费水平，怎么能够扩大内需呢？连老外都知道，中国是一个"大中国、小市场"。中国人口13亿，但是这13亿人都是有现金支付能力的购买群体吗？当然不是。只有4亿～5亿的城里人有现金支付的购买能力，可以是一个现代消费群体，而8亿左右的农村人现在仍然属于现金支付购买能力很低的庞大的半自给群体。中国要想扩大内需，就严重地受制于当前的所谓"三农"问题。

　　因此，"三农"问题不解决，中国维持高速增长就非常困难。到2004年，连续几年了，中国经济增长主要靠进出口，靠外需拉动增长，或者叫作中国经济的对外依存度在不断增加。1994年超过40%，2004年超过70%。听说过世界上任何一个人口大国，要靠外需拉动经济吗？但国内市场开拓极其困难，企业开工不足，无论怎么改制，正效应都难以产生。

　　有人说股市低迷。当然股市低迷，上市公司没有办法开拓市场，下属企业普遍开工不足，股价怎么能上去呢？于是，内需不足就连带着中国的资本市场也长期低迷，熊气弥漫。并且，社会投资也就找不到出路。因消费无法扩大，内需无法拉动而导致的生产过剩，导致资本市场低迷，接着导致另外一个问题就是总体上的资本过剩。接近 20 万亿的社会存款，至少有 6 万亿贷不出去。甚至到去年年底，财政资金都发不出去。往哪儿发？什么领域能够产生正效应？

看来，中国经济进入一个怪圈，核心就是"三农"问题。

做媒体的同志很清楚，如今，大量的农民上访已经发生重大改变：从过去强调农民负担重，改变为现在强调有限的资源被抢夺式的征占，那就是土地问题。

这种难以正常运行的经济发展，已经进入一个恶性循环和怪圈。中国出现资本过剩和劳动力过剩双重过剩压力之下的恶性循环。以往加强国有经济、加强城市经济发展的政策导致的偏差，使我们现在正在受经济规律的惩罚。

因此，我个人高度评价党中央 2002 年提出的全面小康的大目标，高度认同 2003 年十六届三中全会提出的五项统筹，以及随后于 2004 年中央强调的科学发展观，同期 2004 年 2 月 8 号发布中共中央、国务院一号文件，随后，到 2005 年初，在第二个新世纪的一号文件发出的同时，中央强调了和谐社会的指导思想。

这些新的提法表明，中央的战略，从 2002 年十六大以来，正在出现重大转变的趋势。

因此，"三农"问题被中央强调为重中之重并不是孤立的，并不是简单的。不是因为是农村出了点上访告状，发生大量群体性事件，农民反应比较强烈。不仅仅是这些。"三农"问题应该是国家发生重大战略转变的诱因，或者至少是其中一个重要的决定性的因素：

因为出现严重的"三农"问题，因为农村的上层建筑违背常识地不适应乡村的经济基础，因为农业 GDP 的相对份额下降和农民的收入相对下降，因为农村购买力低下，无法拉动内需；因此整个经济不得不走外需型的道路。而从长期看，这又是走不下去的。

最近，著名经济学家吴敬琏在 3 月份接受"中国经济学奖"的时候，说过一句很重要的话：我们以往搞改革的经济学家，为改革政策出谋划策的经济学家，有一个重要问题，就是不懂农村，不懂农民，也就是说不懂"三农"。他说得对，不懂"三农"，才造成今天这个局面。

看来，这不是一个部门的问题，不是农业部的问题，不是某个群体的问题，也不是单纯农村的问题，而是这个国家发展战略的问题。因此，中央提出全面小康，提出全面发展观，提出和谐社会。大家应该看到这不是简单地说只要为农服务，这个问题就解决了，我们需要总体上把中央所说的"全部工作的重中之重"落实到每个单位和每个人的行动中间去，这才有可能化解或者缓解"三农"困境；同时带动国民经济转型，实现中央所提出的目标，那就是全面小康。

所以，"三农"问题不是个别问题，不是局部的问题，而是全局问题，是战略问题。

据说，我们是所谓"单一制国家"，那么，中央号令全面小康，号令科学发展观，号令构建和谐社会，党报舆论是跟上了，高级干部的说法也都转了，但行动呢？似乎与"单一制国家"的体制不符合。例如，2004年中央强调科学发展观，随即搞宏观调控，但一些人并不那么认同，尤其是在地方政府部门的行动上并没有转变。同理，近年来中央强调"三农"问题是全部工作的重中之重，有哪些部门和地方在思想上和行为上真正跟上中央了呢？事实上出现了"三农"问题上头热，下头冷。

众所周知，现在有许多部门的财政资金投放的重点不在农村，而是投在了城里。例如教育的投资，变成了各个高校的大楼，能改变为往农村投吗？农村的义务教育得到多少呢？区区7%。那么，义务教育是谁的义务呢？农民的义务，不是政府的义务。这在全世界范围内，包括各个发展中国家都应该是奇谈。没有哪个国家像我们这样，义务教育变成农民的义务。这种状况当然要改。再比如医院，大医院一个个地大量引进现代化的设备，大量地盖楼，财政资金都集中在城里；县以下的医院呢？中西部农村的乡镇卫生院普遍破产了。教育如此，医疗如此，其他部门难道不是如此吗？有哪个乡镇的文化站还没私有化？什么是农民喜闻乐见的节目？不要以为把"村村通"工程做到村，农民听广播、看电视了，文化支农的工作就完成了。关键是电台和电视台要策划、制作出真正让农民欢迎、让农村社会能够趋向和谐的节目来。

"三农"问题上头热，下头冷，另外一个问题很大程度上在于根据城市人的思想观念设计的制度和文化，不能适应广大的弱势群体或农民的需求。

我近来不断提出，在农村，现在是最有条件构建和谐社会的。为什么呢？

那是因为，经过了20世纪上半叶的三次土地革命战争，农民彻底消灭了地主阶级，得到了平均分配土地的政治经济权利。而这个权利在20世纪后50年也不断地被任何一代领导人所保障。因此，如果农村作为传统农业社会，阶级矛盾是不存在的，于是天然的具有人民内部矛盾的本质条件，而农民又会有很多自发化解人民内部矛盾的办法，不使它变为过激冲突的办法。但问题是，这些都没在城里人的视野之内。农民喜闻乐见的，自己产生的组织是有协调作用的。如老年人协会，不仅使老有所养；老爷们跟媳妇斗气，发生矛盾了，老年人协会过来说和说和，问题就解决了。如果按城里人的做法就得上法院，诉诸法律。如果拿这种超前的上层建筑、意识形态去覆盖传统的落后的经济基础，那不是制造矛盾吗？

在大多数中西部传统农区，处于小农经济条件下的农民想的方法可能很实际，却往往不能见诸报端和镜头；城里人讨论的好多问题却似乎是忘记了马克思主义基本常识，忘记了是经济基础决定上层建筑。因此，我们作为城里人，在中央强调"三农"问题是重中之重的时候，特别需要先从自我改造入手，把自己脑子里的观念调整过来。如果大家都知道经济基础与上层建筑的关系，那什么事就都好办了。

资料来源：中国宏观经济信息网，2005年4月18日。

# 第六节 中国城市贫困问题

## 一、中国城市贫困的现状

我国的城市贫困问题是随着社会经济的转型逐渐显现的新问题。城市贫困人员主要是指传统上由民政部门给予社会救济的人员、人均家庭收入低于当地最低生活保障线的居民和由残疾、疾病或其他原因造成生活困难的居民。

目前国内外测算贫困线的主要方法有：

（1）比例法。即把城市中一定比例（通常为5％或10％）的最低收入家庭，确定为贫困家庭，其家庭人均可支配收入的上限即为贫困线。

（2）绝对值法。这种方法是由国家经济合作与发展组织提出的，是以一个国家或地区社会中等收入的50％或60％作为这个国家或地区的贫困线。

（3）恩格尔系数法。联合国粮农组织提出，恩格尔系数在 60％以上属于贫困。因此，用适量饮食费用（即满足人的生活需求最低营养的饮食费用）除以贫困群体的恩格尔系数即为贫困线。

据国家民政部 2000 年 6 月公布的全国城镇最低生活保障线以下的人口数为 1382 万，而当年得到最低生活保障救助的只有 402.6 万人。2001 年国务院发展研究中心披露的城市贫困人口规模是 3100 万，大致占城镇人口总数的 8％。即使最保守的估计也在 1500 万～1800 万人之间。根据国家统计局对城镇 17000 户居民家庭的抽样调查显示，2000 年，占调查户数 5％的贫困人口年人均可支配收入 2325 元，不及城镇居民 6280 元的 36.9％，与 10％的高收入户相比（人均年收入 13311 元），相差 5.7 倍。从基尼系数的角度来看，我国城镇居民基尼系数由 1978 年的 0.16 上升到 2000 年的 0.32，贫富差距逐渐拉大。下表给出了改革开放以来部分年份的城市贫困变化情况。

表 3-8　二十多年来中国城市贫困的变化情况①

| 年　份 | 贫困线（元/人·年） | 贫困规模（百万人） | 贫困发生率（％） |
|---|---|---|---|
| 1981 | 171 | 3.9 | 1.9 |
| 1982 | 169 | 2.0 | 0.9 |
| 1983 | 178 | 1.4 | 0.6 |
| 1984 | 190 | 0.8 | 0.3 |
| 1985 | 215 | 0.9 | 0.4 |
| 1986 | 226 | 0.5 | 0.2 |
| 1987 | 247 | 0.6 | 0.2 |
| 1988 | 289 | 0.7 | 0.2 |
| 1989 | 304 | 0.9 | 0.3 |
| 1990 | 321 | 1.3 | 0.4 |
| 1995 | 2107 | 19.1 | 5.4 |
| 1998 | 2310 | 14.8 | 3.9 |
| 1999 | 2382 | 13.4 | 3.5 |
| 2000 | 1875 | 10.5 | 2.3 |
| 2001 | 624～3840 | 11.7 | 2.6 |
| 2002 | 624～3840 | 19.6 | 4.1 |

① 洪大用，《试论改革以来的中国城市扶贫》，中国人民大学学报，2003 年第 1 期。

由上表可知，中国城市贫困人口的绝对数在 20 世纪 80 年代中期以前有减少的趋势，在 80 年代中期以后又呈现出上升的趋势，特别是 90 年代以来，城市贫困人口突破千万大关，并在整体上表现出比较明显的增长趋势。

从贫困人口的地区分布来说，我国的城市贫困人口主要分布在中西部地区和传统工业占主导的城市。全国总工会 2002 年完成的一项调查显示：我国东部地区的城市贫困人口占全国贫困总人口的 21.9%，中部地区占 52.9%，西部地区占 25.2%。就贫困者的行业分布来看，贫困人口多来源于传统的采掘、制造、建筑和商业等行业。国家统计局 2000 年的数据显示：社会服务业的贫困发生率为 6.01%，建筑业为 5.52%，批发零售餐饮业为 3.52%，煤炭等采掘业为 3.51%，纺织、军工等制造业为 3.32%。而在金融保险、科研综合技术服务业、电力、煤气及水的生产和供应业，贫困发生率几乎为零。

## 二、我国城市贫困人口形成的原因

### （一）经济结构调整，企业下岗（失业）职工增加

计划经济时期，政府推行"低工资，多就业"的政策，国家通过企业或单位向职工提供社会资源的分配。由于实行广泛的就业制度、均等的工资制度，劳动力的供给弹性已到极限，企业大量冗员无法消化。经济体制转轨后，情况发生很大变化，劳动力的雇佣和解聘逐渐市场化，职工工资与企业经济效益挂钩。20 世纪 90 年代初期以来，国有企业改革、兼并、破产在全国范围铺开，下岗（失业）职工人数骤然增加。据有关资料显示，1999 年全国企业下岗职工有 1100 万人，其中 490 万人通过各种渠道实现了再就业；2001 年末全国下岗职工总数为 742 万人，其中国有企业下岗职工占了 70%。2001 年末全国城镇登记失业人数 681 万人，比 2000 年末增加 86 万人，城镇登记失业率由 2000 年末的 3.1% 上升到 3.6%，到 2002 年末，城镇登记失业率已进一步上升到 4.5% 左右。

### （二）劳动力资源增长进入高峰期，就业机会严重不足

在我国 12.6 亿人口中，有劳动能力的适龄人口约为 6.8 亿，其中 4 亿多在农村，2 亿多在城镇。按照农村现在的生产力水平只能吸纳 2 亿多劳动力，乡镇企业再吸纳大约 1 亿劳动力，农村尚有富余劳动力 1.4 亿左右。"十五"

期间年均新增城市劳动力 800 多万人，包括失业、下岗及无业人员每年城镇需要安排的就业人数达到约 2300 万人，年度供大于求的缺口达 1500 万人。

### （三）社会分配不公平，就业机会不均等

改革开放以来，我国收入分配格局发生了很大变化，居民收入在不同人群之间的分配差距日益扩大。1988 年我国居民个人的基尼系数为 0.382，1997—2000 年分别为 0.425、0.456、0.457 和 0.458。根据国际衡量标准，基尼系数高于 0.4 属于差距过大，超过 0.45 则属于极度不平等。20 世纪 90 年代中期以前的收入差距扩大是在居民收入水平提高基础上的扩大，而近几年的收入差距扩大则是富有者越来越富有，贫困者越来越贫困的两极分化。研究表明，目前最高收入者与最低收入者的收入差距，每年以 3.1％的增长速度扩大；最高收入者与最低收入者的消费性支出，每年以 1.81％的增长速度扩大。导致收入差距过大的原因是多方面的，但分配不公平是其中不容忽视的重要原因之一。

### （四）社会保障制度不够健全[①]

社会保障是市场经济运行的安全网和稳定器，它关系到劳动者的切身利益，是调节贫富差距的重要工具，但遗憾的是，我国目前的社会保障还难以起到稳定和调节作用。一方面，社会保障覆盖面不够广泛，据国家统计局城调队调查资料显示，2001 年只有 42％的居民参加了养老保险、13.2％的居民参加了失业保险、19.3％的人参加了医疗保险。由于保险基金的严重短缺，使参保者领不到足额的保险金，如养老保险由于企业累计欠缴数额巨大，个人账户空运转，虽然中央财政采取很多措施，补发过去的拖欠款，但仍有一部分离退休人员领不到足额的养老金。据初步统计，2000 年拖欠养老金 72 亿元，人均拖欠 1800 元。另一方面，现行的社会福利政策也存在较大缺陷，目前，各项社会保险基本是按职务分配，职务愈高福利愈高，反之愈低。据国家统计局调查，养老、医疗、住房、实物福利等几项人均福利收入，富裕户比贫困户高 87％，其中养老金高 4.2 倍，医疗保险高 62％，住房补贴高 61％，实物福利高 38％，这样使得本来已经存在的贫富差距进一步拉大。

---

① 《城市贫困：原因分析及治理对策》，李兰英，人口与经济，2003 年第 6 期。

**本章参考文献：**

1. 蔡昉，《中国人口与劳动问题报告 2004》，社会科学文献出版社 2004 年版

2. 刘昌明、何希吾，《中国 21 世纪水问题方略》，科学出版社 1996 年版

3. 钱易，《中国城市水资源可持续开发利用》，中国水利水电出版社 2002 年版

4. 王祥荣，《生态与环境》，东南大学出版社 2000 年版

5. 国家环境保护总局，《中国环境状况公报》，2003

6. 王如松，《复合生态与循环经济》，气象出版社 2003 年版

7. 刘燕，郭良继，探讨解除中国人口、资源、环境压力的措施，《中国人口·资源与环境》，2001 年第 11 卷，总第 52 期

8. 梅建明，陈秀华，农村剩余劳动力转移与农地制度再创新，《财经研究》，2002（6）

9. 黄文忠，直面城市化制约因素，《城市导报》，2004 年 10 月 12 日第 4 版

10. 徐坚成，中国人力资源国情分析及未来展望，《人口研究》，2003（6）

11. 单连龙，"十一五"我国城市交通发展展望，《中国经贸导刊》，2005（3）

12. 张宏，加入 WTO 农村剩余劳动力转移的困难与对策，《江西社会科学》，2002（9）

# 第四章　当前我国城市化五种典型误区

城市化是伴随着工业化而产生的社会经济现象。在新的历史时期，为了促进经济的持续快速发展和社会的文明进步，中国政府把推进城市化作为一项重大的战略任务加以实施。目前，我国正处在城市化中期加速发展阶段，我国城镇建设力度不断加大，城市化的水平和质量明显提高，城市化已经成为我国社会经济生活的重要现象。

但时至今日，许多人的头脑中对城市化有关问题仍然认识不清，甚至是存在一些误区，严重制约着我国城市化和社会经济的健康发展，及时澄清这些误区，对于引导我国城市化科学、合理的发展，并使城市化真正成为推动社会经济发展和人民生活水平提高的重要手段具有重要意义。

## 第一节　误区之一：忽视了城市化的真正内涵

城市化的内涵是什么？城市化不是简单的人口和职业特征的转换，不是仅仅由农村人口转化为城市人口的过程，而是人类生活方式、人本质的提升和人口及城市不断发展完善的过程，是由农村单一性向城市生活的复杂性和多样性的转变和文化活动方式、思维方式、各种价值观念的转变等。

不管怎样，城市化不仅表现为农村人口地理位置的转移和职业的改变，它还表现为由此引起的生活方式的演变，是传统的乡村文明向城市文明转变过程。现代政府的重要职能就是为公众提供服务。政府要创造条件，通过普通教育、职业教育、继续教育、岗前培训等形式，对乡村人口特别是即将转移的人口进行培养、培训。只有这样，才能为我国真正意义上的城市化和现代化奠定坚实的基础。

然而，在我国城市化的发展过程中，一些地方没能认清城市化的真正内涵，许多地区实际上是为城市化而城市化，把城市化仅仅看成是农民迁入城市，城镇人口增加，城市规模扩大，不去做或不愿做基础工作，为农村人口特别是即将转移的农村人口进行"城市人"转变服务，却热衷于搞一些城市形象工程，劳民伤财不说，还把城市搞得毫无特色，千城一面。

## 一、形象工程

亮丽的城镇形象不仅可以提高一个城镇的知名度，扩大自身影响，有利于吸引外资；而且还有利于树立新的城市风貌和精神，改善市民的行为、心态，给市民带来自豪感，并由此形成奋发向上、敢于争先的精神风貌，成为城市发展的一种动力。近几年来，很多大中城市在整治城市面貌，塑造城市形象上下了很大功夫，并取得了良好效果。但是，也有不少城镇在建设中不顾本地区经济发展水平和客观规律的要求，把城市化建设当成一种"程式化"的套路来做，集中体现在以下几方面：[①]

首先，实施所谓的广场计划。我国现在各个城市，乃至城市的各个区都有其政治文化中心，城市有市民广场，各个区也都有自己的中心广场。据有关统计，全国超过半数的县市已经兴建城市广场，不少乡镇也在兴建或准备兴建广场。某中等城市的一个区中心广场，用地规模 28 公顷，相当于 7 个北京火车站的站前广场；为了提高城市的形象，西部地区的一个县城拟将环城道路的红线宽度扩大 120 米，相当于北京的长安街；尽管"9.11"事件后摩天大楼已受到普遍的质疑，但我国城市的高层建筑仍像雨后春笋，一个比一个建得高。

其次，拆迁旧城，另建新城。不论沿海还是内地，现在没有几座城市没有新城区。一些城市为了使城市更新，一方面进行大规模的拆迁，造成大量的居民迁徙，加上拆迁政策不统一、政出多门、拆迁行为不规范，使拆迁矛盾非常突出；另一方面，许多城市又不顾老城的历史、不顾老城的延伸，完全去造一座新城，号称"新城运动"。尤其对古城的保护、挖掘、整理工作不愿投入。

此外，许多城市在城市建设上好高骛远，贪大求洋，结果只能妨碍本地区经济发展。例如，不少城市相当多的无需求或至少暂无需求的项目不适度地建立起来，成了一种摆设。有的机场投资几十亿元，实际的客、货、邮运量不及设计能力的十分之一；有的投资几十亿元建成大港口，货源寥寥无几；有的公路修了六车道，车流量不及设计能力的 20% 等，这些都人为地浪费了大量资

---

① 田治安：城镇化过程五个认识误区透析，《理论建设》，2001 (1)。

源。再如一些小城镇在建设过程中，也以为街道越长越宽越好，楼房越高越多越好，结果虽然花大力气建成了外观气派的小城镇，却总是"人气不旺，财气难聚"，出现了有场无市的尴尬局面，并使自己背上沉重债务，从而妨碍了经济发展。

## 二、城市克隆

确定和追求自身特色是推动一个城市发展的永恒动力。一个没有自己特色的城市只能跟着别人爬行，是没有什么前途的。当前，城市建设普遍存在"克隆"现象，"千城一面"已经受到了社会舆论的质疑和批评。2002 年 12 月 15 日在北京城市规划学会的刊物《北京城市规划信息》上刊登署名韩信的文章："六千城镇一个样，我国城市出现特色危机。"这个标题虽然有点危言耸听，但也确实道出一个事实：中国正在迅速发展的城市，特别是迅速崛起的中小城镇，盲目抄袭，城市没有风格，也没有自己的特色。

有些城市提出要建成"东方的芝加哥""北方的香港""中国的温莎城"等口号，盲目照搬境外城市发展模式和建筑风格；有的为了推进城市的"现代化"，建立高楼大厦，毫不惋惜地扒掉了几百年甚至上千年的历史古迹，等等。这样一来，各个城市都没有了自己的特色，成了"干城一面"。[①] 而美国、德国、法国的城市建设非常注重保护传统街道模样，特别是一些中小城镇一直保留其 200～300 年的历史原貌，成为旅游、生态、历史名城。我国地域辽阔，历史悠久，在时间和空间上都具有丰富的城市资源。对中小城市来说以独具特色的建筑，深厚的文化底蕴，古老的历史，扩大城市知名度，比盲目建高楼大厦、豪华街道更具优势。因此，城市建设不可千篇一律，盲目攀比规格，要发挥优势，走专业化、特色化之路。

城市克隆还表现在目前我国许多中小城市甚至是大城市存在着脱离实际的高定位现象。一是城市核心竞争力定位比较混乱。一些中小城市无视当地经济发展水平，无视省会城市及周边城市的存在，把自己锁定在区域经济中心城市的地位，有的甚至还把自己盲目定位于国际化大都市的地位。在 20 世纪 90 年代逐步形成一股建设国际性城市的潮流，初步统计约有 50 多个城市相继提出了建设国际化大都市的战略目标（见专栏 4-1 和专栏 4-2）。二是在产业结构上，缺乏区域和国家的统一规划，盲目雷同，不少城市都把信息产业、高科技

---

① 陈荣华：城市化要走出四个误区，《江西财税与会计》，2002（11）。

产业作为支柱产业。其主要原因是城市发展不从本地的实际和自身条件出发，往往盲目跟风，"克隆"大城市。这种高定位势必导致一些城市建设急于求成、急功近利、急躁冒进，高起点规划、高强度投入，使得城市盲目扩张，其结果并未带来预期的超常规发展，反而造成了资源的极大浪费。各城市要依据自身的资源、区位、市场潜力、历史文化条件以及总体规划，实事求是地、科学地进行城市定位，不要亦步亦趋。

出现上述情况，主要是某些地方的领导对城市化的认识存在偏差，他们急于改善城市面貌和提高城市档次，他们只注重城市化的"形"，认为城市化就是修广场、多盖房、多修路、建新城等，却忽略了城市的品位、神韵、素质，也就是城市化的"神"，即城市的生态、市民的素质以及现代城市所体现的一种公平、和谐体制、制度，其中最关键的是真正消灭城乡差别。一些城市的过度投资、急速过度扩张，不仅给城市本身带来了诸多压力（财政的、市政的、管理的），也大大抬高了农民工进城的门槛，使得城乡二元化进一步加强。城市越来越欧洲化，农村越来越非洲化。这种城乡"二元化"的加剧，背离了城市化的本来意义，即通过城市化使农民变为市民，降低农民进入城市的门槛，消除农民进城的障碍。因此，目前这种在生产力发展没达到足够水平，经济能力、人口的聚集也没达到一定条件，特别是政府的财政能力和市场化程度等要素和客观体系都没有建立起来的情况下，仅凭领导的主观意志，为城市化而城市化，建立一个又一个"形"似"神"散的城市，根本无法实现城市本身具有的经济、社会效能，使这些城市成为空架子，完全违背城市化的初衷。

---

### 专栏 4-1 国际化大都市

类似的提法有"国际性大城市""全球性城市"和"世界城市"。这个概念是英国学者霍耳在 1966 年提出的。之后，美国学者威尔夫和符里德曼又做出新的假说及理论上的概括。现在公认的"国际化大都市"，其主要标志概括起来为：主要的金融中心、跨国公司总部所在地、国际性机构的集中地、第三产业高度发展、主要制造业中心、世界交通的重要枢纽、城市人口规模达到一定标准。综观起来，区位优势、国际性的港口贸易、金融保险业、跨国公司集团化的一体化以及重大区域性的基础和服务产业国际化服务，都是构成国际化大都市的基本要素。

国际化大都市有两个主要特点，即城市的现代化和国际化。综观世界国际化大都市发展过程，无不以城市职能国际化为主要建设内容。

交通和通信是国际化大都市的两个主要标志。由于交通、通信技术的发达，地理条件的优劣已不是国际化大都市的决定性因素；现代化交通技术的发展，缩短了城市的空间距离，使城市间的全球联系成为可能；电子计算机和远程通信技术的应用，更使城市间的国际联系经常化，并拓宽了城市的合作领域。因此，依附于范围广阔、分工协作的城市群，国际化大都市必然与世界有着密切的信息交流，国际电话、图文传真的利用率很高。

另外，高度开放的城市经济政策是国际化的基本前提。国际化大都市应是以具有国际水平的科技、文化、教育设施和相应的人才优势开展国际性科技文化交流的中心。

由此可以看到，实现国际性大城市这一目标的艰巨性、复杂性和长期性。

在我国，一些城市制定了"国际化大都市"的奋斗目标，主要有：

**上海**：21世纪建设成为世界一流水平的国际化大都市。到2010年，基本形成具有世界一流水平的国际化大都市，基本形成国际经济、金融、贸易中心的主体框架；基本形成国际性大城市的经济规模和综合实力；基本形成国内外广泛联系的全方位开放态势；基本形成适应国际竞争需要的市场经济运行机制和运作方式；基本形成具有高度文明的社会文化结构和与国际中心城市相称的健康向上的社会风貌。浦东作为上海现代化的象征，成为开放度最高、体制最新、设施最完善的世界一流水平的外向型、多功能现代化新区。

**广州**：15年赶上亚洲"四小龙"。把广州市建设成为具有强烈岭南特色的现代化国际大都市；将广州建设成为国际性交通枢纽、商业中心、金融中心、科研中心、旅游中心，为世界的和平事业和人类的繁荣进步做出自己的贡献。

**深圳**：跻身国际性现代化大都市行列。逐步发展成为一个对外贸易、金融、高科技工业比较发达的、贸工技结合的、外向型的、多功能的、基础设施完备的、具有创汇农业的、环境优美的国际性大城市。2010年要跻身国际性现代化大都市行列。

**大连**：20年建成"北方香港"。基本实现现代化，成为重要的国际交通枢纽，技术先进的工业基地，东北亚地区的商贸、金融、旅游、信息中心之一。

**武汉**："东方芝加哥"。把武汉建设成为一个经济实力强、文明程度高、城乡一体化的开放型、多功能、现代化的国际性城市。

**青岛**：先一步建成现代化国际城市。把青岛作为本地区南门口的中心，集中力量建设，争取重点突破，特别是在港口开发、基础设施、大工业项目方面。大力发展以金融为重点、信息为先行的第三产业，使青岛成为本地区重要的金融、信息中心，先一步建成现代化国际城市。

**哈尔滨**：东北亚重要国际经贸城市。2000 年起，再用一段时间，把哈尔滨建成经济外向化、金融国际化、交通网络化、城建现代化、产业高级化、城乡一体化的功能配套的国际经贸城市。

**重庆**：区域性国际经贸城市。2000—2009 年，发展现代化，打好国际基础。2010—2019 年，全面推进现代化国际化进程，把重庆建成现代化国际性城市，即区域性的国际经贸城市。

**沈阳**：2020 年东北亚金融中心。逐步形成东北地区的金融中心和完善的金融市场、金融网络，为形成东北亚金融中心奠定基础。建立起立足沈阳、依托东北、面向全国、辐射东北亚、联系全世界的开放型、高效率的金融市场体系。到 2020 年，将沈阳建成东北亚的金融中心，成为东北亚区域的现代化、国际化城市。

**厦门**：国际性港口风景城市。到 2010 年建设成经济繁荣、科教发达、法制健全、社会文明、环境优美、人民富裕的社会主义现代化、国际性港口风景城市。

**烟台**：现代化国际性港口城市。到 2010 年，建成集交通、航运、工业加工、商贸金融、旅游度假于一体的综合性、开放性、多功能的现代化国际性港口城市。

**海口**：1990 年 6 月，国务院在关于海口城市规划的批复中指出："把海口市建设成为具有热带风光和海滨城市特色的外向型国际性城市。"

据统计：眼下国内想跻身"国际化城市"行列的城市还有 40 多个。

摘自：中国城市定位大误区，中城院城市网 2004 年 1 月 9 日

---

## 专栏 4-2　中国城市十大败笔

虽然我们的城市与以前相比已经日新月异，虽然我们还没有足够的钱把它建设得更好，但这并不能成为面对无处不在的城市败笔保持沉默的借口。

让我们从下面列举的十大败笔中引起深思。

### 强暴旧城

在古建筑保护与城市发展的冲突中，牺牲的往往是前者，我国改革开放20年来以建设的名义对旧城的破坏超过了以往100年。旧城的破坏也已成为20世纪中国城市建设者们最短见的城市行为。

### 疯狂克隆

只要留意就会发现中国城市越来越相像了：一样标识风格的连锁快餐店、银行网点、星级酒店，一样的马赛克、玻璃幕墙，一样的把所有高楼和商业街都挤在市中心，一样的模式中不中、洋不洋、今不今、古不古……

### 胡乱"标志"

以最新最高最现代的建筑作为城市的标志性建筑，是目前中国城市标志性建筑的一大误区。可惜绝大多数都不能成为其历史文化的载体。或者说它把城市固有的文化消灭之后以新建筑取而代之。新建筑之后还有更新的、规模更大、楼层更高、造价更贵的，因而标志性建筑也总在易帜。

### 攀高比"傻"

高楼大厦成了中国城市现代化的代名词。建筑师对工程小面积少的"小东西"看不上眼，他们只对上万平方米、造价上千万元的大建筑感兴趣，因为回扣高、所得丰厚。像凯旋门、纪念碑、纪功柱、柱头、华表、牌坊之类精致的东西他们做不来，帕提农神庙、王维的辋川别业、赖特的流水山庄之类"螺蛳壳里做道场"也不擅长。他们只要高大、宏伟、气派，无论设计是如何的粗糙。

### 盲目国际化

建筑大师张开济以"标新立异、矫揉造作、哗众取宠、华而不实"来形容时下流行的盲目国际化的建筑风格。据统计，全国已有近百家城市喊出建立国际大都市的口号，其实国际大都市并不是"人有多大胆地有多大产"。

### 窒息环境

专家指出，景观建筑学在中国建筑界缺席。除我国台湾省外，中国的"风景园林规划设计"硕士和"风景园林"本科专业已于1997年被全部取消。其实，景观建筑学与建筑学、城市规划在建筑界的地位是缺一不可，城市人居环境中将技术（资源发展、环境保护、污染防治等）与艺术（大众行为、环境形象、精神文明等）融为一体的工作就由它来完成。

**乱抢风头**

美从来就是一种整体的和谐。今天中国的建筑却只考虑个体如何出奇制胜，只管自己，不管别人，更不谈后来人。构成城市形体的建筑像时装表演，各显神通，有的甚至赤身裸体，张牙舞爪。一个地域的多个建筑很难做到协调和谐。

**永远塞车**

在城市中心区道路被建筑挤压而变窄，加上人多车多，铺路赶不上汽车上路以及城市功能区划不清的现状下，不考虑城市远郊发展，只一味在市中心周围规划建设，结果必然是：我们要风雨无阻地忍受永远塞车。

**"假古董"当道**

近年来全国弥漫着一股人造景观热，各地仿古建筑大兴土木，不惜以破坏城市生态为代价，这是一种"假古董"盛行的恶习。有的"假古董"单项投资就超亿元，而国家每年下拨给750家重点文物保护单位的"专项补助经费"总共只有13亿元。

**跟人较劲**

开发商们建造了混凝土森林的"都市广场"，没有花园的"花园别墅"。种草不种树这种短平快的"面子工程"，却是各地政要乐此不疲的事，因为政绩易见，有时建筑师也推波助澜，大手大脚地花钱堆砌。看上去面光光、住进去心慌慌，这就是没有亲和力的城市和建筑所能带给我们的物质和精神生活。

资料来源：陕西日报 2000 年 9 月 16 日。

# 第二节　误区之二：忽视了城市化进程的长期性

城市化是在一定量的积累基础上，再到质变的结果，这将是一个长期而又复杂的过程。这一过程是生产力逐渐积累，人们思维方式、文化价值观念逐步进化的过程。同时，需要国家、集体、个人三方面的协调配合，才可能真正完成农村城市化进程。[①] 世界发达国家城市化的历程也表明，城市化是一个渐进

---

[①] 李明宇、李丽，我国农村城市化进程中的实践误区及对策分析，《农村现代化与可持续发展》，2004 (7)。

的过程。美国城市化率从 1840 年的 10％，发展到 1970 年的 70％以上，用了 130 年的时间；日本的城市化率从 10％发展到 70％，用了 70 年时间；而韩国的城市化水平从 11％到 82％，用了 60 年时间。可见城市化率从低到高的过程，就是一个农业国向一个工业国转变的过程，是一个与工业化同步的过程。这样的一个过程不是一届政府三五年就可以实现的。

但是，我国许多地区在实施城市化的过程中，忽视城市化进程的长期性和艰巨性。根据有关专家估计，我国将用 50 年的时间将城市化率从现在的 37％提高到 75％。这已经是很快的速度，但是，绝大部分地区制定的城市化战略都要大大快于这个指标，完成本来 50 年后才能达到的城市化率，现在可能只需要 20 年。城市化没有固定的发展模式，也绝非只是人们所想象的那些固定的目标和指标，它是一个自然的发展过程。城市化进程中，固然需要政府的规划、指导和推动，但它绝不是单靠行政手段就能完成的，它涉及经济、文化、环境、风俗、习惯等多方面的影响。古今中外，历史上没有哪个国家是通过行政手段达到城市化的，而是人们自由选择生产方式、交换方式和生活方式的自然推动过程。

不少地方，把城市化率作为考核官员政绩的依据，衡量经济水准的指标来相互攀比；有的硬性下达城市化增长率，把"做大"城市的口号喊得震天动地，采取批户口、行政区划调整和扩大城市面积的方式，把城市化变成了"数字游戏"。

## 一、户籍变更

应该说，各地政府想通过提高城市化水平来推动经济发展、提高人们的物质文化生活水平的本意并没有错，问题在于一些做法不当。这些不当做法表现在这样一些方面：有的地方采用突击批户口，以达到加快城镇化的目的，或者改变统计口径人为地增加城镇人口，个别地方为了提高本地的城市化水平甚至捏造数据；有些地方的问题更为严重，政府部门为了提高城市化水平不惜动用行政命令强制推行城市化，不准农民翻建住宅就是这种政策的典型体现。[①] 城市化发展是社会经济的发展、人类文明的进步，那种简单、机械、强硬地把农村人口变成城镇人口来提高城市化水平的做法，是极端错误的，必须及时予以纠正。

---

① 张仁桥：当前我国城市化的误区，《城市问题》，2002（6）。

2001 年 11 月，郑州市在河南省范围内率先推行以"降低入户门槛、吸引高层次人才"为主要内容的户籍制度改革。政策实施不到一年，郑州市新增入户人口 10 万人。2003 年 8 月，郑州市入户政策完全放开，允许外地人员以"投亲靠友"等方式办理户口，在全国都属超前。一年内，郑州市又新增入户人口 15 万。人口的迅速增加，带来了城市交通的拥挤、教育资源的急剧紧张等一系列问题。2004 年 8 月下旬，这个被媒体称之为"户籍新政"突然来了个急刹车，被郑州有关部门"暂停"，倒退到一年前的标准。

郑州"户籍新政"的城市化方向应该肯定，但关键在于，这个"化"应自然长大，要以经济发展为基础。成功的城市化过程，不是政府人为"堆积"的"外生化过程"，而是一种靠城市本身的经济活力，通过市场自身达到均衡、最优的城市规模的"内生化过程"。如果城市化水平明显超过城市工业化水平，大量农村人口涌入城市之后无法实现相应的职业转换，与之配套的就业、失业救济、社会保险等社会保障建设也难以跟上，结果是城市化的甜头尚未尝到，城市病便会接踵而至。根据郑州市有关部门提出的规划，到 2020 年郑州人口准备由目前的 200 多万增加到 500 万人。但是在相关规划设计中，有关城市容纳能力缺乏进一步调查分析，比如教育、医疗、养老等社会资源能否同期应对新增人口，如果不能是否进行同期建设等问题。要说郑州市"户籍新政"给其他城市"敲响了警钟"，那也不是警告应该关起门来，而是在城市化过程中应该从服务市民的角度出发，多提供优质的公共产品，不能只顾了建设高楼大厦却让社会公共产品缺位。①

所以，城市化实际上是一个过程，它受经济增长规律的支配，而不以人们的主观意志为转移，降低进城的"门槛"只能使那些本已在城里安家立业、站稳脚跟的农民获得城市居民的"身份"，对准备进城的青年农民也有一定的吸引力。但过分夸大它的作用，或把它当成唯一的城市化手段，认为只要降低"进城"的"门槛"农民就会源源不断地涌入城市，农业现代化和城市化就可望实现，这种想法未免过于简单。

从根本上说，户籍制度的全面开放，有赖于城乡差别、地区差别的不断缩小。只有这两个差别小到了一定程度，大都市已没有太多可供追求的预期利益，户籍开放才能最终实现。而这个"缩小"，只能靠"补低就高"，而不是靠"削高就低"。因此，仅靠一个城市的力量是不可能实现的。

---

① 胡云生：郑州"户籍新政"缘何匆忙叫停，《中国改革》，2004（11）。

## 二、行政区变更

行政区是我国重要的政治、经济单位。近几年我国行政区划调整变更事项主要包括大中城市的市辖区调整、撤地设市、政府驻地迁移、政区更名等内容，其中市辖区调整和撤地设市事项占了 90％以上。[①] 科学、合理调整行政区划，不仅有利于扩大经济发展空间，促进产业结构合理化，加快城市化进程，而且也有利于政府机构改革，提高政府管理效率。

目前，在具体实施城市化发展战略中存在一种非常危险的倾向：就是城市化过程中过分扩大了政府在推进城市化中的作用，把城市化的过程简单看成一个人口增加、行政区变更、圈地搞基础设施建设，扩大城市规模的过程。不少城市盲目追求大规模，在规划中盲目追求扩大城市规模，许多城市不问条件，都要求升级，中等城市要变大，大城市要变特大，特大城市要变国际化大城市。目前，有 182 座城市提出要建国际化大都市，约占全国 660 座城市总数的28％。这一目标对其中的某些中等城市来说是不切实际的。

1980 年至 1996 年我国有 441 个县改为市，10000 多个乡改为镇，虽然，它们都是达到一定指标且经过行政审批由县改市或由乡改镇，但是，由于有些县、乡的统计数字存在水分，表面上看它们已达到县改市或乡改镇的指标要求，而实际上它们并未达到县改市或乡改镇的发展水平，加上区域经济的非均衡发展，一些市有些镇经济社会的发展已达到较高水平，而有些镇虽然已由乡改为镇，但是，它们并没有摆脱落后面貌，社会经济的发展水平仍较低，由此可以看出，有些农村居民虽然形式上已由农村居民变为城镇居民，但是，他们并没有真正变为城镇居民，他们仍然以务农为主，日出而作，日落而归，也没有享受到现代城市文明，从本质上来讲他们仍然是农民。学者杨云彦 1994 年做了一个调查发现，湖北省小城市的人口增长中，60％是由政区扩展而增加的。有些甚至占到 80％左右。结果不仅农村没有变富，城市反而变穷了，有的地区出现了"城市乡村化"。[②] 也难怪普通人有这样的看法：城市化嘛，不就是换块牌牌吗？因此，在我国城市化的进程中存在城市化泡沫现象。

出现这些不妥做法的一个重要原因，就是国家把城市化水平作为衡量各级政府工作的重要指标。这在客观上提升了各级领导对城市化水平重要性的认

---

① 陈明森、李金顺：中国城市化进程的政府推动与市场推动，《东南学术》，2004（4）。
② 段科锋：我国农村城市化进程中存在的问题及对策，《求实》，2000（12）。

识，增加了城市化水平问题的敏感性。我们认为，简单把提高城镇人口比重作为实施城市化战略的目标，是传统的单纯追求速度和数量的粗放型增长方式在城镇发展中的表现。以此指导工作，很可能引起新一轮扩城运动。

城市化水平是一个国家或地区经济社会的整体水平的反映，因此，提高城市化水平的实质就是要提高地区经济文化水平，加快经济发展。国家应该淡化城市化水平，不以城市化水平作为衡量各级政府工作的重要标准，把政府的工作引导到提高社会经济发展和人民物质文化生活水平上来，避免一些地方不重视城市化内在的规律，盲目追求城市化数字的提高。

---

### 专栏 4-3　防止城市化出现泡沫

在中国科学院日前出版发行的 2005 年《中国可持续发展战略报告》中指出，中国"三农"问题的根本出路在于大量减少农民的数量，而要实现这一点，唯有依靠实现城市化战略才能最终完成。未来 50 年中国城市化所需要的社会总成本将达 15 万亿～16 万亿元，平均每年支付约 3000 亿～3500 亿元。到 21 世纪中叶，中国城市化率将从现在的 40% 提高到 75%，达到目前发达国家的水平。

这应该是一个中肯的社会发展目标。据世界银行统计，2002 年世界高收入国家城市化率平均为 75%，中等收入国家为 62%，低收入国家为 30%，中国的城市化率尚未达到 40%。至 2000 年底，中国城市化率比世界平均水平低 12 个百分点，比世界发达国家平均水平低 40 个百分点。这是不小的发展差距。按照中科院提出的未来 50 年城市化发展目标，每年应有 1000 万～1200 万人口从乡村转移到城市，这将是一项十分艰巨的社会发展工程。

这些年，每年都会有大量民工进城打工，这其实就是社会发展城市化要求的信号。当然，社会城市化发展要求，仅靠农民进城打工，是不可能从根本上解决问题的，其结果只会造成城乡的进一步分化。从根本上解决"三农"问题，必须加大国家投入，加速乡村本土城市化发展，这样才能保证农民真正获得"城市人"地位，享受"城市人"待遇。

中国目前城市化建设程度虽然不高，但同自己相比，发展的速度并不低。笔者记得，30 年前，中国称"市"的城市单位不足 150 个，而目前已达到 600 余个，特别是近些年，撤县为市、变地区为市之类的"城市发展"，非常热门，在媒体上不时能够见到"热烈祝贺某某县撤县改市"的广告信息。平均每10年城市数量增加一倍，谁能说咱们城市化发展速度低呢？

不过，许多人都知道，这些年撤县改市的一些城市，其实城市建设指标并没有发生变化，空有其名罢了。有的说是城市，实际农村人口占多数；有的只是把一些农村人口在户口登记上改为"城镇人口"，其生活环境和生活方式并未发生多大变化；有的改市后，只是重视"中心城区"建设，加强对原有城区建设，对乡村没有多少投入，等等，这样的"城市"，在目前的城市总数中占有一定比例。

城市空有其名，不过是一种城市化泡沫，并不会对社会发展产生多少实际影响。这是由一些官场陋习导致的后果，有的官员善做表面文章，制造"政绩"。因此，未来的城市建设发展，要防止出现城市化泡沫，必须建设实实在在的城市。要健全机制，形成有力的城市建设督导体系；要科学论证，合理规划城市建设布局；要加强监督，确保投资到位，防止资金流失。最终，要以有多少乡村人口在城市化发展中得到实际利益为验收标准。必须严防官员在城市化建设中再玩"虚政绩"。

资料来源：中华工商时报 2005 年 3 月 25 日。

## 第三节　误区之三："过分宣扬"城市病"的可怕性

所谓"城市病"是指城市在发展过程中出现的交通拥挤、住房紧张、供水不足、能源紧缺、环境污染、秩序混乱，以及物质流、能量流的输入、输出失去平衡，需求矛盾加剧等问题而言。城市病是一种"综合征"，其实质是以城市人口为主要标志的城市负荷量超过了以城市基础设施为主要标志的城市负荷能力，使城市呈现出不同程度的"超载状态"。[①] 在我国的许多大城市，都不同程度地遭受着交通拥挤和住房紧张等"城市病"的困扰。因此，在我国城市化进程中，大中城市的布局和发展显然不能回避"城市病"问题。

由于"城市病"的出现，使一些人在认识如何发展我国城市化的问题上产生了一些恐惧，从而出现了认识误区，认为城市的发展必然引发"城市病"，因此对于城市的发展速度和发展规模采取要么严格限制，要么谨小慎微的方

---

① 段小梅：城市规模与"城市病"——对我国城市发展方针的反思，《中国人口·资源与环境》，2001（4）。

针。在新中国成立后的相当一段时期内，这种观点一直占据主流地位。

## 一、"城市病"不可避免

城市发展有其内在规律性。只要有城市存在，就会有形式、内容、程度不一的"城市病"。所以，"城市病"是城市化进展的必然产物，不是哪一个国家的社会问题，它是当今世界各国城市化进程中共同面临的课题。伴随各国日益加快的城市化步伐，"城市病"在表现形式、内容及危害程度上呈现出日益复杂和扩张趋势，这是不容否认的客观存在。

"城市病"是一种"综合征"，其产生原因也是多方面的，段小梅的研究表明，新中国成立以来我国"城市病"产生的原因概括起来主要有以下几点：[①]

一是城市基础设施建设滞后于城市经济建设，两者没能做到同步发展；

二是某些经济政策的失误，导致城市病加重；

三是经济增长方式的粗放型使生态环境恶化；

四是资源的低价分配方式对城市生态的影响；

五是土地无偿使用带来的城市问题。

可见，我国"城市病"的出现有着深刻的社会历史原因，并不是像某些人所说的那样，盲目认为这是城市发展的必然结果，从而以此为借口来反对大中城市的发展，转而鼓励发展小城镇。

我国大中城市确实存在交通阻塞、环境污染、治安不良等"城市病"，而且不可能在短期内彻底解决。但对"城市病"要在民族生存环境日趋严峻这一背景下辩证地来看待，正如人体，不存在绝对健康状态，而只能处于"亚健康"状态，重要的是头脑清醒，工作生活无碍。城市也是这样，只要保持经济活力，社会稳定，基础设施高效运转，就可视为"健康"的城市。[②] 城市病是发展中出现的问题，可通过法治、政策、规划或工程手段加以改善。如果仅仅为了避免"城市病"就转而鼓励发展小城镇，无异于因噎废食。

城市化是社会进步的反映，是经济社会发展的结果，城市文明高于农村文明是其发展的动力，因此，城市化具有好的一面，而且是主要的一面；但是，在实现城市化的过程中，必然出现这样那样的问题，这是不利的一面。以一个城市来讲，在其发展过程中，不可能一次就做到人口、房屋、马路、车辆、

---

① 段小梅：城市规模与"城市病"——对我国城市发展方针的反思，《中国人口·资源与环境》，2001 (4)。

② 郑静，陈革：论大城市、小城镇与可持续发展的城市化道路，《规划师》，2000 (5)。

水、暖、电等都配套，不出问题。即使规划得很好，在其发展时，也可能出现不平衡。况且在城市化的某一阶段，正是大城市迅猛发展时期，出现问题完全是正常现象。因此，对于城市化过程中出现的"城市病"要客观地去看待。

## 二、"城市病"不可惧怕

众所周知，城市是一个人口集聚、产业集聚和环境污染集中的区域，其人口密度、交通密度、经济密度和排污密度等都大大高于非城市区域，因而极易造成上述"城市病"的产生。但我们不能因为畏惧"城市病"的产生而不去加速中国城市化的进程，这正如"环境与发展"的关系一样，既不能害怕由于发展而引发的生态环境问题，也不能为了保护生态环境而不顾及发展的要求。在西方发达国家实现城市化的过程中，也曾一度出现过上述说的"城市病"，比如，美国的纽约曾是乌烟瘴气、罪犯横行的城市，英国的伦敦曾是烟雾弥漫、穷人遍地的城市，日本的东京也曾是城市病突出的都市。许多世界知名的城市似乎都出现过类似情况。但经过几十年的积极治理，目前西方国家的"城市病"都基本上得到了缓解。特别是一些后发展国家吸取西方国家早期大城市发展的教训，较好地避免了"城市病"的出现。可见，"城市病"的根源在于城市规划指导思想的片面性、城市产业布局和产业结构的不合理性、城市的功能区配置不合理性等原因所致。所以说"城市病"是城市发展中出现的问题，并不是顽症，也不是不可救药。

以科学发展观来指导城市化进程，大中城市的发展是可以避免重蹈现在许多大城市所遭受的"城市病"的覆辙的。首先，防止"城市病"的发生，要从城市规划这个源头抓起。科学发展观强调科学性，通过科学合理的城市规划，使城市布局合理，设施利用高效，就能够防止"城市病"的发生。其次，"城市病"的根治需要通过发展来实现。总之，我们必须走出城市发展必然引发"城市病"的误区，应着眼于城市化所带来的主流优势，坚定树立"以发展克服'城市病'""以规划减少'城市病'""以管理医治'城市病'"的全新观念。[①] 我们已有城市化发展的正反两方面的经验教训，有世界各国城市化过程中解决城市病的经验教训可资借鉴，有长期以来形成的一套控制管理的方法，我们完全有能力有办法解决城市化发展中的问题。

---

[①] 中国市长协会：《中国城市发展报告 2001—2002》，西苑出版社，2003，第 169、170 页。

## 专栏 4-4 李京文院士："数字城市"
## 是治"城市病"良方

中国科学院院士、中国社会科学院研究员李京文教授今日此间指出，"数字城市"是城镇化战略发展的历史要求和最优选择，是解决欠城市化和过度城市化的有效途径，是信息化发展的必然结果。

由中国建设部、科技部、中国科学院、中国新闻社和广州市政府联合举办的"中国国际数字城市建设技术研讨会暨 21 世纪数字城市论坛"，今日顺利降下帷幕。会议期间，来自海内外众多著名专家学者、网络界人士纷纷就数字城市建设展开热烈的研讨与学术交流。

李京文教授今日下午在会议的最后一个论坛上发表演说并指出，21 世纪是推进城镇化战略的世纪，以信息技术的应用和创新为基础的信息化革命带来了一次新城市化革命。他说，"十五"和 2010 年中国经济社会发展的重要任务之一，就是要逐步实现国民经济信息化，其主要内容之一是城市信息化，而城市信息化的目标就是建立"数字城市"。

这是因为，第一，"数字城市"是城市信息化实现的技术基础，而且是城市信息化水平提高的特征。第二，"数字城市"是城市现代化的必然结果。第三，"数字城市"是解决"城市病"的最优化方案。城市化在让人类享受物质文明的同时，也使人类受到"城市病"的困扰，全球城市化的迅猛发展更加重了"城市病"的流行，使即将跨入 21 世纪的人类深受其害。目前世界城市人口的三分之二以上居住在发展中国家，他们中的贫困人口约有 15 亿，至少有 6 亿人没有足够的住房，11 亿人呼吸不到新鲜空气，仅因饮水不洁每年就造成 1000 万人死亡。此外，日益恶化的基础设施及交通拥挤、污染严重、资源浪费、疾病、失业、犯罪、城市治理资金匮乏和管理者决策水平低下等问题，不仅威胁着城市的经济发展潜力，而且威胁着社会凝聚力和政治稳定。

李京文同时指出，建设数字城市可以提高城市行政管理水平，有效配置管理城市资源，包括人文资源和物质资源，适应技术的飞速进步，致力于城市的可持续发展。中国在实现城市信息化过程中，选择数字城市建设作为其目标，既是时代发展的必然要求，也是中国城市化发展的战略选择。

资料来源：中国新闻社 2001 年 9 月 20 日。

# 第四节　误区之四：过分强调限制大城市的发展

在中国城市发展的战略指导思想中，限制大城市的发展甚至是严格限制大城市的发展，一直是重点强调的城市战略要点，50 年来在各种文件中多有所见。我国对发展大城市一直心存疑虑。其中主要的顾虑有：一是担心发生"城市病"。不可否认，大城市在发展过程中确实存在如城市基础设施供应不足带来的诸多问题，如交通拥挤、住房紧张、污染严重、社会治安状况恶化等。二是认为发展大城市不符合我国人口众多，特别是农村人口数量大的国情，

不利于最终实现我国的城市化、现代化，而主张积极发展中小城市，甚至是走以小城镇为主的城市化发展道路。

事实上，从总的情况来看，我国控制大城市、发展中小城市的城市发展方针和我国以限制、疏导、截流为代表的三种主要控制大城市的措施，不仅难以达到预期效果，而且已给国民经济和人民生活带来了诸多负效应。

我们知道城市是一个十分复杂的系统，每个城市在国家和区域中的地位、职能都是不一样的，而我们又怎能简单地规定不管城市在国家和区域中的地位职能如何，一律要求凡 50 万人以上就要严格控制其发展规模呢？

这种仅以人口多少决定城市发展与否的政策，不但不可能正确地指导城市的发展，而且会适得其反，影响区域中心城市的聚集效益和中心作用的发挥，进而影响国家和地区的工业化、城市化及经济的发展速度。

## 一、大城市发展的必要性

城市是一种赋予等级概念的、功能互补的、具有整体效益最大化的一组体系，是从广大乡村地域中逐层聚集起来的"小城市—中城市—大城市—特大城市—国际大都市"的城市集合，整个国家的城市应当形成一个结构和谐的、流通顺畅的、交互有序的、整体高效的网络系统，这个金字塔式的结构体，镶嵌在一个可以提供自然资源、提供视听服务、提供人力支撑和提供社会安全的基础平面之上。[①]

---

① 中国市长协会：《中国城市发展报告 2001—2002》，西苑出版社，2003，第 173 页。

在上述理念的指导下，城市必须既视作为从大到小在垂直方向上的有序结构，同时也要视作为在水平方向上同等级城市间的功能互补，这样从两大方向上的编织效应和交互影响，形成了整体高效的国家城市体系。任何割裂开城市体系的认识并根据割裂式认识去确定城市发展方针的，必然会存在一些不必要的偏差。因此，中央提出的中国城市发展要走"大中小城市和小城镇协调发展的道路"，是完全正确的和符合城市发展的客观规律的。

从总体上看，在中国城市体系的规模结构中，适当加强大城市发展，增加大城市个数及其比重切实可行。从表 4-1 中可以看出，1978 年以前，我国城市的发展以大中城市为主，其中：大城市和特大城市数量，从 1952 年的 9.8％上升到 1978 年的20.9％，而小城市无论其比重还是绝对量都是呈下降趋势。但是改革开放以后，情形却正好相反，小城市增长迅速，1978—2000 年其个数增长了 2.8 倍；而特大城市其比重有所下降，大城市是发展最慢的等级，22年城市绝对个数仅增长 96％，所占比重也下降了 6.1 个百分点。2003 年以后，由于城市人口统计方法出现变更，致使中国城市的规格结构出现了非正常的结构变化，大城市和特大城市骤增，而中小城市却骤减，特别是小城市，其数量由 2000 年的 352 个，减少至 2003 年的 40 个，从占我国城市总量的一半还多，下降到仅占 6.1 个百分点。显然，这种非正常城市规格结构变化，不能说明我国的大城市和特大城市数量多了，发展够了，不要被这种表象所迷惑。

表 4-1　中国城市规模结构的变化

| 年　份 | 全国城市总数（个） | 特大城市 | | 大城市 | | 中等城市 | | 小城市 | |
|---|---|---|---|---|---|---|---|---|---|
| | | 个数（个） | 比重（％） | 个数（个） | 比重（％） | 个数（个） | 比重（％） | 个数（个） | 比重（％） |
| 1952 年 | 153 | 7 | 4.6 | 8 | 5.2 | 21 | 13.7 | 117 | 76.5 |
| 1978 年 | 192 | 13 | 6.8 | 27 | 14.1 | 60 | 31.2 | 92 | 47.9 |
| 2000 年 | 663 | 40 | 6.0 | 53 | 8.0 | 218 | 32.9 | 352 | 53.1 |
| 2003 年 | 660 | 174 | 26.3 | 274 | 41.5 | 172 | 26.1 | 40 | 6.1 |

资料来源：《中国城市四十年》，中国统计出版社，1990；《中国城市统计年鉴（2001）》，中国统计出版社，2002。

2003 年数据源于《2004 年中国城市统计年鉴》，北京：中国统计出版社，2004 年；孙久文，叶裕民，《区域经济学教程》，中国人民大学出版社，2003，第 227 页。

大城市、特大城市的超前发展也是世界城市化的一般规律。2003 年全世界居住在 100 万人以上的城市人口占城市人口总数的 1/3 以上，其中北美占 47％、欧洲占 30％、拉丁美洲占 40％、亚洲占 37％。中国该比重偏低，仅为 28％。[①] 因此，从完善我国城市体系出发，我们也应当发展大城市。

由于大城市能为现代化的、专业化的、集约化的和高附加的生产提供有利的产业环境的技术支持，因此成为高效利用土地资源、人力资源、货币资源、信息资源、科技资源的首要选择。在世界任何国家，大城市都是支撑国家、国际地位的栋梁。例如美国全国 3/4 的制造业和服务业集聚在大都市；日本 80％的经济总量集中于它的三大都市圈。正如东京支撑起日本的国际地位，巴黎支撑起法国的国际地位，纽约、洛杉矶、芝加哥支撑起美国的国际地位一样，如果没有北京、天津、上海、广州、沈阳、大连等一大批大城市的发展，中国的国际地位不可能如此迅速提高。

## 二、大城市发展的优越性

城市经济是一种聚集经济，它存在着比较成本优势。大城市能够提供更为完善的水、电、路、通信等基础设施，能建立起更为发达的商品、劳务、资本和信息市场，能使资源的使用效率得到极大提高。过去很长的一段时间里，在人们的心目中，一直认为越是小城市其发展越是容易。但全世界城市发展的规律清楚地证明，只要城市顶级规模不超过 2500 万人，则城市的发展成本与城市的规模呈反比，城市的效率随着城市规模的扩大而提高。经济学家研究得出结论：一个城市只有在人口达到 25 万规模的条件下，才能显示出规模效益；而城市人口规模达到 50 万以上时，基础设施建设才会发挥出最大效益。城市规模太小，就会造成资源的浪费。特别是城市化的单人成本，城市规模越大，其成本越低。计算表明，我国小于 10 万人口的小城市，每增加 1 个城市人口（不仅仅只是身份的转变，而是让这个人真正享有城市的公共服务、城市的就业能力、城市的社会保障、城市学习机会等），所需要的成本是 200 万人口特大城市每增加 1 个城市人口的 3.9 至 48 倍。

大城市的经济效益、社会效益、环境效益比中、小城市要高得多，更非小城镇可比。如图 4-1 中所列的相对比较，明显地看出大城市的经济效益要高于中小城市，大城市的产业结构、产业分工和产业升级，均有中小城市无法比拟的优势。

---

① 周毅：走中国特色城市化道路的历史必然性，《嘉兴学院学报》，2004（2）。

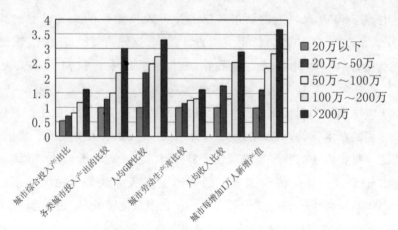

**图 4-1　各级规模城市的综合比较**

资料来源：《中国城市统计年鉴》，1998，1999，2000，2001。

不仅如此，大中城市市区用地集约化程度也高。中国 2003 年不同等级城市市区每万人占用土地面积是：超大城市 0.59 平方公里，特大城市 0.84 平方公里，大城市 0.98 平方公里，中等城市 0.99 平方公里，小城市 1.47 平方公里，建制镇 2 平方公里左右。可见，同样规模的人口进入大中城市，占用土地仅相当于小城市的 1/3～1/2。节约耕地是中国发展的基本国策，中国城市化道路的选择必须把节约土地作为一条重要准则。[①]

经过 20 多年的实践证明，发展小城镇的路子是不成功的，随着时间的推移，小城镇的弊端日益充分暴露出来。在我们继续面临大城市病的同时，又意外地遇到了"小城镇病"，小城镇病比大城市病危害更大，后果更严重。

目前，全国小城镇中仅有 39.3％装有自来水设施，绝大多数的县镇没有排水网。小城镇文化娱乐，体育卫生等方面的设施更为缺乏。

据统计，全国 2000 多万个乡镇企业仅有 1％和 7％集中在县镇和建制镇，其余 92％分散在集镇甚至村里。这种高度分散的布局大大降低了第二产业的集中度，从而也制约了第三产业的发展，影响到产业结构的调整和演进。

小城镇环境污染严重。20 世纪 80 年代以来，国家对城市环境质量管理的重视，使许多污染严重的产业转移到了小城镇，从而使一些小城镇的污染程度远远高于大城市。而且由于小城镇的污染源较为分散，难以集中处理，致使环境污染的治理费用高昂。

---

[①]　周毅：走中国特色城市化道路的历史必然性，《嘉兴学院学报》，2004 年 3 月第 2 期。

　　最重要的是，转移出来的农村人口虽然在镇上生活、工作，但其生活方式、价值观念、文明素质、社会意识没有得到转变，在本质上仍属于农村社会。

　　总之，无论是从完善我国的城市体系，还是进一步发挥大城市的优越性来看，发展大城市利大于弊，我们已有能力和技术解决大城市发展中遇到的各种问题，仍然坚持严格控制大城市的政策就不太适宜了。发达国家乃至整个世界城市化的道路，都是以大城市为主导的城市化模式，表明有其客观性。因此，对于严格限制大城市发展的误区，应当在新的城市化战略中加以修正。

## 第五节　误区之五：过分追求城市化结果的均衡性

### 一、我国城镇体系空间分布概况

　　在中国的城市发展政策中，长期以来渗透着城市布局和城市发展的均衡论思想。从新中国成立到改革开放之前的 30 年时间里，东中西城市人口密度和非农业人口的相对差距减小，东部沿海地区新设置的城市数目只占全国新设置城市总数的 16.7%，不足新设城市的五分之一；而中部地区达到 51.1%，西部地区达到 32.2%，二者的总和达到全国新设城市数目的 83.3%。从 1980 年至 2000 年，东部沿海地区新设城市数目虽大有增加，但也不到全国新设城市的一半，只有 49.5%；其余的超出一半的新设城市依然分布于广大的中西部地区。[①]

　　但即使这样，也没能改变我国城市布局的东密西疏的总体格局，2000 年，全国大陆 663 座城市中，东部地带拥有 295 座，占 44.5%，而中、西部地带分别只有 247 座和 121 座。城市规模结构也存在明显的地带性差异，东部和中部地带在特大、大、中、小 4 个层次上的数量和规模都绝对大于西部地带，东部地带在 4 个层次上又多数大于中部地带，或基本持平（见表 4-2）。[②]

---

　　①　中国市长协会：《中国城市发展报告 2001—2002》，西苑出版社，2003，第 176 页。

　　②　管驰明等：100 多年来中国城市空间分布格局的时空演变研究，《地域研究与开发》，2004（5）。

表 4-2  1982，1991 和 2000 年中国城市规模结构的时空差异    单位：个，%

| 年 份 | 地 域 | 特大城市 | | 大城市 | | 中等城市 | | 小城市 | | 合计 |
|---|---|---|---|---|---|---|---|---|---|---|
| | | 数量 | 比例 | 数量 | 比例 | 数量 | 比例 | 数量 | 比例 | 总量 |
| 1982 | 东 | 8 | 1 | 10 | 1 | 21 | 1 | 35 | 1 | 106 |
| | 中 | 4 | 0.5 | 13 | 1.3 | 32 | 1.5 | 59 | 1.6 | 92 |
| | 西 | 5 | 0.6 | 2 | 2 | 13 | 0.6 | 25 | 0.7 | 48 |
| 1991 | 东 | 12 | 1 | 15 | 1 | 48 | 1 | 109 | 1 | 191 |
| | 中 | 9 | 0.8 | 13 | 0.9 | 56 | 1.2 | 118 | 1.1 | 194 |
| | 西 | 7 | 0.6 | 1 | 0.1 | 19 | 0.4 | 67 | 0.6 | 94 |
| 2000 | 东 | 21 | 1 | 26 | 1 | 103 | 1 | 144 | 1 | 294 |
| | 中 | 12 | 0.6 | 26 | 1 | 78 | 0.8 | 141 | 1.0 | 257 |
| | 西 | 7 | 0.3 | 2 | 0.1 | 36 | 0.3 | 76 | 0.5 | 121 |
| 2003 | 东 | 99 | 1 | 132 | 1 | 49 | 1 | 4 | 1 | 284 |
| | 中 | 51 | 0.5 | 106 | 0.8 | 73 | 1.5 | 17 | 4.3 | 247 |
| | 西 | 24 | 0.2 | 36 | 0.3 | 50 | 1 | 19 | 4.8 | 129 |

资料来源：建设部城乡规划司多年全国设市城市及人口统计资料和 2001 年中国城市统计年鉴。2003 年数据源于《2004 年中国城市统计年鉴》，北京：中国统计出版社 2004 年版；管驰明等：100 多年来中国城市空间分布格局的时空演变研究，《地域研究与开发》，2004（5）。

　　从城市分布密度的差异来看，20 多年来总体格局保持不变，中西部地区城市分布密度始终较低，分布密度较高的省份主要集中在东部沿海地区。四川、广东、浙江、辽宁、江苏的城市密度增加较大，后 4 个取代上海成为中国城市分布密度最大的省份（如图 4-2、图 4-3 所示，其资料来源同见表 4-2）。

　　可见，中国城市分布无论是城市数量还是城市密度一直存在"东密西疏"的状况。长期以来我国在政策上更加强调对于西部地区、经济落后地区增加城镇建设的力度，在城市化战略上表现为"低效的对称"，而很少考虑到自然基础的差异、地理区位的差异、发展阶段的差异和生态条件的差异等对于城市格局和结构的影响。

## 二、走非均衡的城市化发展道路

　　现今世界各地城市的地理分布不再孤立存在，而是以群体方式存在，以一群城市代替了传统的一个城市。每个城市的发展都不是孤立进行的，它都与外部发生紧密的经济联系。城市群的形成过程实际上也是各城市之间关系越来越

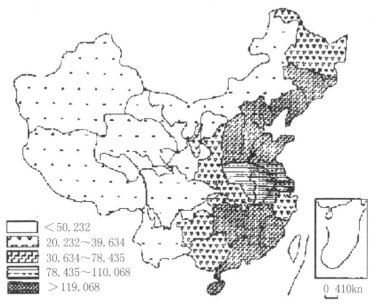

**图 4-2　1978 年中国城市分布密度/个·km²**

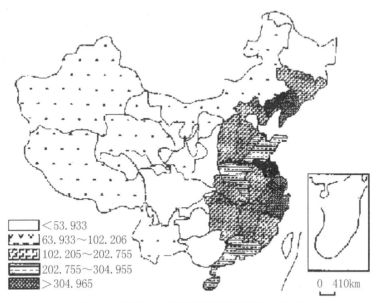

**图 4-3　1978 年中国城市分布密度/个·km²**

密切的过程。发达的交通条件使生产要素和产品流动加速，从而使城市群内各城市能够摆脱自身资源的有限和市场不足的弊端得以更好地发展。一个内部经济发展协调的城市群可以使地理位置、生产要素和产业结构不同的各等级的城市承担不同的经济功能，在区域范围内实现单个城市无法达到的规模经济和集聚效益。如美国的经济总量，主要集中于纽约都市带、芝加哥都市带和洛杉矶都市带；日本的经济总量，主要集中于东京都市带、大阪都市带和名古屋都市带；亚洲四小龙的经济重心也都分别集中于一个十分密集的都市圈内；欧洲的主要经济实力也是如此。这些城市群在国家和区域经济发展中具有举足轻重的地位，它不仅形成了优越的投资环境和强大的经济实力，具有完善的城市功能和较高的投资效益，同时也成为这个国家或地区社会经济发展的中心，显现了强劲的吸引力和凝聚力。

再来看我国，城市空间分布在"东密西疏"这一总的规律下，不仅没有朝着均衡化的方向发展，反而出现了区域城市组团现象，如在东部城市密集带，城市分布也存在疏密相间的现象，长江三角洲、珠江三角洲、京津唐、辽中南、山东半岛等已具城市群规模，其他地区如冀北、鲁西、粤北等城市还很稀少。中、西部地带总体稀疏，但也存在城市密集区，如郑洛卞地区、武汉地区、关中地区等。长江三角洲、珠江三角洲和京津冀地区正在成为推动中国经济发展的火车头。表 4-3 说明，这三大城市圈以占全国 4.3％的人口和 8.78％的土地生产了全国近 40％的 GDP，从而成为中国最大的三个经济增长极。

表 4-3　2002 年我国三大城市群的经济地位

| 城市群 | 城市群组成 | 人口占全国（％） | 土地占全国（％） | GDP 占全国（％） |
|---|---|---|---|---|
| 长江三角洲 | 上海市和江苏、浙江的 15 个城市 | 1 | 6 | 18.7 |
| 珠江三角洲 | 广东省的广州、深圳等 12 个城市 | 1.8 | 0.43 | 9.32 |
| 京津冀地区 | 北京、天津、河北省 10 城市（2001 年数字） | 1.5 | 2.35 | 10.6 |
| 合计 | | 4.3 | 8.78 | 38.62 |

资料来源：郭鸿懋：论 21 世纪中国城市化发展的战略基点，《南开学报》（哲学社会科学版），2004（6）。

正是城市空间布局的这一变化，驱动城市按照城市群的轨迹发展，从而产生了中国区域经济发展的新格局。这是中国城市空间结构宏观方面的新特征。如果能在这三大城市群创造出占全国 GDP 总量的 75％，即 3/4 的经济能力，人口集聚能力达到全国人口的 40％，成为国家城市化的"主力"，即可担负起支持实现现代化的重任，这种非均衡式、非对称性的城市战略，代表了城市的发展趋势，其中也包含了城市化发展的必然性，可以作为我国今后城市化战略制定中一种思考的出发点。

**本章参考文献：**

1. 管驰明等，100多年来中国城市空间分布格局的时空演变研究，《地域研究与开发》，2004（5）

2. 孙久文、叶裕民，《区域经济学教程》，中国人民大学出版社2003年版

3. 陈明森、李金顺，中国城市化进程的政府推动与市场推动，《东南学术》，2004（4）

4. 张仁桥，当前我国城市化的误区，《城市问题》，2002（6）

5. 刘荣增，我国城市化中的误区，《城乡建设》，2001（2）

6. 田治安，城镇化过程五个认识误区透析，《理论建设》，2001（1）

7. 李明宇、李丽，我国农村城市化进程中的实践误区及对策分析，《农村现代化与可持续发展》，2004（7）

8. 陈荣华，城市化要走出四个误区，《江西财税与会计》，2002（11）

9. 丹青，哪些不是我们所需要的城市化，《学习月刊》，2003（5）

10. 胡云生，郑州"户籍新政"缘何匆忙叫停，《中国改革》，2004（11）

11. 段小梅，城市规模与"城市病"——对我国城市发展方针的反思，《中国人口·资源与环境》，2001（4）

12. 段科锋，我国农村城市化进程中存在的问题及对策，《求实》，2000（12）

# 第五章 国外城市化与可持续
## 发展的经验教训

城市化是一个自然历史过程，也是一个国际现象。世界各国在追求现代文明，寻求经济发展良机的同时，都在推进自己的城市化进程，其中有成功，也有失败。"它山之石，可以攻玉"，本章通过对世界城市化进程、特点进行介绍，总结国外城市化的一般规律，吸取城市化与可持续发展的经验教训，为我国城市化进程中的一些短视行为敲响警钟，以免重走别国走过的弯路。这对于推进我国城市化进程，构建和谐社会，实现经济效益、生态效益、社会效益等三个效益的有机统一，有着重要的现实指导意义。

## 第一节 国外城市化与可持续发展经验教训

工业化给西方国家带来了经济发展，奠定了城市化的基础；城市化使西方国家进入现代文明社会，并促进了工业化的发展。城市化的成就是卓越的，是毋庸置疑的。但回顾世界城市化的进程，会发现在享受城市文明的同时，欢快与痛苦并行，我们也在承受着"城市病"的折磨。所谓"城市病"，一般指城市化进程存在中的问题，其中包括：交通拥挤、住宅紧张、环境污染、经济衰退、政治腐败、社会骚乱，以及失业、贫困、各种犯罪等。所有发达国家的城市化过程，几乎无一例外地遭受了这种种病痛的长期袭击和折磨。直到现在，上述问题依然存在，但是与以往相比，各发达国家已有不同程度的减轻，情况已有所好转。这主要与城市化生命周期有关。

根据城市化生命周期理论，我们一般认为城市病是伴随着城市化的过程而出现的，城市病的历史和城市化的历史一样长。在城市化的不同阶段，城市病的种类、症状及其病情是不一样的。具体来讲，当城市化水平达到或超过50％

时，城市病种类最多，损害也最为严重。当城市化水平超过 70％ 以上时，城市病将会脱离严重期，进入好转康复期。可以看出，这与诺瑟姆提出的城市化"S"形规律是相一致的，城市病的严重性与城市化速度存在一定的正相关性。

## 一、国外城市化与可持续发展过程中的问题

英国在世界上第一个进入城市化社会，给其他国家的城市化起到了示范的作用，其自由放任式的工业化和城市化模式也被其他国家竞相模仿。这种城市化模式是具有盲目性的，在成功的同时带来的后果是严重的，酿下了不少恶果和苦难。英国人首当其冲去承受了盲目城市化所带来的一场灾难，付出了极大的代价。

---

### 专栏 5-1　1952 年伦敦烟雾惨案，是天灾还是人祸？

1952 年 12 月 5—8 日，一场灾难降临了英国伦敦。地处泰晤士河河谷地带的伦敦城市上空处于高压中心，一连几日无风，风速表读数为零。大雾笼罩着伦敦城，又值城市冬季大量燃煤，排放的煤烟粉尘在无风状态下蓄积不散，烟和湿气积聚在大气层中，致使城市上空连续四五天烟雾弥漫，能见度极低。在这种气候条件下，飞机被迫取消航班，汽车即便白天行驶也须打开车灯，行人走路都极为困难，只能沿着人行道摸索前行。由于大气中的污染物不断积蓄，不能扩散，许多人都感到呼吸困难，眼睛刺痛，流泪不止。伦敦医院由于呼吸道疾病患者剧增而一时爆满，伦敦城内到处都可以听到咳嗽声。仅仅 4 天时间，死亡人数达 4000 多人。就连当时举办的一场盛大的得奖牛展览中的 350 头牛也惨遭劫难。一头牛当场死亡，52 头严重中毒，其中 14 头奄奄待毙。2 个月后，又有 8000 多人陆续丧生。这就是骇人听闻的"伦敦烟雾事件"。

酿成伦敦烟雾事件主要的凶手有两个，冬季取暖燃煤和工业排放的烟雾是元凶，逆温层现象是帮凶。伦敦工业燃料及居民冬季取暖使用煤炭，煤炭在燃烧时，会生成水（$H_2O$）、二氧化碳（$CO_2$）、一氧化碳（$CO$）、二氧化硫（$SO_2$）、二氧化氮（$NO_2$）和碳氢化合物（$CH$）等物质。这些物质排放到大气中后，会附着在飘尘上，凝聚在雾气上，进入人的呼吸系统后会诱发支气管炎、肺炎、心脏病。当时持续几天的"逆温"现象，加上不断排放的烟雾，使伦敦上空大气中烟尘浓度比平时高 10 倍，二氧化硫的浓度是以往的 6 倍，整个伦敦城犹如一个令人窒息的毒气室一样。

> 可悲的是，烟雾事件在伦敦出现并不是独此一次，相隔 10 年后又发生了一次类似的烟雾事件，造成 1200 人的非正常死亡。直到 70 年代后，伦敦市内改用煤气和电力，并把火电站迁出城外，使城市大气污染程度降低了 80%，骇人的烟雾事件才未在伦敦再度发生。（人民网）

世界上许多国家城市化进程中城市发展过快，进而使社会失控，暴露出很多严重的问题。由于各个国家政治体制的不同，所暴露的问题又有所差异，总体来说，突出的有以下几点：

### （一）贫富差距日益加大

如果政府不注视确保农业生产或农产品进口的正常发展的话，整个国家就会失去城市化的根基。拉美国家注重工业化的发展，忽视农业生产，限制小农户的发展。当市场上粮食不足时，则依靠进口的农产品。大宗倾销进口粮食，使得广大小生产者失去发展空间，大量农民破产。他们只能离开自己的家园，盲目涌向城市寻找新的生存机会。对于那些涌向城市的人来说，城市意味着权利、财富、竞争、成就和刺激。但并不是所有走进城市的人们都是幸运的，都能得到发展机会。由于失去土地的农民没有文化，又没有特殊技能，他们只能干一些没有技术的体力活。随着工业化水平的不断提高，生产对劳动者技术的要求越来越高，同时由于资本的有机结构越来越高，对劳动的人手要求越来越少，造成了大批工人失业。尤其是债务危机过后，拉美许多国家的失业率超过 10%，城市失业率居高不下。新涌进城的人们更难找到工作，大多数人生活状况异常恶劣，成为城市中的新贫民。贫民窟林立，很多贫民窟直接建立在大型垃圾场之上，导致城市新军健康水平每况愈下。在拉美贫富的"马太效应"现象日趋严重，已成为世界上贫富差距最大的地区之一。

### （二）犯罪活动日益猖獗

城市的贫困问题常常与阶级和种族认同交织在一起，激烈的社会冲突已成为一个严重的社会问题。在 1960—1970 期间，美国城市谋杀案增加了 90% 以上。20 世纪初美国城市中的严重社会问题，曾在一些作家的小说中进行了深刻的揭露，如 1906 年厄普顿·辛克莱的小说《屠场》和约瑟夫·林肯·斯蒂芬斯的《城市的耻辱》等[①]；有的还给搬上了屏幕，如《罪恶的芝加哥》等。

---

① 庄锡昌：《20 世纪的美国文化》，浙江人民出版社 1993 年版，第 9 页。

拉美城市的毒品犯罪、暴力犯罪、道德沦丧问题更为突出。拉美城市人口迅速猛增，使城市的治安难于治理。在那里，犯罪率极高，抢劫盗窃屡见不鲜，卖淫女成倍增加。一些流浪儿为抢走一条金项链险些将一妇女掐死，有人敢为20个比索杀人夺命。

（三）道路交通日益拥挤，城市污染日益严重

城市过度郊区化使得城市与郊区之间的"钟摆式"交通现象十分严重。交通流量加大，经常阻塞，现有公路已经容不下成千上万的急于进城和停放的车辆，人们越来越难接近于市中心的工作地点和设施。全世界的城市饱受环境恶化的困扰，墨西哥城是世界上最大的城市，也是污染最严重的城市之一。它四周环绕高山，好似巨碗一般阻止了空气的流动。城市里有3.5万家工厂和300万小汽车都使用含铅汽油，城市上空大片如云的烟雾迟迟不散。墨西哥城市的臭氧水平已接近被认为不安全的洛杉矶的4倍，接近世界卫生组织规定的可接受标准的6倍。300万辆汽车堵塞着道路交通，谁都想竭力开动起来，使不得不步行的人们和拥挤在公共汽车里的人感到窒息。随着城市人口的增加和工矿企业的发展，用水量猛增，过量的抽取地下水。是该城市从20世纪70年代开始下沉了很多，酿成了重大的市政建设问题。

（四）资源衰竭导致城市化进程不可持续

资源型城市的城市化一般是依矿建立的新城，一般是"一矿一城"。城市化过程迅速，但城市的发展对资源有着高度的依赖性，走的是资源产品数量扩张的发展道路，产业指向和发展目标单一。随着境内资源的逐渐枯竭和买方市场的形成，会出现了经济增长后劲不足，失业人口增多，城市区位不佳，生态环境破坏严重等一系列问题，使城市化不可以持续发展，往往是人去楼空，形成一座死城。苏联的巴库和委内瑞拉的玻利瓦尔产业结构过分单一，没有其他支柱产业。随着石油开采量的扩大，储量日益枯竭，产量大幅下降，城市的发展分别出现停滞和衰落。

二、国外城市化与可持续发展的经验[①]

从国外城市化发展的历程来看，对城市化发展必须进行适当的宏观控制，

---

① 谢守红：《城市化发展理论和实践》，中央编译出版社2004年版，第43—45页。

保证城市化与工业化同步发展，避免过度城市化和城市化不足带来的"城市病"和"乡村病"以及过度郊区化带来的问题，促进农业的现代化和规模经营，实现城市化发展质量的不断提高和城乡协调发展。

（一）重视政府调控在城市化进程中的作用

各个国家和地区在城市化初期，一般都存在着巨大的城乡差别。城乡劳动力均过剩，农村劳动力更是富余，由于城里的预期收入远远高于农村，农民进城欲望极为强烈。一旦政府采取的是一种放任自由的方式开展城市化，他们都会向城市蜂拥而来，特别是大城市。这将使在城市里生活的居民为此付出极大代价。1952 年发生的伦敦烟雾事件便为实证。为了弥补这种损失，英国政府用了半个世纪来推行"福利国家制度"。政府要对城市化进程进行适当的调控。当然这种调控要限定在一定范围之内，不能用僵硬的行政指令来代替城市化的自然历史进程，要保证城市人口的增长于工业化的发展基本同步，而不能走没有城市化的工业化道路，否则，因城市化不足引起的"乡村病"便不可避免。

### 专栏 5-2  日本政府在城市化方面的政策干预[①]

1. 工业布局政策与措施。日本虽然是市场经济型国家，但政府对工业发展和城市时空布局起着重要的作用。从明治维新开始，中央政府就建立了国家工业企业作为"导航工厂"，后虽转为私营，但政府一直提供补助、保护措施和税收优惠。二次大战后，为保证经济部门优先增长，在工业用地、工业区的准备、工业用水交通设施的建设以及技术帮助等多方面，中央、地方两级政府提供了多种多样的金融支持和帮助，政治的稳定又使经济增长的政策保持了连续性。日本政府发展经济的精力始终放在出口行业上，外向化的经济战略也是产业向沿海城市高度集中。

2. 用法律手段促进城乡协调发展。日本在城市化中后期注意到农业和农村发展问题，制定了大量法律促进农村发展，如《过疏地区活跃法特别措施法》《半岛振兴法》《山区振兴法》等。

3. 加大对农村投入，促进城乡一体化。日本各级政府十分重视对农村的投资，日本农村城市化水平实际上是政府大量投资的结果。

---

① 高强：《国外的城市化道路》，经济论坛，2002 年第 13 期。

## （二）重视农业和农村发展在城市化进程中的作用

人类社会发展的历史和城市化发展的历史均表明，稳定而持续的发展的农业是城市化得以发展的前提和重要保证。拉美国家的过度城市化的弊病就在于由于国家政策的城市偏向，不重视农业和农村发展，结果大量农民流向城市，"城市病"凸显，贫富差距加大。尽管这些人在城市中饥肠辘辘，生活潦倒，但不幸的是在农村他们的境遇更加悲惨，而留在城市至少还有改善的希望。只有采取必要措施，完善法制，加快农业发展的步伐，促进农村的兴旺，城市化发展的基石才可能坚稳。美国在城市化的过程中实现了农业的现代化，是农业现代化和城市化相互促进的典型之一。

## （三）集中型城市化和分散型城市化模式相结合

不同国家、不同地区由于自身条件和经济发展水平的差异，所采取的城市化方式应该有所差别。集中型城市化是以聚集效益为动力的，在城市化过程中，人口、行政、工业、商业、服务业等向城市集中。传统意义上的城市化就是指这种集中型城市化。但由于空间极点、生态环境等城市承载能力的限制，在向心城市化过程中，为促进可持续发展，还应该伴随着大城市向郊区的有序分散。一般来讲，采取建立卫星城镇和新城的方法。从广义上来讲，分散型城市化还应该包括城市思维观念、生活方式、社会福利等软科学向扩散地区的渗透，促使软环境的健康建立。分散型城市化在不同发展水平的地区表现的形式不同：在发达国家，城市化已经步入了自我完善的阶段，由于交通通信条件的改进以及政府政策、住宅质量的下降、中心城市环境质量的下降，因而大城市的产业和人口分散到郊区和卫星镇，出现了郊区化和逆城市化现象。在发展中国家，由于农村现代化的发展，使得部分劳动力就地向非农产业转移，这些人尽管没有向城市集中，但其职业和生活方式已经开始向城市型转化，这种分散型城市化又叫作农村城市化。从横向来看，一个地区的城市化方式可能一致，而一个国家来讲，应该允许多种城市化方式并存；从纵向来看，不同发展水平阶段的城市化方式会有所区别。不能狭隘地认为某种城市化方式是万能的，是绝对正确的，是"放之四海而皆准"的。

## （四）重视市场机制在城市化进程中的作用，但要进行适当引导

强调政府对地区城市化的宏观调控，不是说市场机制没有用处。市场经济

是城市化的推进器，许多发达国家的城市化走的是内生型的道路，是在市场机制下自发实现的。市场机制通过"看不见的手"，可以在一定程度上实现区域资源和城市资源的最优配置，也可促进产品质量的提高，进而实现经济的趋于合理化发展。但是市场机制不是万能的，存在"市场失效"和"市场不灵"的问题。因而在城市发展和城市化的过程中，必须对市场行为的主体进行不束缚其创造性的引导，协调好各利益主体之间的矛盾。在市场经济条件下，城市利益主体日益多元化，他们之间存在一定的利益冲突。如果未能建立制度化的沟通渠道，正确的加以引导，矛盾冲突得不到及时的缓解和疏导，那么当事人就会寻找制度外的非规范的方式化解，引发对权威地位的质疑，甚至导致安定危机。在当前形势下，我国要实现城市化的健康发展，必须利用市场机制在配置资源方面的积极作用，引导企业向各级城镇集中，向规模化、集团化和外向化的方向发展，在此基础上重视产品质量和技术创新，城市化发展才会有坚实的基础。同时要通过市场充分调动各方面的力量，参与城市化进程，解决城市建设资金不足的问题。

（五）淡化城市的行政区域划分，重视城市之间的分工协作

以行政区划限定城市发展的范围，容易造成地方保护主义，对城市化的进程形成束缚。对自然条件相似、经济发展水平相当、地理上相连接的地区，应该统一规划，管理协调发展，整体提高区域的财富聚集能力和社会成员的生活质量，共建和谐社会。淡化城市的行政区划就是为了解除对于区域经济合理发展的硬性约束，真正将区域发展的潜力解放出来。同时按照比较优势理论，区域分工合作乃是可持续发展，提升各城市竞争力，优化城市既得利益的有效途径之一。产业关联性密切的各城市之间应该加强合作，组建城市经济协作网络，进行产业链的优化和市场群的互补，共同获得经济实力的提升和区域的可持续发展。

（六）重视城市比较优势的培育

一个城市可以构筑多种产业功能，做大做全，但从城市竞争力来看，只能突出其主体功能，以形成强势产业。国外一般城市的经验是兴建工业园区，延长产业链，促使产业集群的产生以强化产业优势。如德国展览名城汉诺威、印刷机械城和大学城海德堡，荷兰港口城市鹿特丹，意大利服装名城米兰，瑞士钟表之都洛桑等城市，均是以其独到的城市国际竞争力优势而屹立于世的。综

合这些具有强劲国际竞争力的优秀城市，无一不是产业特色显著、城市个性鲜明的功能城市，其城市发展具有强大的吸引力、辐射力和强势后劲，而那些"全能城市"却不断地走向衰落，两者形成强力反差。

（七）重视构建"超级城市"，作为现代化的"缩影"和"样板"

根据联合国的预测，到 2050 年，世界城市人口将占总人口的 2/3，而世界上前十大城市人口的数量更高达 5 亿人，可能占当时城市人口总量的 1/10，出现了与现在完全不相同的"超级城市"和超大规模城市群。"超级城市"具有强大的创新能力，拥有区域创新环境，是未来文明的起点，是其他地区发展过程中效仿的"样板"。这种城市发展的轨迹，一方面为社会财富的积累和生活质量的提高，带来了新的动力和源泉；另一方面也会产生现今人类尚未想象到的组织方式、生产方式、生活方式和文化方式的巨大变革。这种机遇与挑战并存的城市化进程是值得中国这样一个大国进入深入研究的前沿课题之一。

# 第二节　国外城市化与可持续发展的理论动向/最新趋势

发达国家的城市化已经步入了自我完善的阶段，其走过的城市化道路为世界上发展中国家的城市化提供了一个可以学习的"样板"。发达国家所经历的城市化进程、现状和发展趋势在很大程度上也代表了世界城市化的总体发展趋势，因此，把握发达国家城市化和可持续发展的最新趋势，对预测我国城市化的发展趋势，科学编制城市规划，理性分析城市化进程中出现的问题，有着重要的指导意义。

城市化包括两个层次，一是农村地区的城市化，也可称为初次城市化；二是城市的现代化，也可称为再次城市化[①]。当初次城市化形成的城市空间与体制不能够满足经济和社会进一步发展的需求时，城市管理部门就必须塑造区域创新环境，改变城市空间组织形式，进行产业结构升级和体制创新，实现城市的现代化。发达国家的城市化重点已经过渡到城市发展的质量上来，显然就是城市的再升级，是再次城市化的过程。

---

① 纪晓岚：《论城市本质》，中国社会科学出版社 2002 年版，第 270 页。

发达国家城市化与可持续发展的最新趋势是有其理论指导的，主要是依据城市化进程的空间生命周期理论和新城市目标导向理论。这两大理论相互交错影响，给基础条件不同的国家的城市化的空间演进提供了一个可以参考的理论途径。

## 一、空间生命周期理论

根据发达国家大都市区人口增长的周期变动，一些学者提出了城市化进程的空间生命周期理论，即由向心城市化、郊区化、逆城市化和再城市化四个连续的变质阶段构成大都市区的生命周期，故也称为大都市生命周期理论[①]。

### （一）向心城市化

向心城市化，一是指西方国家战后在战争的废墟上开始的大规模城市重建工作，人们不断向新城市迁移，城市人口迅速增加；二是指符合诺瑟姆城市化进程"S"形曲线理论的阶段，即经历过缓慢增长的城市化初级阶段，在城市人口比重达到20％以后，城市化将会加速，人口、资金、产业等向城市中心聚集的现象比较明显。

### （二）郊区化

早在20世纪初期，在霍华德的"田园城市"理论的影响下，西方国家的城市郊区化现象初见端倪。人们迁往郊区的原因主要是为了逃避日趋严重的大城市问题，诸如：恶劣的居住与卫生条件、交通拥挤、环境恶化、种族冲突、犯罪率上升……人们渴望在郊区找到一块净地作为自身的庇护所，以躲避工业化所带来的危害的侵袭。在美国，拥有位于环境优美的郊区的一座被宽敞的花园或庭院所环绕的独立式住宅，成为中产阶级追求的最强烈的梦想。

第二次世界大战后，由于特大城市人口激增、市区地价不断上涨，加上生活水平改善，人们追求低密度的独立住宅，汽车的广泛使用，交通网络设施的现代化等原因，郊区化进程加速。郊区化一般是指市区人口和产业向郊区迁移的过程，其实质是城市的扩散效应大于极化效应，推动城市人口和职能向郊区扩散、转移。郊区化的动力和机制主要来自于以下三个方面：

（1）空间极点的限制对大城市的扩张产生了硬约束，使得土地供不应求的

---

① 许学强，周一星，宁越敏：《城市地理学》，高等教育出版社1996年版，第55页。

矛盾日益突出，商业住宅密集，地价上涨迅速，交通拥挤异常，环境日趋恶化。随着生活水平的提高，人们开始了对生活质量的追求，不再满足于城市中心的"混凝土森林"，开始追求低密度的独立住宅，一些中产阶级和收入较高的蓝领阶级纷纷外迁到新兴的郊区。"郊区"成为"中产阶级"的同义词，或者说，郊区生活已成为成功人士的象征。

（2）郊区化的长足发展，与汽车的普及密切相关，同时能源价格开始走低，铁路、高速公路等基础设施快速发展，使得城郊之间的通勤交通十分便利，客观上也助长了郊区的蔓延。

（3）由于信息技术迅猛发展，空间因素对人类活动的限制大大弱化。通过远程通信网络，人们可以获得各方面的大量信息，高效率地完成业务联系而不一定要像过去那样进行"面对面"（face to face）的交流，这为人们在远离城市中心的郊区居住与就业提供了更多的可能性。

（4）政府部门各种鼓励政策的实施。

郊区化是以住宅的郊区化为先导，伴随着大量人口迁往郊区，为居民生活服务的商业服务部门的跟进，与此同时，由于土地成本大幅度上升，同时又面临环境保护的压力，占地多的工业部门也不得不大规模向郊区迁移，形成了郊区工业带。最后，一些办公事务机构为了便利，也开始离开闹市区，进驻郊区。郊区化使人口的分布格局发生了极大的变化，从而使郊区在社会经济生活中发挥的作用也越来越重要，同时郊区的功能发生重要转变，由原来单纯的居住功能开始向专门的零售走廊、工业园区、高密度办公和商业节点等复合型区域转化。郊区改变了起初仅作为"卧城"社区的角色，同样可以为人们提供就业、购物和娱乐的机会，使郊区居民对中心城市的依赖性大大减少。

郊区化最早发生在美国和英国，在20世纪60年代以后才波及欧洲大部分地区和日本、加拿大、澳大利亚等地。美国是世界上郊区化最明显的国家，第二次世界大战前夕郊区化就已经开始，二战后进入加速发展阶段（可见表2-2）。到1960年，美国大都市区的市区人口已经低于郊区人口2个百分点，这是继1920年美国城市人口超过农村人口以来的又一次历史转折，此后市区人口比重不断下降，1990年居住在郊区的人口比重已达63%，远远超过居住在大都市市区的人口。与此同时，郊区的就业岗位也在迅速增加。1950年，郊区就业岗位数仅占大都市区的30%，到1990年这一比重已上升到55%，超过了市区的就业岗位数。

美国城市郊区化：人口和就业的变化（1950—1990）

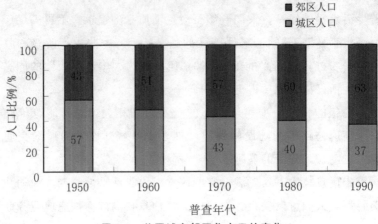

图 5-1　美国城市郊区化人口的变化

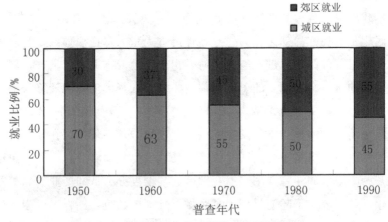

图 5-2　美国城市郊区化就业区域的变化

资料来源：Bourne，1996，Table3. 表中数据按大都市统计区（MSA）统计。

## （三）逆城市化

20 世纪 70 年代以后，西方国家一些大城市的发展出现了逆城市化的新动向。逆城市化是指城市中心人口继续向外迁移的同时，郊区人口也进一步向离城市更远的小城镇和农村迁移，导致整个城市人口出现负增长。英国是世界上最早出现逆城市化的国家，1961—1971 年，大伦敦人口减少了 0.8%，1971—1981 年又减少了 10.1%。1971—1981 年，英国除伦敦以外许多大城市普遍出现人口下降现象，如纽卡斯尔人口减少 13%，柯尔比减少 15%，利物浦减少 16%，曼彻斯特减少 17% 等。逆城市化出现在美国的时间则稍晚。根据美国

30 个最大的标准大都市统计区（SMSA）的人口统计，1970—1980 年有 9 个 SMSA 的人口出现下降，以东北部的老城市为主。如波士顿年均减少 0.1%，底特律年均减少 0.2%，费城年均减少 0.2%，匹兹堡年均减少 0.6%，纽约市人口年均减少 0.9% 等，这表明这些地区也进入了逆城市化的阶段。导致逆城市化出现的主要因素有以下三个方面：

（1）20 世纪 70 年代初期爆发的能源危机使西方国家以能源为支撑的经济系统出现了严重衰退，制造业的发展受到了冲击，大城市的制造业也不能避免，受到巨大冲击后持续衰减，大量削减就业人数；

（2）第三次科技革命的开始使区域经济发展迎来了新的契机，高度发达的交通和通信技术的运用和"弹性专精"[①] 后福特制生产方式的推行，使企业的厂址区位选择更加具有灵活性，无须再集聚在地价高昂的大城市区内建厂生产，导致了经济活动和人口向郊区的扩散；

（3）厌倦了都市生活的退休人员日益增多，他们一般希望迁到房价便宜、环境宁谧的小城镇去安享天年。逆城市化不是对城市化的否定，而是城市化过程中的一个必经阶段，它在合理调整城市发展的空间格局，以利于城市的进一步发展。它导致了人口在区域上的再分配，但这并不意味着城市化水平的降低，相反，它还推动了城市化和城市生活方式在更广泛的地域范围内的普及。

（四）再城市化

西方国家由于郊区化和逆城市化，城市中心区经济发展开始出现衰退现象，商业萎缩、失业严重、贫困加剧、治安混乱等一系列经济社会问题层出不穷，对整个城市发展产生的影响极为不利，引起了政府的高度关注。为重新振兴城市中心区，早在 20 世纪 70 年代，西方发达国家就开始采取了一系列的政策和措施，积极调整产业结构，发展高科技产业和第三产业，适当在 CBD 周围增加一些高质量、高品位的住宅，提出"新城市主义"理念，以吸引迁往郊区的人口回城居住和工作，使城市人口出现新增长。一般称这个过程为再城市化。

1978 年 3 月，美国开始实行积极的政策引导。总统卡特发布全面城市化政策，其主要目的是阻止城市中心区的继续衰退，使其能有效地发挥职能作用，恢复昔日繁华。这个政策一共有 5 个具体指标：

---

① "弹性专精"是指生产链垂直分离后产生的小数量，多品种的灵活生产方式，也叫"柔性生产"。

（1）振兴与发展城市经济；

（2）扩大中心区的就业机会；

（3）稳定和加强城市税收政策；

（4）消除城市内部种族歧视；

（5）保护城市环境。

在政府的政策指导下，美国大城市经济活力重现，中心区重新走向繁荣，大量年轻的专业技术人员被吸引回城居住，加上国内移民的影响，城市人口再度出现增长。20世纪80年代，美国东北部的大城市如波士顿、费城、纽约等由于金融、保险、房地产等第三产业及高科技产业的迅猛发展，不仅扭转了人口下降的趋势，而且使人口有了较快的增长。1980—1990年，纽约市人口年均增长了3.1%，纽约的中心区曼哈顿由于各类公司总部和生产服务业的不断聚集，成为全市人口增长最快的地区。1975—1977年，全美有300万人从郊区返回到市中心居住，80年代中期后回流速度更快。

---

**专栏 5-3　郊区化与"新城市主义"**
**两种开发模式的比较**

在城市化快速发展和大城市规模急剧扩张的形势下，郊区化成为城市发展不可阻挡的趋势。而在全球化和信息化时代，无形的、虚拟的电子化空间（Cyber Space）的发展可以使人们的活动完全超越具体时空的限制，大大拓展了人们与外界联系的范围，也为郊区化进一步发展创造了条件。但与此同时，也加剧了人们生活的流动和不稳定性，使人们寻求可认同的稳定场所、肯定自身存在价值的愿望也日趋强烈。而"新城市主义"所构筑的以传统邻里为基础、具有多元文化与自然特征的乡村小城镇式的社区模式，正好满足了人们这种生理和心理的需要，对规划师、设计人员和开发商都应有积极的影响。

对于中国未来的居住社区发展而言，郊区化模式与"新城市主义"理论均会产生有益的影响。郊区化最具吸引力的当属其对自然环境的推崇，用阳光、空气、草地等，去引发人们心中对美好环境的热爱和向往。而"新城市主义"则将传统的价值观念：多样性、社区、宜人尺度等，作为人类都市理想的基础；它强调以人为本的设计理念，力图去创造一种现代、美好的居住社区，并由此唤起人类住区生活最基本的向往——生活是丰富多彩的，人是自由地选择生活的权利的，人与人相互依存和沟通，人与都市紧密相连。

但由于目前国内大城市的郊区的各项配套设施尚不完善，生活便利程度和社会安全性与都市相比还有很大差距，这可能导致郊区化模式难以达到预期的生活质量。从中国的国情而言，地少人多的矛盾十分突出，郊区化难以避免地蚕食城郊绿化带与耕地，破坏人们赖以生存的自然生态环境；其次，城市郊区化必将带来大量交通工具的运用，不仅会加大本来已经很紧张的交通压力，而且还会产生环境污染、能源过度浪费等许多发达国家都深受其害的城市问题。

　　"新城市主义"实际上提供了一种创造场所的新语言，它创造的紧凑型社区取代了无序蔓延的郊区模式，减少了对土地的浪费和小汽车的使用，既减少了交通拥挤又节省了能源。"新城市主义"吸纳了许多传统的城市设计理念，但并没有否定现代科技手段给生活带来的便利；相反，它所提倡的传统社区邻里，由于高科技的广泛应用而得以实现。远程通信节约出来的时间和金钱，可以使人们有更多的闲暇用于家庭和邻里之间的交流。"新城市主义"似乎预示着一种城市未来的发展模式，即多中心的居住社区网络和各具特色的多元的人文和自然景观；人们的家园坐落在自然景区内，在享受着清新的自然景观的同时，也能在步行范围内享受到社区生活的温馨，而且还可以通过电子通信网络保持与世界的联系。这种居住社区形式不仅是"新城市主义"的理想，而且也是全人类共同的人居梦想。

　　摘自《中外房地产导报》2004 年第 24 期　韩冬　邹兵

### （五）大都市区以及大都市带的形成

　　大都市区是指一个大的城市核心地区与其临接社区的地域组合，它们之间有着密切的社会经济联系，一体化的倾向比较明显，是城市化发展到较高阶段的产物。大都市区形成的动力主要来自以下两股力量：一方面，随着高新技术产业的发展，企业区位选择的自由度加大，对环境的要求越来越高，所以趋向郊区布局的现象比较明显。这就把更多的资本和技术带往郊区，加快了郊区城镇发展的步伐，若干功能较为完备的新都市——边缘城市在那里不断涌现，郊区化进入了一个崭新的阶段，城市格局也由单中心向多中心演变。另一方面，城市中心区本身"知耻而后勇"，通过改造与更新，成效显著，城市景观、人居环境大为改观，为知识密集型服务业的发展提供了保障，城市功能成功地实现转换与升级，重新塑造优势，成为信息交换和经济决策的中心，促进了人口、资本和技术不断向城市中心区集聚。这种集聚与扩散的双向运动，推动了大城市地域的迅速膨胀，导致了大都市区的形成。美国把大都市区称为标准大都市统计区（SMSA），后来又改称大都市统计区（MSA）。其他国家称谓各异，但基本含义是相同的，如加拿大的"国情调查大都市区"（CMA）、英国的"标准大都市劳动市场区"（SMLA）、澳大利亚的"国情调查扩展都市区"

（CEUD）、日本的"标准城市地区""大城市圈"等。

战后，美国大都市区发展更为迅速，到 1990 年人口在 100 万以上的大都市区增加到 40 个，居住人口 13290 万，占美国总人口的 53.4％（见表 5-1）。1994 年，这比例更高达 56％，反映了大都市区在城市化和经济发展中的地位日趋上升。据此，很多学者认为，大都市区化是美国 20 世纪城市化的主导趋势。在经济全球化、信息化的浪潮下，金融保险、信息咨询、公司总部等为主的生产服务业已经成为城市主要经济部门，大都市区的功能进一步转变，在区域经济中扮演的角色越来越重要，并涌现出若干在空间权力上超越国家范围、在全球经济中起着控制和决策作用的世界性大都市，一般称之为"世界城市"（world city）或"全球城市"（global city），如纽约、伦敦、东京、巴黎等。美国著名学者萨森（S. Sassen）认为，当代的城市化已经是全球化的城市化，全球城市的形成动力主要来自于以下三种力量的结合：一是生产链的垂直分离，产业链上不同阶段的生产活动在全球分布，例如制造业中的工序分离，生产活动在全球范围内不断扩散；二是相关生产活动集聚区位，通常趋向于集中在同一个有利区域生产，形成弹性专精的区域生产网络，促使城市规模的扩大，经济实力的提升；三是像研发、财务、高端营销等控制部门不断地向在全球有影响力的大都市集中。

表 5-1　1920—2000 年间美国大都市区情况比较[①]

| 年　份 | 所有大都市区 | | | 百万人口以上的大都市区 | | |
|---|---|---|---|---|---|---|
| | 数　量 | 人口数<br>（万） | 占美国人口<br>（％） | 数　量 | 人口数<br>（万） | 占美国人口<br>（％） |
| 1920 | 58 | 3593.6 | 33.9 | 6 | 1763.9 | 16.6 |
| 1930 | 96 | 5475.8 | 44.4 | 10 | 3057.3 | 24.8 |
| 1940 | 140 | 6296.6 | 47.6 | 11 | 3369.1 | 25.5 |
| 1950 | 168 | 8450.0 | 55.8 | 14 | 4443.7 | 29.4 |
| 1960 | 212 | 11959.5 | 66.7 | 24 | 6262.7 | 34.9 |
| 1970 | 243 | 13940.0 | 68.6 | 34 | 8326.9 | 41.0 |
| 1980 | 318 | 16940.0 | 74.8 | 38 | 9286.6 | 41.1 |
| 1990 | 268 | 19772.5 | 79.5 | 40 | 13290.0 | 53.4 |
| 2000 | 317 | 22598.1 | 80.3 | 47 | 16151.8 | 57.5 |

资料来源：U. S. Bureau of the Census 2000；Census 1990，Population and Housing United States（2000 CPH2－1，http：//www.census.com）

---

①　转引自：王旭，《美国城市化的历史解读》，岳麓书社 2003 年版，第 18 页。

大都市区的集聚作用和扩散作用更为强烈，相邻的大都市区不断向外扩散，都市与都市之间的农村分界地带逐渐被城市镇化，城市地域首尾衔接连成一片，绵延达数百公里，蔚为壮观，大都市带（megalopolis）也就最终形成。1957年，法国地理学家戈特曼（JeanGottmann）首先就美国东北部大西洋沿岸出现的大都市带进行研究，并借用古希腊词"Megalopolis"来描述这种巨大的城市化地区。戈特曼通过研究指出，将城市地域大片地连在一起的大都市带的出现，消灭了城市与农村景观的明显差别；一个大都市带的形成具有人口门槛，一般认为地区居住人口至少在2500万，人口密度每平方公里至少250人以上才可以具有大都市带发展的基础；大都市带多数是沿长轴呈带状延伸，通过发达便利的交通、通信网络加强内部联系，推动区域共同发展；大都市带是所在国家乃至全世界的政治、经济中心，是连接国内国际的空间节点和发明新技术、产生新思想的"孵化器"。大都市带使城市化在极其广阔的地区扩散、渗透，具有明显的经济和社会效益，表现在土地利用高度集约化，城市整体生产率高，而且城乡融合，有力地提高了人们的生活质量和居住环境。

大都市带的形成是20世纪末世界城市化的一个重要特征，而且其发展方兴未艾，是未来世界城市化发展的走向。希腊著名建筑和城市规划师多克西亚迪斯（K. Doxiadis）预测21世纪城市化发展趋势时指出，大都市带的进一步发展将跨越国界、洲界，最终形成地球村（Ecumunopolis）。目前，世界上已形成的大都市带有6个，其中美国独占3个：东北部大西洋沿岸大都市带、五大湖沿岸大都市带和太平洋沿岸大都市带，居住着全国一半左右的人口，GDP总量达2.86万亿美元，约占全美国GDP总量的67％。美国东北部大西洋沿岸大都市带（亦称"波士华"地带，Bosnywash）形成历史最久，也最具典型性。该大都市带呈东北—西南走向，长960km，宽48～160km，跨越10个州，包括波士顿、纽约、费城、巴尔的摩、华盛顿等5个特大城市及众多中小城市和镇，各城市建成区已相互连接。这一面积为13.8万km$^2$的区域里，居住着全美近20％的人口，拥有为数众多的跨国公司总部，在经济、政治、文化等各方面均具有世界性的中心地位。另一著名的大都市带是日本的太平洋沿岸大都市带，自东向西包括东京—横滨、名古屋、大阪—神户3个大城市圈，面积约10万km$^2$，有发达的交通、通信设施联结，是日本的政治、经济、文化等一切活动的枢纽地带，集中了全日本3/4的工业产值和2/3的国民收入。目前，这里居住着近7000万人，占日本总人口的61％，超过了美国东北部大都市带（约 4500 万人），成为世界上规模最庞大的大都市带。此外，还有西欧西北部大都市带、英国东南部大都市带以及若干正在形成之中的大都市带。我国的珠江三角洲城市群，长江三角城市群和环渤海城市群越来越受到全球的关注，将会成为环太平洋地区新的增长极，改变世界性城市的分布格局，促进全球经济的发展。

## 二、新城市理论

在经济全球化和信息时代的浪潮下，城市发展的模式、目标和功能已经有了很大的变化，国外学者就城市的作用和发展趋向提出了若干新城市理论。[①]

### （一）世界城市

新世界城市理论认为，随着经济全球化和信息化时代的到来，一个世界性的统一城市等级体系正在形成，国家的城市等级体系只是它的一个子系统。城市增长的最基本的动力由国家转向了全球，每一个国家城市体系顶端的城市是这种增长刺激的第一线的接受者，它们将增长分配给其各自国家的城市体系。世界城市的本质特征是拥有全球经济控制能力，这种能力源于跨国公司总部与跨国银行总部。因而，世界城市是国际资本流动的决策中心。技术革命是世界城市产生的根本动因，特别是信息技术的发展减少了跨国公司内部协调、监督的成本，使它们能在全球更有效地进行管理和控制，为它们的空间扩张提供了更有利的条件；信息技术的发展还使生产和管理、服务的生产与物质产出的生产都可以在空间上分离，于是导致管理控制向中心区集中，生产和被控制功能区向边缘地区分散。

### （二）信息城市

信息城市理论认为，所谓世界城市就是信息城市。在信息社会，经济生产、文化交流、政治军事赖以依存的社会结构都依赖于对信息和知识的收集、储存、处理和生产，信息是所有社会过程和社会组织的原材料。信息技术使世界经济由"地方的空间"转向"流的空间"，信息经济的"流的结构"是网络。通过现代网络通信系统，建立全球性的瞬时通达性的战略网络，信息高技术消除了"流的空间"的国家壁垒。在 21 世纪，人、环境和技术协调的需求使城

---

① 孙家驹：《城市发展的动力、作用和趋势》，《求实》，2002 年 2 月。

市成为信息流和快速交通流的结点。建立良好的基础设施，获得这种信息空间进入权和取得信息空间结点（即世界城市）控制权，是塑造自身优势，在国际资本积累博弈中取得最终胜利的关键所在。美国在 1992 年将"信息高速公路"的蓝图公之于世，第一个提出要建设信息城市，带动了一个效益巨大的智力型产业的形成；1996 年又推出"下一代互联网"，提升信息化的技术含量，一座城市一旦成为国家和世界信息网的交汇点，其发展将如虎添翼。

### （三）柔性城市

柔性城市是"本地化经济"与"区域经济复兴"的产物。其理论模式有多种，这里仅提二种。第一种柔性城市理论是交易成本经济学的延伸。该理论认为，交易费用和生产成本决定如何生产，这既包括企业内部也包括企业外部网络关系，如果生产区位的接近可以有效地降低交易费用，企业就会将更多的关系外部化，因而出现不同的组织模式，这些组织需要外部性以达到柔性。柔性城市的经济基础由需要通过聚集来获取柔性的产业构成，这些产业不是传统的大型生产一体化的部门，而是建立在不同的组织形式上的。城市就是这些复杂的、不确定的、高成本和柔性化的公司之间投入产出关系的结点。另一种柔性城市理论与新产业区理论有关。该理论认为，本地的网络化的企业代替垂直一体化的公司正成为世界经济变化的主要现象。一个城市原生产某种产品，如其他城市对这个城市进口的产品采取替代策略，这个城市就面临更大的竞争；同时，绩效好的本地企业在建立好共生的城市网络后，往往就开始把它们的某些活动移植到远距离的地方。这样，一个城市随时都有衰落的可能，它只有持续的改进以保持相当的柔性，才能保证不被逆工业化。对于被支配的城市地域而言，它们依赖于自己所不能控制的入驻企业，面临增长而并未发展的困境，要想在这些外植的产业基础上建立内生的本地经济，宿主就必须构筑自己具有代表性的多样性的生产基础，逐步使城市柔性化。因而，处于不同环境中的城市都需要柔性化。

### （四）学习城市

学者们研究中的学习城市，都与创新和促进创新的系统有关，创新和学习在这类城市的发展中处于中心位置。学习城市是建立在信息化、网络化基础上的，学习包括个人学习和机构学习，前者通常指的是终身学习，通过学习，个人可以获得更好的工资和就业机会，社会则得益于一个更柔性化的、具有先进技术的劳动力，同时机构也将学习和知识散发作为发展的中心，所有主体都将工作建立在当地学习、创新与应变的能力基础上，全球公司也将其研发行为融入本地聚集体内，以能够获得高度本地化的研究和技术能力，充分利用和发展高水平的企业间网络、本地商业支撑和制度资源及本地市场的全球化。

### （五）人本城市

建设"以人为本"的现代城市，随着人类文明的进步，明天的城市将是以人为核心和导向，创造和协调社会的场所。现代城市经济主义观点认为，城市是从属于经济需求的，其代价是抹杀个性、牺牲市民的生活质量，使城市成为经济和商业的附庸。与此相反，未来的城市应当服务于人，把环境质量视为头等大事，把人、城市、技术和自然协调起来。为此，必须切实解决市民的防灾、生活和疾病问题，完善设施以适应信息化和国际化的时代潮流，创建舒适的居住环境和交通、信息网络，保护水体和绿地；必须推进富有美丽景观和动画性的城市建设，发展多样地方文化、培育地方风尚、创造有个性和魅力的地区社会；必须建立市民学校，加强市民的城市环境意识教育，突出市民在城市中的核心地位，提高市民生活质量，必须创造想学就能学到的条件，迎接人生的80岁时代，增进人与人之间心灵上的交流，相互体贴，使市民把城市视为能安心居住、幸福安康的归所。

### （六）智能社区

智能社区的地理范围可以从街区到多个区域的联合体。其最本质的特征是其中的居民、组织和政府机构都使用信息技术来明显地改善他们所在的区域。智能社区强调地方政府的重要作用。经济的开发性和全球化，使得企业可以在全球范围内选择生产销售地，个人可以在家通过信息网络购物、择业、选择居住地。一个城市要在全球竞争中吸引居民和投资者，其地方政府就必须具有强大的竞争力并善于合作，它们要能够用最低的成本提供高质量的服务，能利用先进技术为市民增加获取服务、信息和决策发言权的途径，能为现代经济的发展做出积极的响应。

## 三、城市化与可持续发展的趋势

纵观城市发展的历史进程、空间生命周期理论和新城市发展理论及众多学者的有关成果，可以预测城市化发展将呈现以下趋势：

## （一）大城市依然是发展的主要方向

城市仍将是人类经济社会活动的中心，大城市的优势使得大城市的发展具有更广阔的现实前景和更坚实的理论基础。其依据是：

（1）信息技术的发展使得地理摩擦几乎为零，这为人们的分散活动提供了极大的便利，但全球通信的即时性并不能完全取代人们直接接触的需要，也不能完全取代企业与顾客直接接触的需要，非正式场合的面对面的直接交流对组建区域创新网络至关重要。

（2）全球通信虽然有效地减少了人的移动，但同时刺激了更多人的流动，今天的人口和资源的流动性比以往任何时候都更快，流动量比以往任何时候都大，只有大城市才能成为这种海型物流与人流的有效载体。

（3）尽管交通通信的发展把世界的距离拉近，成为一个"地球村"，但交通运输成本因距离的长短而不同也不可能完全消除，区位的差异仍将存在。

（4）通信设施所需的高投资也只有在人口密集的城市大市场才能获得规模效益，城市仍然是信息处理和交换的中心。

（5）城市聚集着大量的人口和工商业，服务业也只有在城市才能取得规模效益而充分发展，同时也只有在这里才能第一时间把握市场需求的变化。

（6）大城市仍然是科技、教育、文化和人才的聚集中心，创新更多地在这里发生，是年轻人怀有憧憬，奋斗创业和博取成功的天堂。

## （二）世界级城市影响力加大

城市化与全球化的联系日趋紧密，全球化通过加强人口、货物、资金、服务和思想流动，将国家、城市和民众紧密联系在一起。某些城市，特别是世界城市，由于它们在新的全球经济中具备特殊的功能，具有更细致的分工和比较优势，将会变得举足轻重。随着经济全球化进程的加快，世界城市对全球经济的影响力和控制力会进一步加大。世界级城市的产业集约化程度和国际化水平都远远超出次一级的城市。例如，就产业集约化而言，纽约是全美排名前500家大公司中的1/3的总部、7家大银行中的6家总部、5家最大保险公司中的3家总部和最大10家连锁店的所有总部的所在地，这些大公司、大银行的分支机构遍及全球的重要城市，使得纽约对国际资本流动和全球经济活动起着举足轻重的控制作用。

（三）专业化城市涌现

在经济全球化的背景下，跨国公司更愿意在全球范围内寻找各个职能部门的最佳区位。竞争类公司出于经济效益和战略需要，往往跟进布局，追求规模经济与集聚经济；配套企业为了维护市场份额和"柔性生产"，也在同一区域扎堆布局。城市是这些企业布局的空间载体，相同产业在同一城市聚集，城市便在这个产业方向上潜移默化地塑造了强大的专业化优势，凸现与众不同的城市竞争力。产业链的垂直分离使得 21 世纪出现了一大批的各具特色的专业化城市，如美国加利福尼亚的多媒体，硅谷的电脑软件，中国香港的金融。原有专业化城市在新技术的装备下，精益求精，继续保持专业方面的领先优势，如日本的丰田汽车城，瑞士的机械手表，美国洛杉矶的宇航综合体。

（四）组团式城市群已成为地区发展的主导模式

在城市发展水平高的国家和地区，城市化的目标向组团式城市群发展，强调等级、有序、互补和立体网络性。这种发展既是聚集和规模经济学的要求，又是避免少数大城市过度集中的聚集带来城市病恶化的生态学要求，同时也是发达国家和地区在城市密集化基础上进一步向城市区域化发展的必然结果。这是城市发展模式的一种战略性突破：

（1）避免了城市摊大饼式的单极化扩张，摆脱了城市发展空间极点的束缚。

（2）形成了以大中小城市相互协调为特征的区域镶嵌体系，摆脱了行政区划的限制。

（3）建立了以地缘经济为基础的城市空间布局与城际战略联盟。

（4）构筑了以产业链为核心的城市等级系列集合。

（5）实现了效率最大化的城市结构在区域中的逻辑充填。

（6）充分协调了自然—社会—经济的城乡时空耦合。

（7）体现了生产发展生活富裕生态优良文明典范。

关于组团式城市群在我国的实践情况，本书第九章将详细介绍。

（五）城市网络化发展

城市网络化发展是一个重要趋势。信息技术和交通网络的发展虽然没有构成中心城市衰落的基础，但无疑为城市分散为网状化发展提供了条件，从而带来一批批现代化小城镇的崛起。世界最发达的城市地区已经出现以下趋势：

（1）在远郊区，日用消费品的选购基本上可以在网上完成，其中的绝大部分是商家送货上门。

（2）公司通过网络进行远程即时管理和控制。

（3）家庭办公体系出现和经营单位小型化、分散化趋势。

（4）网络的社会化影响使城市形态多样化，互联网用户构成的社区正在创造一个全新的世界地球村体系，城市与城市、城市与社区在全球范围内以网状关联，其人口结构越来越接近世界本身的人口结构，美国 2 亿多人就有 1 亿多居住在郊区地带。

（六）信息化、生态化趋势

这是两大普遍趋势。未来城市的发展，重点将集中在最大限度地利用信息技术发展经济和社会，提升城市在全球的竞争力。智能建筑、智能社区就是城市信息化的主要表现。

城市的生态化趋势是全方位的，城市的一切生产和消费过程纳入到大生态系统的物质循环和能量高效转化过程中，实现生态系统的良性循环和进化，是人类经济社会和科技文化发展的根本方向，生态化已成为城市发展的大趋势，最终决定着城市乃至人类社会的兴衰命运。20 世纪 70 年代初，由于 50 年代世界工业的大发展和城市化过程的加速，城市污染达到了非常严重的地步，灾难性事件频频发生。人们终于认识到在城市中大量兴建工厂和各种生产设施，减少了自然景色，破坏了人们赖以生存发展的自然界。于是，科学家们运用生态学方法，研究城市的发展同环境系统中物质变换的关系及其发展规律，指导城市化建设。生态化趋势，是城市发展的一个高级阶段，它是建立在现代科学技术基础上的社会、经济与生态环境协调发展的文明、舒适的"理想城市"。目前，世界上绝大多数发达国家都大力推进生态城市建设，十分重视环境的质量和保护。他们提出：不能以牺牲下代人的利益来维持今天的奢侈；可持续发展是世界永恒的主题。二战以来，欧洲各国都开始了生态绿化战略，成立有专门的绿色空间设计组织。近 10 年来，亚洲一些国家如新加坡、日本、韩国等国，把生态城市建设作为城市发展的最高目标，并且得到了长足发展。

**本章参考文献：**

1. 高义，《中外城市化比较研究》，天津，南开大学出版社 1991 年版。

2. 谢守红，《城市化发展理论和实践》，北京，中央编译出版社 2004 年版。

3. 中山大学人口理论研究室，《人口研究译文集》第 1 集，广州。

4. 叶裕民，《中国城市化之路——经济支持和制度创新》，北京：商务印书馆 2001 年版。

5. 庄锡昌，《20 世纪的美国文化》，杭州，浙江人民出版社 1993 年版。

6. 高强，《国外的城市化道路》，《经济论坛》2002 年第 13 期。

7. 王旭：《美国城市化的历史解读》，长沙，岳麓书社 2003 年版。

# 第六章 中国城市化与可持续发展的理论基础与动力机制

## 第一节 中国特色的可持续城市化道路

### 一、中国可持续发展的战略选择

可持续发展是当今世界最为著名和最被广泛接受的理论和发展战略。它最初是由发达国家提出的，并迅速在全世界范围内引起强烈反响，各国包括发展中国家均就此展开了一系列的对话和讨论，并在 1989 年 5 月联合国环境署第 15 届理事会上达成共识。目前，各国学者最普遍认同的是世界环境和发展委员会（WECD）对可持续发展所下的定义：既满足当代人的需求，又不危及后代人满足需求的发展。我国一些学者又对这一定义作了如下补充：可持续发展是"不断提高人群生活质量和环境承载能力的、满足当代人需求又不损害子孙后代满足其需求能力的、满足一个地区或一个国家人群需求又不损害别的地区或国家满足其需求能力的发展"。即主张资源的公平分配，在兼顾当代与后代、本国与别国需求的基础上，建立有利于保护地球自然系统、资源永续利用的持续经济增长模式，达到人与自然和谐共处。

我国现代意义上的环境保护工作开始于 1973 年"联合国人类环境会议"召开以后。1979 年，中国《环境保护法》颁布执行。1983 年，环境保护被确立为我国的一项基本国策，从中央到地方建立了完整的环境保护管理机构和环境管理体系，制定了一系列环境保护法律法规，形成了"预防为主，防治结合""谁污染谁治理""强化环境管理"等基本环境政策，将环境保护指标和目标纳入国民经济和社会发展计划中，并在加强国民环境教育的同时，加强了环境保护科学技术的研究和开发。进入 20 世纪 90 年代以后，中国又先后研究、制定了《中国环境与发展十大对策》《中国环境保护战略》等多项重大的环境保护决策，明确了"可持续发展"是我国的基本发展战略，并制定了世界上第一个国家级的可持续发展战略规划——《中国 21 世纪议程——中国 21 世纪人口、环境与发展白皮书》。随后，国家环保局、林业部、海洋局等又分别制定了本部门的可持续发展战略。这标志着中国已由传统的片面追求经济增长的发展战略转变为追求经济、社会、环境协调发展的新型发展战略，逐步形成了具有中国特色的可持续发展道路。

## 二、中国可持续发展战略——《中国 21 世纪议程》

《中国 21 世纪议程》是我国第一部同时也是世界第一部国家级的可持续发展战略，其目的是建立可持续发展的经济体系、社会体系和保持与之相适应的可持续利用的资源和环境基础。它从建设中国可持续发展能力出发，提出了我国到 20 世纪末的阶段性主要目标：在保持经济快速增长的同时，依靠科技进步和提高劳动者素质，不断改善发展的质量；促进社会的全面发展与进步，建立可持续发展的社会基础；控制环境污染，改善生态环境，保持可持续发展利用的资源基础；逐步建立国家可持续发展的政策体系、法律体系，建立可促进持续发展的综合决策机制和协调管理机制。

《中国 21 世纪议程》共 20 章，78 个方案领域，20 多万字。主要包括以下四个部分内容：

第一部分：可持续发展总体战略。内容包括可持续发展的战略与对策、与可持续发展有关的立法与实施、费用与资金制度、教育可持续发展能力建设、团体及公众参与可持续发展等，有 18 个方案领域。这一部分从总体上论述了中国可持续发展的背景、必要性、战略与对策等，提出了到 2000 年各主要产业发展的目标、社会发展目标和上述目标相适应的可持续发展对策。

第二部分：社会可持续发展。包括人口、居民消费与社会服务、消除贫困与可持续发展、卫生与健康、人类居住区可持续发展、防灾减灾等内容，有 19 个方案领域。

第三部分：经济可持续发展。内容包括可持续发展经济政策、农业与农村的可持续发展、工业与交通、通信业的可持续发展、可持续的能源生产和消费等，有 20 个方案领域。

第四部分：资源与环境的合理利用与保护。包括自然资源保护与可持续利用、生物多样性保护、水土流失和沙漠化防治、保护大气层、固体废物的无害化管理等内容，有 21 个方案领域。

为了支持《中国 21 世纪议程》的实施，我国政府还同时制定了《中国 21 世纪议程优先项目计划》，列出了 7 大类 32 个优先发展的领域，并制定了近、中、远期目标：

近期目标（1994—2000 年）：重点是针对中国现存的环境与发展的突出矛盾，采取应急行动，并为长期可持续发挥的重大举措打下坚实基础，是中国在保持 8％左右经济增长的情况下，使环境质量、生活质量、资源状况不再恶化，并局部有所改善；加强可持续发展能力建设也是近期的重点目标。

中期目标（2001—2010 年）：重点是为改变发展模式和消费模式而采取的一系列可持续发展行动；完善适应于可持续发展的管理体制、经济产业政策、技术体系和社会行为规范。

长期目标（2010 年以后）：重点是恢复和健全中国经济—社会—生态系统调控功能；使中国的经济、社会发展保持在环境和资源的承载能力之内，探索一条适合中国国情的高效、和谐、可持续发展的现代化道路，对全球的可持续发展进程做出应有的贡献。

《中国 21 世纪议程》是我国可持续发展道路上的里程碑，它不仅为我们勾画出经济、社会、环境持续协调发展的未来战略蓝图，同时还提高了我国的国际声誉，为我国参与更多的国际合作及争取国际援助创造了有利条件。

同我国总体可持续发展战略原则相一致，在我国城市的可持续发展道路上发展是第一位的，只有努力发展经济，才能最终实现国富民强、社会进步。否则，"可持续发展"就失去了其存在的前提和意义。但同时我们也必须意识到自然生态环境是人类赖以生存和发展的基础，保持资源和环境的可持续利用性，使实现城市可持续发展的根本。这也是目前我国城市可持续发展理论的主题。对此，我国长期从事城市可持续发展理论研究的学者海热提、涂尔逊和杨志峰在其论文《论城市环境与可持续发展》中有较为详尽的论述：城市环境可持续发展概念有狭义和广义两个方面，前者是指以公平性、持续性和和谐性为原则，以环境的整体性、区域性、资源性和价值性为出发点，保护城市环境，使之适应于城市可持续发展，即通过采取环境政策手段，合理利用自然资源，提高环境容量，充分发挥环境功能，加强城市基础设施建设，解决城市发展面临的环境污染问题，以取得城市环境的社会、经济效益；后者则指在以上环境保护的基础上，采取环境、经济、人口政策手段，可持续利用资源条件，提高环境承载力，保证环境内部结构的可持续性，进行环境综合治理规划，进一步改善环境质量，既要取得环境综合效益，又要实现城市环境与人口、经济的协调发展，以满足城市发展对环境资源的需求，最终实现城市整体的可持续发展。

### 三、中国城市可持续发展的目标

什么是可持续发展的城市？F. 霍顿和 C. 亨特在《可持续城市》一书中将其描述为："居民和各种事务采用永远支持全球可持续发展目标的方式，在邻里和区域水平上不断努力以改善城市的自然、人工和文化环境的城市。"

我国学者普遍认为，城市是自然环境系统（大气、水、土地、矿藏、植被、生物等）、社会环境系统（居住、饮食、文化、教育、娱乐、医疗、服务等）和经济环境系统（工业、农业、交通运输业、商贸、金融、通信、建筑业、高科技产业等）的统一体，而城市环境正是在上述三种环境系统综合作用下的结构相对复杂、功能相对完善的人工化环境。因此，城市可持续发展必须以其经济可持续发展、社会可持续发展、环境可持续发展为基础，是三者的统一体。

正如联合国第二次人居大会副秘书长乔治·威廉所说：经济增长，社会公平，更高的生活质量，更好的环境之间的协调和平衡……将导致更多更好的、具有人性的城市出现。

而复旦大学的王新文、高汝熹、张洁则认为城市是一个由经济、环境、社会、制度 4 个子系统之间通过相互作用、相互依赖、相互制约而构成的紧密联系的复杂巨系统，其主要制约要素是城市环境容量、水与土地的资源承载力，但同时人力资本、知识与技术的作用也很突出。对城市系统发展来说，环境可持续性是基础，经济可持续性是条件，社会可持续性是目的，制度可持续是保障，这四者的协调发展是可持续性的关键。

因此，城市可持续发展可以定义为：城市可持续发展是一动态过程，是指在一定的时空尺度上，以长期持续的城市增长及其结构进化，实现高度发展的城市化和现代化，从而既满足当代城市发展的现实需要，又满足未来城市的发展需求，实现城市由不协调到协调、由非可持续到可持续的变化过程。它包括经济系统的可持续，环境系统的可持续、社会系统的可持续和制度系统的可持续。

《中国 21 世纪议程》提出我国可持续发展城市的目标是：建设规划布局合

理、配套设施齐全、有利工作、方便生活、住区环境清洁、优美、安静、居住条件舒适的城市。这一目标包含城市规模、城市功能、城市景观和城市素质等几个方面的内容。城市规模是指由人流、物流、能量流、信息流所形成的核心聚集量；城市功能是指能够满足上述各种"流体"进行国内外交往和城市社会、经济、生活所必需的基础设施和机制；城市景观是指城市生态环境和城市风貌；城市素质是指城市文化修养、道德风貌和居住安全。归根结底，我国可持续发展城市所要达到的目标是城市经济—城市社会—城市环境这一复杂的人工复合系统持续、稳定、健康地发展。

## 四、中国在实现城市可持续发展道路上的探索与实践

为实现我国城市可持续发展，从中央到地方进行了一系列有益的探索与实践：

注重调节城市人口和经济增长，及时提出了："严格控制大城市规模，合理发展中小城市"的方针，努力建立合理的城市结构。

空前重视城市规划，明确要求地方各级政府都要修订和深化现有的城市总体规划，普遍开展控制性详细规划，保证城市居民的居住用地和基础设施建设用地，改变以往城市发展与建设缺乏规划的混乱局面。

全面开展产业结构调整和产业布局调整，尤其严格控制那些资源消耗大、污染严重的工业企业，对其进行限期改造或关、停、并、转、迁。

加大了城市基础设施的建设步伐，大力发展城市公用事业，使城市住房、交通、邮电通信、供电、供气、供热、供排水、园林绿化、垃圾及污水处理等都有了很大改善，努力提高城市气化率和集中供热率，改变落后的城市能源结构及不合理的资源利用方式，提倡清洁能源和清洁生产。

将国家环保局提升为国家环保总局，加强了地方环保机构的建设，同时不断完善细化环保法律、法规和环境标准体系。到目前为止，我国已制定了 6 部环境法律（如《环境保护法》）、9 部资源法律（如《森林法》）、28 个行政法规条例（如《责任保护区条例》）、375 项环境标准、900 多件地方性环境法规，使其更具全面性、合理性和可操作性，同时我国政府还在《刑法》中增加了"破坏环境与资源保护罪"一项，使环保机构在性行使其职能时能够有法可依，并加大了环境监督与执法力度。

结合城市建设和工业发展，加强了环境监督管理工作，建立和推行有效的环境监督管理制度，如"环境影响评价制度""三同时制度""排污收费制度"

"目标责任制""集中控制""排污登记与许可证制度"等。

开展和推行城市环境综合整治定量考核制度和创建环境保护模范城市的活动，利用考核机制和创建活动的双层激励，促使城市政府不断提高对环境保护工作的认识和重视，不断加大城市环保投入，将改善环境作为关系到城市生存与发展的大事来抓。目前我国已经评出了张家港、深圳、大连、珠海、厦门、威海、昆山、中山、烟台、莱州、荣成 11 个国家环境环境保护模范城市，其优美、清洁的城市环境已足以同发达国家的优秀城市相媲美。

制定了《全国环境保护宣传教育行动纲要》，在全民中深入开展环境保护宣传教育，充分发挥各种新闻媒体的舆论监督和导向作用，不断提高城市环境质量监测的透明度（截止 1998 年底我国共有 59 个城市陆续发布了城市空气质量周报，上海、南京、大连等 5 个城市发布了城市空气质量日报），以此提高市民的环境意识和紧迫感，促使公众自觉维护自己的环境权益和参与到环境保护行动中来。

针对城市环境最突出的问题，及时推出相应的政策、措施，如针对大部分城市白色污染严重的问题，以北京、天津、作为试点城市，探索塑料包装的环境管理经验，并对塑料包装盒强制售后利用，在北京停止使用超薄塑料袋；针对城市机动车尾气污染日益恶化，国务院办公厅发出了《关于限制停止生产销售使用车用含铅汽油的通知》，决定在全国范围内限制停止生产、销售和使用车用含铅汽油，实现车用汽油无铅化等。

顺应市场经济体制的要求，将"谁污染，谁治理"原则改为"谁污染，谁付费"原则，鼓励环保技术的开发和利用，扶持城市环保产业的发展。

# 第二节　城市化的理论基础与动力机制

## 一、城市化发展的理论模型[①]

经济增长及分工演进理论有助于完整地理解城市化的进程。从古典经济理论、新兴古典经济理论的几个基本理论推断看，城市化的本质是社会分工组织

---

① 缪军，中国城市化的约束，《城市化研究》2003 年第 27 卷第 7 期。

的演进。

　　早在古罗马时期，色诺芬（Xenophon）就认识到，分工同城市之间存在着某种内在的联系。以斯密（Smith）为代表的古典经济学家认为分工和专业化的发展是经济增长的源泉。最重要的分工是农业与制造业的分离，从而产生城市与城市人口。考虑到交易费用的存在，工业在分工中得到的好处大于农业，农业中的协调费用高于好处，城市的经济增长超过农业的增长，因此，农业在收入中的比重下降，农业只能靠从工业进口机器来间接进口分工，在市场机制协调下，农业人口不断向城市人口转化，这是一个必然发展进程。

　　新兴古典城市化理论研究显示，城市的起源、城乡的分离都是分工演进的结果。随着分工在工业中的发展及互不往来的社区数的减少，每个城市的规模会增加。同时，在分工和城市发展的过程中，全部均衡从自给自足演进到完全分工时，会经过一些不平衡的分工结构。由于城市居民集中居住的交易费用系数比农村居民要低得多，城市的分工水平也就由于交易效率的改善而大大提高，城市和乡村在生产力和商业化等方面就会出现差距，城里人的专业化水平总是增加的比乡下人快。所以，从自给自足向高分工水平发展时，不平衡的分工结构就会出现（二元经济状况），即表现为城市和农村地区之间的生产力和商业化收入的差别，是经济发展中必经的自然中间状态。

　　进一步的研究证明，在分工及城市发展的演进过程中，城乡之间的自由迁居、自由市场机制以及财产的自由转让制度都是加速经济发展、消除城乡二元化经济状况的条件。美国经济学家阿伦·杨格（AllynYoung，1928）描述了三个概念：城市化程度由社会分工水平决定；分工水平由市场大小决定；递增报酬的实现依赖于劳动分工的演进。由于工业中的分工比农业发展得快，在市场机制的作用下，大量的农业人口转向城市，使城市化呈加速发展的过程。

　　按照新兴古典经济学的理论推断，城市化水平的提高会促进分工的演进，会进一步扩大市场规模，市场规模的扩大又会进一步促进分工与城市化的发展，而农村也可以从城市进口机器设备的间接分工链条中，使分工演进得到发展。城乡不平衡状态将随着分工水平的提高逐步缩小而最终达到平衡的状态。城市化可以大大提高效率，增加分工水平，没有城市化，农业也发展不起来。所以，不能把农民关在农村发展农业。只有让他们自由移民，通过城市化、工业化来发展农业。

新兴古典理论城市化模型为解决剩余劳动力这一问题提供了两个可能的发展方向：向外扩张或内部升级。向体制外扩张，争取更多的"资源边界"，寻求更大的市场。资源边界的扩大可以使得大量体制内的过剩人口得以释放。地理大发现和随后的大移民释放了欧洲的城市化—商业化过程中的剩余人口，当代全球经济一体化条件下各国对海外市场的争夺也是相同的道理；内部升级（即新兴古典理论所谓的知识积累和制度创新）则要求体制内的分工不断演进，突破城市化过程中资源边界的瓶颈。这种突破有赖于技术进步、知识积累、全社会教育水平的提高以及制度的创新，从而使分工经济达到一个新的水平（产业升级），在新的分工制度下，使剩余人口重新成为"有意义的人口"。

## 二、城市空间结构理论

城市的空间结构是指城市要素在空间范围内的分布和连接状态。它一般表现为三种形式：密度、布局、形态。城市的密度、布局、形态是相互联系的，也是发展变化的。

在区域经济研究中，城市空间结构是学者关注的一个重点，许多空间结构理论都是以城市为对象进行研究的。空间结构研究的主要内容包括：

（1）以城镇居民点（市场）为中心的土地利用结构；

（2）最佳的企业规模、居民点规模、城市规模和中心地等级体系；

（3）社会发展各个阶段的空间结构特点及其演变过程；

（4）空间相互作用，包括地区间的客流与资金流、各级中心城市的辐射范围、信息和技术知识的集中与传播过程等。目前，涉及城市空间结构理论的研究，主要有三个方面：空间结构要素理论、空间结构演进理论、空间结构机制理论。

空间结构要素理论将经济活动的空间结构分为三个组成要素：节点及节点体系、线及网络、域面。节点是人口和产业的聚集地，一般为城镇，它的形成是由经济活动的内聚力极化而成的。对节点的研究分析主要从聚集规模、职能和空间分布等方面进行，如城市的首位度概念、城市序列分布模型、城市的"门槛"理论。较为经典的有克里斯泰勒的中心地理论。

空间结构演进理论中有较大影响的是弗里德曼的"中心—外围"理论。核心是指城市或者城市聚集区，这里工业发达、技术水平高、资本集中、人口密集、经济增长速度快；外围区是指比较落后的边缘地区。他把经济的空间结构变化划分为四个阶段：即前工业阶段、过渡阶段、工业阶段和后工业阶段。他认为在不同的经济发展阶段，空间关系会重新组合并形成功能上的一体化的空间结构体系。这一理论揭示了经济空间结构形态的阶段性及其演变规律。

空间结构机制理论较有代表性的是增长极理论。这一理论最初是由法国经济学家弗朗索瓦佩鲁在 20 世纪 50 年代首先提出来的，随后得到广泛传播和应用。增长极是那些具有创新能力的企业（群）或主导产业部门，这些具有创新能力的企业（群）或主导产业部门在自身迅速增长的同时，通过乘数效应带动一批高度关联的产业增长。增长极的作用机理，体现在它的极化效应和扩散效应上。极化是指经济活动或要素向某些具有优势地点的集聚过程；扩散是指经济活动或要素从极核向外围区辐射渗透的过程。极化过程使区域经济系统从孤立、分散的均质状态，逐步走向局部聚集、非均衡发展的有序状态；扩散过程则是走向均衡发展的过程。极化核扩散机制的作用，推动着区域经济空间结构的演变。增长极理论，强调了区域经济的非均衡发展，要求把有限的稀缺资源集中投入到发展潜力大、规模经济和效益高的少数部门和区位上，强化增长极的经济实力，保持与周围地区的经济势差，通过市场机制引导整个区域经济的发展。

### 三、城市现代化理论

现代化是整个社会系统的变迁，不仅仅体现在经济的增长，而且还体现在政治、社会、文化等所有社会层面的改革与变迁。现代化理论是探讨一个国家如何从传统农业社会过渡到现代工业社会的理论，重点是探讨落后国家如何实现现代化的问题。它是一种综合理论，涉及政治学、经济学、社会学和人类文化学等学科。

一般来说，现代化的内容可简单概括为 4 个方面：①经济方面：表现为工业化、信息化、市场化、产业结构高级化和高额的群众消费等；②政治方面：表现为民主化（普遍的法制、公民权、能胜任的行政机关）、公众参与、体制优化、国际关系日益密切等；③社会方面：城市化、人口控制、社会保障、国家利益至上的民族精神及公民个性化等；④文化方面：表现为大众传媒系统更加发达、知识分子更加活跃及公民素质明显提高等。

现代化理论起源于欧洲，繁荣于美国。从 18 世纪末，欧洲工业社会出现后，社会的进步，现代化的问题便受到重视。第二次世界大战以后，随着经济重心从欧洲移向美国，现代化理论于 60 年代在美国正式形成。由于这一理论多从西方和美国的社会模式出发探讨非西方发展中国家的现代化道路，因此称之为"西方模式"。最具代表性的理论是苏联模式、依附理论、东亚模式等。

苏联模式，立足点在于实行计划经济模式，避免西方现代化过程中的私有、剥削和贫富差距大现象，从而有序协调地发展本国经济。

拉美"依附理论"认为，在世界经济体系中的边缘国家（第三世界）与处于体系中心的发达资本主义国家之间存在一种难以割舍的依附关系，并且，由于这种依附关系，在周边国家产生了"异质性""边缘性"和"不完全再生产"的特点，因而出现了不发达的发展。并建议只有打破依附局面，与资本主义世界市场脱钩，才能真正实现经济上的独立。

东亚模式，与西方模式不同之处主要体现在实现现代化的途径顺序不同，西方模式体现为：文化现代化—政治现代化—经济现代化；而东亚模式则体现为：经济现代化—政治现代化—社会文化现代化。东亚若干国家现代化的成功实事，证明了第三世界国家可以不必完全照搬西方模式，可以根据自身的国情，对西方模式进行变异从而实现社会经济的快速发展。

城市现代化是全社会现代化的一个组成部分，但城市现代化又不等同于一般意义上的现代化。城市现代化是一个复杂而综合的概念，主要表现：

（1）基础设施现代化。现代化城市，是为城市性质、城市职能、城市活动、城市管理提供与生产力水平相一致的经济和环境条件的城市。现代化城市是一种开放的系统，以交通、通信、和能源供应为基础的、高效能的城市基础设施是城市发展及其现代化的物质基础。

（2）城市管理科学化。城市是一个经济—社会—环境组成的复杂系统，必须通过科学的城市规划、科学的管理才能使城市有机体正常高效地运行。突出特点就是公众参与度较高。

（3）城市功能多样化。随着经济快速发展，对外开放进程加快，城市不仅具有经济功能，还具有文化、科技、教育、交通枢纽等功能。

（4）居民生活高度社会化。随着经济的发展，社会的进步，人们的生活观念发生了改变，追求以人的发展为中心，以满足人的基本需要，提高生活质量为目标。

（5）生态环境园林化。追求良好的城市生态环境是全社会的共同愿望，城市的自然生态系统平衡与否，直接影响到城市居民的生活质量。现代化的城市应是风景秀美的"山水城市"（或园林城市）。

（6）城市经济高效化。现代化城市应具有合理的产业结构、快速的交通体系、现代化的信息网络和高素质的管理人才，并且资源（土地、水等）、能源利用集约化、高效化，这样才能提高城市的市场竞争力。

（7）产业结构高级化。城市现代化是城市内涵不断提高的质量优化过程，城市经过数千年的进化，科技革命推动传统产业向现代产业演变，科技创新与改造，使产业结构不断转换升级。

（8）城市居民现代化。现代化城市是人来建设的，也是为人服务的，因此要求人具有与之相适应的素质和技能。建设城市、管理城市都需要高素质的人才，人的现代化是城市现代化的前提和保证。

对于现代化的指标和标准的探讨，首推 20 世纪 70 年代末美国的社会学家阿·英格尔斯，他提出了现代化标准的 10 个方面量化指标。这套指标反映了现代化的内涵，对各国均具有一定的代表性，受到人们的普遍赞成，也被作为衡量各国基本现代化的指标。这 10 个指标是：

（1）人均 GDP 每年在 3000 美元以上；

（2）农业总产值在 GDP 中占 12％～15％；

（3）第三产业在 GDP 中占 45％以上；

（4）非农业就业人口占总就业人口 70％以上；

（5）适龄青年受高等教育人数占 10％～15％；（受高等教育人数占适龄青年总数的 30％～35％）；

（6）城市人口占总人口的 50％以上；

（7）平均 800～1000 人有一名医生（平均每个医生服务人口在 1000 人以下）；

（8）居民平均预期寿命 70 岁以上；

（9）人口自然增长率在 1‰以下；

（10）识字人口占 80％以上。

但是，经过 20 多年的发展，世界各国的社会经济都发生了巨大的变化，有些标准已不能反映当前的实际。特别是人均收入方面，当时定为 3000 美元，现在许多发展中国家的人均收入早已超过此数目，发达国家人均收入已达 1 万至 3 万美元，国内有学者提出这一指标可改为 5000 至 6000 美元。同时，随着社会和科技进步，像汽车、能源、住宅、电话、电脑使用的普及率、使用网路通信的人数比例、知识经济国际化、市场化、法制化、民主化的程度等，也应列入现代化的指标。

城市现代化首先是城市经济的现代化。城市经济对城市的形成和发展，都起着重要的以至于决定性的作用。上述指标中，经济方面的占了 1/3。

目前，已有多家研究机构运用现代化标准的研究成果于我国。中国社科院社会指标研究课题组的研究成果显示，北京市在 2010 年将率先在全国实现现代化这一目标。北京是我国的首都，是政治、经济、文化的中心，具有广阔的发展前景。近年来，北京 GDP 增长速度始终保持在 11% 以上，这使北京成为国内外经济增长最快的地区之一。比如，作为北京经济支柱的工业，在改革开放 20 多年来，总产值增长 16 倍，销售收入增长 26 倍，工业资产总额增长 30 倍，其发展速度在国际特大型都市中也属罕见。北京的多项指标居全国之首：在 1987 年以来对各省地社会经济发展水平的 10 次综合评价中，北京有 8 次居全国首位；在 1998 年 46 个指标中有 40 个指标居前 5 位，其中有 16 个指标居首位，11 个指标居第 2 位；在 200 多个地级以上城市的 9 次综合评价中，北京有 8 次居首位；在 1991 年评出的 24 个小康城市中，北京名列第一成为首批跨入小康城市之一；此外，在社会经济协调稳定发展和一些社会保障专题评价中，也位居前列。各项统计数据和资料显示，北京距现代化最近。

我国哪个城市现代化水平最高？中国现代化战略研究课题组日前的研究表明，如果从以工业化和城市化为主要特征的第一次现代化实现程度上看，上海超越北京位居全国第一；以知识化、信息化为主要特征的第二次现代化实现程度上，北京则打了个"翻身仗"，抢占了第一把交椅。研究表明，北京、天津、上海、中国香港、中国澳门、中国台湾等 6 个地区，它们第二次现代化指数和第一次现代化实现程度都超过世界平均值，其中中国香港第二次现代化指数达到发达国家水平；北京第二次现代化指数与意大利相当，上海第二次现代化指数与葡萄牙相当。

值得一提的是，我国现代化进程也出现了地区和指标上的不平衡性，2000 年医疗服务、预期寿命、成人识字率这三个指标已经达到第一次现代化标准；人均 GNP、农业劳动力比重、大学普及率这 3 个指标距第一次现代化的标准值还有较大差距；生活质量指数表现较好，离发达国家最近；知识创新指数发展速度很快，世界排名比较靠前，但与发达国家的差距最大；知识传播指数表现一般；经济质量指数表现较差。

说到底，城市现代化的动力机制和源泉，来自于社会创新、科技创新以及二者的相互作用。社会创新指一系列新的政治、经济、社会原则对原有制度规范的取代，主要体现在四个方面：政治结构创新、经济结构改革、社会结构整合和个体人格建构；科技创新指的是生产力的进步，可以说人类的进步史也是一部科技进步史，几次工业革命有力地推动了世界现代化的进程，随着信息社会的来临，城市的国际竞争力将主要取决于城市的科技竞争力。通过科学技术创新和体制改革，选择正确的经济发展战略，提高经济发展的质量和内涵，以达到丰富人民的精神物质生活、提高国家的现代化水平之目的。

城市现代化是指随着科技创新和体制改革，城市的就业和经济活动逐渐市场化、信息化，城市管理科学民主化，居民物质文化生活不断改善，城市居民素质不断提高，城市经济效益、社会效益和环境效益高度统一的过程。从一定意义上讲，是城市发展内涵不断提高的过程，但最终表现为城市社会文化及人的现代化。

---

**专栏 6-1　案例：荆州市离现代化还有多远**

按照"英格尔斯法"的十大指标测算，荆州市现代化实现程度，1980 年为 53.1%，1990 年为 59.1%，2001 年为 69.5%，仍处于第一次现代化的起步期，总体水平低于 2000 年处于第一次现代化发展期的全省（79%）和全国（75%）的水平，荆州中心城区现代化水平实现程度为 85.5%，已进入第一次现代化的成熟期。

按"中国城市年鉴体系"评价测算，荆州中心城区 2000 年现代化程度为 64.9 分，其中经济发展得 13.8 分，人口素质得分 13.8 分，生活质量得 11.7 分，环境保护得 14.5 分，基础设施得 8.9 分，分别占应得分的 49.3%、81.2%、58.5%、80.6% 和 59.3%。

据中国城市年鉴社共 96 个地、市（州）会员城市提供的资料显示，2000 年上述城市中心城区现代化平均得 65.6 分，其中上海、深圳、无锡等城市达 90 分左右。按此标准测算，2001 年荆州市现代化实现程度为 56.2 分。

综合评价上述测算，可以认为，目前荆州市现代化已走了一半左右的路程。从测算结果来看，中心城区现代化实现程度高于县、市；社会类、城市建设、环境保护等方面实现程度高于经济类和生活质量类指标。

与现代化标准相比，突出的问题表现为"四低"：

1. 人均 GDP 低。2001 年全市人均 GDP 按美元折算为 638 美元，低于全国平均水平 907 美元。人均 GDP 是整个评价体系中的关键性指标，这个指标达到 800 美元是人民生活达到小康水平的重要标志，也是进入中等收入国家的下限。根据世界银行 1999 年的划分：低收入国家为 760 美元以下，下中等收入国家为 761~3030 美元，上中等收入国家为 3031~9360 美元，高收入国家为 9361 美元。全市人均 GDP 相当于现代化水平的 1/10。

2. 城市化水平低。据第五次人口普查，全市城市化率为 32.9％，略低于全国 36％的平均水平。目前世界城市化平均水平已达到 45％，欧美国家超过 70％，发展中国家也达到 38％。

3. 非农化水平低。有关研究表明，现阶段荆州市已进入工业化中期阶段，但 2001 年全市非农业劳动力在就业中比重仅为 29.8％，明显低于全国 50％的平均水平，而发达国家已达到 95％。

4. 劳动者素质低。从适龄人口受高等教育比重看，荆州市为 4.9％，全国平均水平为 6％，世界平均水平 19％，高收入国家达到 59％。全市劳动者平均受教育 7.75 年，只相当于初中水平。

荆州市在发展中要注意以下方面：

1. 发挥"两大优势"，即充分利用资源禀赋所具有的比较优势和特定的发展条件。

2. "三化并举"，即工业化、城市化、信息化是现代化的基础和内容。

3. 以人为本，建立与经济发展更加协调的社会发展体系。

4. 地方政府在现代化建设中应根据准确的定位，充分发挥自己不可替代的作用。（中国信息报 2003/5/23 陈建华、许燕飞）

## 四、产业结构演进理论

对于产业结构研究，经济学家早就给予了关注。17 世纪英国古典政治经济学家威廉·配第（W. Petty）在其《政治算术》中就对当时欧洲各国收入与劳动力流动之间的关系进行了研究。此后，产业结构研究成果不断涌现。1931 年德国经济学家霍夫曼（W. G. Hoffmann）对工业结构的演变规律进行了开拓性研究，提出了"霍夫曼定理"。1940 年英国经济学家和统计学家克林·克拉克（C. Clark）在配第学说的基础上，进一步分析了劳动力在三次产业之间的移动趋势，提出了产业结构演进规律，这就是著名的"配第—克拉克定理"。美国的经济学家西蒙·库兹涅茨（S. Kuznets）运用定量分析的手段，揭示了各国经济发展和产业结构变动的关系，由此获得了 1973 年诺贝尔经济学奖。此外，还有一些学者也对产业结构理论做出了贡献，例如：钱纳里（H. Chenery）针对发展中国家提出的"发展型式"理论；刘易斯（W. A. Lewis）的二元结构理论；罗斯托（W. W. Rostow）的"经济成长阶段"理论等。

产业结构演进理论揭示了产业结构在发展中不断更新的规律和逻辑序列，它包括三个方面的内容：一是经济发展经历由第一产业占优势逐渐向第二、第三产业占优势的演进；二是经济发展经历由劳动密集型产业占优势逐渐向资本密集型、技术密集型产业占优势的演进；三是经济发展经历由制造初级产品的产业占优势逐渐向制造中间产品、最终产品的产业占优势的演进。这一理论还揭示了产业结构演进和高度化的动因在于主导产业的变动。主导产业的特征及其变迁会引发整个产业体系的更新。同时，在技术进步、需求弹性、生产率、关联性上给出了主导产业的选择标准。

在优先保证主导产业发展需要的同时，也要兼顾其他产业的发展速度与规模。主导产业的发展会带动产前、产中和产后一些相关产业的兴起和发展。这些围绕主导产业而兴起的产业构成了辅助配套产业，他们分别在前向、后向、侧向"三维"与主导产业有机衔接。前向关联产业，即为主导产业提供产后服务的产业，对主导产业的产品进行深加工，属于主导产业的下游产业；后向关联产业，即为主导产业提供产前服务的产业，向主导产业提供机器设备、生产工具、原材料和燃料等生产资料，属于主导产业的上游产业；侧向关联产业，是为主导产业提供产中服务配套服务和为居民提供消费品的产业，如设备修理、技术服务、职工岗位培训、副食品供应等。从产业的关联可以看出，没有辅助产业的支持和协助，主导产业不可能顺利发展。因此，保持主、辅产业之间的协调，是整体经济健康发展的关键。

## 五、中国工业化与城市化的互动发展

### （一）中国工业化与城市化的关系

工业化与城市化是任何一个国家在经济发展中必须经历的空间结构变动与产业变动过程，是发展中国家经济发展水平的标志之一。工业化是城市化的主要动力，而城市化又会促进工业化的进步。发达国家的工业化和城市化基本上是同步的，而发展中国家则呈现出不同的"发展型式"：一些国家城市化的发展超过工业化，一些国家的城市化落后于工业化。具体到我国来说工业化与城市化的关系从整体上来说呈现出城市化水平滞后于工业化的态势。

工业化一般是指工业（主要是制造业）劳动力不断增加、农业劳动力不断减少的过程和工业占经济总量的比重上升、农业的比重下降的过程。衡量一个国家是否达到工业化，目前国际上通行的标准是：农业产值占 GDP 的比重在

15%以下，农业就业人数占全部就业人数的比重在 20%以下，城镇人口占全部人口的比重在 60%以上。

2002 年，我国的基本情况是：人均 GDP8184 元（按当年价格计算），农业产值占 GDP 的比重为 15.4%，城镇人口占全部人口的比重（城市化水平）为 39.1%，第一产业就业比重达 50%，而如果从居住地看还有 62%的人生活在乡村。从人均 GDP 水平和城市化水平看，中国只处于工业化初期阶段。但人口（特别是农业人口）众多这一事实，客观上造成中国的许多数量指标，只要人均以后就很难用来和国际相关指标比较，容易低估中国的发展水平。以国际上常用的工业结构高度和产值结构水平这两个指标来说，中国已基本进入了以原材料加工业为重心的重工业化阶段，并正在向高加工度化阶段转变，2001 年工业增加值在 GDP 中的当年价格比重为 44.4%，而制造业增加值在 GDP 中的比重为 39.2%，均达到或超过了一般模式中工业化中期阶段的水平。综合中国工农业发展状况，与国际上相关指标加以比较，可以认为中国目前处于工业化中期阶段。

按照世界银行提供的亚洲城市化与工业化的相关计量模型[①]，2002 年中国工业化率为 22.6%，城市化率应为 42.5%，而实际上只有 29.92%。从城市化与工业化及经济增长之间的关系看，我国属于城市化严重滞后的国家之一。这种状况既不利于工业现代化，也不利于农业现代化和人民生活的现代化，对经济的进一步增长也构成障碍。

（二）中国城市化与工业化的互动机制[②]

改革开发前，我国工业化与城市化完全是在计划经济体制之下发展的，互动发展机制并没有形成。虽然在 1978 年，我国工业产值比重已经占据主体地位，但是工业体系内部的不健全，与农业的隔离，城市与乡村的隔离都显示出整个国家的经济没有形成一个有机统一的系统。广大的农村发展落后，成为城市工业发展的阻力，工业内部轻重工业的失调也严重影响了工业化的进程。

在改革开放后，工业化与城镇化互动发展的二元互动机制初步形成。所谓二元互动机制，是指农村工业化与城镇化的互动发展，以及城市化工业化与城镇化的互动发展过程。如图6-1所示。

---

① 赵春音，城市现代化：从城镇化到城市化，城市问题 2003 年第 1 期。
② 《中国工业化与城镇化互动发展研究》，景普秋著，经济科学出版社，2003.9。

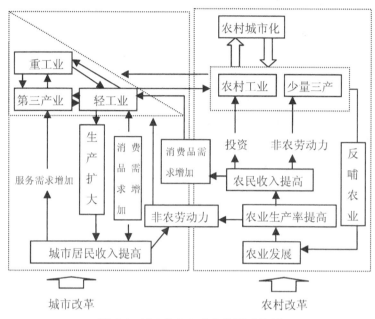

**图 6-1 城市化与工业化的互动机制**

资料来源：引自景普秋著《中国工业化与城镇化互动发展研究》，经济科学出版社 2003 年版，第 140 页。

我国在 20 世纪 70 年代末 80 年代初起的经济改革从农村开始，然后转向城市。经济体制改革是形成工业化与城市化互动发展机制的根本动力，释放了农村与城市工业化、城镇化发展的潜在需求。与传统工业化与城镇化的发展机制不同主要表现在两个方面：一是发展的动力机制发生变化，传统发展机制中的动力来源主要是政府的行政命令与计划的强制性执行，政府为工业化输入资金，以税收等手段通过农业为工业积累发展资金；新兴的发展机制的动力主要是来源于农村、城市改革开放以后，市场机制的逐步形成与运转，市场需求规模与范围的扩大刺激了农村工业和城市工业的发展，农村改革→农业发展→农业生产率提高→投资农村工业、剩余劳动力转移、增加对消费品的需求→农村工业发展、城市工业发展→城镇居民收入增加→消费需求增加→城市非农产业发展，城市非农产业与农村非农产业联系密切。第二个不同点是使国家推动的一元工业化与城镇化变为国家与民间共同推动的二元工业化与城镇化模式。

二元工业化城镇化模式为我国工业城镇化做出了巨大的贡献，但是其中存在的两大障碍仍然减缓了工业化与城镇化进程。一是农村剩余劳动力在转移过程中存在来自城市与乡村两方面的体制、观念等制度性以及其他方面的障碍；二是在农村工业化与城镇化过程中存在的技术性、制度性障碍。目前我国处在工业化与城镇化作用最明显的时期，要加快工业化与城镇化发展的速度就必须把更多的精力放在调整二者关系，软化障碍性因素，如建立更加完善的市场体系，加快提升乡镇企业的素质等方面上来。

## 第三节　中国城市化进程中的成本分析

### 一、城市化进程成本分析的目标和内容

按照经济学观点，一个经济项目（可以扩展到社会活动）的推进和实施，必然引起资源的投入和成本费用的支出，经过该项目系统的运行和产出，带来预期的成果。城市化作为一项涉及经济、社会的重大活动，对于我国这样一个人口多、底子薄的大国来说，城市化是否需要付出成本，付出哪些成本将是我们需要关注的问题。

从世界城市化的历史看，在城市化的过程中必须付出成本。由此，在我国人均资源占有量相对匮乏的条件下，我们要求重新审视中国城市发展的战略方针。这一点不可回避，但我们选择什么样的发展方式能够把城市化的成本缩减到最小，对于资源相对贫乏的我国来说具有特别现实的意义。

劳动分工的国际化，商品贸易的全球化和世界经济的一体化构成了全球经济的整体。管理的高层次集聚，生产的低层次扩散，已成为发展的趋势。促使城市体系的极化和强化，是应对经济全球化的必然选择。

20 世纪 80 年代，当发达国家城市化达到成熟时，我国才刚刚开始步入城市化的增长期，当发达国家已经进入后工业化的社会时，我国正在经历工业化的过程。我国要想加快城市化的进程来追赶世界发展的潮流，就要比先行一步的发达国家支付更多的成本，例如环境的污染，资源的浪费，城市发展过快带来的城市通病，也有人称这些成本是城市化带来的"副作用"。从人的社会化和现代化角度来说，由于大量的农村人口涌入城市就会造成一系列的社会问题，怎样把城市的发展和人的发展很好地融合在一起，达到可持续发展的目

的，将是城市化所支付成本的重要内容。基于如上的考虑，可以将城市化成本大致分为两大部分：个人发展成本和公共发展成本。

所谓个人发展成本是指在城市化的进程中，个体从农村劳动者向城市居民转化所应付出的基础成本、生存成本、生活成本、智力成本、社保成本和住房成本；而公共发展成本则是指城市化进程中为保障城市健康协调发展所需的城市内、城市间的基础设施、社会协调、公共环境、生态建设等基本功能要素的成本。

我国的城市化进程战略设想是要在 2050 年左右，实现全国城市化率达到 75%。基于我国目前的城市化率仅达 35% 左右的现状，必须使城市人口年增长 1000 万～1200 万人，才能实现 10 亿人口城市化的战略目标。由于我国城市化水平已经比我国的工业化发展水平相应落后了 15～20 个百分点。城市化进程过慢使我国现代化成本更加高昂。

## 二、中国城市化总成本预测[①]

根据我国城市化进程分析，到 2050 年，中国城市人口将达到 10 亿～11 亿，每进入城市一个人，需要"个人发展成本"1.45 万元，"公共发展成本"1.05 万元，总计每转变一个农民成为城市居民需支付社会总成本约为 2.5 万元，在现有城市人口的基础上，未来 50 年期间中国约增加 6 亿～7 亿城市人口，城市化所需的社会总成本达到 15 万亿～16 万亿元（按 2000 年不变价格）。如果平均每年增加城市人口 1200 万～1300 万，则每年要支付城市化成本约相当于 3000 亿～3500 亿元人民币。

通过计算机的演示可以得出，超过 100 万人口的城市化综合发展成本，是人口少于 10 万人以下小城市的 1/6 到 1/8，即小城市每吸纳一个人所付出的成本，如果同样投入到人口超出 100 万以上的大城市，则可以吸纳 6～8 人。基本规律是：从 1 万～20 万人的小城镇和小城市的发展成本，随着人口数目的增加，发展成本呈非线性急剧变化；从 20 万～50 万人的中等城市，其发展成本随着人口的增加呈现减缓增长；从 50 万～100 万人的大城市，发展成本逐渐趋于临界；超出 100 万人口的特大城市，城市发展成本随人口的增加基本成为"常数"。

---

① 《中国城市发展报告》（2001—2002），《中国城市发展报告》编委会编，西苑出版社，2003 年 1 月，第 145 页。

### 三、我国城市化过程中的文化遗产成本

由于我国对保护城市历史文化遗产的认识以及相关的法律法规没有跟上城市快速发展的形势，当前我国在保护城市历史文化遗产方面存在大量问题，我国城市化的快速发展和大规模建设对文化遗产造成的"破坏性建设"成本是巨大的，这些损失主要表现在：

第一，一些古城的历史格局被破坏。由于不从城市布局上进行研究和规划，不注意新区的开发建设对旧城的疏解作用，试图在人口密度已经过高的古城内拓宽道路、兴建高层建筑来解决交通、环境方面的问题，对古城布局与风貌造成了严重损害，甚至毁掉了整个古城。

第二，历史街区被毁，许多古城中有代表性的传统居民群、传统商业街在旧城改造的浪潮中消失。有的未对保护区进行定期的全面保护，使得区内的人口密度过大，基础设施落后，居民居住条件差，私搭乱建造成历史文化景观趋于丧失。

此外，拆毁文物古迹，包括一些尚未列入保护的等级的遗迹。有些古文化遗迹、近代代表性建筑、名人故居等，由于种种原因政府发现较晚或还未被发现，以及有的地方没有认识到这些遗存的价值，导致一些遗迹、遗址的破坏或毁灭。更有甚者，一些地方发生为了短期的利益或个人利益有意拆毁、破坏不同等级的文物古迹的恶劣现象。

第三，不注意对文物古迹周围历史环境的保护。或使零星的古迹湮没在现代建筑中，或在古迹周围进行破坏性建设，让人很难感受文物古迹的历史环境和价值。

建造毫无历史文化价值的假古董成风。一些城市不注意保护真实的历史遗存，却花费大量资金修建假古董，致使"仿古街""明清一条街"在一段时间内呈泛滥趋势。

由于在城市化进程中对文物古迹的破坏是不可弥补的，这种破坏不仅使城市丧失了原来的文化底蕴和特色，也会影响到城市中人的发展，因此保护文化古迹和遗址对城市的发展来说具有深远的意义。

---

**专栏 6-2 欧洲人用法律保护历史**

欧洲的历史文化遗产保护体系是在实践中不断扩展的，体系的关键就是立法。在保护体系不断完善的过程中，几乎每确定一个保护概念，随之便会有

一系列相应的法规、条例、政令等对历史文化遗产保护的各个层面做出相应的规定。欧洲历史文化保护的立法思路非常明确，它强调保护工作不是独立进行而是多元的，将保护与资金、住宅建设、税收、政府职能、公众参与等联系起来，目的是为保护工作提供良好的外部环境。整个体系使得保护工作具有很强的可操作性，政府和民间的力量都得到充分的发挥。保护体系涉及的制度环节，如保护内容的形成及确立、保护机构的职能、保护行政管理体系、资金保障体系、监督体系、公众参与体系等，都以法律、法规的形式明确下来，从而为保护工作提供了重要基础和保障。

在历史保护的行政管理体系方面，意大利、希腊、西班牙和葡萄牙等国的法律均规定，文化遗产部门管理遗产，其他相关部门在自身职责范围内协助或监督其工作；城市规划部门主管古城保护及城市景观保全等内容；旅游部门只负责历史文化遗产的促销，不参与遗产的直接管理。

在资金保障体系方面，资金补助的规定是保护法律的重要内容之一，立法中明确规定保护对象的资金补助额度和数量，为保护资金来源的长期稳定提供了法律依据。国家和地方政府的财政拨款通常是保护资金最主要的来源，款项数额巨大；同时以国家投资带动地方政府、社会团体、慈善机构及个人的多方合作投资的方式也存在；各类相关政策的制定也为文化保护提供了多渠道、多层次的资金筹措方式，如减免税收、贷款、公用事业拨款、发行奖券等，使资金得到有效保障。据统计，近年意大利对文化遗产保护的投入平均每年在50亿欧元以上。可以说，欧洲的历史文化遗产保护之所以走在世界的前列，这是同其连贯严格的法律、健全的保护机制、高效的管理机构、充足的资金保障所分不开的。

——摘自广东省城市规划建设考察团《欧洲人用法律保护历史——南欧历史文化遗产保护工作考察报告》

## 四、我国城市化进程中付出的环境成本

在20世纪90年代后，我国发展的环境成本是惊人的。90年代我国国内生产总值中至少有3%～7%的部分是以牺牲自身生存环境（自然资源和环境）取得的，如果按年均GDP增长速度为9.8%计，其中约有4～6个百分点是以牺牲自身生存环境换取的，具体有以下统计结果[①]：

（1）1992年，中国国民经济运行的全部环境成本损失至少有1061.01

---

① 《绿色GDP与可持续能源》，雷明，建设科技，2004年05期。

亿～1310.42 亿元，约占中国当年 GDP 的 3.98％～4.92％，即 1992 年中国国内生产总值中有 3.98％～4.92％的部分是以牺牲自身生存环境取得的。其中损失排在前三位的依次为森林 40％，水 31％，大气 17％。换句话说，1992 年 GDP 增长速度为 14.05％，其中 4.3～5.31 个百分点是以牺牲自身生存环境换取的。

(2) 1995 年中国国民经济运行的全部环境成本至少有 2199.38 亿元，约占中国当年 GDP 的 3.7％，即 1995 年 GDP 增长速度为 10.5％，其中 4.26 个百分点是以牺牲自身生存环境换取的。

(3) 1997 年中国国民经济运行的全部环境成本至少有 3239.123 亿元，约占中国当年 GDP 的 4.35％，也就是说，1997 年 GDP 增长速度为 8.8％，其中 4.39 个百分点是以牺牲自身生存环境获取的。

通过以上数据我们可以看出单纯以 GDP 的增长为目标并不能达到城市可持续发展的目的，因此寻找适应城市可持续发展的模式是我们要解决的首要问题。

---

### 专栏 6-3　呼唤绿色 GDP

广东某县级市的珠江支流河口处曾有一大片被誉为候鸟乐园的河网湿地，但自 20 世纪 90 年代确立"工业立市"以来，该市城区面积由 1993 年的 4.7 平方公里迅速扩大到 2003 年的 231.2 平方公里，导致河网湿地面积减少 9225 公顷。据国际科学界做出的价值评估，这些河网湿地作为自然湿地的生态价值相当于 19580 美元/公顷/年，这些湿地消失后丧失的生态功能价值为 1.8 亿美元/年，相当于 15 亿元人民币/年。这种代价给该市增加了多少实际财富呢？2002 年该市各项存款余额比 1996 年增加了约 18 亿元，平均每年只增加了 3 亿元。也就是说，该市用每年 15 亿元的生态损失代价换取了每年 3 亿元的存款增加。

资料来源：《呼唤绿色 GDP》，令狐阳春，生态经济，2004 年第 4 期

---

**本章参考文献：**

1. 中国 21 世纪议程管理中心，中国科学院地理科学与研究所编译，《可持续发展指标体系的理论和实践》，社会科学文献出版社 2004 年版

2. 刘思华，《可持续城市经济发展论》，中国环境科学出版社 2002 年版

3. 宋佳珉，可持续发展——中国城市化的现实选择，《商业研究》，2004（13）

4. 董锁成，《中国 21 世纪可持续发展新论》，陕西人民出版社 1999 年版

5. 于永双，孙中和，高兰兰，论中国农村城市化的动力机制，《农业现代化研究》，2000 年 7 月第 21 卷第 4 期

6. 孙家驹，城市发展的动力、作用和趋势，《求实》，2002 年第 2 期。

7. 胡顺延，周明祖，水延凯，《中国城镇化发展战略》，中共中央党校出版社 2002 年版

8. 王波，农村城市化演进的一般规律与动力机制，《青岛行政学院学报》，2003 年第 4 期

# 第七章 中国城市化的道路选择

## 第一节 城市可持续发展的基本模式和发展战略

### 一、中国城市化的基本模式

城市化的模式是指一种具有代表性的由农业人口向非农业人口或农村人口向城市人口转移的典型形式。纵观新中国成立以后城市化发展的特征，可以明显地划分出两种不同的类型：

第一种模式是计划经济体制下的城市化模式，可称之为自上而下型的城市化；自上而下的城市化的主体是政府，中央和地方政府按照既定的方针政策来有计划的发展城市。

第二种模式是改革开放以后市场经济导向下的城市化，可称之为自下而上的城市化。自下而上的城市化主体是农村政府、乡镇企业等民间力量，只要是由农村或城镇经济利益主体在市场机制的作用下自发兴起的城市化模式。两种城市化模式比较如下：

表 7-1　自上而下和自下而上的城市化比较[①]

| 比较特征 | 第一种模式：<br>自上而下城市化 | 第二种模式：<br>自下而上城市化 |
| --- | --- | --- |
| 户口性质 | "农转非"或非农业户口 | 农业户口 |
| 迁移性质 | 正式的、永久性迁移 | 非正式的、暂时性迁移 |
| 迁移决策与途径 | 政府或单位统一安排 | 熟人介绍、自己决策 |
| 与土地关系 | 彻底脱离土地 | 没有割断与土地的联系 |

---

① 转自：谢守红：《城市化发展理论和实践》，中央编译出版社，2004。

续　表

| | | |
|---|---|---|
| 与城市关系 | 易于适应、融入城市社会圈 | 缺乏归宿感，难于融入城市社会圈 |
| 迁移后行业分布 | 机关事业单位、国有企业等 | 城市非正式行业 |
| 迁移后职业分布 | 非体力职业、熟练工人 | 体力劳动工人、个体劳动者 |
| 职业稳定性 | "铁饭碗"、终身雇佣制、有稳定工资收入 | 临时工、合同工、自谋职业者，劳动报酬较低且不稳定 |
| 劳动强度 | 工作相对轻松 | 劳动强度大 |
| 住房状况 | 单位分配 | 简易住房或租住私房 |
| 福利保障 | 由退休金、公费医疗等福利 | 基本不享有社会福利保障 |

由于市场经济为主导的经济体制在改革开放后的逐渐确立，城市化的发展也以自下而上的发展模式为主，这种发展模式以粗放型的发展为特点，由于经济的快速发展和城市人口的恢复补偿性增长，改革开放以来中国城市化发展逐步加速，1978—2002 年，城市化率由 17.9% 提高到 39.1%，每年提高 0.88 个百分点，是 1958—1978 年的 7 倍多。特别是 1996 年到 2002 年，每年增长达 1.62 个百分点（而美国在 1860 年到 1920 年的高速城市化阶段，城市化率平均每年只提高了 0.5 个百分点）。但同时城市基础设施严重滞后，大城市超载运转，小城市发展缓慢。

## 二、中国城市化道路选择的主要观点

我国城市化道路选择的主要分歧集中在重点发展小城市（镇）还是发展大中城市上。

### （一）发展大城市观点

一般而言，城市，代表着人类文明的进步方向。城市，具有乡村所无法比拟的文化、教育、科技、卫生、能源、交通、信息等方面的资源优势。城市不仅是经济活动的中心，也是政治、文化、科技、教育、卫生等所有重要社会活动的中心。这里，人才荟萃、思想活跃、交流频繁、管理先进。这里，具有强大的聚集力和向心力，吸引了周围的人流、物流和资金。这里，产生着巨大的辐射和调节功能，运转着各项优势资源。这里，更是信息的源泉，各类信息不断地由这里产生、加工、输送和辐射。这里，集中标志着社会文明，代表着国民生活水平，体现了一个国家或地区的内在品质和风貌。

大城市则在上述方面具有比中小城市无法比拟的优势。有关研究指出，大城市在经济上的集聚效益和规模效益要高于中小城市。大城市不仅经济效益好，同时，大城市也具有小城市和乡村所无法比拟的社会效益、环境效益。城市的社会效益既反映在文教、卫生、科研机构和设施的发展优势，还表现在城市公民的素质、社会法治环境的优良。如按人口平均的学校、图书馆、博物馆、文化艺术场馆数量、科技场馆数量、科技活动经费、科研技术人员数量、医疗卫生人员数量、医疗卫生机构数量等，大城市优势明显，在突发事件或公共卫生的预警、应急、指挥协调、事故处理、信息通报和反馈、组织和宣传动员系统、控制和防御能力、医疗水平、后勤保障、配套支持等方面，大城市的优势显然也是有目共睹的。因此，大城市更适合现代化发展的要求，更适合社会的发展，更适合人的全面发展。所以，尽管人们对于城市或城市生活时有抱怨，但较少有人愿意离开大城市。

"像我国这样 12 亿人口大国，要跻身世界民族之林，必须有一批高效率、高质量、高效果的大城市。"以大城市为主的城市化模式，是经济社会发展的必然趋势，也是世界各国走向现代化的普遍规律。

提倡发展大城市的观点还认为：大城市的超前发展是工业革命以后存在于世界各国的普遍规律，控制大城市发展是违背客观经济发展规律和城市发展规律的人为办法。

（二）重点发展小城市的主要观点

（1）从马克思主义的经典著作中寻找依据，认为"缩小以至消灭城乡差别是社会主义的重要任务"，大工业在全国的尽可能平衡的分配，是消灭城市和乡村分裂的条件。因此主张尽量发展小城镇，主张工农一体化、城乡融合。

（2）从社会制度的差异上寻找依据。不少人认为城市化，特别是大城市数目的急剧增加，规模不断膨胀是资本主义制度带来的恶果。现在发达的资本主义国家人口和工业都出现了向大城市以外地区疏散的现象，中国不能重蹈发展大城市的覆辙。

（3）改革开放前，中国的小城镇已经大面积衰落，在农村集聚了几亿的剩余劳动力，农民生活极其困难。农村实行家庭联产承包责任制后，尽快转化这巨量的农村剩余劳动力成为中国城乡发展中头等大事。由于国家拿不出很多钱把农民安置到城市，城市本身有大量的隐形失业，吸纳农村劳动力能力有限，因此发展乡镇企业，复兴和发展小城镇成为一种势不可挡的潮流。

从国内外城市化的实践与未来发展趋势来看，中国城市可持续发展的战略模式主要有：发展和谐城市（在第八章论述）、建设城市循环经济、构建中国组团式城市群（在第九章论述）、促进农村城市化构。

# 第二节　我国可持续发展的战略模式——城市循环经济

## 一、循环经济的内涵、特征和基本准则

"循环经济"一词，是由美国经济学家 K. 波尔丁在 20 世纪 60 年代提出的，是指在人、自然资源和科学技术的大系统内，在资源投入、企业生产、产品消费及其废弃的全过程中，把传统的依赖资源消耗的线形增长的经济，转变为依靠生态型资源循环来发展的经济。循环经济观，是在全球人口剧增、资源短缺、环境污染和生态蜕变的严峻形势下，人类重新认识自然界、尊重客观规律、探索经济规律的产物。

发展循环经济是人类实现可持续发展的一种全新的经济运行模式。基于对环境的理解和认识，人类在经济发展过程中经历了三种模式。第一种是传统模式。它不考虑环境因素，一味强调对环境的征服，缺乏保护环境的意识。是一种"资源—产品—污染排放"的单向线形经济过程。第二种是"过程末端治理"模式，它开始注意环境问题，但其具体做法是"先污染，后治理"，强调在生产过程的末端采取措施治理污染。结果治理的技术难度很大，不但治理成本高，而且使生态恶化日益严重，经济效益、社会效益和环境效益都很难达到预期目的。第三种是循环经济模式。它倡导的是一种与环境和谐的经济发展模式，以实现资源使用的减量化、产品的反复使用和废弃物的资源化为目的，强调"清洁生产"，是一个"资源—产品—再生资源"的闭环反馈式循环过程，最终实现"最优生产，最适消费，最少废弃"。

循环经济的主要特征在于：新的系统观。循环是指在一定系统内的运动过程，循环经济的系统是由人、自然资源和科学技术等要素构成的大系统。循环经济观要求人在考虑生产和消费时不再置身于这一大系统之外，而是将自己作为这个大系统的一部分来研究符合客观规律的经济原则。

循环经济是系统性的产业变革，是从产品利润最大化的市场需求主宰向遵

循生态可持续发展能力永续建设的根本转变。由循环经济的概念内涵可以归纳出其基本的评价原则，简称"3R"原则：

## （一）减量化原则（Reduce）

以资源投入最小化为目标。针对产业链的输入端——资源，通过产品清洁生产而非末端技术治理，最大限度地减少对不可再生资源的耗竭性开采与利用，以替代性的可再生资源为经济活动的投入主体，以期尽可能地减少进入生产、消费过程的物质流和能源流，对废弃物的产生排放实行总量控制。制造商（生产者）通过减少产品原料投入和优化制造工艺来节约资源和减少排放；消费群体（消费者）通过优先选购包装简易、循环耐用的产品，以减少废弃物的产生。从而提高资源物质循环的高校利用率和环境同化能力。

## （二）再使用原则（Reuse）

以废物利用最大化为目标。针对产业链的中间环节，对消费群体（消费者）采取过程延续方法最大可能地增加产品使用方式和次数，有效延长产品和服务的时间强度；对制造商（生产者）采取产业群体间的精密分工和高效协作，使产品——废弃物的转化周期加大，以经济系统物质能量流的高效运转，实现资源产品的使用效率最大化。

## （三）再循环原则（Recycle）

要求生产出来的物品在完成其使用功能后能重新变成可以利用的资源，而不是不可恢复的垃圾。再循环有两种情况，一是原级再循环，即废品被循环用来产生同种类型的新产品；另一种是次级再生产，即将废物资源转化成其他产品的资源。原级再循环是循环经济追求的理想境界。只有当人们的行为从高排放的传统经济转变为低排放的循环经济的时候，一个可持续发展的社会才会真正来临，经济效益和环境效益双赢目标才能实现。

# 二、我国选择循环经济作为可持续发展手段的必要性

## （一）循环经济是解决我国人口、资源、环境问题的最佳选择

就中国人口、资源与环境之间的关系来看，存在人口众多、资源短缺与环境恶化的态势，中国人均资源拥有量远远低于世界平均水平，矿产资源占有量

不足世界平均水平的一半，仅为美国的 18%，人均占有能源水平更低，原油是世界平均水平的8.6%，天然气是世界平均水平的 5%。并且在开发利用过程中，又存在大量浪费现象。我国单位产值所消耗的资源比发达国家甚至其他发展中国家高得多。据 1990 年统计，1 吨标准燃料所生产的 GDP，中国为 3958美元，美国为 21728 美元，日本为 57478 美元，德国为 4355 美元，印度为1430 美元，全世界平均为 2167 美元。由于生产中能源等资源利用率低，造成废弃物的大量排放，目前我国环境污染的 70% 以上是工业污染，建筑能耗超过发达国家 2～3 倍，其中，水泥的能耗高于世界先进水平 50%，城市扩张严重威胁着有限的土地资源。循环经济体现了经济可持续发展的内在要求，在解决经济发展与人口、资源和环境之间的矛盾中将产生重要的作用与深远影响。

（二）循环经济是转变传统经济发展方式的现实途径

我国传统经济是一种由"资源—产品—污染排放"所构成的物质单向流程的经济，这种经济发展方式以资源的高消耗、高污染、高排放为特征来带动经济高增长。目前我国既没有发达国家工业化时的廉价资源和环境容量，也经不起传统发展方式带来的资源过度消耗和环境污染。循环经济要求把经济活动组织成一个"资源—产品—再生资源"的反馈式流程，最大限度地利用资源，废物产量的最小化甚至零排放。因此，发展循环经济能够减少经济增长对资源稀缺的压力，实现经济发展方式的根本转变。

（三）循环经济是清洁生产和生态工业的进一步拓展

源头预防和全过程治理替代末端治理，已成为世界各国环境与发展政策的主流。清洁生产在企业生产过程的实施以及各企业间工业生态链上的良性循环，不仅节约了资源，减少了生产中的废弃物，而且使这种从源头预防环境污染的理念扩大到消费领域。于是清洁生产从生产领域拓展到消费领域，从企业内部走向企业群之间再走向社会，形成循环经济。循环经济从发展国民经济的高度和广度将环境保护引入经济运行机制。

（四）循环经济是经济全球化和环境全球化的客观要求

随着全球化的发展和贸易与环境的关系日益密切，环境因素已经成为影响发展中国家自由贸易的重要障碍。由于我国经济整体环保水平较低，在外贸领域将面临越来越大的环境压力，一些工业产品和农产品由于在生产、包装、使用等环节的环保要求偏低，容易受到发达国家绿色贸易壁垒的限制；随着贸易自由化的发展，污染产业、有害物质和外来物种入侵将对我国国家环境安全构成威胁。增强我国环境竞争力，实现我国贸易与环境的协调发展，要求发展循环经济。

表 7-2　循环经济与传统经济的比较[①]

| 比 较 项 目 | 传 统 经 济 | 循 环 经 济 |
|---|---|---|
| 运动方式 | 物质单向流动的开放式线性经济（资源消耗→产品工业→污染排放） | 封闭型物质能量循环的网状经济（资源利用→绿色工业→资源再生） |
| 对资源的利用状况 | 粗放型经营，一次性利用；高开采、低利用 | 资源循环利用，科学经营管理；低开采、高利用 |
| 废弃物排放及对环境的影响 | 废弃物高排放；成本外部化，对环境不友好 | 废物零排放或低排放；对环境友好 |
| 追求目标 | 经济利益（产品利润最大化） | 经济利益、环境利益与社会持续发展利益 |
| 经济增长方式 | 数量型增长 | 内涵型发展 |
| 环境治理方式 | 末端治理 | 预防为主，全过程控制 |
| 支持理论 | 政治经济学、福利经济学等传统经济理论 | 生态系统理论、工业生态学理论等 |
| 评价指标 | 单一经济指标（GDP、GNP、人均消费等） | 绿色核算体系（绿色 GDP 等） |

## 三、传统 GDP、绿色 GDP 和真实储蓄率的比较

### （一）传统 GDP 的定义

国内生产总值（简称 GDP），是指国内生产的最终产品的市场价值，是现行国民经济核算体系的重要指标。GDP 的传统计量方法有总支出法和总收入法两种。总支出法把 GDP 作为经济中物品和劳务产出的总支出，总收入法把 GDP 作为经济中所有人的总收入。

支出法所计量的 GDP 可用下式来表示（考虑四部门的情况下）[②]：

---

① 关凤峻，王永生：循环经济——资源开发与环境保护协调发展的重要途径，《中国国土资源经济》，2004 年第 1 期。

② 《西方经济学》，高鸿业，中国经济出版社。

GDP＝C＋I＋G＋（X－M）

其中：C——居民个人消费支出

I——增加或更新的资本资产支出

G——政府购买

X－M——净出口

## （二）绿色 GDP 的定义

绿色 GDP 是国民财富或收入的一种新的估算。其计算公式为：

绿色 GDP＝GDP－产品资本的折旧－自然资源的损耗－污染损失

## （三）真实储蓄率的定义

而真实储蓄是指在扣除了自然资源（特别是不可再生资源）的枯竭以及环境污染损失之后的一个国家真实的储蓄率。所谓自然资源枯竭是按开采和获得自然资源的租金来度量的，该租金是以世界价格计算的生产价格同总生产成本之间的差值，该成本包括固定资产的折旧和资本的回报[1]。其公式为

真实储蓄＝GDP－商品和服务消费＋教育投资－产品资本的折旧－自然资源的损耗－污染损失。

## （四）传统 GDP、绿色 GDP 和真实储蓄率的比较

下表是对传统 GDP、绿色 GDP 和真实储蓄率所涉及指标的比较

表 7-3　传统 GDP、绿色 GDP 和真实储蓄率的比较[2]

| 传统 GDP | 绿色 GDP | 真实储蓄率（Genuine Saving） |
| --- | --- | --- |
| 总消费＋总投资＋净出口＝GDP | GDP－产品资产的折旧＝国内净产值（GNP）－自然资源的损耗－污染损失＝绿色 GDP | GDP－商品和服务的消费＝储蓄（Saving）＋教育投资＝总储蓄（Gross Saving）－产品资本的折旧＝净储蓄（Net Saving）－自然资源的损耗－污染损失＝真实储蓄 |

---

① 《我国真实国民储蓄与自然资产损失（1970—1998 年）》，胡鞍钢，中国国情研究分析报告，总 278，2001，转引自《GDP 的绿色革命》，郭沛源、方人也，中国发展，2002 第 4 期。

② 《中国城市环境可持续发展指标体系研究手册》，《可持续发展指标体系》课题组，中国环境科学出版社，1999。

从表中我们可以看到，以国民生产总值（GDP）为主要指标的现行国民经济核算体系，只注重经济的发展和其速度的增长，却忽视了资源在经济发展中的重要性。这种核算体系使得我国长期以来的经济发展单纯追求产值，相互攀比速度、不顾资源损耗及环境恶化。

而绿色 GDP 由于扣除了环境方面的影响，因此更能准确地衡量一国财富的真实水平，对于可持续发展战略的实施具有非常重要的意义。而真实储蓄率比绿色 GDP 更加关注于对发展的投入，也具有更强的政策相关性。除了传统的直接影响公共和私人储蓄和投资行为的货币和金融政策以外，许多影响资源开采和污染物排放的政策也都与之相关。因此绿色 GDP 和真实储蓄率作为衡量循环经济发展状况的指标具有很现实的意义。

## 四、循环型社会的模式选择

在循环经济中直接和城市化的可持续发展紧密相关的是循环型社会的构建。这种循环模式在国外已有探索和实践。德国在 1996 年颁布实施了《循环经济与废物管理法》，该法规定对废物问题的优先顺序是避免产生—防范—最终处置。日本在 2000 年召开了一届"环保国会"，通过和修改了多项环保法规，包括《循环型社会形成推进基本法》《建筑工程资材再资源化法》《容器包装循环法》《绿色采购法》《废弃物处理法》《化学物质排出管理促进法》。上述法规对不同行业的废弃物处理和资源再生利用等做出了具体规定。美国自 1976 年制定了《固体废物处置法》，现已有半数以上的州制定了不同形式的资源再生循环法规。1995 年美国世界观察所在《世界状况》上发表重要文章《建立一个可持续的物质经济》，从理论高度提出 21 世纪应该以再利用和再循环为基础，建立一个以再生资源为主导的世界经济。多种废弃物循环利用法和循环型社会推进形成基本法的建立，奠定了构建循环型社会的基础。

---

### 专栏 7-1　日本逐步形成循环经济社会[①]

日本每年排放出产业废弃物 4 亿吨，生活垃圾约 5000 万吨。绝大部分废弃物原来都被用来填海或焚烧，这不仅浪费了大量可再利用资源，还污染了环境。为了节约有限资源，减少浪费，保护环境安全，20 世纪末，日本政府制定了一系列法律法规，力促进循环型经济社会的形成。

---

① 《日本逐步形成循环经济社会》，高稷，上海工业，2004，6

日本促进循环经济社会形成的法律主要有《促进循环型社会形成基本法》《废弃物处理法》《再生资源利用促进法》等。此外，日本还立法规范了建筑材料、家用电器、汽车、食品、容器和包装材料等的循环利用。

截至2002年底，日本的家电生产厂家已经在全国建立了40家废弃家电回收利用研究中心和处理工厂，负责废弃家电循环利用的研究和处理。据日本经济产业省环境循环室发表的统计数据，2002年4月—2003年3月，日本全国的40家废弃家电处理中心和工厂共接到1015万台废弃的空调、冰箱、电视机和洗衣机，在家电回收利用方面基本上达到了政府规定的要求，一些家电企业还"超额"完成了任务。例如，三洋电机公司2002年度的电视机、冰箱、洗衣机和空调的回收利用率分别达到了81%、62%、61%和80%。可以说，日本的废弃家电循环利用已取得了良好成果。

# 第三节　中国的农村城市化

## 一、农村城市化的基本含义

### （一）农村城市化的内涵

农村的城市化是中国城市化道路上一条重要的发展途径。所谓农村城市化是农村地区的城市化，它是在城市、近郊区、农村联动发展的过程中，农村地区"有序退缩，稳步提高"的过程；它是农村地区发展的轴心，是实现城乡一体化的主要模式。农村城市化的具体内涵是指在农村地区生产力结构、生产经营方式和农业人口的收入水平及结构、生活方式、思想观念、人口素质等方面与城市文明逐渐接近、趋向同一的自然历史过程；是城乡差别缩小的自然历史过程；是城乡融合并最终走向城乡一体化的自然历史过程。

### （二）农村城市化理论

#### 1. 小城镇理论与模式

该理论是对费孝通的小城镇系列论文和江苏省小城镇研究课题组撰写的学术论文的总结。其中探讨了小城镇的等级体系、行政管理体制、不同地域类型及成因，以及小城镇发展与区域经济发展之间关系、小城镇规划建设等问题。该理论的主要观点是解决农村剩余劳动力问题要以小城镇为主，大中小城市为辅，强调我国当前阶段发展小城镇的重要性。同时费孝通还首次提出"苏南模式"及"温州模式"等概念，对我国的农村发展模式进行归纳和总结。另外还有一些学者认为"小城镇是农村一定区域经济、政治、文化的中心。它负担着农村最终让位给城市的历史责任"。[①]

苏南模式[②]：苏南农村城市化是具有鲜明特色的苏南农村工业化模式所推动的城市化，即社区政府推动型农村城市化。这是一种既非市场化，亦非政权化的特殊模式。它是从传统的高度集权的行政管理体制中分裂转化而来的，并与某些特殊的历史、自然条件相结合而形成的一种模式。从制度结构来看，苏南模式以地方政府行为为推动力，社区集体行为主体，乡（镇）村工业为主导，中心城市为依托，市场调节为主要手段。他的基本特征可以概括为三个方面：一是资源动员的行政性质，即地方行政机构是经济发展的主要推动者；二是资源配置的市场导向；三是经济社会发展具有明显的社区特色。社区因素、市场机制与行政力量三位一体，维系着这一模式的运行和发展。

温州模式：温州农村城市化模式是在温州农村家庭工业、专业市场以及第三产业迅猛发展、大批农业剩余劳动力转入非农产业经营的前提下，主要依靠农民力量，采取多渠道集资方式建设小城镇这样一条城市化道路，具有如下几个特点：以农村能人为骨干，以家庭经营为基础，以市场为导向，以小城镇为依托。

## 2. 三元结构理论

三元结构理论是指中国国民经济存在着农业部门、农村工业部门和城市工业部门。三元机构理论存在两种对社会区域的划分方式。第一种划分方式是将社会区域划分为农村、小城镇和城市。这种划分方式有利于分清小城镇和城市的区别，有利于突出小城镇的重要性。第二种划分方式是将社会区域划分为城、郊、乡三部分，由于城市的膨胀力将城市周围的农村地区不断包围进去，城市工业不断扩散，乡村工业不断积聚和扩散，推动了城镇和郊区的发展。

---

① 《小城镇新论》，李云才，气象出版社，1994。
② 《城市化发展理论和实践》，谢守红，中央编译出版社，2004。

3. 城乡互动发展理论

由于城市和农村是区域整体的两个有机组成部分，由于城市的快速发展形成的对农村人口的拉力作用和农业剩余劳动力向城市流动的推力作用，使得城市和农村处于一个互动的系统中。在互动的过程中，城市和乡村得到了共同的发展，随着城乡差距的逐渐缩小，旧有的城乡二元体系得到改善，并向区域一体化发展。

（三）我国农村城市化的主要特征

1. 小城镇发展对农村城市化作用明显

在我国的农村城市化过程中，小城镇经济是介于城市经济和乡村经济的过渡经济。通过发展乡镇企业，能够吸收大量的农村剩余劳动力；通过乡镇企业在小城镇的集聚，可以把农村剩余人口转变为城镇人口；通过与大中城市的合作，有力的支持农村工业化的发展。

2. 发展模式多样化

由于我国农村地区自然环境、风土人情、政策制度的差别较大，农村城市化的道路也有所不同，现有的发展模式有温州模式、苏南模式、珠江三角洲模式、布吉模式等。通过资料11的描述我们对温州模式和苏南模式有了大概的了解。而珠江三角洲模式的城市化发展是由地方政府和民间力量共同推动，该地区的外向型特征非常明显，工业化过程以轻工业为主导、劳动密集型产业占有很大比重。

布吉模式是位于深圳市龙岗村的布吉镇在珠江三角洲模式基础上所走出的一条农村城市化道路。该模式的核心是该镇在利用外资发展"三来一补"加工贸易的基础上，不仅逐步在引进外资的升级换代中实现了管理、技术和人才的本土化，而且放手壮大和发展民营经济，实现了国民经济和社会发展的"三大转变"：即经济发展从外源型向内源型转变，区域建设从农村地区向城市化转变，社会管理由不规范向法治化转变，从而实现了由农村快速步入城市化发展阶段。

3. 地区经济状况直接影响农村城市化的发展形态

我国农村城市化水平呈现东高西低的态势，这和我国经济发展东高西低的现状是吻合的。在我国东部沿海地区现已形成珠江三角洲、长江三角洲、京津唐、辽中南等城镇密集地区，农村城市化的发展呈现出网络状的发展趋势。而西部地区由于经济、交通、文化交流的方面的制约，紧靠中心城市或大城市的区域经济发展要远高于其他西部地区，该地区的农村城市化发展仍然以点轴开发模式为主。

## 二、中国农村城市化的动力机制

### （一）农村工业发展是农村城市化的主要动力

农村工业化推进于 20 世纪 70 年代末，中国农村率先进行了经济体制改革，实行了以家庭联产承包为主的责任制，农民获得了经营自主权，农村生产力得到了充分解放。但当时城乡隔绝的户籍管理制度却严重限制着农民进城就业和定居，在农村巨大的就业压力和农民强烈的致富愿望的双重作用下，中国出现了极具特色的由乡镇企业引导的农村工业化。

乡镇企业的崛起，从根本上改变了我国工业化的格局，由单一的城市工业化模式演变成城市工业化与农村工业化二元并存的模式，并成为推动我国农业现代化和农村城市化的根本动力。乡镇企业对农村城市化的推动作用主要表现在：

第一，吸纳了农村大量剩余劳动力。仅 1991—1996 年我国乡镇企业已累计安置农村剩余劳动力 4843.5 万人，平均每年安置 707.3 万人，乡镇企业职工已占农村全部就业人员的 29.8%。到 1998 年全国乡镇企业职工人数达12536.5 万人，占乡村从业人员总数的 25.4%。

第二，推动了农村产业结构的调整。乡镇企业的迅猛发展，彻底改变了我国农村过去以第一产业为主的产业结构，开辟了由农村农业的单一农业经济向三大产业综合发展的工业化道路。从 1978—1997 年，我国农村非农产业总产值由 640.5 亿元增加到 76181.3 亿元。1997 年农村第二、三产业创造的产值占农村社会总产值的比重达到 75.6%，比 1978 年上升了 44.1 个百分点。与此相适应，在农村就业结构中，大约有 13526.8 万人在第二、第三产业中就业，占农村劳动力总数的 29.4%，而在 1978 年，农村第二、三产业的就业人数仅为 149.6 万人，所占比重为 10.3%。

## （二）比较利益对农村城市化的推动作用

根据配第—克拉克定律，随着经济的发展，劳动力将首先从第一产业转向第二产业，并伴随着人均国民收入水平的进一步提高，逐步向第三产业转移。劳动力在三次产业分布的趋势是，随着经济发展，一次产业逐步减少，二、三次产业相应增加。产业转移主要体现为从传统产业向现代产业、从农业向非农产业的转移，空间转移主要体现为由分散到集中，由农村流向城镇和城市的转移。产业结构的演进导致了经济的非农化和工业化，产业空间布局的转移导致人口定居方式的聚集化、规模化，进而推进了城市化发展。从比较利益驱动的作用机制看，农业人口的城市化过程是在农业的内部推力和非农产业的外部拉力的双重作用下完成的。从农业内部推力看，一是大量农村剩余劳动力的存在及其快速增长。二是城乡收入差距的拉大导致农民生产积极性不断降低。从非农产业的外部拉力看，一是日益扩大城乡居民收入差距，拉动农村特别一些贫困地区劳动力流向非农产业和城镇。二是在受教育机会和文化生活方面，城市与农村也存在较大的差别。城市地区具有更好的职业和工作条件，更好的社会环境，更丰富多彩的物资文化生活条件，这种吸引力通过信息传播和示范效应同样也对农村产生着强大的拉力作用。

## （三）农业剩余贡献对农村城市化的推动作用

农业为农村城市化发展提供剩余的方式主要有四种。一是赋税方式，即农民通过赋税提供剩余。二是价格方式，即农业剩余通过不利的贸易条件（如工农产品剪刀差等）由农业流向工业、由农村流向城市。三是储蓄方式，即通过吸收农民在金融机构的存款和对政府及企业债券的认购提供剩余。四是财产剥夺方式，即政府凭借政治力量使农民无偿放弃财产向非农产业和城市提供剩余。

## （四）制度变迁对农村城市化的推动作用

制度变迁对农村城市化的推动作用主要表现在：一是制度变迁可以有效地降低交易费用，即降低现实世界上信息不对称、存在外部性与机会主义条件下的不确定性，从而降低交易成本，提高效益，促进农村城市化发展。二是制度变迁可以为各类市场主体提供激励机制，从而激励人们参与交易活动，进行生产和技术创新，使农村城市化过程中人们的主观能动性得到有效发挥。三是制度变迁可以为有效地合作创造条件，提供保证。

## 三、中国农村城市化的三种倾向[①]

### （一）乡镇企业的全面萎缩

在"七五""八五"期间，乡镇企业产值以年均 30% 以上的速度增长，但现在却出现了负增长，这意味着乡镇企业已经失去了吸纳农村劳动力的能力。这种情况的出现，是与乡镇企业原来的经营机制局限性、产业组织结构和经济发展阶段有关，原有乡镇企业的制度安排存在内在缺陷。

### （二）小城镇发展动力衰退

在 1978—1999 年间，全国城镇新增人口 2.1 亿，其中小城镇吸纳了 1.4 亿，占城镇新增人口的 60%。小城镇曾为吸纳农村劳动力的转移起到了极大的作用，但现在的情况大不相同。目前，我国农村每年新增劳动力 1000 万～1200 万，许多小城镇不仅没有能力容纳这些新增的劳动力，而且原来已吸纳的劳动力也因小城镇就业岗位的不足而纷纷另找出路。

### （三）人口迁移向大城市、特大城市过度集中

这是一种非常危险的倾向。由于乡镇企业发展的萎缩，不能提供就业岗位，带来了小城镇发展的动力衰退，使得农村劳动力的转移过分向大城市、特大城市过度集中，原有的梯次选择、有序移民的机制将不存在。这样一来，就极易萌发城市病。不研究这些倾向性的问题，城镇化的健康发展、大中小城市的协调发展就很难实现。

## 四、农村城市化过程中的难题讨论

### （一）城中村问题——城乡二元结构矛盾在城市发展和建设中的集中反映

"城中村"是在城市市区的带有农村性质的社区，是在我国特有的土地所有制背景下，在快速推进城市化进程中出现的一种新的社会问题。由于这些被包围的"城中村"在户籍、土地权属、行政管理体制等方面仍保持着农村的旧

---

① 《集群结构与我国城镇化的协调发展》，仇保兴，城市规划，2003 年第 27 卷第 6 期。

模式，这就引发了诸如城市消防、水、电、下水管道、卫生、治安等方面的新矛盾、新问题，并进而影响了城市综合竞争力的提升、城市功能的发挥和城市现代化的推进。

1."城中村"的特征

"城中村"与一般意义上的村庄比较有以下特征：

（1）从地理位置看，"城中村"一般是地处城市之中和在城市周边的地区分布，包括城市郊区的部分村庄。

（2）从经济结构看，"城中村"都是以非农产业为主要经济支柱，不仅有较大规模的第二产业，而且有比较完善的第三产业。

（3）从管理体制看，"城中村"虽地处城市，但仍是农村的管理体制，与城市体制相互制约，形成"城"与"村"的掺杂与混淆，由于管理关系不清，责任不明，是城乡管理的"顽症"。

（4）从文化观念看，"城中村"，由于受城市文化观念的影响，文化、教育、科技和文明程度较一般意义上的村庄高，思想比较开放，接受新事物较快，人们的法制观念、时间观念、效率观念和现代化观念较强，但较城市而言又受农村传统的乡土观念、宗族观念、血缘观念的影响较大。

（5）从生活方式看，"城中村"由于受城市的影响，人们的生活节奏明显加快，人们交往的范围日益广泛，人们的行为主要受法律和行政法规的制约，家庭规模小于一般意义上的村庄，却大于城市，人们的闲暇生活呈多样化，已逐渐由家庭走向社会。

（6）从建筑设施看，"城中村"村民住宅的占地面积和建筑面积一般都大于城市，而建筑质量、装修水平、生活设施和完善程度却往往低于城市，高于一般意义上的村庄。

（7）从人口结构看，"城中村"虽"身"在城市，却几乎都是农村户口，最显著的特点它是外来人口的聚集地，外来人口以民工为主，个体经营户为辅，由于"城中村"失去耕地，出租房屋已成为"城中村"的一项重要产业，管理难度大，脏、乱、差、黄、赌、毒现象比较严重。

（8）从社会功能看，"城中村"较城市仍拥有土地优势，通过自建、联办形式建立了许多农副产品、建筑材料、钢材、汽车、文化、娱乐、商贸副食、家庭装饰，甚至电脑等各类大中型市场和商品聚散地，具有联结"城"与"村"经济、文化、科技等功能。

根据"城中村"的主要特征，可分为以下几种类型：

表 7-4  城中村的主要类型[①]

| 类　型 | A 类 | B 类 | C 类 |
|---|---|---|---|
| 区　位 | 被城市建设所包围 | 城市边缘 | 城市规划区域（远郊） |
| 农用地 | 无或很少 | 占部分 | 绝大部分 |
| 居民从事产业 | 以第二、三产业为主，土地资产为其主要收入来源 | 以第一产业经济类为主，兼业化严重 | 基本为第一产业 |
| 基础设施 | 比较完备 | 城市部分基础设施延伸至此，自身建设落后 | 落后 |
| 人口及素质 | 非农人口比重大，人户分离，流动人口占绝大多数，农民素质较高 | 农业人口为主，存在部分流动人口，农民受城市文明冲击较大 | 基本为农业人口，城市文明普及对当地农民影响较弱 |

2. "城中村"存在的主要问题

（1）建设无章可循。"城中村"由于历史的原因，村里并没有统一的建设规划，因而导致村民在自己的宅基地建设的各种建筑物高低不一，杂乱无章，尤其是土地实行联产承包责任制后，不但村民，而且村委会为了扩大经营范围，充分利用逐步进入城区、甚至中心城区的优势，办企业、盖商厦、搞出租、建市场，由于缺乏统一规划，违法用土和违法建设屡禁不止，随意搭建成风。

（2）环境卫生恶劣，人员居住混杂。"城中村"虽然地处城市，但沿袭了长期的生活习俗，加上各种管理的弱化，脏、乱、差现象十分严重。由于"城中村"村民的住房大部分用来出租从而获取利益，而对居住人员的要求没有限制，只要付款就可以居住。这种情况必然给"城中村"带来大量的社会、经济、治安等问题。

（3）土地资源浪费严重。由于"城中村"主要是低层次的物业经济，土地

---

① 刘红萍，杨钢桥：农村城市化中的城中村形成机制与思考，《农业现代化研究》，第 25 卷第 4 期。

和资源产出效益都不高，破坏了城市土地利用的整体性，造成了城市土地资源的严重浪费。这样的发展方式是和我们所提倡的城市循环经济发展方针所背道而驰的。

3. "城中村"的形成机制

（1）城乡二元土地政策。土地制度的二元性是城中村形成的重要因素。在城市规划区范围内，由于政府财力有限，无法进行土地统一收购储备，从而形成国有土地所有权和集体土地所有权并存的土地二元结构。随着城市化进程的推进，出于对社会成本和经济成本的考虑，城市开发往往绕开村落而征用农用地。村落逐渐地被城市所包围，就形成了所谓的"城中村"。

当城市发展到一定程度，城中村周边的基础设施逐步完善，又带动了城中村土地的升值。优越的区位和城市对住房需求的日益增加，促使文化技术水平不高的农民把出租房屋作为最重要的收入来源，以地生财。

农村与城市土地制度并轨是促进城市化大发展的重要的一步，即农村土地像城市土地一样，使用权可以自由买卖和租赁。做到这一步，就可打破政府现行的离土不离乡的政策，农民就可以从土地的束缚中解放出来，大大地带动城市化的进程。

（2）城市行政区划管理体制的不健全。新中国成立以来，为适应国家以大城市领导中小城市的政策方针，中国建制城市的设置模式先后经历了"切块设市""整县改市""市管县市"的体制的变化。城市行政区划管理体制的变动逐步增强了大城市的中心地位，但这种设市模式的改革仅停留于区域行政管理体制，而忽视了大城市自身发展的行政管理障碍，形成大城市与其周边行政管理的冲突、摩擦与漏洞。由于行政管理体制不能跟上行政区划的变化。使得大城市周边县市无法随城市化进程的推进而与大城市相互融和，于是形成各自为政的局面，最终导致大城市无法对"城中村"进行有效管理。

（3）村落共同的利益内聚对"城中村"的促成作用。改革开放以来的二十多年，"城中村"所在的社区一般都是城市集贸市场的先发地，"城中村"在这种快速先行的非农化中积聚了厚实的集体财富，而集体财富的使用、分配与增值，又不断强化着村民对村落共同的依赖与向心力。

首先，以村籍为边界的高收入、高福利强化了村民的内在认同，并突出了村落共同体成员与城市融洽的距离。"城中村"凭借各种优越条件，享受着远远高于外界的收益与福利。因此，村籍的身份不次于传统意义上市民身份的内涵，还是一种优越于周围市民的象征。对比之下，现在进行"城中村"改造所给予的种种优惠政策就显得苍白无力，失去了对居民的吸引力，使得"城中村"居民普遍排斥。

其次，具有以强大利益内聚为基础的"城中村"村落共同体，在与外界的利益斗争中，往往能求得自身的权益与主动，因此也巩固了以"城中村"为中心的团体认同感。"城中村"的一个核心问题是土地使用问题，面对"城中村"中土地的不断升值，村落为了维护自己所拥有的唯一"资产"——土地，对政府的征地行为普遍采取了抵制态度。这使得一些"城中村"的改造进展缓慢，见效甚微。

4. "城中村"改造的对策探讨

（1）利益兼顾，保障村民利益。"城中村"改造中，处理好各方利益尤其是村民的利益，解决好农民变市民、村委会变居委会过程中所涉及的剩余土地和集体财产的处置问题，解决好村里拆房建房、就业养老、社会保障等一系列问题，以维护人民利益为出发点，进而实现城市化发展中良好的经济效益和社会效益。充分发挥各级政府职能部门的作用，各级政府职能部门应积极配合，相互协调，发挥各自的职能效用。在符合"城中村"改造补偿政策和标准的前提下，改造后原村民依法取得的房屋按照城镇房地产权属进行登记和管理。

（2）政府主导，启动市场机制。"城中村"改造项目要巧用市场之手，通过"定原则、定规划、给政策"，引入市场竞争机制，吸引房地产商投资"城中村"改造。在政府方面，通过对房地产商在改造中的监管，实行房地产商准入制，从而实现政府的主导作用，保证开发的成功。给房地产开发商一定的优惠政策，从而激发开发商的积极性。对于参与城中村改建的开发商，通过"公开、公平、公正"的方式进行公开投标，吸引外地开发商，尤其是实力雄厚、信誉良好的开发商参与"城中村"改建项目的招投标，对其资金实力、改建规划方案、拆迁安置方案及商业信誉等方面进行量化评估。

（3）建立完善的社会保障体系。对低收入者、失业者、退休人员做好安置补贴，让他们没有后顾之忧。加强宣传，使其理解改造工作的难处，以维护人民群众根本利益为出发点和落脚点，积极主动地向被拆迁群众做好政策法规的宣传解释和深入细致的思想工作。

（4）完善相应政策法规，做到有法可依，有法必依。要按照《立法法》的规定，修改、制订和完善各地方的配套法规和实施细则，特别是新《城市房屋拆迁管理条例》中，授权地方做出具体规定的内容。认真贯彻执行国家拆迁法规，严格依法办事，着力规范拆迁行为。严格实行房屋拆迁许可制度，严格审核拆迁主体的合法性。加强对拆迁补偿安置资金的监督管理和安置房的质量管理，认真做好拆迁纠纷的调解处理等，坚持依法行政，强化拆迁管理。

（5）在治理改造"城中村"过程中，不论任何项目，都要注意生态平衡，再不能走先污染后治理的老路，要使"城中村"的建筑规划与自然融为一体，使"城中村"的建筑环境、人文环境、商业环境、艺术环境与自然环境全面整合。

（6）要保护好历史文物和旅游资源，这是一座城市历史文脉和特色所在，不但有深远的历史意义和社会效益，而且还能取得一定的经济效益。在"城中村"的规划建设中要按照保护与开发、社会与经济相结合的原则，使历史文物和旅游资源源远流长，福及后代。

## 专栏 7-2　郑州"城中村"改造规定的四大亮点[①]

2003 年 10 月 8 日，郑州市政府出台了《郑州市城中村改造规定（试行）》。根据《规定》，城中村改造后，村民自治管理体制将转变为城市居民自治管理体制，集体土地将依法全部转为国有土地，村民也将由农业户口转为居民户口。而与国内其他地方"城中村"改造相比，郑州的"城中村"改造规定更凸显四大亮点。

### 一、集体资产股份化更具操作性

根据《规定》，"城中村"村民委员会、村民小组撤销的同时，分别组建股份制企业。集体资产股份化后转为股份制企业资产，由集体法人股东和个人股东持股，集体法人股原则上不低于 40%。集体资产转为股份制企业资产的个人持股部分，实行从一个时点开始，"生不增、死不减、进不增、出不减"的原则，按应参与分配的农业人口一次性配置股份，并允许个人持有的股份转让、继承和赠予。同时规定，原农村集体经济组织净资产中的闲置货币资金，应首先用于为原集体经济组织成员办理社会保险；剩余部分可量化到个人，转为股份制企业资产，也可直接分配到人。个人股的收益归个人所有；集体股的收益除用于扩大再生产外，主要用于为未就业的原村民办理社会保险和其他集体福利事业。

---

① 《郑州"城中村"改造规定的四大亮点》，领导决策信息，2003。

## 二、设定政策界限，拆除违法私房

以 2000 年 8 月 9 日郑州市政府发布的《郑州市人民政府关于加强三环以内集体土地管理工作的紧急通知》为政策界限，2000 年 8 月 9 日以后产生的未经规划、建设等部门批准建设的违法私房和违法建筑，按照违法建设处理，拆迁时不予安置补偿。2000 年 8 月 9 日前原集体经济组织成员在其合法宅基地上建设的住宅，符合城中村改造规划，未超过基准建筑面积（一户多宅的合并计算）的，在城中村改造完成后，予以核发房屋所有权证；超过基准建筑面积的，超出部分补缴土地使用权出让金及有关税费后，可办理房屋所有权证。

## 三、改造运作市场化，并辅以政策扶持

按照《规定》，城中村改造采取市场运作方式进行，以转制后组建的股份制企业自行改造为主，也可与投资商联合改造或通过招标选定投资商独立改造，改造所需资金主要靠企业自筹、村民集资、抵押贷款等多渠道筹集。同时规定，按照规划改造城中村的，可以享受市政府规定的相关优惠政策。

## 四、妥善解决转制后村民的生活与安置

根据《规定》，村民住宅基准建筑面积为每户 228 平方米。城中村改造拆迁住宅时，被拆迁人选择产权调换的，以基准建筑面积为标准来确定调换面积。被拆迁人选择货币补偿的，未超基准建筑面积的部分按市场价格补偿；超过基准建筑面积的部分，予以适当补偿。同时规定，允许城中村在原村民住宅建设改造完成后，建设专门用于出租的房屋。而且，城中村改造中建设用于安置原村民的住宅用房，按建设经济适用房享受优惠政策。

## （二）农民工问题

农民工是指中国改革开放以来新出现的、现阶段大量存在的、户籍在农村、工作在非农产业的劳动者。农民工是在农村城市化和现有大中小城市快速发展的背景下出现的特殊群体。当前的社会经济发展，使农民工已经成为整个社会弱势群体的组成部分。他们处于城市和农村的边缘状态，生活状况令人担忧。由于进城务工的农民工数量庞大，怎样看待和解决农民工问题便成为当前中国城市化进程中的敏感问题。当前的农民工问题主要集中在对农民工权益保障问题上，另外近两年在沿海地区出现的"民工荒"问题也是值得我们注意和思考的。

1. 我国城市农民工权益保障问题

根据全国总工会最新调查显示，2003 年全国农村劳动力外出就业的人数为 9820 万，并以每年 500 万的数字增加。目前农民工合法权益受到侵害突出反映在四个方面：一是劳动报酬得不到保证，随意拖欠、克扣农民工工资状况严重；二是企业用工管理不规范，相当多的企业不按《劳动法》规定与农民工签订劳动合同；三是生产生活条件恶劣；四是农民工的基本人身权利得不到保障。农民工合法权益遭受侵害的原因有以下几点：

（1）体制上的原因。我国计划经济时代形成的城乡二元社会结构是农民工社会保障权缺失的根本原因。由于城乡二元社会结构使城乡严重分离，"农民"二字便长期被作为一种身份标记，成为身份卑微、社会地位低下的代名词，农民及农民工也就当然地成了城里人眼中的"二等公民"。

（2）立法上的原因。我国《社会保险费征缴暂行条例》规定养老、失业保险费的征缴范围为：国有企业、城镇集体企业、外商投资企业、城镇私营企业和其他城镇企业及其职工。据此，用人单位只为本部门的"城镇职工"缴费是不算为过的。因为这是有"法"可依的。但我们也应注意到，我国《宪法》第 45 条明文规定：中华人民共和国公民在年老、疾病或者丧失劳动能力的情况下，有从国家和社会获得物资帮助的权利。国家发展为公民享有这些权利所需要的社会保险、社会救济和医疗卫生事业。因此，社会保障权，应是全体公民的社会保障权，而不应成为少数"市民"的专利。

（3）思想观念上的原因。现在有三种观点是值得我们注意的：

第一种观点认为：政府承担城镇居民特别是下岗职工社会保障的负担已经是异常沉重了，因而对农民工的社会保障已无力承担。第二种观点认为：农民工虽然从事工人职业，但他们仍是农民，还有土地，如果他们在城市里无法生活，还可以回农村去。因此，完全不必将他们纳入城镇社会保障体系。第三种观点认为：中国政府以往并未承诺过解决农民的社会保障问题，农民工仍然是农民身份，因而同样可以不考虑。这三种观点的共同之处就是试图证明政府可以不必负担对农民工的保障问题，而这显然是和我们提倡的城乡协调发展背道而驰的。社会保障制度的确立是要确保每一个国民在社会经济发展进程中均能够享受到社会基本权益的必要举措，让社会保障制度为某一部分人服务是不可取的。

面对农民工合法权益受到侵害的现状，我们可以从以下几个方面着手来解决问题：

第一，依法严格监督用工单位为受雇农民工提供相应的社会保障。应按照《劳动法》的规定，为受雇农民工支付一定的保障金、保险金，承担相应的社会责任。面对很多用工单位置国家法律于不顾，拒不执行相应法规的情况。各级劳动部门应经常检查监督雇主，对于违反《劳动法》的雇主或用人单位应依法严惩。

第二，劳务输入地的大城市应建立"公共劳动"形式的流动人口最低生存保障体制，使那些失业的、身无分文的、陷入绝境的城市农民工能够通过"公共劳动"暂时找到合法活路。

第三，劳动力大量流出地区的政府劳动部门，通过在一些大城市都建立为本地外来工服务的组织，来协助劳务输出，解决劳务纠纷。如果这些劳动服务组织能够建立一些救助渠道，为陷入困境的本地劳动力服务，那么既可以给外来劳动力提供保障，也可以为大城市分担一些社会责任。

### 专栏 7-3①  农民工带来的十大好处和十大问题

| 好　处 | 问　题 |
| --- | --- |
| 1. 有利于农村剩余劳动力的转移 | 1. 就业问题，工作岗位极不稳定 |
| 2. 有利于农民增收和三农问题的解决 | 2. 住房问题，居住条件恶劣 |
| 3. 有利于加快工业化的发展 | 3. 户籍问题，长期二元化的管理结构，造成对农村户籍人员实际上的歧视 |
| 4. 有利于推进城市化进程 | 4. 农民工子女教育问题 |
| 5. 有利于调整产业结构发展第三产业 | 5. 社会保障问题 |
| 6. 有利于土地生态的平衡 | 6. 管理问题，农民工具有兼业性、自发性、边缘性、流动性和失范性的特点，加大了城市管理难度 |
| 7. 有利于改善城市的人口结构 | 7. 社会文化差异问题 |
| 8. 有利于乡镇企业进一步的发展 | 8. 治安问题 |
| 9. 有利于破解我国长期存在的城乡二元结构问题 | 9. 土地问题 |
| 10. 有利于形成新的经济增长动力 | 10. 城市的规划和建设问题 |

---

① 《农民工带来的十大好处和十大问题》，唐海，商业文化，2004 年第 3 期。

2. 近两年出现的"民工荒"问题

2004 年初以来，我国福建、广东等地陆续出现了"民工荒"，不但福建、珠三角、长三角等发达地区，甚至在江西、湖南等一些内陆地区也出现了招不到农民工的"民工荒"现象，这是继我国近二十年"民工潮"之后首次出现的"反民工潮"。根据社会和经济发展的情况，导致民工荒的主要原因有以下几点：

（1）经济增长加快导致对农民工更大的需求。2004 年上半年我国国内生产总值增长 9.7%，比去年同期提高 0.9 个百分点；全社会固定资产投资 26082 亿元，同比增长 28.6%。经济的快速增长扩大了对劳动力的需求，也增加了劳动力市场对农民工的需求。根据农业部农村经济研究所提供的统计数据，2003 年 11 月底全国外出务工农民达到 9800 万人，并且这个数字一直以 5% 的增幅稳步增长。劳动和社会保障部对北京、天津、深圳等使用农民工较多的 26 个城市 2600 多家企业展开调查，结果显示"2004 年企业雇用的农民人数比 2003 年增加 13%"。劳动力增加 5%，而用工需求增加 13%，劳动力缺口约 800 万人。

（2）工资水平低，合法权益得不到保障。近 10 年来，农民工的工资水平并没有随 GDP 持续快速地增长。改革开放以来，我国国民生产总值翻了 2 番多，人均 GDP 由 1979 年的 181 美元增加到 2003 年的 1100 美元，增长了 5 倍多。虽然农民工的绝对收入正在逐步提升，但是如果置于我国快速发展的大环境下观察，就可看出农民工工资水平和合法权益的保障措施并没有得到相应的提升和改善。在珠三角等地，月平均工资（含加班费）700 以下的招工已经几乎无人问津。

（3）产业结构升级造成技术性"民工荒"。我国正处于工业化中期，产业结构升级步伐较快，企业需要更多的专业技能较高的工人。而由于我国的职业教育、职业培训体系不健全，农民工自身可支付的学习资金有限，限制了绝大多数农民工成为高级技术工人，许多企业因此招聘不到技术熟练的农民工。从一定程度上讲，"民工荒"是由于缺乏教育和培训，形成民工群体的"教育荒"所导致的。

（4）务农的比较效益的提升吸引农民留在本地务农。2004 年国家通过粮食直补、减免农业税、取消农业特产税、安排更多农村基本建设项目等措施加大了对农业和农村的投入，加上粮价大幅度上涨，农民收入增长势头良好。农业比较利益的提高让一些原本打算外出务工的农民选择留在家乡种地，这也减少了涌向城市农民工的数量。

（5）中西部地区发展提速、工作机会增加，分流了一些农民工。近几年来，国家实施了东北老工业基地振兴和西部大开发战略，最近国家又开始了中部崛起的步伐，这促使了中西部地区和东北地区经济的发展，吸收了大量的本地农民工，这也相应减少了对长三角、珠三角等发达地区的农民工供给。

面对以上的种种原因，要想真正解决"民工荒"问题，必须由市场、企业、政府来共同努力。

从市场的角度来说，"民工荒"是经济增长方式由粗放型向集约型转变的信号。应对"民工荒"根本出路一是要提高资源供给能力，二是必须转变经济增长方式，由粗放型向集约型转变，由主要依靠资源数量投入向依靠资源使用质量转变。

从企业的角度来说，应提高对人力资源供求的预测意识，注重从通过改善企业劳资关系，改善工作环境，提高劳动生产率，并随着企业效益的提高而改善民工的待遇。

从政府的角度来说，要解决拖欠农民工工资的问题，可以采取以下措施[①]：第一，要完善相关的法律法规体系，从法律法规体系上来遏制源头的拖欠问题。第二，应建立建筑市场的信用体系，通过建立一个信用体系的网络，把违规、不讲诚信的企业向社会公布。第三，加强对新建项目相关的审批和工程管理，对于拖欠严重的地区、拖欠严重的企业，要规范其行为，停止其上新项目。

**本章参考文献：**

1. 唐闪光，我国城市化道路应考虑四大因素，《经济论坛》2004（21）

2. 王开良，增加人力资本投资是促进农业剩余劳动力转移的根本途径，《经济师》2003（11）

3. 牛若峰，我国的"三农"问题：回顾与反思，《古今农业》2003（4）

4. 李成贵，我国的二元结构与"三农"困境，《古今农业》2003（4）

5. 阳俊雄，我国农村劳动力转移速度放慢，《中国国情国力》2004（5）

6. 农业部课题组，21世纪初期我国农村就业及剩余劳动力利用问题研究，《中国农村经济》

---

① 《中国民工荒产生的原因及其应对策略》，郭新华，伍再华，经济与管理，2005年1月，第19卷第一期。

2000 (5)

7. 陈剑光，发展乡镇企业，扩大农民就业，《经济日报》2000 年 12 月 11 日

8. 张忠法，金文，孙普希，寻找农村劳动力战略转移新途径，《中国经济时报》2000 年 12
   月 8 日

9. 温铁军，21 世纪的中国仍然是小农经济？《新西部》2001 (12)

10. 王瑞娟，农村剩余劳动力转移的难点和思路，《理论探索》2004 (1)

11. 吴亚军等，农村剩余劳动力转移困难的成因与对策分析，《农村经济》2004 (2)

12. 白凤峥，对建立农民工社会保障制度的认识，《生产力研究》No. 7. 2004

# 第八章　和谐城市——可持续城市发展的必由之路

在我国城市化发展的过程中出现了许多问题和不和谐音，如三农问题、下岗职工问题、拖欠农民工工资问题、教育乱收费问题、高昂的医药费问题、城市拆迁问题、低价征地问题等，这些问题在本书前面几章都有所论及。党的十六届三中全会以来提出了以建立和谐社会为主要目标的和谐发展观，力求在和谐中谋发展，在发展中求和谐，这是一种全新的以人为本的科学发展观。和谐城市是建立和谐社会的必然要求，是实现可持续城市发展的必由之路。

## 第一节　和谐城市与可持续城市发展

和谐城市是可持续城市发展的必然要求，城市的可持续发展是和谐城市的必要前提。只有城市和谐了，政通人和，环境优美，人民安居乐业，才能实现城市的可持续发展；同样，只有城市的可持续发展，实现代内公平和代际公平，才能达到和谐城市的要求。两者相辅相成，缺一不可。

### 一、和谐社会的提出与和谐发展观

党的十六届三中全会明确提出了"坚持以人为木，树立全面、协调、可持续的发展观，促进经济、社会和人的全面发展。"并且提出了"五个统筹、五个坚持"的要求，以更好地推进改革开放和现代化建设。在 2005 年"两会"上，更是提出了要构建以人为本的和谐社会。由此形成了一个崭新的科学发展观——和谐发展观。

注重社会和谐发展及其对执政党的要求历来是我们党执政的一个重要的指导思想和理念。但是在我们党的文件中正式提出和谐社会的概念以及正式提出提高党的构建和谐社会能力的任务，这还是第一次。和谐社会的提出在理论上是一个重大突破，在实践上体现了与时俱进的发展潮流。从 2002 年党的十六大提出全面建设小康社会战略目标，到 2003 年党的十六届三中全会提出科学发展观，再到构建和谐社会，这是一个对于经济社会发展逐步深入认识的过程，体现出越来越明显的以人为本的发展倾向。这表明，随着现代化事业的深入发展及其所带来的社会的深刻变化，社会的和谐发展愈益突出和重要，已经成为我国现阶段社会发展和党的建设所面临的一个重大而紧迫的课题。科学地揭示和谐社会的思想渊源和内涵，是其中的一个基本问题。

和谐由"和""谐"两字构成，这两个字各有多种含义。在"和"的多种意义中，与和谐有关的含义有五：其一，指对立诸要素相互作用下实现的中和、调和、和解、统一。《论语·子路》有言："君子和而不同，小人同而不和。"《国语·郑语》曰："去和而取同。夫和实生物，同则不继。以他平他谓之和，故能丰长而物归之；若以同裨同，尽乃弃矣。"其二，指结束战争和争执。其三，指协调、谐和。《广雅·释诂三》："和，谐也。"其四，指适中，恰到好处。《广韵·戈韵》曰："和，不坚不柔也。"其五，指和顺、平和。《广韵·戈韵》曰："和，顺也。"其六，指和睦、融洽。在"谐"的诸多含义中，与和谐有关的含义有二：其一，指调和。《书·舜典》："八音克谐，无相夺伦。"其二，指合。《书·尧典》："克谐以孝。"[①] 和与谐合用表达了人们期盼匀称、对称、适当、适中和协调的心情。

和谐的社会状态是人类古已有之的一种大同社会的理想。在我国古代文化和哲学思想中，就不乏有关和谐的观念和对和谐社会状态的憧憬。《易传》所谓的"保合太和"，孔子所言的"致中和"，道家主张的"合异以为同"，《春秋繁露》所载的"天人之际，合而为一"，以及张载所径直表述的"天人合一"，如此等等，表明和谐观念向来就是中华民族精神的重要组成部分。

但这只是古人追求的一种传统意义上的和谐社会，显然，我们所追求的是一种现代的和谐社会，而不是传统的和谐社会。弄清这种区分很有必要。现代的和谐社会和传统的和谐社会至少有两个重要的区别。一个重要的区别是，传统的和谐社会往往是以牺牲个体人的利益来换取社会和谐的局面。另一个重要

---

① 辞书编辑委员会：《辞海》，上海辞书出版社，1985，第 397 页。转引自刘长明：发展的革命——从可持续发展到和谐发展，《济南大学学报》，2002 年第 12 卷第 1 期。

的区别是，传统的和谐社会是建立在少数社会群体和少数人剥夺大多数社会群体和大多数人的基础之上的。从公正的角度看，传统的和谐社会缺乏公平和正义；从外观上看，传统的和谐社会呈金字塔型；从社会管理的角度看，传统的和谐社会的维系只能靠强行的军事控制和行政控制来进行。所以，这样的和谐社会不可能是可持续的。现代的和谐社会是建立在富裕群体的利益增进同弱势群体生活处境改善两者之间同步化的基础之上的，是建立在公平和正义基础之上的，因而是具有可持续发展性的。①

可见，和谐是事物发展的协调性、一致性、平衡性和合乎规律性的状态。社会是一个有机体，它包括经济系统、政治系统、社会生活系统和思想文化系统。从社会运行的角度讲，和谐就是社会各系统之间以及各系统内部多层次子系统之间的协调性、平衡性和合乎"自然历史过程"的一种状态，和谐发展就是这一状态的综合体现。所以，建设社会主义和谐社会，在方法论和哲学层次上必须是科学发展观，所选择的发展模式必须是和谐发展。科学发展观蕴涵着和谐发展的理念和要求，和谐发展是科学发展观的必然要求。

## 二、城市和谐是现代城市可持续发展的内在要求

### （一）和谐城市的内涵

和谐社会强调以人为本，和谐发展，从一个城市的区域范围看，城市的和谐发展、协同进步同样也需遵循以人为本的基本准则。从广义的社会角度出发，如果将全部区域分为城市和乡村两部分，则和谐社会可以看作是和谐城市、和谐乡村以及和谐的城乡关系这三部分组成的共同体。发展主要是经济的发展，而城市是现代经济的核心，是人口、资源、产业高密度的聚集地区，随着城市社会的到来，城市的和谐发展将是和谐发展的重点，是解决一切社会矛盾的主要方面，也是构建和谐社会的关键环节。虽然说和谐城市和和谐社会在概念上有所不同，在范围上有所区别，在内容上也各有所侧重，但它们在本质含义上是一致的，即强调以人为本、和谐发展。

和谐社会、和谐城市体现以人为本的理念，具有丰富内涵。在一定意义上，可以把它归结为下述四个方面的和谐：

第一，是社会系统内部诸种基本社会关系、社会结构和要素之间关系的和

---

① 吴忠民："和谐社会"释义，《前线》，2005（1）。

谐。具体地说，首先是经济关系、政治关系和思想关系之间的和谐，生产关系适应生产力，政治和观念的上层建筑适应经济基础的发展要求和需要。表现在实践方面，也就是我们通常强调的，全社会的经济、政治和思想的协调发展，物质文明、政治文明和精神文明的共同进步。另外，还有各地区之间、各行业之间等关系的和谐，也属于社会系统内部诸种要素之间和谐的范畴。而且，在当前，我国这方面的社会矛盾和问题也是比较突出的。

第二，是人与人之间关系或人际关系的和谐。这既包括个人与个人之间、群体与群体之间的关系，也包括个人与群体之间的关系。人与人之间的关系，本质上是一种利益的关系。所以，对于执政党来说，妥善协调和正确处理人们之间的各种利益关系，是实现人与人之间关系和谐的关键。

第三，是人与社会之间关系的和谐。就人与社会两者的关系而言，归根到底，人是社会的主体。各种社会关系是人在其社会实践过程中发生和建立起来的。但是，社会关系一旦被建立起来并被固定化、制度化，就会规范和影响人的存在。因此，人的发展与社会的发展总是相互作用、相互制约的。而人和社会的和谐发展也就成为人们追求的理想和目标。

第四，人与自然之间关系的和谐。人所处的周围的自然作为人类生存的必备前提和条件实际上已经通过人的实践活动内化为社会的一部分，成为"人的无机的身体"。而且，随着历史的发展，人与自然的关系也必将愈益趋向融合和统一。因此，和谐社会理应包括人与自然的和谐关系在内。[①]

## （二）城市和谐是现代城市可持续发展的内在动力

文明的起源和进步是与人类的实践活动，包括对自然界和社会改造的实践活动相联系的。物质文明的进步使科学技术水平不断提高，它把人类带向更加远离自然状态的人造世界；精神文明的进步使社会行为理性化程度不断提高，它把人类引向越来越崇高的思想境界。制度文明作为联系物质文明和精神文明的中介，充分发挥了其整合作用和协调功能，使两个文明实现了比较协调的发展。物质文明和精神文明这两个车轮的协调发展，必然推动城市文明历史不断地从矛盾走向和谐。

传统的工业文明发展为新的生态文明，使人与自然的关系纳入道德的领域，人类对自然自觉地承担道德责任；经济增长作为促进城市和谐的一

---

① 侯才："和谐社会"具有深厚的文化底蕴和丰富的内涵，《科学社会主义》，2004（5）。

种手段，服务于人的生存和全面发展。1994 年 9 月召开的世界人口与发展大会明确指出："可持续发展问题的中心是人"。中国政府发布的《中国21 世纪议程》白皮书指出："可持续发展以人为本。"城市的和谐使每一位城市居民成为社会发展的中心，既关注和追求自身的生存和发展权利，同时也尊重其他成员生存和发展的权利的关系。我们无法设想，在一个贫富悬殊、两极分化、管理不良、背信弃义、充满矛盾的世界中，会有城市的和谐发展。①

城市的和谐发展促进更加宽广的公平环境、诚信环境和管理环境。使得建设这样的公平环境，成为城市和谐发展的目标、城市和谐发展的条件，也是城市居民的需要；使得新的公平观念与良好有序的管理把道德和责任关系从可直接接触和交往的人群推广到不直接交往的所有城市居民；和谐的城市环境，不仅能使资源得到公平合理的分配和利用，而且能使城市的各项社会资源的效益最大化，推动城市文明的继续和发展。城市社会的和谐发展，必然促进人与自然的和谐，城市的和谐发展，必然促进作为个体的自然人与社会群体的和谐，使人的素质不断提高，人与人的关系不断改善。

## 三、建立可持续发展的和谐城市

和谐社会必然是可持续发展的社会，和谐城市也必然是可持续发展的城市。可持续发展的基本精神是在人与人、人与社会、人与自然关系不断优化的过程中，追求"天人合一"，谋求一种人类社会与自然环境和谐共生、持续发展的良性循环关系状态。和谐社会、和谐城市建设要把经济效益、社会效益和生态效益有机统一起来，保护环境也是硬道理，不仅当代人要发展，也要为人类社会的持续生存和发展创造条件。这正是科学发展观所确认的发展在时间范围所应具备的运行状态。科学发展观与传统发展观相比，最根本的就是综合协调人与自然的关系、人与人的关系。和谐社会是全体人民各尽所能、各得其所而又和谐相处的社会，即社会成员的自由而全面的发展。科学发展观坚持以人为本，把提高人的生活质量和促进人的全面发展作为核心价值目标。这样建设社会主义和谐社会、和谐城市就要求把人民的利益作为一切工作的出发点和落脚点，在经济发展的基础上，不断提高社会成员的物质文化生活水平和健康水平，让社会成员能够共享改革发展的成果；要保护和发展人权，使公民的权利

① 周军：试论城市发展中社会和谐的制约与促进，http://www.yfzs.gov.cn。

得到充分尊重，个人自由得到充分发挥；要不断提高人们的思想道德素质和科学文化素质，特别是人文素质；要造成人们平等发展的思想环境和社会环境。这些既是人的全面发展的主要目标，也是和谐社会、和谐城市的根本要求。和谐发展观是一种科学发展观，它不仅明确了中国社会在发展空间和时间上的关系状态，即怎样发展的问题，而且坚持以人为本，将实现人的全面自由发展作为自己的价值追求，实际上解决了为什么发展的问题，是我们建设社会主义和谐社会必须长期坚持的指导思想。①

---

## 专栏 8-1　2004 年十大协调发展城市

在中国，城市之间的竞争其实早已开始，在 20 世纪 80 年代，这种城市之间的竞争更多地体现在城市人口、城市面积、工农业总产值等城市规模的指标之上。到了 20 世纪 90 年代，城市的竞赛更多地用城市综合实力来体现，当时每年公布一次的中国城市综合实力 50 强排名曾引起巨大轰动，随后成为各城市标榜其投资环境的重要因素之一。进入 21 世纪，在经济全球化的背景下，城市综合实力及国际化被赋予了更多内涵的城市竞争力所代替。城市之间的竞争，上升到在和谐环境的基础上城市社会经济和谐发展的角力。

**杭州**

2004 年，杭州经济的协调发展不容忽视，在劳动力素质、经营成本、市场规模、市场潜力、私营活力等方面，杭州都显示出了其在吸引民营资本方面的魅力。而且在杭州为自己制订的"十大工程"中，不仅有市政改造工程、轨道交通工程，更有要把运河杭州段建成生态河、景观河的工程，以及"保护第一，环境优先"的良渚遗址管理区工程。杭州在处理经济和环境的协调发展目标已跃然纸上。一个新型商业城市的变化和崛起大戏，正在上演。

**成都**

2004 年，曾以"生活魅力"荣登"中国第四城"的成都市领导们的心情应该不错，因为成都是台商"极力推荐"的城市。吸引投资商的是这几年成都极力打造的"规范化服务型政府"，这个定位让成都的投资软环境锦上添花，80 多家"全球 500 强企业"落户成都，可以看出成都颇受海外投资者的青睐，更有人将其看成"一座来了就不想离开的城市"。

---

① 张永光，李建权：浅论和谐社会的建设，《理论探索》，2005（2）。

### 上海

在 2004 年上海人的经济生活中，宏观调控、科学发展观是市民耳熟能详的，但一组新名词的出现让大上海经济协调发展做到了润物细无声：会展策划师、TFT－LCD，燃气轮机、海外并购……2004 年，上海贯彻落实中央宏观调控政策有保有压，在果断清理一批劣势产业的同时，力保一双让经济插上腾飞活力的"新翼"——现代服务业和先进制造业。那些新名词所奏出的音符，让上海的现代服务业迎来满园春色，让先进制造业为上海带来神清气爽的感觉，让下蛋的"洋蛋鸡"落户上海……更多地着眼于促进上海经济社会持续协调发展的计划、纲要正在紧锣密鼓地实施中。

### 重庆

2004 年，重庆跻身内地十大综合经济中心行列，其中综合经济、加工制造、金融、会展、人居等五大功能定位竞争力指数高居西部第一。因为重庆知道一个发达的城市必须是人文和经济的协调发展，必须是可持续性、规范和高效益的，所以重庆在 2004 年注意投资流向、注意投资结构、注意发展资本市场、注意地方经济的统筹……这些让 2004 年的重庆经济走在了西部各省市的前面。

### 苏州

2004 年苏州的"世界工厂"地位正在撼动着珠三角的东莞和深圳，吸引外资的全国第一位置也构成了对打工者的致命吸引。2003 年苏州的居民收入在江苏省排名第一，达到了 12362 元，2004 年苏州人的口袋会更鼓，因为大树底下好乘凉，苏州可以依托上海"好邻居"发展自己。

### 广州

小变—中变—大变的三级跳，让广州在 2004 年熠熠生辉，今年前三季度，广州经济增长 15.6%，是 9 年来同期的最高增速。其中工业的增速为 19.5%，城乡居民储蓄存款余额 4000 多亿元。在外商的眼里，广州城市发展战略规划大魄力，基础设施建设大手笔，政府服务更贴心，生活环境日益舒适。而广州申亚成功、新白云国际机场建成投入使用和广州港南沙作业区四个五万吨泊位码头、广州新火车站立项获国务院批准、创建环境保护模范城市等将为广州加快发展创造更加有利的条件。

### 厦门

昔日的海岛小城早已发展成为初具规模的现代化港口风景城市，也是改革开放的前沿和海峡两岸交流合作的重要基地。厦门在城市建设中重视统筹协调发展，厦门把一些工厂迁到岛外，加快岛外的建设与发展，就是为了岛内岛外的协调发展，不仅在经济上稳步发展，厦门还注重经济之外的协调发展。2004 年 10 月，厦门得到了"联合国人居奖"联合国人居署的评价是："厦门市让居民在健康的环境中拥有体面的家（住房）"。人居环境改善不仅能带动旅游业发展，更能吸引更多的优秀人才。

### 宁波

在 2004 年 9 月召开的全国再就业工作表彰大会上，宁波被劳动保障部列为全国最容易就业的城市之一。在这个到处喊"就业难，难于上青天"的时代里，宁波头顶着这样一个光环，无形中宁波的魅力指数会嗖嗖上蹿。宁波市各级部门为打造一个适合就业的环境，开展了被征地人员和农村劳动力技能培训工作，下岗人员自主创业专项贷款、举办帮困就业专场，开通帮困就业专线，开设帮困就业专窗，免费提供一站式服务……让这个城市温馨可人，让这座城市生机勃勃。

### 大连

2004 年是国家实施东北老工业基地振兴政策的第一年，位于辽东半岛的大连市在 2004 年成为辽宁最有钱的城市，1—10 月，全市规模以上工业完成总产值 1565.4 亿元，为辽宁之首，登录 2004 福布斯排行榜的 6 位辽宁富豪中，有 5 位来自大连。这得益于大连身为港口城市，又是东北最先开放的几个城市之一，接触的国内外企业更广泛一些，触及民营经济的时间也更早，因此它的民营企业发展颇为迅速。

### 东莞

东莞市在 2004 年称自己是"IT 大市"，统计数据显示，东莞是全球最大的电脑设备生产基地，全市有 3300 多家企业从事电脑资讯产业，能配齐一台整机电脑的 95％以上的零件，全世界每 5 台电脑中就有 1 台是在东莞生产的。与此同时，东莞的电脑使用率和普及率均居全国前列。

资料来源：中国经济周刊，2005（1）。

## 第二节　构建和谐城市需要处理好的几个关系

党的十六届四中全会提出：要适应我国社会的深刻变化，把和谐社会建设摆在重要位置，之后各地城市纷纷提出要建立和谐城市，这里提出的和谐社会、和谐城市，不仅是重要的新概念，而且是社会主义现代化建设的重要目标，这既顺应了广大人民群众的民意，也适合当前我国经济社会发展的状况和要求，同时也是具体贯彻十六大精神、树立和落实科学发展观的重要步骤，具有十分重要的意义。构建社会主义和谐社会，将是一个比较长的历史历程，需要多方努力才能逐步实现。笔者认为在构建和谐城市的过程中，要正确处理好以下几个方面的关系。

## 一、人与人之间的关系

以人为本是可持续科学发展观的重要内容，重视人的发展也是和谐城市所要达到的首要目标。在可持续的城市化过程中，我们认为，正确处理人与人之间的关系，主要是解决好两类关系：

第一，城市居民与农民工之间的关系。随着工业化与城市化进程的推进，越来越多的农民离开土地到邻近城市或国内一些特大城市谋生。这些人没有取得城市户籍，依然以农民的身份存在，却在城市里长时间的工作、居留。在城市当中他们主要从事建筑、餐饮、商贸等行业，不拥有自己的住房。他们的收入有一少部分用于个人消费而绝大多数汇回家乡。这一系列的特征都反映了他们暂时停留的特点，虽然他们也直接或间接地为城市提供了服务与税收，然而在他们倾心奉献的城市，他们没有任何的保障，失业、疾病、流离失所时时困扰着他们，对于熟悉而又陌生的城市，他们没有丝毫的归属感。而对于城市居民，他们通常从事着所谓"白领"的职业，无论收入的多寡，他们多数享有医疗、失业、养老住房等一系列福利。而且，需要特别指出的是，城市居民的福利待遇不仅仅是他们自身所提供的税收所支持的，而很大一部分来自于农民工所提供的税收。于是在城市当中，形成了一种"劳"与"酬"的严重不对等现象，这其实是社会分配不公的一种隐性反映。另外，城市居民的优越感也无形的给农民工造成一定的心理压力，给社会造成很多不良影响。因而，更多地关注农民工这样的弱势群体，处理好城市居民于农民工之间的关系是城市和谐发展要关注的重要问题。

第二，本地人与外地人的关系。以上我们所说的城市居民与农民工之间的关系固然是本地人与外地人关系的一个侧面，而这里我们指的本地人主要是出生在一地并长期在该地生活的居民；外地人指虽然不出生在该地，但已经取得该地户口或不出生在该地却长期在该地生活、工作并具有另一城市的城市户籍。这里的外地人与农民工的主要区别在于，农民工无论从事何种职业但依然是农村户口，而外地人具有城市户籍。改革开放以来，我国东部地区一些城市和内陆一些经济发展较好的大城市，居民生活水平迅速提高，吸引了大量高层次的劳动力到那里工作生活。这些人拥有较高的学历和文化修养，拥有较强的工作能力，为城市发展付出了艰辛的劳动，做出了应有的贡献。但由于经济、社会、文化背景的不同，外地人往往觉得也只是城市过客，无法真正融入城市当中，特别是本地人由于本地经济的迅速崛起，内心存在巨大优越感，存在严重的排外心理。如上海商人之间习惯用地方话进行业务洽谈，外地人很难参与其中。这无形中增加了城市居民之间的矛盾，势必对城市进一步发展造成影响。另外，作为以社会主义公有制为基础的社会主义国家，由于生产资料公有的性质，人与人之间的关系也与资本主义国家存在本质区别。与资本主义国家的"人道主义"所不同的是，在我国的城市居民之间需要一种团结、友爱、互助的精神。市场经济讲求效率，城市生活节奏飞快，城市犯罪率居高不下，往往使人们放弃了正常的沟通和交往，邻里间视而不见、咫尺天涯。而人是社会的人，社会性是人的根本属性，人们需要相互间的沟通与理解，而在这样一种社会环境下，人们失去了大部分的社会属性，孤独感油然而生，进而缺少归属感与幸福感。这是与"以人为本"严重背离的。因而，在和谐城市中，友爱、互助的精神依然是需要提倡的。

## 二、人与自然的关系

党的十六届三中全会提出了以人为本、树立全面协调可持续的科学发展观。统筹人与自然和谐发展，走符合国情、可持续发展的现代化道路，是实现全面建设小康社会宏伟目标的必然选择。

人与自然关系反映的是人类文明与自然演化的相互作用。人类的生存发展依赖于自然，同时也影响着自然的结构、功能与演化过程。人与自然的关系体现在两个方面，一是人类对自然的影响与作用，包括从自然界索取资源与空间，享受生态系统提供的服务功能，向环境排放废弃物；二是自然对人类的影响与反作用，包括资源环境对人类生存发展的制约，自然灾害、环境污染与生态退化对人类的负面影响。

工业化的开始，也就标志着城市化的起步，在工业化于城市化相伴而行的过程中，在人与自然的关系方面，人类已处于主动地位。当城市社会经济发展违背自然规律、资源消耗超过自然承载能力、污染排放超过环境容量时，就将导致人与自然关系的失衡，造成人与自然的不和谐。因此，城市为了求得持续发展，不断提高自己的生活质量，必须充分认识自然规律。现代城市发展到今天，应该而且已有能力主动调整自身行为，实现人与自然的和谐发展。正如恩格斯所说："我们连同我们的肉、血和头脑都是属于自然界，存在于自然界的；我们对自然界的整个统治，是在于我们比其他一切动物强，能够认识和正确运用自然规律"。①

原始社会不存在城市的状态下，人与自然基本处于一种和谐状态，农业社会的生产力水平较原始社会有很大的提高，人口数量的增加，活动范围的不断拓展，城市逐步产生发展。但由于人类改造自然的能力尚不能对自然造成威胁，因而，城市发展与自然环境仍能保持基本和谐。然而到了工业社会，城市发展具有了一定规模，人与自然的关系就变得紧张而复杂了。特别是近50年来，城市发展与自然环境的紧张关系在全球范围内呈现扩大的态势，主要表现在三个方面。一是城市发展与自然环境相互作用模式比以往任何时候更加复杂多样，协调人与自然的关系更为困难。二是发达国家在城市实现工业化的过程中，走了一条只考虑当前需要而忽视后代利益、先污染后治理、先开发后保护的道路。三是通过市场化和经济全球化，发达国家的生产方式和消费模式在全球扩散；由于国家与区域间经济社会发展的不平衡，发展中国家往往难以摆脱以牺牲资源环境为代价换取经济增长的现实，面临资源被进一步掠夺、环境被进一步破坏的严峻局面。而城市正是整个经济运行的主要载体。如何协调城市发展与保护自然环境的关系于是成为城市和谐发展的又一主要问题。

## 三、人与环境的和谐

城市环境与城市居民的生活息息相关，和谐城市需要适宜的人居环境。这里的环境既包括自然环境，也包括社会环境。具体地说主要包括以下几个方面：

### （一）城市设计——突出特色求和谐

城市设计是指对城市内部的布局和整体环境所进行的设计。城市设计要突出地域特色，就必须在注重体现现代格调的同时，还要显示该城市的独特之处。在城市总体设计过程中，不仅要考虑布局合理性和实用性，还要体现出该地区的传统风格和地域特色。体现地域特色的基础是进行区域定位。我国地域

---

① 路甬祥，把握人与自然关系实质，深入探讨和谐发展规律，2004 年月。http://www.cas.cn/html/Dir/2004/03/04/2127.htm.

辽阔、历史悠久，不同地域受区域文化以及历史和地理环境的影响，形成了自己独特的区域特色，无论是国际都市、商贸城市，还是文化古都还是旅游城市，所有城市的建筑物、人文景观等构成要素，都应当具有节奏感，搭配合理、和谐统一、协调一致，从而在视觉上形成连续性流动性，在总体上突出区域特色，给人以浑然一体的和谐之感。

### （二）建筑物——讲究艺术求和谐

建筑应是实用、艺术、审美的统一体。令人遗憾的是我国最近几年新建的建筑在实用性、舒适性、便利性、安全性等方面已经有了较大的改进，但真正具有审美价值的建筑可谓凤毛麟角。许多城市新建的高楼大厦能给人以宏大、挺拔、气派的现代感，但同时很容易产生畏惧效应，缺乏中国古典建筑的亲切感和人情味。这主要是因为一些建筑师设计作品是，过分强调建筑功能等实用性因素，没有把建筑视为一种独特的艺术。国外许多艺术观念都以建筑为表达工具，建筑艺术理论研究和整个艺术理论研究是同步的。而我国建筑界对艺术理论缺乏探索，多数工程师只懂工程技术而不懂建筑艺术，因而设计出来的作品格调雷同、缺乏新意、毫无特色、很难让人产生美感。临街建筑造型新颖、标志显著、光彩照人，彼此之间界限分明，特点突出，才能给人留下美不胜收的深刻印象。因此，临街建筑要在形态、造型、色彩、装饰等方面各具特色，力求建筑节奏分明、千姿百态、变化之中又有统一。建筑设计人员应当通过建筑群体组织、建筑物的形体、平面布置、立面形式、结构造型、内外空间结合、装修与装饰、色彩与光影等方面的审美处理，把建筑物塑造成"凝固的音乐""立体的画"无形的诗"。

### （三）自然环境——追求变化求和谐

据调查，城市大气和水污染问题被市长和市民共同列为当今中国城市最为严重的问题。营造优美城市环境的前提条件是消除大气污染、水污染和噪音污染等公害。治理和保护生态环境的最终目的，就是要开辟和营造一个"碧水、蓝天、绿地"融为一体的多样统一的环境。随着社会的发展和生活水平的提高，市民对居住环境的要求越来越高，希望能在城市中营造远离污染接近自然的环境，从而在优美的自然环境中感到愉悦、惬意、舒畅以致陶醉。为了满足人们的这种需求，于是城市出现了大量"仿自然"环境，诸如广场或路边的假山、绿地、花坛和喷泉；贯穿市区的人工开辟的河流或湖泊；是一居民休息的林带或立体公园（如建筑物顶端的小公园等）。"仿自然"环境的营造应当遵循和谐的法则。草坪花坛的栽种和布局、喷泉及雕塑群的建造和设置、绿化林带的种植和修剪等，都应依照美的法则，应当在富有变化的基础上结成一个整体，达到协调一致。

### （四）人文景观——富有魅力求和谐

丰富的人文景观对于一个城市来说是一笔巨大的财富。因为人文景观不仅是一种独特的文化现象，同时还是一个城市是否有魅力的决定因素。北京、南京、西安、苏州、杭州等地之所以对中外游客有巨大的吸引力，主要是这些城市具有得天独厚的人文景观。实际上，每座城市都有一定的人文景观，关键是既要努力保护又要大力开发这些人文景观资源。近几年城市建设中常出现一种怪现象，一方面是具有悠久历史的人文景观屡屡遭到破坏，另一方面是建造仿古人文景观泛滥之势。这些仿古景观缺乏独特的个性，一般没有多少文化意蕴和审美价值，同时又破坏了城市总体布局的统一性。即使确实需要恢复或增设一些本地的人文景观，也应当突出当地特色，力求人文景观和周围环境的和谐统一。

### （五）交通环境——整齐之中求和谐

现代城市交通是立体交通，包括地下交通、地面交通、空中交通。所以美化环境应当从各个方面来考虑，并力求多样统一，相互协调，从而使交通作为不同地点的通道的同时，还可以起到向人们展示城市个性和风采的作用。治理和美化交通环境的重点是整修和美化街道。整修、美化街道应当遵循的法则是整齐划一。整齐划一是最单纯的形式美，在这种单纯的形式中不见明显的差异和对立因素。街道横平竖直，宽敞整齐，路旁树木遮阴、鲜花怒放、绿草如茵，这是城市街道美的基本要求。美化交通环境除了力求街道整齐以外还应从以下几个方面着手：首先，加强城市入口的美化。城市入口使人们进入城市看到的第一景观，应该给人留下美不胜收的第一印象。因此，车站、码头、机场及公路入口等处区域的美化，既要满足人们对其物质功能的需要又要满足人们对其审美功能的要求。这些地方是城市的窗口，最好再设置花坛草坪的同时在移植些遮阴的树木，树立行间添置装饰雕塑，将遮阴栽植的功能与装饰栽植的功能结合起来。其次，拆墙透绿增加绿色空间。目前，全国一些城市正在大打拆墙透绿仗，使单位美景人人共享，以消除视觉污染。如此这般，能够更好地突出栽植韵律，强化城市各个街道的园林景观，突出城市形象。再次，注意城市路名的美化。内市道路名称要具有城市人文景观走廊的作用，要有一定的审美价值和文化内涵。[①]

## 四、产业之间的关系

产业之间的和谐从大的方面说是城市一、二、三产业合理关系。西方发达国家城市工业的发展一般是建立在较高水平农业基础上的，农业为工业的发展，为工业化提供了大量的剩余劳动力、工业原料和广阔的市场空间。而现代工业的发展为农业发展提供了前进的设备和农民生活必需品。二者相互促进，共同发展。城市第三产业主要是服务业的发展为从事一、二产业的居民的生产、生活提供了大量的社会服务，同时也直接或间接地消费农业与工业品。这种三者相互联系，相互促进的状态是经济发展规律的必然结果和内在要求。然而在我国，工业化并不是建立在发达农业基础之上的，新中国成立以来，由于特殊的国际国内环境，我国不得不采取一种片面工业化的策略，优先发展工业，优先发展城市，但这是以牺牲农业利益为代价的。如果说片面工业化道路是新中国成立初期环境使然，那么改革开放后，有利的国际国内环境，多种所有制并存的所有制结构要求工业对农业的反哺，使农业能够在最短的时间里发展强大起来。然而，自 20 世纪 90 年代中期，"三农"问题提出以来，农村、农业、农民问题依然没有得到很好的解决。城市发展到一定阶段后，需要强大的服务业支持，然而由于历史上遗留下来的片面工业化思想，以及第三产业起步较晚，我国城市二、三产业仍然不能协调，基本表现为第三产业的滞后发展。因而，解决和谐城市的产业问题，首先要解决的就是一、二、三产业的和谐发展问题。

另外，城市主导产业与辅助产业的关系也是和谐城市所要解决的一个重要关系。我国城市普遍存在的一个问题就是主导产业不明确，城市与城市产业结构雷同，重复建设现象严重。城市的主导产业应该是建立在城市特色与比较优势基础之上的，缺少了比较优势的支撑，主导产业就起不到对经济发展的带动作用。有的城市虽然主导产业明确、突出，但由于辅助产业的发展跟不上，也会出现发展的瓶颈。如我国 2004 年东部许多城市工业发展态势良好，但由于能源电力的供给不足，不得不停产，造成巨大经济损失。

---

① 刘玉清，和谐——美化城市的最高境界。经济工作导刊，2005。

### 五、各种资本之间的关系

改革开放以来，我国实行的是以公有制为主体，多种所有制并存的所有制形式。特别是随着对外开放的深入，越来越多的外资进入国内城市，这些外来资本为我国经济发展注入了新的血液，为城市建设和城市经济发展提供了大量资金、先进的技术和管理方法。但这些外资在国内多享受税收等政策的优惠，即在国内享受了超国民待遇，形成了与国内企业的不平等竞争。随着我国经济发展，宏观形势向好，需要逐步取消外资在中国的超国民待遇，为各种企业发展创造公平的市场环境。另外，在东部，特别是珠三角一带，是港资、台资三来一补小企业的大本营，这些企业规模小、技术水平低，有一些污染严重，已经不适合我国城市经济的进一步发展。但毕竟这些港资、台资为我国城市经济发展做出过贡献，且在一定范围内还在发挥重要作用，处理好国内资本与这些外资的关系，也是和谐城市的重要一环。

"一个国家的资源要得到有效的配置，一定主要靠民间的力量、自由企业制度下的力量来推进它的发展。"[1] 一个城市的资源到底应向何方配置，如何配置资源才能最有效？这就不能不提到国企、民企与外资在一个城市中的地位和作用。任何一种组织形态，它是不是有效，只有通过市场竞争来检验。企业想要大发展，进行整合非常重要，那么谁来问题是谁来整合中国的企业呢？无非是国企、民企或外资。而过去二十几年改革证明，国有企业没办法承担这个任务。一些大的国有企业盈利水平看上去比较高，但这些企业能盈利的原因，在于它占有垄断资源，例如石油行业的国有企业并不支付资源成本，从外表来看是赚钱的，但是反过来说，如果我们在全世界公开拍卖石油勘探权，卖出的价格远远要高于石油公司上缴的利税，所以由于国有企业对资源的垄断，实际上是造成了国家财富的流失，而且是非常严重的损失。因而，国有企业应该从一些行业中退出，让位于民企或外资。外资虽然在一些城市经济中起到重要作用，但毕竟"肥水不流外人田"，培育真正的民族企业与民族品牌才是发展的根本所在。民营企业的发展为城市解决了大量的问题，例如下岗、失业或者农村就业等问题。改革开放的现实也证明了，哪些城市民营经济发展得好，经济发展就会更快，而不愿意放开民营企业，死守着国有企业的，经济只能面临衰

---

① 张维迎，歧视民企是对国家未来发展的不负责，2004，10。http://business.sohu.com/20041024/n222655440.shtml。

退的危机。因而和谐城市要想求得经济的快速稳定发展，就必须处理好国有资本、民营资本与外来资本的关系。

## 六、劳资关系

劳资关系应由对立转向合作。现阶段城市的劳资关系，不仅包括私营企业中的劳资关系，也包括国有控股的混合所有制企业（也包括上市公司）中股东和劳动者的关系。根据要素报酬理论，资本收入同其他要素收入一样，都是所有权收入。劳动者可以成为有产者，也可以成为私人投资者，并相应得到财产和投资收入。这本身反映了进入新社会后劳动者地位的改变。而且也正是在劳动者具有这种地位后，才真正成为这个社会的建设者，而不是掘墓人。资产者也可能是劳动者，资本所有者也可能通过其管理和技术的投入而进行劳动。特别是现阶段许多依靠自己的劳动收入、合法经营和企业家精神而积累起来的资本实际上在很大程度上有其劳动基础。这意味着资本所有者和劳动者都可能获得劳动收入和非劳动收入。在现阶段，一切合法的劳动收入和合法的非劳动收入都应该得到保护。这是在社会主义条件下劳资可能合作的基础。[①] 在社会主义背景下，需要通过一系列的制度安排既要使资本所有者善待员工，又要使劳动者不以资本所有者作为革命的对象，由此形成的社会主义劳动者和社会主义建设者之间的合作，以达到整个城市发展的和谐。

## 七、城市之间的关系

和谐城市不但指城市内部的和谐，也包含了城市之间的和谐。只有各等级、规模的城市共同发展，并相互协调，才是城市发展的真正和谐。

城市之间的协调关系主要有两类：一类是同等级规模城市的协调，另一类是不同等级城市，即大、中、小城市的协调。

同等级的城市一般是两个区域性的中心城市或同一个区域内规模等级大体相当的两个城市，这样的城市在经济实力、社会发展水平上大体相当，都具有自己的腹地范围与原燃料供给地。这样两个城市一般来说应该是竞争与合作的关系，因为只有竞争，才能发展，只有合作才能避免两败俱伤。但现实中往往存在两个城市产业结构雷同，腹地相互重叠等现象，因而导致城市之间争夺原燃料，争夺市场，由城市发展的矛盾导致城市利益的冲突，引发城市与城市之

---

① 洪银兴，构建和谐社会要坚持统筹公平与效率的改革观。改革纵横，2005，3。

间关系的不和谐。

另外，同一区域内的大、中、小城市的协调发展对和谐城市也是至关重要的。大城市往往是区域经济增长的核心，聚集了整个区域大部分的资源、人力、资本等生产要素，是区域创新的主要场所，是协调整个区域发展的关键所在。在产业方面，也以发展较高层次的产业为主。区域核心城市的发展水平决定了区域经济发展的总体水平，是区域发展的关键。区域的中、小城市是围绕大城市的发展而发展的，它们主要是为大城市提供一些配套工作和服务，也就是作为大城市腹地而存在的。强调大城市的超前发展固然有其道理，但中、小城市的力量同样不可忽视。中、小城市的发展对大城市的发展可以是促进的积极作用，也可以制约大城市发展。因而，强调大、中、小城市的协调，也是城市间协调发展的重要方面。


# 第三节　构建和谐城市的成功探索


和谐社会、和谐城市的概念虽然提出时间不长，但我国一些城市已经在这方面进行了一些成功的探索，取得了一些宝贵的实践经验。下面主要是以杭州、上海和廊坊三个城市为例，让我们和读者一起来分享他们的成功经验。

## 一、杭州：和谐杭州且歌且行[①]

琴瑟和鸣是艺术的和谐，和风细雨、桃红柳绿是自然的和谐，精致、大气是杭州的和谐。回顾 2004 年杭州，无论是城市的发展，还是普通百姓的生活，都被一种和谐氛围浸润着。

一个将自然优势与现代产业巧妙结合，引领休闲经济潮流的城市；一个生活就像在旅游，懂得将安宁幸福的感受转化为活力和财富的城市；一个以不温不火的速度走出了自己节奏的城市。从西湖论剑到钱江弄潮，这座城市在水到渠成之后，正一步步海阔天空。

这是今年 11 月，中国最具经济活力城市评选组委会对一个城市的评价，而这个城市，就是杭州。

---

① 孙连兴，张云：和谐杭州且歌且行，浙江在线新闻网站，www.zjol.com.cn，2004 年 12 月 27 日。

这段评语从某个角度透视出了杭州发展的奥秘，也印证了杭州近些年来发展的实践。杭州这座城市正是在生活与创业、保护环境与发展经济、人与自然的和谐统一中，得到了协调发展、持续发展、快速发展。

确实，杭州的发展是和谐的。杭州的环境、杭州的人、杭州的氛围，无论山水与城市的结合，还是人文与自然的融洽，无一不让人深深感受到一种和谐之美。

（一）楼宇时代新和谐邻里

从古至今，"和和美美"一直是中国式家庭追求的目标。随着杭州的老墙门逐渐消逝，那种传统的、亲切的邻里关系已渐成回忆。但单门独户、壁垒深深的楼宇格局，并没有阻挡人们对邻里之爱的追求。楼道里相见的一句问候、社区网络相逢的喜悦、睦邻运动会中的亲密合作……2004 年的 300 多天时间里，杭州百姓生活的点点滴滴，仿佛都在构筑一种新楼宇时代的和谐关系。

张丽君和洪善华同住在杭州长生路上，两人虽只是邻居，但几年的交往让两家成了至亲。平常，如果张家夫妻加班，洪家一定会做好饭菜等他们一起吃。而洪家奶奶眼睛不好，张丽君经常为她缝补做衣服，洪家电灯坏了，张家更是随叫随到。

东新园社区大部分是年轻的三口之家，也是个充满活力和激情的社区。园里经常有人出些好玩的点子，或郊游，或购物，或聚餐，而且总是一呼百应。钱国华算是个积极分子，青蟹上市时，他在社区民间论坛中发了帖子，请邻居们来饱餐一顿。冬天到了，他又在 16 楼露台办了"家庭烧烤日"，当天就有十多户家庭赏光参加，大人们边烧边聊天，小朋友们也玩起了"过家家"。

然而，生活并不总是百分百如意，一些磕磕碰碰和争吵误会也是难免的，但如果你有一颗宽容的心，那也许说句"对不起"或做件力所能及的小事，就能化干戈为玉帛。

住在杭州十亩田家园的陶惠德大伯，曾因为装防盗门的事，与邻居闹了点别扭，之后两家人总是憋着股气。当杭州市邻居节如火如荼开展之际，陶大伯终于鼓起勇气，敲开邻居家的门，当看到邻居善意的笑脸时，陶大伯几个月来的阴霾心情便一扫而光。

点点滴滴实在太多，杭州的百姓就是这样，宁可结亲家，不愿结冤家，和谐的邻里关系是他们精神上一种追求。

### （二）城市空间新亲和社区

近年来，杭州的社区发展可快了，原先的"小脚老大妈"干部大多换成了年轻有活力的"现代人"。2004 年，杭城各社区纷纷显露身手，不仅把社区日常事务搞得有声有色，还策划了许多受居民欢迎的互动活动，营造了一种和谐氛围。

东新园小区是杭州市目前最大的经济适用房住宅小区，社区成立之初就将社区发展的主题确定为"关爱、和谐、成长"。其中"和谐"的具体目标就是：培育社区邻里和社区之间相互认识、相互接纳、相互关怀的亲和关系。在2004 年，社区在孚信苑、望景苑和东荷星苑等三区建立了楼道党支部，许多党员与社区独居老人攀了"亲"。

为了稳定企业退管人员的情绪，社区实行了走访一次、送一本政策指南、填一张见面表、送一张社区服务卡和组织退管人员见面会等"五个一"制度。社区还成立了"阳光志愿者协会"，园内一些热心公益事业的律师、医生、教师和 IT 行业人员都名列其中，随时为居民提供无偿服务。

社区的方鸥书记说，今后东新园要建立一个"居民亲和系统"，以居民为中心，搭建起居民之间，以及居民与政府、学校、物业和社区之间的桥梁。

杭州稻香园社区也是个出点子的地方。在杭州市首届邻居节期间，社区搞了"小学生敲门日""伟人展""冷餐会""自驾车出游""泼水节"等多项活动。其中，敲门日的想法源自国外的万圣节，为了消除邻居的戒备之心，社区专门派出一群"敲门小使者"，让他们大胆敲开邻居房门，意想不到的是迎接他们的是一张张和善的笑脸。

针对杭州的老龄化现状，东坡路社区经常为老年朋友提供"话疗"服务。所谓"话疗"，就是通过聊天来疏导一些不良情绪。活动吸引了许多老人参加，大家聊得很投机，或说说街上遇到的新鲜事儿，或交流一下近期的新运动项目，或向在座的退休医生咨询有关健康知识。

杭州德胜社区的"黄手帕行动"，将社区内最需要帮助的人与外来打工者联结在一起。如果独居老人需要什么帮助，只要把这块黄色的丝巾系在阳台上，与他们结对的人就会闻讯赶来。杭州市的社区建设是走在全国前列的。作为一个城市的基层组织，它对整座城市的发展正起着越来越重要的作用。近几年来，全杭州的 554 个社区都在为建设和谐美好的家园努力着。

### （三）爱民政府新春风行动

回顾 2004 年度的杭州，不难看出市政府和各界人士为构建和谐社会所作的种种努力。2004 年七月，杭州召开市委常委扩大会议，专题讨论了和市民息息相关的"七大难问题"——行路难、停车难、看病难、读书难、住房难、办事难、困难群众的生活难和城市保洁难。随着一个个难题的浮现，杭州市各有关部门纷纷接招，为解决难题出谋划策。

今年，杭州市第五次"春风行动"的捐款额已达 2528.2 万元，而且，此次"春风行动"首次把失地农民纳入帮扶救助范围，构建一个与城镇社会保障体系相接轨的失地农民失业、养老、医疗等社会保障体系。

10 月 24 日，杭州市举办了首届邻居节。各社区丰富多彩的活动，不仅吸引了大多数居民，而且使人与人之间的关系得到了进一步的融洽。

为了让归正人员尽快融入新的生活，杭州市积极开展安置帮教活动，让他们找到新的生活动力。据了解，目前，杭州市的归正人员大约有 19000 多人，经过安置帮教活动，共安置 10432 人，重复犯罪只有 153 人，占归正人员的 1.4%。

杭州市民政局副局长刘南认为，社会的和谐，最重要的是具有一种促使"社会和谐"运行的机制。社会和谐机制一旦形成，当社会中有不和谐的因素时，这种机制就能够自发地搜寻、发现影响社会不和谐的因素，并发挥调节、矫治的作用。而杭州的"和谐运行"模式正日渐成熟，并成为有别于其他城市发展的一个鲜明特色。

## 二、上海：创建和谐城市的突破口——建设健康城市的新探索[①]

上海市政府近日宣布，今年全市绿化覆盖率将达到 37% 以上，人均公共绿地面积达到 11 平方米。"想当年，上海城区人均绿地面积只有一双鞋大小，后来达到了一张床，如今已经变成了一间房子了。"长年关注上海城市变迁的张女士说，"上海的人居环境越变越舒服。"绿地面积的变化，只是上海在健康城市建设中的一个侧面。作为我国首个全面实施健康城市建设的特大型城市，上海正在将健康人群、健康环境和健康社会的协调发展，作为创建和谐城市的突破口之一。

---

① 慎海雄、唐琼：创建和谐城市的突破口——上海建设健康城市的新探索，新华网，2005 年 4 月 19 日。

（一）以健康城市化解"城市病"

车流滚滚、阴霾蔽天、噪音连连，这是许多城市的写照。在越来越密集的高楼大厦面前，都市人对绿色、健康和安宁也有着更多的期盼。上海市委、市政府对此有着深刻的认识。"在经济全球化的背景下，推进城市现代化建设必然会面临各种'城市病'的挑战，建设健康城市是完善城市公共卫生体系、保障人民身体健康的客观需要，是上海率先基本实现现代化的必然要求。"上海市市长韩正意味深长地指出，"必须确立以健康促现代的理念，不健康的城市，就不可能是真正意义上的现代化城市。"

20世纪80年代中期，面对城市化问题给人类健康带来的挑战，世界卫生组织倡导将健康城市建设作为一项全球性行动战略。1994年，卫生部把上海市嘉定区定为"中国健康城市项目试点区"。经过试点和摸索，上海市爱卫会于2003年4月推出建设健康城市项目的初步框架。在经历了一场突如其来的非典疫情之后，城市公共卫生安全保障机制的紧迫性更加突出。上海市委、市政府审时度势，进一步从城市健康发展的战略高度认识建设健康城市的重要性和迫切性。2003年9月，《上海市建设健康城市三年行动计划（2003—2005年）》正式出台，确定了"保护母亲河""清洁空气""健康家园"等11项重点推进活动方案。由此拉开了上海健康城市建设的序幕。

"家庭是社会的细胞，建设健康城市的重心在基层。"上海市爱卫会副主任李忠阳说，"我们所探索的是在各个区县和广大社区建立起以人为本的、公平有效的健康促进、服务与管理机制，为创建和谐城市夯实基础。"去年，上海的19个区、县全面开展了健康城区建设，38个街道、镇成为健康社区建设的首批试点，因地制宜地开展以健康市场、健康里弄、健康村庄、健康企业、健康校园、健康军营等为代表的一批特色项目。

今年，上海将健康城市的重点投向了市民，精心选择健康城市向市民生活渗透的切入点。如市里全面开展的"2211"示范项目，即建设20个健康社区、200个健康小区、100个健康单位、10000个健康家庭示范点（户），将健康城市与广大市民的日常生活结合到一起。

（二）可爱的上海人，也应是健康的上海人

随着上海现代化和国际化程度的不断提升，越来越多的"新上海人"从五湖四海汇集而来，上海人开始走出"小我"，活泼大气，富于创新。外界评价说：今天的上海人"越来越可爱"了。上海市副市长杨晓渡借用这个话题指出："可爱的上海人，必定应该是健康的上海人，心理健康才会可爱，身体健康才能可爱。"

杨晓渡副市长的这一观点引起了人们的共鸣。在健康城市建设中，人的健康问题成为关注的热点。如虹口区在调查中发现，在 9.4 万名在校学生中，小胖墩比比皆是，其中 7～14 岁的学生肥胖率已超过 20%，若不采取控制措施，到 2008 年 7～14 岁儿童的肥胖检出率将飙升至 27.23%。于是，结合健康城市建设，区里实施了学生肥胖干预项目。由于青少年处于生长发育的特殊阶段，若无专业人员指导，单纯通过节制饮食来减轻体重，容易对青少年的发育及健康造成伤害。区里在实施肥胖干预项目的时候，制定了从体育锻炼到合理膳食、假期跟踪，以及学校、社区、家庭三方配合的一整套的干预计划。经过半年多的尝试，虹口区小胖墩的增幅已明显回落。

普陀区曹杨社区通过调查证实，社区 15 岁以上人口超重、糖尿病、高血压、高胆固醇等的发生率分别为 25.63%、11.33%、137.58%、10.46%。50 岁以上人群健康状况更令人担忧。在健康城市建设中，社区服务中心医务人员和居委会干部在专病门诊医生的指导下，通过大量的调查研究、上门走访等工作，使糖尿病医疗服务体系更加科学化、人性化、规范化。一些年轻患者对参加糖尿病测试存在心理障碍，居委会干部就配合卫生服务中心，有的放矢设计一些新的教育和服务载体，如发放卡片，文艺演出，有奖知识竞赛等，让更多的居民在参与中受教育长知识，认识到有病早治无病早防的重要性。黄浦区南京东路街道承兴居委会的洪克敏感慨地说："政府是在花大代价为市民保健康、促健康。如果每个市民的身心健康都得到提高，上海会更美好、更和谐。"

（三）关注城市的细节"健康"

浦东新区推广了环保马夹袋，金山区开始建设标准化村卫生室，闵行区推行了健康教育网格化——一项项新探索新做法，使上海的健康城市建设看得见摸得着。上海市爱卫会副主任李忠阳说："健康城市从细节抓起，老百姓就会更认同，参与度也就更高。"

地处上海市中心的静安区拥有 230 幢商业商务楼宇，在册入驻公司达 3196 家，楼宇内约有 8 万名工作人员。在被称为"城市森林"的商务楼宇内如何建立健康促进机制？静安区探索实施了健康楼宇建设项目。静安区卫生局副局长丁晓沧介绍说，从健康环境、健康服务、健康管理、健康促进 4 个环节入手，在培育商务楼宇"自助＋互助"式健康管理机制的同时，推动商务楼宇走上环境优美、人员健康、经济增长的文明发展道路，"这不仅是建设高品位商务商住区、创建现代化的和谐城区的切入点，也是健康楼宇建设的目的。"在 5 个试点商务楼宇内，静安区通过入户问卷调查解读各类楼宇成员对健康的不同要求，并组建了由物业、企业、员工代表和楼宇工作者多方构成的健康促进委员会，对楼宇内影响环境健康的诸多因素进行干预，同时引导、鼓励和支持相关医疗保健机构进入楼宇，为"楼宇族"提供健康服务和健康管理。

尝到试点甜头的中华企业大厦物业管理公司刘东晓说：健康楼宇"改变了人的观念，不仅使健康、和谐逐渐成为企业的文化要素，也进一步提升了这里的投资环境水准"。目前，黄浦区外滩万国建筑博览群、普陀区长寿路段商务楼宇等也开始加入健康楼宇建设的行列，徐家汇现代商业圈则启动了打造健康商圈的行动方案。作为中国经济之都的上海，正演绎着以健康促现代、促和谐的城市新理念。

### 三、廊坊：在和谐中发展[①]

廊坊，位于中国首都北京与中国北方最大的港口城市天津之间，距北京40 公里，距天津 60 公里。廊坊交通十分便利，境内有 5 条干线铁路（京山、京沪、京九、大秦、津霸），3 条高速公路（京津塘、京沈、津保），临近北京和天津两个国际机场和特大货运港口——天津港。廊坊周边拥有包括北京、天津两大直辖市和河北省在内的近一亿人口的消费群体，是中国北方产业和人口高度密集、城市集中、工商业发达、市场容量大、购买力强的黄金地域。

廊坊被不少人称之为"京津走廊上的明珠"，区位优势如此明显的廊坊没有错过发展的机遇，从取得的成绩来看，称之为"明珠"恰如其分。廊坊建市以来，国内生产总值增长 5 倍，达 528.5 亿元，财政收入增长了 10 倍，达38.2 亿元。城镇居民人均可支配收入 8404 元，连续 3 年为河北省第一；农民人均纯收入 4053 元，在其所属的河北省连续 9 年第一。廊坊还有多项指标高于全国的平均水平，如 2003 年廊坊市的人均国内生产总值达 13704 元，社会劳动生产率人均达 25926 元。在经济快速增长的同时，社会事业取得了跨越式发展，很多指标居全省乃至全国先列，在全国 200 个城市综合竞争力评比中，廊坊市排名第 60 位。

---

① 眉凌，郁洁：廊坊：在和谐中发展，《今日中国》，2005（3）。

廊坊还是全国唯一通过 ISO14001 环境管理体系认证的中等城市，近年获得中国优秀旅游城市、全国创建文明城市工作先进市、全国科技进步先进城市、首届全国 50 家投资环境诚信安全区和中国人居环境范例奖等多项荣誉。廊坊还成为河北省 5·18 经贸洽谈会、中国（廊坊）农产品交易会、东北亚暨环渤海国际合作论坛、国际金融论坛永久举办城市。

（一）与外界和谐

在市场经济下，区域经济的发展离不开与外界相关区域的互补和相辅相成。廊坊在全国的大坐标系和未来的发展趋势中寻找自己的定位，从与先进地区的对比中找出差距、明确目标。大北京板块经济的崛起、奥运经济的兴起，给廊坊带来诸多发展的契机。北京大学、清华大学、中国科学院、国家信息产业部所属的一大批高层次科研院所、生产基地进驻廊坊，给廊坊加速发展带来强大的智力支持和技术支撑。

2004 年 2 月 12—13 日，国家发展和改革委员会召集京津冀发改委在廊坊召开了京津冀地区经济发展战略研讨会，与会的各省市区达成为推动地区的发展，将启动京津冀区域发展总体规划和重点专项规范的编制工作，统筹协调区域发展中的城镇体系和基础设施建设、产业布局、资源开发利用、生态环境保护等相关问题。同时，建立京津冀发展和改革部门定期协商制度，并尽快建立京津冀省市长高层定期联席会议制度的"廊坊共识"。

2004 年 6 月 26 日，环渤海合作机制会议在廊坊举行，确定了环渤海区域经济合作联席会议的合作机制，为环渤海地区的政府官员、企业家、专家学者提供一个高层次、有组织的定期磋商机制。提出在廊坊市设立一个负责日常工作的合作委员会的建议，以推动七省市区的定期会晤和磋商。

2004 年 8 月 25 日，东北亚及环渤海国际合作论坛在廊坊举办。菲律宾前总统拉莫斯、韩国前总理李寿成等外国前政要和日本、俄罗斯、菲律宾、韩国、伊朗等各国驻华大使和官员；全国政协副主席、全国工商联主席黄孟复，全国政协前副主席、中国企业家联合会主席、博鳌亚洲论坛中方首席代表陈锦华，博鳌亚洲论坛秘书长龙永图，中国香港贸发局主席吴光正等重要贵宾及部分国内外著名企业总裁；北京、天津、河北、山东、辽宁、山西、内蒙古、河南八省市区的省级领导和有关部门负责人出席论坛。首次实现了环渤海地区的"全家福"；首次实现了环渤海与东北亚的合作对接；首次实现了官、学、企共同交流。

与此同时，越来越多的资本流入了廊坊，越来越多的产品走出了廊坊。肥牛、无公害蔬菜、华日家具、立邦涂料、好丽友食品、汉王软件等成为市场名牌。到目前为止，已有 14 家世界 500 强企业到廊坊投资，80 多种产品出口到世界 40 多个国家。原本土生土长的廊坊新奥集团，分支机构遍布全国 20 多个省市区和中国香港以及悉尼、伦敦，已拥有固定资产逾百亿元。

廊坊市从 2002 年开始，率全国之先在政府部门推行了 ISO9001 质量管理体系认证工作。廊坊的领导层提出把廊坊打造成全国同等城市中审审批项目最少、办事效率最高的城市。几年来，廊坊市共清理行政审批事项 1488 项，削减 768 项，累计削减率达到 52%。廊坊市开发区在建立行政审批服务大厅取得成功经验的基础上，又建立起行政审批服务中心，共有 42 个单位 327 项审批事项进驻大厅开展业务，实行"一个窗口"对外、"一条龙"服务，减少了审批程序，提高了办事效率。韩国好丽友公司首席代表到开发区办理业务手续，原以为需要几天才能办完的事情仅用 10 分钟就办完了，因此很快落实了在廊坊的投资计划。

（二）与环境和谐

廊坊在发展经济的过程中，丝毫没有忽视对生态环境的保护。一个地区持续快速发展，不能以牺牲生态环境为代价，也不仅仅依赖于一时引进几个大项目，关键在于坚持不懈地打造环境优势。资金、技术、项目、人才都可以引进，唯有发展环境只能靠自己创造。从廊坊的成功实践看，抓环境就是抓发展机遇，抓生产力。廊坊市领导说，项目就好比在天上飞着的候鸟，哪里环境适宜就往哪落，项目之争就是城市之争，实质上就是环境之争。

2001 年，北京决定实施绿色奥运，将三环以内的工厂全部外迁。北京某企业决定全部搬迁到开发区，总投资 10 亿元，年纳税 1 亿元，这对当时年财政收入只有 2.8 个亿的廊坊开发区具有很强的诱惑力，但因其属高耗水企业，被果断放弃。而对于符合规划的"中国国际履约环保产业园""清华科技园"等项目则是千方百计地引进区内，为廊坊的可持续发展奠定了坚实的基础。正像市委书记吴显国所言，别着急，别浮躁，埋头干，为接纳超大项目做好准备，为今后的大发展留足空间，宁可牺牲眼前政绩，不能断送城市未来。

"城在林中建，人在园中游。"无论是久居廊坊的本地人，还是迁居廊坊的新市民，无不赞叹廊坊之绿、廊坊之美。近些年来，廊坊坚持用"环境也是生产力"的理念统揽建设全局，按照"不与京津比高楼大厦，敢与京津比绿化亮化"的思路，全力打造"会展旅游之城，科技教育之城，生态环保之城"。先后投资 130 多亿元，进行城市基础设施建设。每年都谋划实施"十件实事"，相继建成了会展中心、文化艺术中心、体育中心、新世纪步行街、环城绿化带、自然公园、新水源地、时代广场、新奥艺术大道等一批重点工程。在城市建设中树立自然理念，让城市回归自然。廊坊利用 20 世纪 60 年代的防风固沙林地建成东围墙，建成了占地 7 万平方米的时代广场，广场绿化率达 60％，水幕电影、塑胶体育场、各种健身设施等免费向市民开放。投资 1.5 亿元，建成了占地 660 亩的文化艺术中心，景观面积达 26 万平方米，绿化覆盖率达 84.5％，这里有 120 亩的梦幻湖、四组大型音乐喷泉和 82 盏充满异国情调的环湖蜡烛灯、儿童益智乐园、自然循环公园、指挥名言书法大道等景观免费向市民开放。按照"把森林引入城市，把城市建在林中"和"不求所有，但求所在"的全新思路，抓住国家实行"退耕还林"政策的机遇，采取"政府引导、利益驱动、政府要绿、农民得利"的办法，2002—2003 年建成了占地 15.38 万亩的"市区双环绿带"，在市区"小三点组团"之间形成了两条绿化隔离带、生态景观带，为廊坊人新增了一个巨大的"绿色之肺"和天然氧吧；大力实施"蓝天、碧水、净土、绿化、宁静"五大环保工程，全力打造最适合人居住的生态环境，2004 年廊坊市区空气质量二级以上天数达到 330 天，城区绿化率超过 40％，人均公共绿地达 12 平方米。

为满足百姓全民健身的需求，2004 年 11 月 3 日总面积 12000 平方米的河北省首家健身活动中心在廊坊市落成，仅室外游泳场建筑面积 5000 平方米，水域面积 2600 平方米，内含全国一流设备的水上娱乐互动城堡、大型儿童戏水池，总长 400 漂流河、人造海面冲浪，是华北地区较大的人工水上项目之一，成为市民体育健身的好去处。所有这些都体现了回归自然的理念，更体现了廊坊市委、市政府近民亲民的人文关怀。

目前，廊坊市的城市生活保障功能、经济发展功能、社会进步功能、休闲娱乐功能日趋完善，正在积极创建国家卫生城市、环保模范城市、园林城市，创建 ISO14000 国家示范区。廊坊，正在和谐中发展。

# 第九章　构建中国组团式城市群

　　美国著名经济学家斯蒂格利茨曾经预言，21 世纪有两件事将影响世界进程和改变世界面貌：一是美国高科技产业，二是中国内地的城市化进程。构建组团式城市群，进一步加快城市化进程，这是历史性的必然的趋势。为实现 2020 年全面建设小康社会的战略目标，必须在国家的发展形态中融入新的构思，构筑新一轮经济增长的战略平台，并在战略高度上实施新的突破——由改革开放前期的"点状拉动"向后改革开放时期的"组团式发展"演进。中国新一轮经济增长已经具备了从发展红利（Development Dividend）中索取动力源泉的成熟条件。事实证明，当经济主体从一个低级平台向一个高级平台整合时，专业化分工越来越强，生产要素组合越来越好，发展成本越来越低，发展红利的获取将越来越大，而且呈非线性增长。未来 20 年大力推进与重点培育我国的三大组团式城市群，加快城市化的进程，既是全面建设小康社会、实现现代化的历史重任，又是有效解除约束瓶颈的具体方式。这种最大限度分享发展红利所带来的台阶式跃进，必将成为引领中国经济发展的战略制高点，成为中国经济快速、健康和持续发展的有力保障。

## 第一节　组团式城市群与区域发展

　　改革开放 20 几年来，中国经济发展的整体表现呈点状拉动的增长态势。首先在东南沿海开辟了深圳、珠海、汕头、厦门四个经济特区作为示范窗口，点状拉动区域发展；紧接着开放了横贯祖国南北的大连、天津、青岛、上海、广州等 14 个沿海城市，作为拉动沿海地区经济增长的引擎；同时在天津、重庆、沈阳、西安、成都等中心城市建立近 50 个国家级经济技术开发区；加上以上海浦东、北京中关村、武汉东西湖、陕西杨陵等为代表的几十个国家级高新技术开发区的建设，在全国范围内经济增长极的点状分布已基本形成。在具体操作途径方面，这些地区通过国家特定优惠政策的扶持，主动优化投资硬环境和完善投资软环境，通过各种模式吸引外资和跨国公司的进入，大力致力于加工工业，产品以出口为主；在自身壮大的同时致力于高新技术产业的发展，发挥增长极的点状带动作用，在推行改革、对外开放、吸引投资、大胆试点、促进区域经济增长和实现可持续发展等方面，确实起到了窗口、辐射和示范的作用，成为 20 多年我国国民经济的增长点和区域经济发展的生力军，年平均增长率达到 9.5%，经济总量提前翻两番，为 21 世纪整体提高国家综合经济实力奠定了重要的基础。为在 2020 年实现全面建设小康社会的战略目标，必须构筑新一轮经济增长的战略平台，经济发展的模式必须从前 20 年的"点状拉动"向后 20 年的"组团式发展"演进。这种演进既是世界经济增长的基本事实，也是将改革开放前期成功经验有效放大必要途径，同时这也是未来 20 年中国经济增长的新格局和新思维。

## 一、组团式城市群博取发展红利

发展红利是未来中国经济增长的动力源泉。未来 20 年中国经济要继续保持强劲的增长态势，必须在战略平台上注入全新的动力源。十一届三中全会以来中国经济的飞速发展，主要得益于"改革红利"的支撑，这一点是十分明显的，从农村生产责任制改革、对外经济开放、生产关系调整、社会主义市场经济培育到全面的制度创新，都给经济的快速成长注入了强劲的动力。在全面建设小康社会的伟大实践中，这种动力依然是根本性的依托。同时，随着中国经济的发展，中国新一轮经济增长已经具备了从"发展红利"中索取动力源泉的成熟条件。

发展红利是指"区域整合之后所带来的发展潜力与整合之前的现状能力之差"[①]。发展红利的大小反映了以下七类区域优化的综合结果：

（1）区域整合的规模与程度；

（2）生产力要素的优化程度；

（3）产业链布局的合理程度；

（4）发展成本的降低程度；

（5）大中小城市功能的互补程度；

---

① 牛文元：《从点状拉动到组团式发展：未来 20 年经济增长的战略思考》，《中国科学院院刊》，2003 年 6 月。

（6）基础设施的共建共享程度；

（7）区域经济一体化程度。

发展红利的获得，必须通过提升区域规模、优化生产力要素、充分实现大中小城市功能互补、切实保障基础设施共建共享、加快促进经济一体化。随着区域整合规模的有效扩大，发展红利呈非线性增长趋势。研究表明，地理范围线性扩大的同时，它所创造的发展红利呈非线性增长。例如从地级向省级规模整合时，发展红利在原有基础上平均提高 10 倍；但从省级规模向跨省规模整合时，发展红利在原有基础上平均提高 100 倍（见表 9-1）[①]。以上规律告诉我们，人们长期以来一直追求经济全球化的格局，其最理想的目标就是为了获取最大的发展红利。

表 9-1　地域规模与发展红利

| 地理尺度（km$^2$） | 生产力要素 | 专业化分工 | 发展成本 | 发展红利 |
|---|---|---|---|---|
| $10^0 \sim 10^2$（乡级） | 极不完备 | 极　差 | 很　高 | $10^0$ |
| $10^2 \sim 10^3$（县级） | 不完备 | 很　差 | 较　高 | $10^{0.5}$ |
| $10^3 \sim 10^4$（地级） | 较完备 | 较　差 | 平　均 | $10^1$ |
| $10^4 \sim 10^5$（省级） | 良　好 | 强 | 明显降低 | $10^2$ |
| $10^5 \sim 10^6$（跨省） | 很　好 | 很　强 | 很　低 | $10^4$ |
| $10^6 \sim 10^7$（国家或洲级） | 极　好 | 极　强 | 极　低 | $10^6$ |
| $10^7 \sim 10^8$（全球） | 超　好 | 超　强 | 超　低 | $10^8$ |

发展红利与区域整合之间的关系对我国经济的发展同样具有极大的启示，即经济结构的调整不仅要着眼于产业结构（一、二、三产业）的调整，轻重工业的比例，更高级的具有台阶式提升的结构调整是为获取尽可能大的发展红利所进行的区域空间调整。构建和培育中国的三大城市群，就是为了获取发展红利这个新型动力源泉，并以此作为达到全面实现小康社会目标的重大战略举措。

组团式城市群是获取发展红利的最有效途径。未来 20 年，中国的经济增长要保持强劲态势必须注入新的动力源泉，在不放弃改革红利的基础上，紧紧把握住发展红利；在新一轮经济增长中，组团式城市群将成为新一轮财富集聚

---

① 牛文元：《理论地理学》，商务出版社 1992 年版。

的战略平台。组团式城市群是大中小城市"结构有序、功能互补、整体优化、共建共享"的镶嵌体系，体现出以城乡互动、区域一体化为特征的城市发展的高级演替形态。在水平尺度上是不同规模、不同类型、不同结构之间相互联系的城市平面集群，在垂直尺度上是不同等级、不同分工、不同功能之间相互补充的城市立体网络，二者之间的交互作用使得规模效应、集聚效应、扩散射效应和协作效应达到最大化，从而分享最大化的发展红利，完整实现"区域发展动力、区域发展质量和区域发展公平"三者在内涵上的统一。

早在 1915 年英国学者帕特里克·格迪斯（Patrick Geddes）就提出了"组合城市"的概念。到了 20 世纪 30 年代，同样由英国学者法赛特（C. B. Fawcett）提出城市群（Urban Agglomerations）的概念。而最有影响力的则是由后来的法国地理学家戈特曼（Jean Gottman）提出的大城市群（Megalopolis）的概念，他在 1961 年出版的《大城市群》中把美国东海岸 5 个大的城市圈连接成了一个 3000 万人的地区，定义为大城市群[①]。戈特曼认为大城市群是城市化的最高到达点，是文明的实验室。戈特曼的大城市群理论很快在世界上得到了认同和批判的发展。今天，戈特曼研究的大城市群的内涵在生产力与发展模式上都已经发生了巨变，大城市群的经济主体已经从工业经济转向了知识经济。大城市群的概念也发生了变化，主要是指组团式城市群、都市圈和都市带。这三种概念表达的含义大同小异，称谓的差异主要是由于城市群体地理空间分布形态的不同，但其培育机制、动力机制、协调机制等内在机制应该是一致的，并无明显区别。所以可以认为组团式城市群是由多个大城市圈聚合而成的一个密度高、关系密的城市空间。在这个空间中存在无数的大城市圈和中小城市，不同层次的城市功能在一个比较密集的空间范围内有机的相互联动，城市之间的空间距离和经济距离被高速、大量运输的交通轴所缩短。在组团式城市群中，城市之间交流和交易的活动性是城市群的活力所在；内部城市之间的分工合作是城市群国际竞争力以及经济发展效益的根本所在。组团式城市群的实质是由集中化走向一体化，谋求城市群和区域经济的协调和共同发展。

## 二、组团式城市群的战略突破和构建原则

大力培育组团式城市群，既是中国实现新一轮财富集聚的本质载体，又是中国城市化进程的战略性跃升。组团式城市群发展模式的主要战略突破在于：

---

① 周牧之：《鼎——托起中国的大城市群》，世界知识出版社 2004 年版，第 133—135 页。

第一，在扩张模式上，代替了以往城市发展一味摊大饼式的单极化扩张模式，强调组团式城市群的网络化发展模式，有利于生态环境和自然资源的保护，有利于自然—经济—社会相协调，从而实现城乡可持续发展。

第二，在产业布局上，摒弃了以往地缘城市之间各自发展产业的盲目经济行为，寻求新的以产业链为纽带的产业布局组合，不同城市之间进行分工与合作，从而消除产业结构趋同等不合理现象，取得经济互补效益。

第三，在城市规模上，改变了以往城市发展急功近利的做大做全的思维模式，在经济全球一体化的环境下，以区域地位来把握城市定位，调整城市规模，明确城市功能，强调城市与区域之间的互动，着重城市之间功能的互补，从而使区域整体利益得到优化。

第四，在城市体系上，突破了以往城市等级混乱，经济联系松散的格局，大中小城市在区域间协调发展，中小城市紧密依托核心城市的发展，共同推进区域利益最大化，实现了效率最大化的城市结构的逻辑布局，是生产发展生活富裕生态优良的和谐社会的文明典范。

用组团式城市群代替单一城市的扩张，形成互补、有序和优化的等级系统，有利于各城市在经济上取得互补效应，在社会上消除城乡二元结构，在生态上可缓解城市的热岛效应，在文化上便于多样性的充分交融。

组团式城市群的发展应具备四条基本原则：

第一，产业分工合作。发展组团式城市群最重要的是产业分工，根据群内城市各自自身优势进行产业分工，建立弹性专精的柔性生产系统，采用后福特制的生产方式，提高整个城市群整体适应市场变化的能力，同时要加强合作互补，共享比较优势。在顶层设计上，要实现中心组团和其他各组团之间的产业互补和产业链的形成，实现产业的网络化结构，从整体上提高产业实力，这样组团式城市才有生命力。

第二，组团优势互补。各个组团要保持优势之间的互补能力，如在人力资源方面，有的组团偏重于汽车产业，有的组团偏重于信息产业。劳动力本身与产业的素质配比要有一定的要求，否则有些地方的人专业不匹配干不了这个事，同时有些地方非常需要这些技术人才却得不到。

第三，基础设施对接。组团式城市群一定要注意自己的基础设施建设，一定要在组团间来考虑，实现合理配置，注意各组团之间重要交通通信线路的对接，而不是每个组团都搞一套，重复建设，互相之间还存在公路断接的现象。

第四，政策制度统一。组团式城市群还应该制定统一的制度政策，符合

WTO"非歧视原则""市场开放原则"和"公平竞争原则"等三大原则，促使制度一体化，重新整合区域内城市间的关系，致力于淡化内部行政区划，拆除行政壁垒，消除地方保护主义，打造统一的经济发展大空间的新发展战略。

### 三、组团式城市群引发经济社会变革

组团式城市群的构建，既有空间布局上的整体思考，又有产业布局上的合理调配，以使组团式城市群在结构上和功能上达到完善，从而获取发展红利。在知识互补、人力互补、技术互补、产业互补和设施互补中，降低交易成本，克服市场壁垒，获取比较优势，取得协作利益，分散创新风险，形成良性网络，最终享受发展红利为区域带来的整体效益。

为了达到上述目的，实现综合效益最大化，在构建组团式城市群，加快城市化进程的过程中，必须逐步实现五类经济社会的根本转变。结合中国国情，从生产力要素组合的各个分量入手，主要是指以下五大基本转变：

（一）促进土地资源向土地资本的转变：推进城市化进程的成本依托

在未纳入组团式城市群范围时，土地作为第一产业必需的生产要素，其基本属性依然是资源，加上其他自然投入和劳动力的投入，形成了农业的初始生产力，并在此基础上进一步纳入养殖业和加工工业，共同构成了以土地资源为中心的产业形式和社会结构形式。一旦土地纳入到组团式城市群之后，其功能形态和使用价值将会发生根本性变化，从原先以生产农作物为主转变为生产高附加值的第二产业和第三产业生产，构建城市群的成本将会得到最大限度的降低。

（二）促进人口资源向人力资本的转变：推进城市化进程的智力依托

中国是世界上人口最多的国家，城市化任务很艰巨。在城市化进程中一要在数量上将农民转化为市民，二要在素质上提高农民的层次水平，因为将庞大的人口资源迅速转变为更加有效的人力资本，是建设组团式城市群的基本条件与目标。

（三）促进科研成果向规模产业的转变：推进城市化进程的技术依托

现在已经进入知识经济与信息经济时代，组团式城市群的竞争力与其技术水平息息相关。在构建组团式城市群的过程中，我们要利用其核心城市在科研成果方面的正溢出效应，将科研成果产业化，促进产业结构升级，培育城市群优势，增强城市群极化效应。这是推进城市化进程的必然途径之一。

（四）促进民间储蓄向民间银行的转变：推进城市化进程的资金依托

目前我国的民间储蓄已经超过 10 万亿元人民币，与目前的国内生产总值大致相当，如果加上固定资产的占有，民间财富已经达到一个十分可观的地步，如何积极稳妥地将这个庞大的资本释放出来，成为稳定的投资源之一，是推行城市化进程中扩大生产、解决就业、实现国际收支平衡和全面纳入市场体系的重要步骤。

（五）促进农民身份向股民身份的转变：推进城市化进程的稳定依托

在加速实现组团式城市群的进程中，要想切实转变城市群内的农民身份，必须具备两大基本条件。其一，在转变过程中，农民原有财产水平必须得到保持和增值，即农民原先依赖土地的收入水平必须在一段时间内得到保障，以农民的基础收入的形式出现，以打消农民在失去土地状况下的后顾之忧；其二，在农民的基础收入上得以保证的条件下，进一步提升创造财富的能力，不断提高农民的收入水平，逐步过渡到与城市居民平均收入相当的水平。只有这样，才能有效消除城乡二元结构，减小城乡差距，促进社会稳定发展。

以上五大转变，实质上是相互呼应的，对于全面解决组团式城市群进程中的难点问题：如投入成本问题、充分就业问题、启动内部投资问题、保持社会稳定问题、确保农民利益问题等方面，是至关重要的，也是产生新思路、考虑新体制和设计新机制的切入点，同时这也是促进城乡可持续发展，构建和谐社会的有效途径。

## 四、组团式城市群引领国家走向成功

世界银行认为：国家的 GDP 达到 1 万亿美元是一个标志性台阶，意味着财富积累能力将步入一个新的航道。与国际已有的经历相对照：美国的 GDP 总量在达到 1 万亿美元（10100 亿美元）以后，头 10 年的 GDP 总量达到 2.7 万亿美元（27080 亿美元）；日本的 GDP 总量在达到 1 万亿美元（10480 亿美元）以后，头 10 年 GDP 总量达到 2.4 万亿美元（24251 亿美元）；中国的 GDP 总量在 2000 年达到 1 万亿美元（按汇率计算），依照国家计划在其后的 10 年（即 2010 年）预计翻一番将达到 2 万亿美元。

为什么在达到 1 万亿美元台阶后，用了 10 年的时间，美国使得 GDP 增长了 1.7 万亿美元，日本使得 GDP 增长了 1.4 万亿美元，而中国分别比他们少增长 0.7 万亿至 0.4 万亿美元？原因是多方面的。但是注意到美国当时的城市化率达到 87%，日本的城市化率超过 64%，而中国在 2000 年的城市化率仅为 35% 时，也许可以更深一层地认识到城市化率的不同所导致的社会财富集聚能力的差异。因此，在 21 世纪的头 20 年里要实现全面建设小康社会的奋斗目标，必须加快推进社会主义的现代化进程，必须加快中国的组团式城市群的建设步伐，这也是发挥城市中心作用、提高经济效益、降低发展成本、挖掘发展红利的必由之路，是消除中国城乡二元结构、实现社会公平的必由之路。2001年诺贝尔经济奖获得者之一的斯蒂格列茨对此有深刻的见解，他认为 21 世纪对于中国有三大挑战，居于首位的就是中国的城市化，提出"中国的城市化将是区域经济增长的火车头，并产生最重要的经济利益"。联合国环境规划署署长撰文进一步指出："城市的成功就是国家的成功"。

21 世纪是城市的世纪，还可由以下的统计数字表明：20 世纪下半叶美国 GDP 的主要贡献出自大纽约区、大芝加哥区（五大湖区）和大洛杉矶区，这三大组团式城市群对美国经济的整体贡献率达到 67%；而日本 GDP 则主要产出于大东京区、坂神区、名古屋区，这三大组团式城市群对日本经济的整体贡献率超过 70%；就中国而言，珠江三角洲的 GDP 目前约占全国的 10%、长江三角洲约占全国的 19%、京津冀环渤海湾地区约占全国的 11%，这三大组团式城市群对中国经济的整体贡献率仅达 40%。从美国、日本、中国的对比显示：我国经济增长的制高点和主力军尚未形成，发展红利的巨大潜力远未释放，组团式发展的强力拉动有待开掘，空间整合的优化能力急需提升。这就是为什么美国和日本三大城市群的集聚能力和 GDP 贡献率达到整个国家的 2/3 以上，而中国三大城市群对全国 GDP 的贡献率只有 2/5 强的主要原因。

全世界都公认，未来 20 年是中国社会经济发展的重要战略机遇时期，大力推进中国的城市化，特别要重点培育三大组团式城市群，既是全面建设小康社会、实现现代化的历史重任，又是有效解除中国经济社会约束"瓶颈"的现实途径，应当成为保障中国经济社会快速、健康和持续发展的重大战略举措。最大限度地分享发展红利带来的好处，加快实现国家经济发展方式从点状拉动到组团式发展的重大转变，打造中国新一轮经济增长的战略平台，构筑引领中国发展势头的战略制高点，将是未来 20 年中国经济改革必然面临的历史选择。组团式城市群的成功将就是国家的成功。

# 第二节　国外城市群的发展模式与经验

未来 20 年中国的经济增长将会从组团式城市群中索取发展红利，如何构建我国的三大城市群，便成了一个急需解决的问题。总结国外城市群的发展经验，比较国外城市群的发展模式，对于推进我国城市化进程，构建三大城市群，确定三大城市群的合理走向，是很有借鉴意义的。

## 一、国外五大城市群的发展现状

城市群的发展依赖于一个国家整体的经济发展水平，而国家整体经济水平的提升也离不开城市群的强力支撑。国外的大城市群分布在一些发达国家，主要是在北美洲、欧洲和亚洲三地。

北美洲城市群主要有两个，一是美国东北部大西洋沿岸城市群，简称波士华（Boswash）。它北起波士顿，南至华盛顿，其中包括波士顿、纽约、费城、巴尔的摩、华盛顿 5 个城市以及它们附近的 40 多个卫星城镇，长约 965 公里，宽 100 多公里，面积 138 万平方公里，人口约 6500 万人，占美国总人口数的 20%，城市化水平达 90% 以上。它是美国经济核心地带，制造业产值占全国的 30%。这是目前世界上最大的城市群。二是北美五大湖城市群，该城市群分布于五大湖沿岸，从芝加哥向东到底特律、克利夫兰、匹兹堡，并一直延伸到加拿大的多伦多和蒙特利尔，大中小城市达 35 个之多，国外学者把它称之为"五大湖区大城市群"（The Great Lakes Megaloplis）。该城市群与美国东北沿海城市群共同构成了北美的制造业带。

欧洲城市群主要有两个，一是英国以伦敦为核心的城市群，它是产业革命后英国主要的生产基地，集中了英国 4 个主要大城市即伦敦、伯明翰、利物浦、曼彻斯特和 10 多个中小城市，是英国产业密集带和经济核心区。该城市群由伦敦大城市圈、伯明翰城市经济圈、利物浦城市经济圈、曼彻斯特城市经济圈、利兹城市经济圈所组成，总面积达 45 万平方公里，占全国总面积的 18.4%，人口 3650 万人，占全国总人口的 64.2%。英国大约 80% 左右的经济总量集中于此，伦敦既是英国的首都，又是欧洲最大、同时也是世界的三大金融中心之一，是这一巨大城市群当之无愧的经济中心。二是欧洲西北部城市群，该城市群包括了法国巴黎城、德国鲁尔和荷兰鹿特丹这样的世界著名城市，被称为"超级城市带"，其中 10 万人口以上的城市有 40 座。巴黎是法国的经济中心和最大的工商业城市，也是西欧重要的交通中心之一，德国鲁尔是世界上重要的工业区，荷兰的鹿特丹素有"欧洲门户"之称。

亚洲城市群是指日本的太平洋沿岸城市群，它由东京、名古屋、大阪三个城市圈组成，大中小城市达 310 个，包括东京、横滨、川崎、名古屋、大阪、神户、京都等大城市，全日本 11 座人口在 100 万以上的大城市中有 10 座分布在该城市群区域内。这个带状城市群长约 600 公里，宽约 100 公里。占地面积 10 万平方公里，占全国总面积的 31.7％；人口近 7000 万人，占全国总人口的 63.3％。它集中了日本工业企业和工业就业人数的 2/3、工业产值的 3/4 和国民收入的 2/3。它是日本经济最发达的地带，是全国政治、经济、文化、交通的中枢，分布着全日本 80％以上的金融、教育、出版、信息和研究开发机构。该城市群的核心是东京。东京的城市功能是综合性的，是日本最大的金融、工业、商业、政治、文化中心，被认为是"纽约＋华盛顿＋硅谷＋底特律"型的集多种功能于一身的世界城市。

## 二、国外城市群的两大发展模式

欧美发达国家的城市群大体上经历了二三百年的漫长演进过程，这个过程为我们提供了一个时空跨度很大参照系。它给我们带来的启示是，城市化与城市群形成是与市场化、工业化相关联的互动过程，是工业发展、社会分工和市场细化的自然结果。欧洲城市群也有一些经验教训，在城市环境与可持续发展方面也走过弯路。伦敦和纽约城市群都曾经污染严重，但是经过十几年的治理，发生了根本性变化。从城市群的发展模式来看，由于各国历史、地理、人口、文化等条件的差异性，国外城市群采取的发展模式也不尽相同，综览国外五大城市群的发展历程，我们可以看出，城市群的发展模式主要有两种：一是核心城市带动的城市群发展模式；一是多中心齐头并进的城市群发展模式。

核心城市带动城市群发展是国外城市群的主要发展模式。以纽约为中心的美国东北部大西洋沿岸城市群、以伦敦为中心的英国伦敦城市群、以东京为中心的日本太平洋沿岸城市群等都是这一模式的发展典型。其共同特点就是有一个核心城市，一般来说是世界城市，它如同一座高耸的塔，伟岸地耸立在这个城市群之中，并以极强的带动辐射功能影响着城市群的每一城市。核心城市成为工商服务业的主要聚集地，投资效益高，基础设施完善，交通便利，信息灵通，人才聚集，各大企业的总部和各大政府机关都设在这些城市。这种聚集效应使得核心城市具有非同寻常的吸引力，作为经济发展的增长极对世界政治、经济的影响力与日俱增，在世界城市体系中占据越来越重要的地位。

多中心齐头并进的城市群以北美五大湖城市群和欧洲西北部城市群为发展典型。其共同点是多个中心城市平衡发展、各司其职，缺少一个核心城市带动。如北美五大湖城市群，组团内有大中小城市 35 个之多，但并无一个城市居于绝对核心地位，但多个中心城市各有所长，功能互补，共同发展。如芝加哥是大规模钢铁工业基地和美国内地最重要的金融、贸易和文化中心，底特律是重要的水路运输枢纽和汽车城，克利夫兰是美国重要的石油加工工业和化工工业基地，匹兹堡是世界著名的冶金工业中心等。这些城市协同、均衡发展，分工明确，又彼此联系，构成美国内陆最大的组团式城市群。

## 三、国外城市群发展的空间结构特点

纵观国外城市群的发展，可以发现其空间结构主要呈现出以下特点：

### （一）组团地理位置优越

国外五大组团式城市群都位于中纬度地带，都处于平原地带。这种具有双重优势的地带便于农业耕作、人类居住和交通联络，因此人口总是向平原集中，导致城市也向平原集中。而且，国外城市群大都沿海、沿河、沿湖而分布，这样既得内外交通之便利，又为城市的工商业发展和居民生活提供必要而充足的水源。如日本是一个岛国，平原面积狭窄，仅占国土面积的 24%，最大的平原是东京附近的关东平原，其次是名古屋附近的浓尾平原和京都、大阪附近的畿内平原。日本的人口和经济高度集中于这三大平原地带，在工业化过程中，这三大平原逐渐发展成三大城市群，它集中了日本全境 63.3% 的人口和 68.5% 的国民生产总值，在地区分布上其最大的特点就是在太平洋沿岸分布，工业分布地域的临海性更是明显。

### （二）城市等级体系完整

城市群是一个巨大的城市群体，不仅拥有数个大的中心城市，而且还存在大量的中小城市，是一个包括大、中、小城市和市镇的城市群体，其数量组合呈"金字塔"状分布。其中，中心城市处于城市群的塔尖，数量较少，在城市群形成和发展中起着核心作用。中心城市是人口与产业集聚的引力中心，世界上已形成的城市群中的中心城市都是由 2 个以上大城市或特大城市组成。如美国东北部大西洋沿岸和五大湖沿岸城市群都集中了美国的主要大城市，日本、英国城市群也都以首都等大城市为核心。而大城市之间的填充地带则是由众多中小城市镶嵌组成，它们同样是组团式城市群发展不可缺少的组成部分，有利于组团式城市群的协调有序发展。

### （三）中心城市地位超然

国外的超大城市群往往都是国家或洲际的中枢，乃至全世界的政治经济中心，它常常集现代化工业职能、商业金融职能、文化先导职能、外贸门户职能于一身，是国家社会经济最发达、经济效益最高的地区，是发展国际间联系的最佳区位优势，是产生新技术、新思想的"孵化器"，对国家、地区乃至世界经济发展具有中枢的支配作用。如美国大西洋沿岸城市群是美国最重要的工商业区，其中华盛顿是美国的首都，纽约是联合国总部所在地，表明这一核心区域不仅是美国的政治中心，而且也是世界政治活动的中心地。

### （四）基础设施网络发达

交通运输业和信息产业的快速发展是国外城市群发展的主要驱动力。国外城市群大多拥有由高速公路、高速铁路、航道、通信干线、运输管道、电力输送网和给、排水管网体系所构成的区域性基础设施网络，其中发达的铁路、公路设施构成了城市群空间结构的骨架。不论城市群的空间结构形态如何，城市群总是有一条产业和城镇密集分布的走廊，通过发达的交通、通信网络相连。同时，城市群区域内除城市用地外，还有大片的农田、林地相间，作为获取新鲜农产品、提供游憩场所和改善环境的空间有机组成部分。是否具有健壮的基础设施网络，是城市群发展与博取竞争优势的重要基础条件之一。

### （五）空间形态沿长轴呈带状拓展

世界城市群大多都是沿长轴呈带状拓展，也有呈其他拓扑结构扩展的。如美国大西洋沿岸、太平洋沿岸两个城市群、日本东海道太平洋沿岸城市群等均沿海岸延伸，呈现出带状的空间结构特点，而欧洲西北部城市群略呈环状拓展。这是城市群沿交通要道发展的自然体现，也是点轴发展理论模式的具体形态表现。

## 四、国外城市群的发展经验

分析国外的大城市群的形成过程，有许多经验值得我们去总结，这些经验将对构建我国三大组团式城市群有着十分重要的意义[①]。

### （一）工业化是城市群形成的根本驱动力

也就是说，国外的这些大城市群的兴起、发展都是以工业化为基础、为先导的。工业革命始于英国，而英国是世界上最早开始工业化和城市化的国家。在工业革命的推动下，英国的城市化进程十分迅速，曼彻斯特、伯明翰、利物浦等一大批工业城市迅速崛起、成长，在伦敦和英格兰中部地区形成了由伦敦、伯明翰、利物浦、曼彻斯特等城市聚集而成的英格兰城市群。随着资本、工厂、人口向城市的迅速集中，在德国的鲁尔地区、法国北部地区、美国大西洋沿岸和五大湖沿岸等地区，都在工业革命的进程中形成了城市密集地区，出现了城市群现象。

### （二）注重加强组团内各城市间分工协作关系

美国东北部大西洋沿岸城市群就可为例证。纽约是该城市群的核心，它是全美，甚至是全世界的金融中心，一直左右着世界的金融、证券和外汇市场。纽约还是美国和国际大公司总部的集中地，同时又是各种专业管理机构和服务部门的聚集地。费城是该城市群的第二大城市，重工业发达，它是美国东海岸的主要炼油中心和钢铁、造船基地。波士顿是有名的文化中心。全世界闻名的哈佛大学、麻省理工学院就在这里。以波士顿为中心 128 公路环形科技园区已形成一个高技术工业群，是仅仅次于硅谷的全美微电子技术中心。华盛顿是美国的首都，是政治中心。不同产业在组团内不同城市之间进行分工，使得个城市能够获取比较优势和分工利益，从而使整个组团式城市群的利益得到最优化，区域竞争力得到最大化提升。这一城市群内还拥有多个港口，各港口在发展中也进行了合理的分工：纽约港是商港，以集装箱运输为主；费城港主要从事近海货运；巴尔的摩港作为矿石、煤和谷物的转运港；而波士顿则是以转运地方产品为主的商港，同时兼有海港的性质。在日本东京城市群内，城市之间的分工也十分明确：千叶为原料输入港，横滨专攻对外贸易，东京主营内贸，

---

① 王乃静：《国外城市群的发展模式及经验新探》，《技术经济与管理研究》，2005 年第 2 期。

川崎为企业输送原材料和制成品。从以上各主要城市、各港口的分析，可以看出这些城市群都有自己特殊的职能，都有占优势的产业部门，而且彼此间又紧紧相连，在共同市场的基础上，各种生产要素在城市群中流动，促使人口和经济活动更大规模地集聚，形成了城市群巨大的整体效应。

（三）注重发挥核心城市的带动辐射作用

城市群内各城市都具有相互吸引，分工协作的趋势，但是，在特定范围内，核心城市却具有增长极核的作用，具有较强的带动辐射作用，它的发展变化影响着城市群内的每一城市。因此一些国家十分重视培育这样的核心城市。日本在二战后将东京培育成了集多种功能于一身的"纽约＋华盛顿＋硅谷＋底特律"型的世界城市。东京的城市职能是综合性的，东京有五大功能：一是全国的金融、管理中心。全日本30％以上的银行总部、50％销售额超过100亿日元的大公司总部设在东京。二是全国最大的工业中心。该地区制造业销售额占全国的1/4。三是全国最大的商业中心。30余万家大小商店，销售额占全国的29.7％，批发销售额占全国的35.3％。四是全国最大的政治文化中心。东京是首都，还有著名的早稻田大学、东京大学，庆应大学等几十所高等学府。五是全国最大的交通中心。东京湾港口群是国内最大的港口群体，以东京和成田两大国际机场为核心，组成了联系国内外的航空基地。这一集多种功能于一身的城市不仅是该城市群的核心，而且也是整个日本的中心城市。

（四）注重发挥发达的交通网络的沟通作用

交通运输业和信息产业的快速发展是国外城市群快速发展的重要条件和主要驱动力。特别是在现代条件下，各城市之间要彼此合作，形成各具特色的劳动地域分工城市群体系，就必须以发达的交通运输网为依托。国外城市群大多拥有由高速公路、高速铁路、航道、通信干线、运输管道、电力输送网和给排水管网体系所构成的区域性交通基础设施网络，其中发达的铁路、公路设施构成了城市群空间结构的骨架和联结枢纽。

（五）注重发挥政府的协调作用

1964年，英国创建了"大伦敦议会"，专门负责大伦敦城市群的管理与发展问题。1980年初期随着大伦敦和其他大都市郡议会的废除，几乎不存在任何中央批准或赞助的区域规划行为，但是这并不意味着这一巨大的城市群就没有协调性的管理。依据 1985 年《地方政府法案》，中央政府实际通过当时的环境部承担了这一地区的战略规划职能。但是，撒切尔夫人当政期间，在公共政策领域中鼓励采纳市场规律对提高政策的协调性和战略性收效甚微，结果直接造成了一些大型项目规划无法实施，投资无法加以协调，环境无法得以保护。种种迹象表明，重新确立一种新型的城市群协调机制势在必行。1990 年以来，大伦敦地区又先后引入了战略规划指引（Strategic Planning Guidance，SPG），以维持整个城市群战略规划的一致和协调。法国巴黎城市群也是在政府的推动下发展起来的。1958 年巴黎制定了地区规划，并于 1961 年建立了"地区整顿委员会"（PADOG），1965 年制定的"巴黎地区战略规划"，采用了"保护旧市区，重建副中心，发展新城镇，爱护自然村"的方针，摈弃在一个地区内修建一个单一的大中心的传统做法，代之以规划一个新的多中心布局的区域，把巴黎的发展纳入新的轨道。政府规划实施的过程中，法国巴黎—鲁昂—勒阿弗尔城市群就逐渐发展起来。

## （六）注重二级城市与核心城市的错位发展

二级城市注重与核心城市进行错位发展，包括垂直错位和水平错位。在美国独立以前，波士顿是美国最重要的港口、贸易中心和港口工业基地。在战后，波士顿工业化过程大大加速，制造业得到了迅速发展，金融、保险、咨询等产业也随着制造业而发展起来，波士顿成为美国东北大西洋沿岸的中心城市。19 世纪中叶以后，随着纽约的崛起，波士顿成为美国东北大西洋沿岸的二级城市，在其后的发展中之所以并未沦为围绕纽约的制造业基地是在于注重与纽约进行了错位式水平发展，使其现代服务业发展仍然保持了自己的特色和相当的规模。如纽约的崛起取代了波士顿作为全国金融中心的地位，但是波士顿金融业特别是互助式地方金融发展仍然非常旺盛。波士顿的一些地方金融机构和银行正是在纽约崛起为全国金融中心的背景下建立起来的，这些银行主要是为社区提供银行服务和为地方商业活动提供贷款，而那些位于中心城市中的大型金融机构对此类金融服务并没有什么兴趣。这些地方金融机构还为本地的中小企业、个体业主、本地居民提供资金融通、养老保险、货物保险、购买住宅贷款等一系列金融服务。今天，波士顿的互助基金和风险投资基金仍然在全美国有重要的地位。

## 第三节　中国三大组团式城市群的发展

自法国学者戈特曼提出"大城市群"概念以来，大城市群已成为衡量一个国家和地区社会经济发展水平的重要标志。以纽约、芝加哥、伦敦、东京为中心的城市群，汇聚了当今世界最大的财富，成为世界经济发展的热点，也成了财富的代名词。

组团式城市群是新一轮财富积聚的战略平台。组团式城市群就是以经济为基础，以城市为载体，以交通通信为纽带，所构成的人口稠密、具有国际影响的地域范围。20 世纪末，有经济学家预言：21 世纪是中国的世纪，正在崛起的中国，吸引了世界的目光。随着我国经济的不断发展，城市化进程不断提速，巨大的财富迅速在城市聚集并辐射开来，拉动了区域的发展。在 20 世纪已经形成规模的三大城市群：长江三角洲、珠江三角洲、京津冀城市群更是发展迅猛，带动了周边地区的经济发展，成为支撑全国国民经济的主要地区。早在 2003 年 8 月 15 日至 16 日，已经有 11 年历史的长江三角洲城市经济协调协会便在南京市召开了第四次会议，长三角 15 个城市（注：在这次会议上浙江省台州市被接纳为第 16 个城市）高官共同签署了《以承办"世博会"为契机，加快长江三角洲城市联动发展的意见》。对长三角经济一体化影响深远的三大工程：杭州湾大桥、上海国际航运中心（洋山港）、沪—崇（明）—苏大通道相继启动，打造长三角 15 城市的大城市群的计划再一次成为人们关注的焦点，世界第六大城市群呼之欲出。

在这些中心城市的示范作用下，全国兴起了建设城市群的热潮。到目前为止，全国有 182 个城市提出了建设国际大都市的口号，约占全国 667 座城市总数的 27％。似乎组团式城市群一旦建成，经济发展就可以一劳永逸。这一目标对其中的某些小城市来说是不切实际的，建设城市、发展城市都要有科学的态度，要切乎实际，量力而行。就全国而言，需要分析把握全国城市群的数量、规模、布局和进程。美国有三大城市群、日本也有三大城市群，中国是三大城市群还是六大城市群抑或是几大城市群？城市群应该具有规模效益，不应该盲目贪大求多，也不应该跟风炒作，中国城市群的发展要循序渐进，与时俱进，不能一哄而上，群起而为之。从现有基础与发展条件来看，作为我国城市化进程中的一个重要的发展阶段，我国城市群的发展已进入规模化时期，但能够有实力和条件发展成为组团式城市群的并没有几个。目前，我国对未来三大组团式城市群的认识主要有两种：一种认为应当是长三角、珠三角和京津唐三大城市群。另一种认为应当是长三角、大珠三角和京津冀①三大城市群。越来越热的三大组团式城市群概念是第二种认识（见表9-2）。这三个城市群好比三个巨大的增长极，聚集效应日渐明显。三大城市群对国民经济的贡献率将由占全国 GDP 的 40％提升到 2010 的 50％和 2020 年的 65％。

表 9-2　我国三大组团式城市群基本情况

| 类　别 | 长三角城市群 | 珠三角/大珠三角城市群 | 京津冀城市群 |
|---|---|---|---|
| 地域范围 | 上海、南京、苏州、无锡、南通、常州、扬州、镇江、泰州、杭州、宁波、湖州、嘉兴、绍兴、舟山、台州 | 广州、深圳、珠海、佛山、江门、东莞、中山、惠州、肇庆/香港、澳门 | 北京、天津、唐山、保定、廊坊、承德、秦皇岛、张家口、沧州、石家庄、邯郸、邢台、衡水 |
| 中心城市 | 上海 | 广州、深圳/香港 | 北京、天津 |
| 总面积（万 km²） | 10.02 | 5.47/5.58 | 21.83 |
| 人口总量（千万人） | 7.60 | 2.64/3.37 | 9.24 |

数据来源：《2004 年中国统计年鉴》，各地区统计年鉴网。

## 一、三大城市群在全国的经济地位

以上海为中心的长江三角洲城市群、以广州、深圳为中心的珠江三角洲城市群和以北京、天津为中心的京津冀城市群，是我国经济最具竞争力和活力的三个地区。2003 年三大城市群在全国的地位更为突出，各城市群的发展继续呈快速增长态势。

### （一）经济总量

可以看出，2003 年，三大城市群 GDP 总量已占全国的 40％，在全国中的经济地位已经十分重要，三大城市群是否成功发展，对全国经济发展均将产生

---

① 本书对京津冀城市群的地域范围采用京津冀区域合作课题组的定义，包括北京、天津和河北的 11 个地级市。

表 9-3　三大城市群的 GDP（2003）

| 城 市 群 | 长三角 | 珠三角 | 京津冀 | 三大城市群总体 | 全国 | 与全国之比 |
|---|---|---|---|---|---|---|
| GDP（亿元） | 22774.60 | 11453.10 | 13209.32 | 47437.02 | 117251.90 | 0.40 |
| 增长率（%） | 14.44 | 15.82 | 12.24 | 14.27 | 9.93 | 1.44 |
| 人均 GDP（元） | 29966.58 | 43382.95 | 14295.80 | 28169.25 | 9075.22 | 3.10 |
| 地均 GDP（万元/平方千米） | 2272.91 | 2093.80 | 605.10 | 1489.39 | 122.14 | 12.19 |

数据来源：《2004 年中国统计年鉴》，各地区统计年鉴网。

重大影响。其中长江三角洲 GDP 总量最大、接近于珠三角和京津冀的总量之和，单位国土面积产出最高。三大城市群平均经济增长速度领先全国 44 个百分点，是牵引中国经济发展的动力源泉。其中珠江三角洲增速最快，高于全国 58 个百分点。三大城市群人均 GDP 是全国的 3.1 倍，地均 GDP 是全国的 12.19 倍，这一方面说明三大城市群经济发达，投入产出高，另一方面也说明三大城市群已成为中国主要的人口集聚区，良性发展三大城市群能够有效地稳定社会治安，有助于和谐社会的构建。

（二）产业结构

表 9-4　三大城市群的产业结构（2003）

| 城市群 | 长 三 角 | 珠 三 角 | 京 津 冀 | 全 国 |
|---|---|---|---|---|
| 产业结构 | 4.97：54.52：40.51 | 4.78：52.06：43.16 | 7.93：45.53：46.54 | 14.78：52.94：32.28 |

数据来源：《2004 中国统计年鉴》，各地区统计年鉴网。

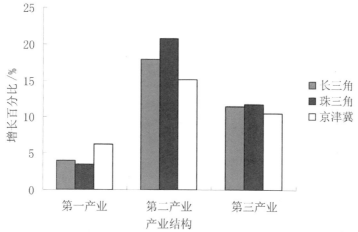

图 9-1　三大城市群三产产值增长速度比（2003）

数据来源：《2004 中国统计年鉴》，各地区统计年鉴网。

2003 年，三大城市群产业结构的比重，第一产业明显低于全国平均水平，分别低 9.81、10 和 6.85 个百分点；第三产业则比全国水分别高 8.23、10.88 和 14.26 个百分点。三大城市群第二产业均快速增长，占产业结构的比重提高，与上年相比，三大城市群的第二产业增速分别达到 17.88%、20.75% 和 15.15%，占产业结构的比重比上年提高了 1.59、2.12 和 1.15 个百分点。第一产业增速分别为 4.00%、3.52% 和 6.20%，占产业结构的比重比上年下降了 0.50、0.57 和 0.45 个百分点。第三产业增速分别为 11.43%、11.80% 和 10.56%，占产业结构的比重比上年下降了 1.09、1.55 和 0.70 个百分点。

### （三）固定资产投资

**表 9-5　三大城市群的固定资产投资（2003）**

| 城　市　群 | 长 三 角 | 珠 三 角 | 京 津 冀 | 三大城市群总体 |
|---|---|---|---|---|
| 固定资产投资额（亿元） | 8708.60 | 3746.29 | 4603.01 | 17057.90 |
| 比上年增长（%） | 37.51 | 28.42 | 23.77 | 31.52 |
| 占全国总量比（%） | 21.00 | 9.00 | 11.00 | 41.00 |

数据来源：《2004 中国统计年鉴》，各地区统计年鉴网。

三大城市群固定资产投资约占全国的 41%，其中长三角投资量最大，占全国总量的 21%，相当于珠三角和京津冀的固定资产投资总和。固定资产增长速度长三角最快，比珠三角和京津冀分别高 9.09 和 13.74 个百分点。

### （四）社会消费品零售总额

**表 9-6　三大城市群社会消费品零售总额（2003）**

| 城　市　群 | 长 三 角 | 珠 三 角 | 京 津 冀 | 三大城市群总体 |
|---|---|---|---|---|
| 社会消费零售总额（亿元） | 6931.67 | 3968.76 | 4234.3 | 15134.73 |
| 比上年增长（%） | 11.69 | 11.89 | 13.10 | 12.14 |
| 占全国总量比（%） | 14.75 | 8.45 | 9.01 | 32.00 |

数据来源：《2004 中国统计年鉴》，各地区统计年鉴网。

三大城市群社会消费零售总额达 15134.73 亿元，约占全国的 32%，其中长三角总额最大，占全国总量的 14.75%，比珠三角高 6.30 个百分点，比京津冀高

5.74 个百分点。三大城市群平均增长速度为 12.14％，其中京津冀增长速度最快，达到 13.10％，分别比长三角、珠三角高出 1.41 和 1.21 个百分点。

（五）地方财政收入

表 9-7　三大城市群地方财政收入（2003）

| 城　市　群 | 长 三 角 | 珠 三 角 | 京 津 冀 | 三大城市群总体 |
|---|---|---|---|---|
| 地方财政收入（亿元） | 2810.36 | 915.88 | 1438.57 | 5164.81 |
| 比上年增长（％） | 25.33 | 14.17 | 19.62 | 21.61 |
| 占全国总量比（％） | 13.00 | 4.00 | 7.00 | 24.00 |
| 人均财政收入（元） | 3697.84 | 3469.24 | 1556.89 | 2651.34 |

数据来源：《2004 中国统计年鉴》，各地区统计年鉴网。

三大城市群地方财政收入达到 5164.81 亿元，约占全国地方财政收入总量的 24％，其中长三角地方财政收入最大，达到 2819.36 亿元，约占全国总量的 13％，比珠三角高 7 个百分点，比京津冀高 4 个百分点。三大城市群地方财政收入平均增长速度为 21.61％，其中长三角增长速度最快，为 25.33％，比珠三角和京津冀高 11.16 和 5.17 个百分点。人均财政收入三大城市群达到 2651.34 亿元，其中长三角人均收入最高，为 3697.84 元，分别比珠三角和京津冀高 228.60 和 2140.95 元。

（六）城镇居民可支配收入（2003）

表 9-8　三大城市群城镇居民可支配收入

| 城　市　群 | 长 三 角 | 珠 三 角 | 京 津 冀 |
|---|---|---|---|
| 城镇居民可支配收入（元） | 11649.60 | 15345.97 | 8359.60 |
| 比上年增长（％） | 12.17 | 8.37 | 8.55 |
| 与全国平均水平比（％） | 138.00 | 181.00 | 99.00 |

数据来源：《2004 中国统计年鉴》，各地区统计年鉴网。

三大城市群城镇居民可支配收入远远高于全国平均水平，其中珠三角最高，达到 15345.97 元，比全国平均水平高 81 个百分点，分别比长三角和京津冀多 3696.37 元和 6968.37 元。长三角增速最快，为 12.17％，可支配收入增速比珠三角和京津冀高 3.8 和 3.63 个百分点。

## （七）实际利用外资（2003）

**表 9-9　三大城市群实际利用外资**

| 城　市　群 | 长三角 | 珠三角 | 京津冀 | 三大城市群总体 |
|---|---|---|---|---|
| 实际利用外资（亿美元） | 255.84 | 170.26 | 48.57 | 474.67 |
| 比上年增长（%） | 43.40 | 13.35 | 37.55 | 30.43 |
| 占全国总量比（%） | 48.00 | 32.00 | 9.00 | 89.00 |

数据来源：《2004 中国统计年鉴》，各地区统计年鉴网。

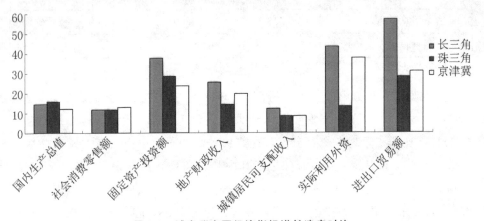

**图 9-2　城市群主要经济指标增长速度对比**

数据来源：《2004 中国统计年鉴》，各地区统计年鉴网。

　　三大城市群实际利用外资 474.67 亿美元，约占全国总量的 90%，其中长三角总量最大，实际利用外资 255.84 亿美元，占全国总量的 48%，比珠三角和京津冀分别高 85.58 亿美元和207.27亿美元。长三角实际利用外资增速最快，为 43.40%，比珠三角和京津冀分别高 30.05 和 5.85 个百分点。

## （八）进出口贸易总额

**表 9-10　三大城市群进出口贸易总额（2003）**

| 城　市　群 | 长三角 | 珠三角 | 京津冀 | 三大城市群总体 |
|---|---|---|---|---|
| 进出口贸易总额（亿美元） | 2748.87 | 2713.83 | 1028.04 | 6490.74 |
| 比上年增长（%） | 56.86 | 28.09 | 31.00 | 39.41 |
| 占全国总量比（%） | 32.00 | 32.00 | 12.08 | 89.00 |

数据来源：《2004 中国统计年鉴》，各地区统计年鉴网。

三大城市群进出口贸易总额为 6490.74 亿美元，约占全国总量的 89%，其中长三角进出口总额最高，达到 2748.87 亿美元，约占全国总量的 32%，比珠三角和京津冀多 35.04 亿美元和 1720.83 亿美元。三大城市群进出口平均增长速度为39.41%，其中长三角增长速度最快的，达到 56.86%，比珠三角和京津冀分别高 28.77 个百分点和 25.86 个百分点。

## 二、三大城市群发展优势比较

### （一）长三角城市群

#### 1. 经济发达，工业基础雄厚

长三角是我国经济总量规模最大经济区。2003 年 GDP 为 22774.60 亿元，占全国的 19.42%，同期，京津冀为 9.77%，珠三角为 11.27%。作为我国最大的综合性加工工业基地，区内钢铁工业有宝钢、南钢等企业，汽车工业有大众、南京菲亚特、春兰等企业，电子工业有熊猫、ut 斯达康、中芯国际等企业，石化工业有金山、金陵、扬子等企业。在生物工程、航天、激光技术、信息和新材料等高新技术领域，也集中了我国相当多的优势企业和科研技术单位。该区的加工工业具有较强的开发设计能力、综合配套能力、适应市场需求的应变能力，对国外新技术的吸收、消化能力及相当的自主创新能力。在这同时，长江三角洲的产业结构进行了较快调整，以上海金融、航运中心为核心的第三产业比重上升，金融保险、通信、信息和房地产业发展迅速，第三产业的内部结构正趋向高度化，向生产者服务业方向提升。这样的产业发展态势为长三角区域、为全国的发展提供良好的服务产业的系统支撑。

#### 2. 区位优越，水陆交通便利

长三角城市群拥有双优区位，所在地区是世界上不可多得的"黄金水道"和"黄金海岸"的交汇点，在经济全球一体化条件下更是满足"临海型工业"布局的要求。长江横穿我国腹心，通达海洋，将东、中、西三大地带连接起来，有利于大宗物流的上下行。同时该城市群地处西太平洋沿岸，又有京沪线纵贯南北，交通十分便利。作为长江沿岸地区的龙头，该城市群的建设，有利于东西梯度推进、联动发展，南北互相协作、拓展辐射，从而有利于带动全国经济的发展。

### 3. 城市密集，城镇体系完善

长三角目前城市化率已达到 45％，平均每万平方千米有 6.9 个城市，平均每万平方千米分布着 68 座城镇，这三项指标都高于京津冀和珠三角地区，比全国城镇分布密度高出 10 多倍。总体上已形成了一个包括特大、中、小城市和小城镇等级层次明显的城镇体系，能产生较高的城市群体能级效应。这些城市及所管辖的县（市）与上海经济存在密切的联系。随着各个城市产业结构的调整，区域内的产业分工趋势将进一步得到加强，这种趋势有助于上海增长极的经济扩散。

### 4. 形象完美，投资环境优良

区域形象"是一个区域开放度、繁荣程度及其在中国乃至世界的地位与发展前景的综合反映，它与区域国际竞争力具有互动关系。"区域跨国公司地区总部数或者投资公司数量最能直接体现一个区域的形象。据统计，到 2000 年底，仅在上海，外资银行被其总行确定为中国境内业务的主报告行的银行就有21 家，外国跨国公司把其中国（亚洲）地区总部设在上海的有 30 多家。而在广东珠三角，相应指标仅有 5 家和 3 家，长三角的个性魅力跃然纸上。

### 5. 人口众多，市场前景广阔

这里人口密度居于三大城市群首位，劳动力数量多，而且素质较高，居民人均收入水平较高，人均购买能力也明显高于全国平均水平，在居民消费上有着广阔的消费前景。同时上海申博成功，其广阔的市场空间对国内外投资者有着很强的吸引力。

### 6. 人文荟萃，科技水平先进

长三角一方沃土，钟灵毓秀，精英辈出。该地区是中华民族的文化摇篮，社会开化，文明进步，科学教育事业发达，技术管理水平先进。尤其是上海、南京和杭州等中心城市拥有众多大专院校、科研院所，汇集了大批高素质的人才，是建设长三角组团式城市群的人力资本。雄厚的劳动力资源与智力资源是长三角向世界第六大城市群迈进的重要有生力量。

### （二）珠三角城市群

### 1. 毗邻港澳，边界条件独特

广东珠三角面向南中国海，为珠江出口处，具有天然的港口资源。同时与中国香港、中国澳门毗邻。中国香港和中国澳门的独特性及在全球的影响势必成为珠三角未来发展的又一主要推动力。珠三角也是我国最大的侨乡之一，在港澳台和海外拥有侨胞 1000 多万，分布在世界 120 多个国家和地区，在珠三角发展的过程中，侨胞在资金、技术、人才等多方面都已做出了且还将做出很大贡献。

### 2. 技术升级，高新产业发达

目前珠三角的发展已高于亚洲其他任何地区经济增长速度，也是世界经济增长速度最快的地区。2003 年，广东珠三角 GDP 年增长率达到 15.82%。在各产业发展中，高新技术产业发展速度最快。据广东发改委预测，2005 年，珠三角高新技术产品产值将超过 5800 亿元，占今年工业总产值的 20% 以上。高新技术产品出口额 3000 亿元以上，占全省工业制成品出口额的比重达到 25% 以上。高新技术产业开发区实现年总产值超 3000 亿元，高新技术产品产值占一半以上；各大软件园实现软件收入约 680 亿元，产业带内软件产业产值达到 800 亿元左右。逐步形成电子信息、生物技术、新材料、光机电一体化、环保及海洋资源开发利用等六大高新技术产业，产值将占高新技术产品产值的 90% 以上。

### 3. 致力出口，外向经济突出

珠三角的外向型经济日益突出。2000 年，仅广东珠三角净出口总额达 1103.857 亿美元，进出口额和出口额分别占全国的 33.6% 和 34.0%，实际利用外资总额达到 121.76 亿元，居全国各大经济区首位。广东珠三角进出口地区已遍布世界 100 多个国家和地区，设立境外企业 600 多家，分布 50 多个国家和地区。在未来中国香港和中国澳门的融入，珠三角经济不论就总量、发展速度及经济的国际化水平将更大、更快、更高。

### 4. 社会信息化水平较高

珠三角的社会信息化水平也居全国各地之首。2000 年珠三角本地电话用户为 945.54 万户，在广东珠三角，彩电和电话普及率分别为 495 台/千人和 23345 部/10 万人，进入世界先进地区之列（1997 年美国分别为 809 台/千人和 20600 部/10 万人，日本 686 和 30400，新加坡 388 和 27300，韩国 348 和 15000），个人电脑普及率 126.7 台/千人（1997 年美国 406.9 台/千人，日本

202.1，新加坡 399.5，韩国 150.7)。据统计，全国互联网的网民、WWW 站点以及 CN 下注册的域名的地域分布，以珠三角为主体的广东分别占全国的 9.7% 和 14.2%、14.1%，仅次于北京居全国第二。

### (三) 京津冀城市群

#### 1. 地域广袤，自然资源丰富

京津冀城市群地域面积为 21.83 平方千米，比另外两个城市群的面积总和还多出一个珠三角城市群，发展潜力巨大。京津冀地区具备发展现代工业的众多自然资源，是发展现代化工业所需的能源、黑色金属、有色金属、化工原料、建筑材料等矿产资源的云集之地，后发优势雄劲。位于区内的渤海还有丰富的海洋资源，被誉为"天然鱼池"。京津冀旅游资源富集，居于三大城市群之首，是我国旅游资源赋存条件最好，组合最聚集的地区之一。该城市群内拥有我国被联合国教科文组织列为世界遗产目录中六处的三处，明清故宫、周口店北京猿人遗址和长城，自然景观和人文历史景观融为一体，形成魅力无穷的旅游环境。

#### 2. 多国相邻，区位优势明显

北京是中国的政治文化中心，天津为华北最大的工商城市和外贸口岸，河北是该城市群发展的广袤腹地，渤海是全国唯一的内海，区位优势明显。本城市群沿渤海岸分布，大连、秦皇岛、天津是我国第一批对外开放的沿海城市。该城市群与俄、日、朝、韩等国经济贸易密切，日本学者金森久雄作出论断，京津冀城市群是东北亚的"核"，是东北亚经济腾飞的动力源泉。

#### 3. 依托首都，政策把握优先

北京是全国的首都，重要决策总是先由中央政府运筹、咨询与实施。加入 WTO 以来，各地特殊经济政策的优势逐渐丧失了原先刺激外商投资、拉动经济增长的魅力，但是中央政府特定时期内的政策决定还是会对各地的经济发展起到很大的推动作用。区域发展，择先机者得天下，作为以北京为核心之一的京津冀城市群，无疑对在第一时间把握中央的政策决定有着其他两大城市群无法比拟的优势。同时，中国传统文化注重人际关系，熟悉的人际关系、相同的隶属关系带来的经济活动还时常发生。正视这种关系的存在，合理利用自身的优势，是京津冀城市群加快发展的又一有力依托。

### 4. 高校云集，智力优势突出

京津冀在科研和人才两方面优势较为明显。仅北京和天津两市就拥有普通高校 80 所，中等职业学校 453 所，其中不乏全国乃至世界一流的清华大学和北京大学等高校；在两市普通高校任教的老师中，拥有正高级职称的为 7338 位；两市拥有的公共图书馆有 57 所。科技、人才优势，决定了京津冀无论是在科技投入与产出或是科技应用与开发等方面都居全国前列。

## 三、三大城市群发展特征比较

长三角、珠三角和京津冀三大组团式城市群，土地面积合计为 37.32 万平方公里，占全国的 3.89％；人口为 1.95 亿，占全国 15.07％；2003 年实现国内生产总值（GDP）47437.02 亿元，占全国的 40％，因而在中国经济发展中具有举足轻重的地位。不过，三大城市城市群也各具特点，发展并不平衡，以下主要从经济水平、增长源泉、动力机制和产业特色等四个方面进行比较①。

### （一）经济水平

由于三大城市群包含的省市不同，地域面积有很大差异，采用人均和地均经济水平，才有较强的可比性。目前三大城市群的经济发展水平都远在全国平均水平之上，但各城市群的发展呈现明显的差异。长三角人均和地均 GDP 分别是珠三角的 1.16 倍和 1.73 倍，是京津冀的 1.43 倍和 2.14 倍。如果以长三角为 1，则三大城市群的人均 GDP 比值为 1：0.859：0.699，地均 GDP 的比值为 1：0.578：0.468。可见，无论按人口平均，还是按土地面积平均，长三角城市群都是经济产出率或集约化程度最高的区域，而珠三角和京津冀城市群则依次递减。如果从三大城市群首位城市来比较，经济总量最大的是长三角城市群首位城市上海，其 GDP 已突破 5000 亿元；居第二和第三的分别是京津冀城市群首位城市北京和珠三角城市群首位城市广州，两个城市的 GDP 都在 3000 亿元以上。而人均水平最高的则是珠三角城市群的广州市，人均 GDP 已逾 5000 美元，长三角的上海市也接近这一水平；而京津冀城市群的北京市人均 GDP3000 多美元，与广州和上海相差甚大。

---

① 陈耀：《中国城市经济圈发展特征与前景》，《学术界》，2003 年第 6 期。

（二）增长源泉

三大城市群不仅是中国经济的"主产区"，也是经济增长最快的区域。2002 年全国 GDP 增长 8%，而计算几何平均增长率，长三角城市群达到 11.59%，珠三角城市群为 10.80%，京津冀城市群略低，为 10.77%。目前中国经济增长的主要决定因素为投资、消费和出口（"三驾马车"），依此考察三大城市群，可以发现它们增长的源泉各有侧重。

长三角城市群：投资拉动型。近年来，长三角地区由于其拥有的良好的基础设施、发达的科技教育和日趋完善的政策环境，成为国内外投资者关注的"热土"，特别是跨国资本正大举向长三角地区转移，作为长三角经济中心的上海市日益发展成为大公司、大银行总部和研发中心的所在地，并正在朝着国际经济、金融、贸易和航运四大中心迈进。2002 年包括沪苏浙的长三角城市群共完成全社会固定资产投资 9465.6 亿元，占全国的 21.9%，是珠三角（（广东省）的 2.4 倍，京津两市的 3.6 倍。

珠三角城市群：出口拉动型。改革开放以来，珠三角地区凭借其毗邻港澳、靠近东南亚的区位优势，以"三来一补""大进大出"的加工贸易起步，并大量吸引境外投资，迅速成为中国经济国际化或外向化程度最高的地区。2002 年广东省进出口额达到 2211.05 亿美元，占全国进出口总额的 35.62%，其中出口 1184.65 亿美元，占全国出口的 36.38%；加工贸易出口占全部出口的 78.7%。外贸依存度达到 155.31%，比上年提高 15.4 个百分点，远远高于其他各省市。

京津冀城市群：内需拉动型。京津冀城市群有厚实的发展基础，依托其广阔的腹地和区内市场以及便捷的交通枢纽条件，已发展成为中国规模较大、较为发达和成熟的现代物流中心和消费市场区之一。2002 年实现社会消费品零售总额达到 10094.8 亿元，约占全国 1/4（24.7%）。外向化程度不如珠三角和长三角，外贸依存度仅 35% 左右，实际利用外资仅占全国 1/5，但近年来，随着外商投资逐步"北上"，尤其是日韩及欧美等跨国公司纷纷在京设立研发机构，该城市群对外开放呈现加快势头。

（三）动力机制

长三角城市群：民资主导型。这里较早诞生以集体和私营经济为主体的"苏南模式"和"温州模式"，近些年经过规范的股份制改造，在中国地区经济中继续保持旺盛的活力。2002 年，在工业增加值中，非国有及国有控股工业占的比重，浙江达到 87.6%，江苏为 81.5%（江苏的国有独资工业仅占9.05%）；在全社会固定资产投资中，非国有经济投资占的比重，浙江为67%，江苏为 63%，上海为 65%，上海来自民间投资（不含外资）已占到 46.8%。

珠三角城市群：外资推动型。"珠三角模式"区别于其他发展模式的最大特征，在于它几十年来一直保持着吸引外资的绝对领先地位。2002 年广东省实际利用外资 165.89 亿美元，比上年增长 26.2%（其中珠三角 116.19 亿美元），而同年沪浙苏分别为 50.3 亿、47 亿和 108.3 亿美元，京津分别为 51 亿和38.06 亿美元。广东一年实际吸引外资额相当于西部 12 省区市改革开放以来的累积数。珠三角的外资主要来自中国香港、东南亚以及海外的华资。

京津冀城市群：国资主导型。这一城市群属于中国的老工业基地，传统计划体制的惯性影响较大，尽管近些年所有制结构调整加快，但国有经济比重仍相对较高。北京的 GDP 中来自国有经济的份额仍然占到 53.5%。在全社会固定资产投资中，国有经济投资的比重，天津高达 86.7%，北京都在 40% 以上。但要看到，该城市群民资和外资的增势趋强。

（四）产业特色

长三角城市群：高科技——知识密集型。长三角城市群产业门类齐全，轻重工业发达，是中国最大的综合性工业区，其纺织、服装、机械、电子、钢铁、汽车、石化等工业在全国占有重要地位。但相对其他城市群而言，这里以微电子、光纤通信、生物工程、海洋工程、新材料等为代表的高新技术产业更为突出。近年来，电子信息制造业的增幅始终保持在 30% 以上，上海已建成 7条芯片生产线，其中国际主流的 8 英寸生产线有 3 条，占全国的 3/4；上海、无锡和杭州已被确定为国家级 IC 设计产业化基地。2002 年上海高新技术产业工业总产值 1980.08 亿元，比上年增长 18.7%，占全市工业总产值比重达到23.4%。近期投资高科技产业的台商，也主要向长三角城市群转移和集中。

珠三角城市群：轻纺——劳动密集型。珠三角城市群产业主要由加工贸易导引，多以服装、玩具、家电等劳动密集型产业为主。2002 年服装产量仍高达22.53 亿件，平均全国每人 1.8 件；微波炉（1382 万台）、空调机（1324 万台）、电视机（2410 万台）等产量很高。近些年随着产业结构不断调整和优化升级，高新技术产品增速快，如 2002 年，大规模半导体集成电路增长

27.8%，微波通信设备增长 67.5%，移动通信设备增长 188.0%，微型电子计算机增长 31.4%，移动电话增长 67.7%，彩色显像管增长 39.1%。已成为全球最大的电子和日用消费品生产和出口基地之一。此外，石油化工、电器机械也正在形成新的产业支柱。

京津冀城市群：重化工——资本密集型。京津冀城市群是中国重化工业、装备制造业和高新技术产业基地，其钢铁、机械、汽车、石油化工、建材、造船以及微电子等 IT 产业在全国占有重要地位。近年来，生铁、钢、成品钢材、大型拖拉机、塑料、啤酒等产量均占全国 30% 以上，电冰箱和洗衣机产量占全国 1/4 以上，微型电子计算机占全国近 50%。2002 年，，河北省重工业产值占整个工业的比重为 69.4%。该城市群的农副产品、海洋产品加工和出口也保持着较大的优势。

## 四、三大组团式城市群发展的共同问题及其对策

### （一）主要问题

我国三大城市群的发展优势各具特色，经济增长各有所长，但同时也面临共同的问题。目前，在三大城市群进一步扩张中面临最大的共性障碍，就是城市群内的行政体制分割，缺乏宏观协调。受行政区划和地方利益的影响，城市群内各城市的发展都立足于本地区利益，缺乏整体上的宏观协调，尽管城市间会就某些领域进行合作，但只是临时性的、局部性和非制度化的。行政性区际关系削弱了甚至是替代了市场性区际关系，以致城市群内因地方行政主体利益导向而难以做到资源的优化配置及经济融合，导致城市群整体发展的不经济性和不可持续性。突出地表现在以下方面：

1. 城市间分工协作不明确，产业结构趋同

因为区域整体协调不足及区域资源类似，城市群内各城市的功能不明确，产业结构趋同现象严重，产业整体布局不规范。产业趋同必然导致大量的重复建设，分工合作优势得不到体现，引起资源的浪费和无谓的竞争。产业趋同也必然导致城市之间存在一定程度的贸易壁垒、资源大战，以及各种形式或花样翻新的地方保护，不利于城市之间的经济合作，不利于企业竞争力的提升，从而对城市群的整体竞争力产生负面影响。

2. 城市间基础设施重复建设，耗费大量资金

三大城市群内都存在着严重的不合理重复建设，不仅在价高利大的产业领域，而且包括港口、机场等基础设施领域。如珠江三角洲建了六七个机场，不仅大量资金积压，而且利用率也很低，尽管如此，仍有几个城市在筹建新机场。长三角竞相建港口，缺乏协调与沟通，腹地范围计算缺乏合理性。据统计，南京以下的长江段，已建、在建和待建的万吨以上码头泊位共 100 多个，投资建设都由当地政府操办，各建港部门均以自己认定的腹地计算货源，其中很多是重复计算，造成建成后货源分流在所难免，货源不足，浪费巨大。京津冀的机场、港口资源利用也不协调。城市群内重复基础设施建设将会导致一系列严重后果：客货源不足，入不敷出，投资浪费严重；盲目攀比，导致交通网络层次与结构不合理；引发新的区际矛盾等。

### 专栏 9-1　宁波与上海的港口之争

宁波的北仑港和上海建设中的大小洋山港，是两城市无法展开合作的例子。因为，北仑港原本就是为上海准备的，但上海自己又再建一个大港，这有何必要？甚至有人说，这是地区相互不合作的一个最大例证。宁波发改委的一份报告中认为，在洋山另起炉灶建深水港上海方面预算仅需 500 亿人民币是不现实的，总投资应在千亿左右，如果在宁波北仑形成大体同等规模的吞吐能力（880 万 TEU），仅需补充投资 186 亿元。单位吞吐能力的建设成本洋山港约 10000 元/TEU，北仑港为 2100 元/TEU，仅为洋山方案的近 1/5。长三角两地兴建港口的最直接的后果就是鹬蚌相争，渔翁得利。在长三角各港口为国内货源争夺不休时，远方的韩国釜山为应对两港已经未雨绸缪，投资兴建 6 个集装箱码头和相关港埠设施。而釜山之所以能够长期吸引大船东，一个很重要的原因就是与之毗邻的光洋岛可以弥补其部分劣势，由此带来两港的共同兴旺。最近，韩国釜山港准备把中转货物收费降 20% 以上，以吸引更多货量。而在去年，韩国政府还为釜山港划出一块自由贸易区，试图吸引货源和稳定各大船东，以巩固釜山港的地位。很多人认为这是针对建设中的洋山港。

3. 竞相出台优惠政策，引发恶性竞争

在开放引资上，城市群内各城市竞相出台优惠政策。在招商引资上，低地

价甚至零低价吸引外商进入，土地资本流失；在外贸出口上竞相压价，导致过度或恶性竞争；甚至城市群内的区际联系还要小于与国际的联系，这些不合理的恶性竞争行为都损害了区域整体利益。

4. 城市之间定位不准，城市群体系层级不明显

城市群本身应是一个一体化的整合体，其内部可分为不同的层级，从而形成不同的城市群体系。城市群内不同的层级，具有不同的实现价值。我国的城市群具有明显的分层级特征，但不同层级还都没有认清自己应该担负的角色。结果是大城市不大，中等城市不强，小城市不特。各自的角色不明，都想当中心，都想成为一个各自封闭的小系统，使得城市群内角色混乱，经济无序化，加剧了城市之间的无序和不平等竞争。城市群内的核心辐射源缺乏、产业链条薄弱、地方保护主义盛行、区际交通体系不健全和区际城市等级结构不合理等弊病都是不容回避的事实，这些极大地耗散了城市群所集聚的能量，制约了其辐射功能的发挥。

5. 城市群内中心城市的综合辐射和影响力不突出

城市群中心城市的形成和发展是城市群发展的主要杠杆，尤其是中心城市对周边地区产生强大的辐射和影响。能有力促进资金流、信息流、科技流、人才流等在城市群内城市间的流动，推动城市间的互动。就目前我国三大城市群，仅有长三角的上海市在长三角发展中的中心城市作用发挥较为突出，在其他两个城市群内，对城市群和圈内其他地区产生较大辐射和影响力的中心城市其作用还不明显，且其本身还有待进一步发展。

（二）相关对策

从三大城市群面临的共同障碍来看，产生问题的主要内生原因是行政体制分割，缺乏区域内部整体的宏观协调，缺乏城市之间的互动合作。近年来，针对这些问题，三大城市群都采取了一些积极的措施，加强区域合作。如京津冀地区的京津机场联合、首钢的外迁，以及开展京津冀区域合作的研究；长三角各城市主动接轨上海、杭州湾跨海大桥开工建设；珠三角实施的与中国香港24小时通关、深港两地联网信用卡计划、佛山周边撤市变区，以及 CEPA 的安排。但总体上看，合作的愿望要大于实质性行动。根据现状，我们认为，整合三大城市群，加快推进区域一体化进程是解决三大城市群进一步解除经济发展约束瓶颈的有效途径之一。有效推进城市群的一体化需要从以下方面努力：

1. 深化一体化发展理念

深化一体化发展理念，就是要树立合作、妥协、共赢意识。世界经济的竞争，不再表现为两个国家之间的竞争，已经主要表现为国内城市群与城市群之间的主导的竞争，是否拥有在世界上具有强竞争力的城市群，是一个国家经济地位确立的主要依据之一。城市的发展，离不开其区域环境，需要与城市群内其他城市的合作与交流。深化城市群理念，已经是知识经济时代下的理论素质要求。

2. 建构一体化政策体系

建立起均衡各方利益的制度安排，便是实现区域一体化的重要保证。目前，三大城市群还处在一体化阶段，即各城市为追求自身利益最大化条件下的相互妥协和有限的经济社会联合。因此，各地区的经济发展总体关系格局依然是以竞争为主，合作则是建立在竞争基础上的伙伴关系。要想使三大城市群内各城市之间合作关系紧密和稳定，避免产业结构趋同，避免各地竞相出台优惠政策而引发恶性竞争，必须从制度上保证各方利益合作后切实得到提升，没有制度保障，无疑是天方夜谭。

3. 营造一体化法制环境

区域一体化是经济发展到一定程度后进一步提升城市群竞争力的必然措施，符合各经济体的共同利益。但各城市的经济利益不同，而且相互之间往往是有冲突的，为了约束和规范因各自利益而产生的不利于一体化的行为，有必要订立大家共同遵守的公约和法规，统一法制环境。当市场经济和社会发展到一定阶段之后，法制环境对一个区域经济发展的影响力和重要性将逐步上升成为关键的因素之一。目前可以选择影响一体化最突出的一些问题，如招商引资、土地批租、外贸出口、人才流动、技术开发、工程招标、信息共享等方面，通过共同协商，形成城市群内无特别差异政策的公约、规则或法规。考虑到某些经济体的水平和条件的悬殊，应允许存在一定的政策差异，使之有利于相对落后经济体的发展。

4. 制定一体化发展规划

中国的大城市群都是由不同的城市等级不同的行政主体，以及不同的地域功能构成的经济复合体。推进经济一体化,必须规划先行,研究制定超越现有行政区划,能够涵盖城市群内各城市等级、各行政主体,以及各地域功能的大区域规划,如"大珠三角规划""大北京规划""大上海规划"。要通过规划,明确城市群一体化的总目标和分阶段目标,包括旨在消除要素和产品流动障碍的市场一体化,能够发挥各自比较优势形成合理分工的产业一体化,以公路、港口、机场的衔接配套完善交通、物流网络为重点的基础设施一体化,以强化信息资源互通共享的信息一体化,以消除城乡二元结构形态完善城市功能的城市布局一体化,以及旨在规范各地政府行为的制度一体化。

### 5. 构筑一体化共同市场

实现生产要素的自由流动以及产品和服务的相互开放,除了要弱化地方行政参与经济的力量外,关键在于培育和构建统一、开放、规范的共同市场。要在市场规则上尽可能与国际接轨,符合中国加入 WTO 的承诺,完善各类市场体系,形成各类市场的共同体,保障市场机制发挥基础性作用。目前,特别重要的是,共建区域性的商品物流共同市场、产权交易市场、人力资源共同市场、科技成果及知识产权保护共同市场、基于信息网络平台的信息共享及信用征信共同市场,以及文化旅游共同市场等。比如,建立城市群产权交易机构,可以为跨地区产权重组、异地并购、产权交易等活动创造条件。

### 6. 培育城市群城市功能体系

要提高三大城市群的竞争力,就必须在各个地区与城市之间形成一个合理的社会分工体系。强化组团城市群内产业联动发展,是实现城市群区域供应的物质基础。随着三大城市群区内经济差距的缩小,城市之间的发展模式将会有以往的产业梯度转移模式向分工协作模式转变。城市群内各城市必须立足于自己的发展优势,以强势的产业或园区建设为纽带,进行战略功能定位,发展产业集群,培育各具特色的城市功能。城市群发展的根本就是实现城市间的功能互补、发挥"协同效应",以实现城市与城市群的协调发展。

### 7. 构建城市群城镇等级体系

层次性的城镇规模分布是城市群的基本特征,同时也是实现城市群资源分配和城市间功能互补的重要条件。而合理的城镇规模体系应呈"金字塔型"。但目前,在我国三大城市群的城镇规模分布中,城市的集中度偏低,小城市数量过多，中等城市发展不足，明显呈现出一种"纺锤型"格局。因此，三大城市群的发展一要突出中心城市的规模与能级，迅速拉开与次中心城市和中等城市间的差距，以确保中心城市聚集、扩散和创新功能的发挥；二要提升一部分小城市的经济能级，加快培育组团式城市群中等城市的数量，使整个城市群规模等级体系合理分布。简言之，就是发挥大城市的核心作用，做精、做特中小城市，使大中小城市协调发展。

8. 组建半官方的城市群协调机构

国内外的实践表明，推进区域经济一体化需要有一个由各经济体共同组成的组织机构。目前三大城市群就某些领域已建立了相关组织机构，如长江三角洲的长江沿岸中心城市经济协调会、长江三角洲城市经济协调会、长江流域发展研究院、长江开发沪港促进会等。但这些机构只是就城市产发展存在的微观问题进行协调，与城市群总体发展的内在要求还相距甚远。因此，建立更为广泛的组团协调或管理机构是城市群进一步发展的重要保障。考虑到目前设立超越行政区的政府组织有难度，可以由政府部门和民间组织共同组建一个半官方的城市群协调仲裁委员会。这些机构主要职能包括研究制定城市群统一发展规划和统一政策、组织协商协调以及纠纷仲裁。不仅要就某些领域进行协调，同时还要负责城市群的规划、产业布局、环境治理、生态保护等宏观发展问题。如美国迈阿密城市群的双层制大都市政府等。

# 第四节　三大组团式城市群的博弈与均衡

全球经济一体化的经验表明，组团式城市群在区际乃至国际经济竞争和合作中扮演的角色越来越重要，是衡量一个国家或地区社会经济发展水平的重要标志。从国际竞争的角度来看，一个国家真正有能力参与国际竞争的实际上是大城市、大城市圈乃至大城市群。城市群竞争力就是国家竞争力的表现，组团式城市群的成功就是国家的成功。

我国近几年逐渐形成了长三角、珠三角和京津冀这三大城市群，目前竞争力的走向，已经受到海内外的广泛关注。三大城市群落又开始了新的合纵连横，以建立等级有序、功能互补的组团式城市群提升区域竞争力。以上海为龙头的长三角城市群推出营建上海至宁波大桥，连接 16 个城市的高速公路网等四项计划，准备把长三角地区建立成为世界上人口最多和规模最大的城市群。广东则锐意在"十五"期间提升珠三角城市群竞争力，立志称雄亚太，使之成为亚太地区最有影响力的主要的城市集团之一。与此同时，北方的京津冀地区一个以北京为中心的"大北京"城市化区域经济体又呼之欲出。这三大城市群之间相互博弈，共谋发展，尤比"三驾马车"，共同拉动中国经济增长。

一、新一轮发展机遇期与博弈态势①

对于三大城市群而言，未来 3 到 5 年，不仅将共同分享中国加入 WTO 及经济全球化、国际产业资本转移所带来的新的发展机遇，而且各个城市群内部业已产生启动新一轮大发展的能量巨大的引擎或"发动机"。

京津冀城市群"引擎"主要来自北京举办奥运会及国家扶持老工业基地的政策。按照有关部门公布的投资预算，北京将为举办 2008 奥运会进行奥运史上最大规模的投资，总投资额高达 2800 亿元人民币，主要用于城市基础设施、城市环境改善、奥运比赛场馆建设和运营费用，以及电视媒体的转播系统和通信系统等。其中比赛场馆建设除北京外，还将在京津冀的一些港口城市建设。举办奥运会将带动一大批相关产业的发展，包括建筑、房地产、旅游、广告、体育博彩、城市公交等，并创造大量新的就业岗位。据国家统计局预计，到 2008 年，北京"奥运经济"平均每年能拉动全国 GDP 增长 0.3～0.4 个百分点。作为毗邻北京的京津冀城市群主要城市，将从奥运大规模建设中必将分享一定利益。同时值得一提的是，"十六大"报告提出，要"支持东北等老工业基地的调整和改造，支持资源为主的城市和地区发展接续产业"。最近温家宝总理在考察辽宁时强调，振兴老工业基地是一项长期艰巨的任务。既要有紧迫感，又要从长计议。要用新思路、新体制、新机制、新方式，走出振兴老工业基地的新路子。这必将对同处于东北和京津冀城市群的老工业城市提供难得的历史机遇。

长三角城市群"引擎"主要来自上海举办世博会及国际性大都市建设。举办 2010 年世博会既是上海提升城市功能，向更高层次发展的加速器，又是一个辐射源，长三角城市群其他城市都可能从中受益。世博会园区建设的直接投资预算为 30 亿美元，但间接投资包括为世博会成功举办所需要的交通、城建

---

①　陈耀：《中国城市经济圈发展特征与前景》，《学术界》，2003 年第 6 期。

等设施建设约是直接投资的 5 至 10 倍。据上海有关方面测算，这些投资需求可能拉动地方 GDP 增长 0.6 个百分点。由于长三角毗邻城市与上海市的区位、交通的紧密联系，上海世博会的巨额投资会把周边城市带动起来，不仅在交通等基础设施上对接，而且在整个城市服务功能、城市品位上，都将相应提升档次。借助"世博效应"，以上海为中心的长三角城市群将可能从"国家级"跃升为"国际级"。

根据国务院批复的《上海市城市总体规划》，上海的城市定位是建成国际经济、金融、贸易和航运四个中心，成为国际性大都市。围绕这一目标和世博会筹建，未来 3—5 年上海将开始城市建设和发展的又一个新高潮。启动的重大工程包括以"三港（深水港、航空港、信息港）、两网（轨道交通网、高速公路网）、一江（黄浦江两岸综合开发）"为重点的十大基础设施项目和以第二轮"环保三年行动计划"为重点的生态环境建设。其投资规模之大、项目之多，将超过历史上任何一个时期，这对毗邻上海的长三角城市群无疑提供了分享"大蛋糕"的商机；根据建设"四个中心"的要求，上海城市整体功能需要调整升级，现有一部分功能需要转移或退出，从而为长三角城市群众多城市提供了承接、配套发展的良机。比如，上海建设国际航运中心将为长三角港口城市带来部分港口功能替代效应；上海产业布局调整将为长三角城市带来部分产业替代效应。

珠三角城市群"引擎"主要来自中国香港与内地 CEPA 安排。2003 年 6 月 29 日签署的《内地与香港关于建立更紧密经贸关系的安排》（简称 CEPA），一方面，会由于 273 种中国香港产品以零关税进入内地，而有助于刺激中国香港制造业在一定程度上的复苏；另一方面，随着关税壁垒的提前消除，毗邻港澳的区位和文化优势使得广东与港澳经济融合的步伐加快，中国香港在大珠三角城市群的龙头地位得以真正确立，从而必将带动珠三角城市群向更高层次迈进。CEPA 的核心是服务贸易的安排，中国香港具有全球竞争力的服务经济体系与珠三角地区整合，将可能超越以往"前店后厂"的港粤合作模式。珠三角地区有 53000 家港资工厂，为这些企业提供服务是一个很大的市场，中国香港企业将首先考虑转移到珠三角为制造业做配套服务，而珠三角的制造业也需要中国香港优质服务业来配套，形成良好的互补。通过引进中国香港的服务业，珠三角城市群经济结构将得到更好的提升。另外，CEPA 采取中国香港原产地的做法对珠三角企业也非常有利，企业可以采取一部分在珠三角加工、一部分在港澳加工，通过价值估算就可能成为区域内零关税产品，从而有助于增强珠三角企业的竞争力。

总体上看，未来 3—5 年中国三大城市群都进入新一轮发展机遇期，它们对中国总体经济实力的贡献将会进一步增大。同时，三大城市群之间也将展开以资本（尤其国际资本）和人才（尤其高科技人才）为重点的新一轮争夺战，这种争夺实质是区域投资环境品质的博弈。根据区域投资回报存在的边际递减规律，国际资本在中国的空间走向将日益呈现"北上西进"的态势，特别是"北上"（由南部沿海向北部沿海）会日趋明显。目前，珠三角和长三角城市群的综合商务成本趋于上升，土地紧缺，发展空间受限，人力成本及水电等费用也在升高，这些都会迫使企业做出区位调整，并影响到投资者的空间决策。如果说改革开放前 20 年中国经济重心区是由北向南变迁，那么，以后的 20 年将可能逆转为由南向北的波浪式演进。20 世纪 80 年代珠三角城市群崛起，成为中国的第一个高增长区；90 年代以上海为中心的长三角城市群，成为中国的第二个高增长区；21 世纪初头十年或再长一点，京津冀地区尤其是京津冀城市群，有望成为中国的第三个高增长区。

## 二、三大组团式城市群的均衡发展

三大组团式城市群是拉动中国经济增长的"三驾马车"，加速三大城市群发展的重要性不言而喻。无论是从亚当·斯密的绝对优势理论还是从大卫·李嘉图的国际分工理论出发，三大城市群的发展都应该立足自身优势，进行分工协作，优先发展自己的强势产业。所谓三大城市群的均衡发展，不单单指三大城市群内的区域经济一体化，各城市之间有序协调发展，同样重要的还指城市群之间的经济合作与平衡发展。三大城市群健康成长的意义不是限于单个区域的，而是全国性乃至全球性的，服务于整个国家战略。所以城市群的建设应该是开放性的，而不能封闭性运作，城市群的发展应该在更大范围内进行资源要素优化、产业结构重组和经济协作联动。通过若干优势明显的区域性经济社会文化高地的组合，功能互补，建设在经济全球化条件下具有全球竞争力的产业体系，从而构筑国民经济的有机体系。这一视角将会对目前我国的区域经济协作、城市群的建设产生更为深刻的思考。

三大城市群之间的均衡发展应该在最大程度上发挥自身比较优势，加强分工协作，分享比较利益。这就需要对三大城市群的功能进行准确定位，对三大城市群的发展趋势进行理性预期。国内一些学者对三大城市群的功能与发展趋势的基本分析是：

（一）长江三角洲城市群

以上海为核心的该区域发展目标指向是成为世界性的市场和服务中心之一，并成为全球制造业高地。其发展的主要途径是以金融市场和航运市场的建设和完善为手段，加快资金、资本和货物流转，在这基础上提升上海服务业的层次，特别是促进生产者服务业的发展；同时，采取各种手段和方法大规模吸引外资，在这一区域奠定世界性重化工业、特别是装备产业的发展基础，成为推进和提升中国工业化发展的主要产业布点区域。

因此，在目前阶段，长三角应成为吸引世界制造业转移的领头羊，成为中国的产业高地和经济中心。长三角区域要下一个决心，明白一个宗旨，长三角要做的产业必须是在全国一流的，是领先的。特别是上海，目前正在朝着这一方向发展，如经过进一步的整合，长三角城市群的汽车产业、钢铁产业、石化产业、装备产业、信息产业、造船产业、能源设备产业等，将在全国做成一流水平。

长三角今后的发展趋势主要是打造世界级制造业中心，并逐渐把产业的控制部门和高端部门留在中心城市，而把协作配套业务向周边地区及全国扩散，并借此延伸长三角城市群中心城市的服务业辐射半径和影响区域，把产业做大增强作为服务业扩张的基础和依托。

上海作为长江三角洲城市群中经济实力最强的龙头城市，经济扩散中心和产业布局重心，已经确立了自己未来的国际经济，金融、贸易和航运中心的目标。在这过程中，上海必须实行"双辐射"战略。这是上海成为市场中心和服务中心的重要条件。

从全国层面来看，加快长三角城市群建设的目标是要在全国三大城市群的发展中起到整合性、龙头性的作用。目前三个城市群，在各自独立发展的同时，需要有一种功能上的组合，从而形成更为合理有效、更具竞争力和发展潜力的国民经济整体框架。由于以上海为中心的城市群区位优势明显，发展潜力大，如果长三角城市群的功能定位能够进一步明确和突出，区域协作联系进一步加强和提升，将对我国三大城市群的发展起到整合和带动作用。21世纪中国经济将可能形成以长三角城市群为中心、珠三角城市群和京津冀城市群为南北两翼的发展态势。

（二）珠江三角洲城市群

以中国香港、深圳、广州为核心，成为我国的技术创新中心、创业孵化中心及全球生产基地。珠三角城市群的发展必须结合未来港澳与这一区域的一体化趋势，特别是在 CEPA 推出之后，加快一体化整合及明确发展潜力所在是粤港经济发展的必由之路。国际商贸、金融、管理、人才是中国香港的强项，市场环境的自由度高是深圳的突出优势，而以广州为中心展开的珠江两岸已成为世界生产基地之一。因此，珠三角的功能定位来源于这样的设想：以中国香港的强大服务能力与珠三角的创新、创业环境相结合，成为亚太地区、甚至是全球性的创新、创业中心之一，并力争成为有影响的技术专利交易中心。同时珠三角应以新的优势吸引外资大规模进入，吸引全球高素质人才，进一步打造世界加工生产基地的影响和效果。

珠三角和长三角在制造业方面的分工将是：珠三角是以产品为核心的集聚和辐射基地，而长三角是以产业为核心的集聚和辐射基地。经过 20 多年的发展，珠三角已成为全球性电子信息、新材料、生物技术和光电一体化产品的生产基地，国内外信息技术产业的主要大型企业相继在这里设立组装点，目前在珠三角集约了 5 万家零部件生产厂家。根据珠三角的实际情况和发展趋势，珠三角的发展内容将主要是多出企业，通过技术引领、人才和资本吸引，形成相当规模的集聚效应，加快发展步伐。但在珠三角的经济发展中也存在着一定的缺陷，这一缺陷也是我国加工制造业的普遍性缺陷，那就是缺乏更多的具自主知识产权和专利的产品。因此，珠三角要加强内部的互动：以港深联手发展成为技术创新基地，以技术创新推动珠三角加工生产能力和水平的提升，以这一效应吸引全球更多的技术、人才和资金在珠三角的集聚，并逐步增强珠三角产品的加工生产能力对周边地区及全球的辐射。

我们认为，将中国香港和珠三角地区视为大城市群进行功能定位的分析是合理的。将大珠三角城市群发展成为一个具加工生产、现代物流、金融和专业服务、旅游娱乐以及信息资讯中心等综合性优势和功能的经济区域。

（三）京津冀城市群

成为中国、亚太地区乃至全球的政治、文化和科学中心。以北京为核心的京津冀城市群应该借助大国首都的影响，发展成为 21 世纪世界城市之一，为中国参加世界政治活动、文化生活、国际交往以及获取国家竞争优势等方面奠定基础，做出贡献。在我国三大城市群的功能定位上，京津冀城市群应该侧重于中国政治文化中心的营造。其内涵为：首先，在全国来说，京津冀城市群位于首都所在区域，当然成为中国的政治文化中心；其次，在亚太乃至全球范围内，京津冀城市群力争成为有影响力的政治文化中心。

有专家说，在中国，没有任何一个地区有京津地带这样优越的城市发展平台——无论是珠江三角洲还是长江三角洲，它们的政策、资源、人才、科研优势在相当长的时期内都无法与京津冀比肩。

但在京津冀城市群的发展中，有几个方面的问题值得关注：

第一，我国北方未来的工业化重镇将是东北地区，随着振兴东北的一系列政策措施的推进及改革开放深化，东北地区将重新崛起，成为重要的工业基地。因此，京津冀地区可以考虑适当减轻发展成为工业基地的压力，着重营造社会生态环境和文化氛围。

第二，京津冀区域的加工制造业相对地向天津和唐山集聚，并借产业疏散之机来适当分流人口压力。特别是利用天津在环渤海经济带中的中心地位，更多地承担制造业发展的任务，并加强环渤海经济带各城市间的协作联系，作为烘托首都北京的强大经济基础。

第三，调整北京目前所承担的过多的功能，明确以营造环境为目标——社会环境、生态环境、旅游景观、城市形态、会展设施及能力、文化氛围和市场、大商贸、科研体系及立体式交通枢纽等。使北京成为既极具中国传统文化深蕴，又富现代气息的大国首都和国际化大都市。

第四，在北京至天津之间全力打造一条密集型城市带和产业走廊，并提高北京与天津之间的各方面联系强度和深度，大幅度增强京津冀城市群的经济实力和产业基础。

应该承认，京津冀城市群的发展已落后于长三角城市群和珠三角城市群的发展。京津冀城市群内的各方联系松懈，优势不互补，各自为战，导致整体实力不强。非常可喜的是，京津冀城市群各方对区域协作的认识都有明显的提高，协作步伐在加快。特别是利用北京 2008 年奥运会的机遇，对该区域的产业体系和基础设施进行全面的规划、调整和建设，京津冀城市群将以全新的面貌成为我国社会政治文化的发展高地[1]。

**本章参考文献：**

1. 牛文元，《理论地理学》，北京，商务出版社 1992 年版

---

[1]　地理课堂网：《中国三大城市群研究》。

2. 周牧之，《鼎——托起中国的大城市群》，世界知识出版社 2004 年版

3. 朱英明，《城市群经济空间分析》，科学出版社 2004 年版

4. 杨汝万，《全球化背景下的亚太城市》，科学出版社，2004 年版

5. 陈秀山、孙久文，《中国区域经济问题研究》，商务印书馆，2005 年版

6. 陈耀，《中国城市经济圈发展特征与前景》，《学术界》，2003 年第 6 期

7. 牛文元，《从点状拉动到组团式发展：未来 20 年经济增长的战略思考》，《中国科学院院刊》，2003 年第 4 期

8. 北京国际城市发展研究院、中国城市报道编辑部，《以大城市群战略提高城市竞争力——关于城市群、城市圈、城市带发展的研究报告之一》，《中国城市报道》2002 年第 38 期

9. 王何、白庆华，《我国三大都市圈发展比较研究》，《软科学》2003 年第 5 期

10. 吴传清，《概览世界城市群》，《中国城市化》2003 年第 4 期

11. 黄建富，《世界城市的形成与城市群的支撑》，《世界经济研究》2003 年第 7 期

12. 王乃静，《国外城市群的发展模式及经验新探》，《技术经济与管理研究》2005 年第 2 期

13. 国家发改委地区经济司，《圈点中我国三大都市圈经济》，《中国经贸导刊》2004 年第 13 期

14. 万斌，《长三角蓝皮书——2005：中国长三角区域发展报告》，北京，社会科学文献出版社 2005 年版

# 第十章　实施城市可持续发展

当然，城市发展中的问题不是仅仅靠经济手段就可以完成的，必然受到社会、政治制度的制约。因此，在不同社会制度下，实现城市经济发展是有重大差别的。西方的城市经济发展多采用的是各种市场手段，解决现代城市中存在的各类问题。我国正在向市场经济体制迈进，城市化的外部环境越来越完善。在新的历史时期中，如何在现代化建设中发挥城市的作用；理顺城市中的各种经济关系；解决城市发展过程中出现的各种矛盾；缩小城乡差别，是我国城市化过程中面临的重大课题。

## 第一节　中国城市可持续发展识别与评价

建设可持续发展的城市是我们的奋斗目标，那么，如何识别与判断城市可持续了呢？可以采用一些分析方法和计量方法，建立识别与评价的指标体系，然后，可以寻找参照城市、参照体系进行对比，或者寻找多个城市的平均状况和趋势，作出识别与评价。

### 一、城市可持续发展的评价体系

截至 2003 年年底，我国已有城市 660 座，城镇人口 52376 万人，城市面积 813146.2 平方公里，城市化水平为 37.2%，而根据我国一些学者的预测，到 21 世纪上半期中国城市化水平应该达到 60%～70%，这一时期城市化进入快速推进阶段。人口大量不断地流向城市，给城市带来了发展的内涵，但也带来了巨大的压力，正如《我们共同的未来》中所说，"大多数人对环境问题的关心将以城市为中心"，没有城市的可持续发展就谈不上我们整个社会的可持续发展。

未来中国可持续发展的城市是什么样的呢？我们设想可以描述为下述几方面：(1)适当的人口规模和增长速度；(2)高效的经济发展；(3)健康的社会发展；(4)宜人的居住环境；(5)便捷的交通通信；(6)节俭的资源消耗；(7)清洁的空气水体；(8)安全的防卫体系；(9)协调的城乡发展。以上几个方面也是我们认识、考察和衡量城市可持续发展的重要内容。

结合第六章第一节所述的城市可持续理论，可以建立中国城市可持续发展的评价识别体系，见下图。

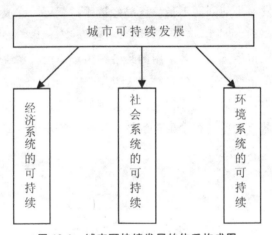

图 10-1　城市可持续发展的体系构成图

## 二、城市经济系统的可持续发展

### (一) 构建识别和评价城市可持续发展指标体系的重要性与原则

城市经济系统对于城市可持续发展起着至关重要的作用。对城市经济可持续发展的描述是：具有较高的人均 GDP 和较快的经济发展速度，产业结构先进、协调、合理，拥有发达的现代工业和现代服务业，具有较高的经济运行效率和资源利用率，较强的经济发展潜力和经济竞争力，和较高的开放度。

考察和评价城市经济系统的可持续发展是十分必要的。这种必要性具体体现在以下四个方面：

第一，通过建立城市可持续发展指标体系，构建评估信息系统，对某一城市的可持续发展状况进行评估，为管理决策提供依据。

第二，通过定量评价某一城市可持续发展水平，监测和揭示该城市经济发展过程中出现的问题和矛盾，并分析矛盾和问题产生的原因，及时反馈，提供给当地管理部门，以便采取对策，促进该城市经济的可持续发展。

第三，便于与国内外城市可持续发展水平的评价比较，从比较中找出差距和薄弱环节，并分析落后的原因。

第四，进行本城市发展走向与发展趋势的分析，利用预测手段制定城市发展战略规划，以进行有效的宏观管理。

由可持续发展理论我们知道，城市经济是城市发展的最主要部分，城市经济的可持续发展是一切可持续发展的基础。因此，设计城市经济可持续发展指标体系来检测和评估城市经济的可持续发展能力，需要本着以下主要原则：科学性原则，整体性原则，动态性原则，可比性原则，可操作性原则。

（二）指标体系的基本框架

1. 构建适用于各种城市类型的指标体系（指标选取库）

由于我国地域广阔，历史悠久，各个城市的发展各有千秋。从空间地域上看，一个特点就是发展不平衡，东、中、西部，南方和北方，沿海和内地城市的人口规模、人口密度、经济发展水平、产业结构等诸多方面都有很大差异。从城市功能或产业特征上看，有首都、国际化都市、省会城市、商贸城、钢城、矿业城市等；从城市规模上看，有特大城市、大城市、中等城市、小城市。因此，要想更加准确的衡量各级各类城市的可持续发展状况，应根据各种城市的具体状况，对城市进行划分（划分的粗细可以根据具体需要），然后根据各类城市有针对性地设计具体的指标体系，进行评价，而不是将所有城市整齐划一，一概而论。

我国传统的对城市的划分，是按照人口规模，即非农业人口 200 万以上为超大城市，100 万以上为特大城市，50 万～100 万为大城市，20 万～50 万为中等城市，20 以下为小城市。但随着经济的发展、改革的深化，特别是国际化背景下，我国开放地区的中小城市发展迅速，有一些的经济规模已经可以跟很多内陆省会城市相媲美，而这些城市现代工业与服务业的发展使它们与很多大城市面临同样的发展问题，同样的发展方向与可持续发展的任务。如苏州与无锡如何处理太湖污染，解决城市用水问题；佛山、东莞如何处理民工荒，解决城市劳动力问题等；以及华东地区大部分城市，如何处理电荒，解决资源问题等。

通过以上分析，我们可以看出，由于人口规模、经济发展水平的差异，会导致不同等级、不同类型的城市。这里我们拟定一套全面评估城市可持续发展的指标体系，而不同等级、不同类型的城市则可根据自己的实际需要，从该指标体系（指标选取库）中选取必要的指标，构成适合自身需要的指标体系。

2. 对城市经济可持续内容的分解：指标层和变量层

经济的可持续发展内容有多个方面多层次组成，因而，在这里我们设计了两个层次：指标层和变量层。在指标层中，有总体经济水平、经济结构、经济增长速度、经济运行效率、资源利用效率、经济竞争能力、经济发展潜力、经济开放度 8 个指标。即下表：

表 10-1　城市经济系统的可持续发展内容分解

| 城市的可持续发展 | | | | | | | |
|---|---|---|---|---|---|---|---|
| 经济水平 | 经济结构 | 经济增长速度 | 经济运行效率 | 资源利用效率 | 经济竞争能力 | 经济发展潜力 | 经济开放度 |

（1）指标层各指标解释

——经济水平

一个城市的经济水平一般是指一个城市宏观总量的经济指标，反映一个城市经济整体运行状况，包括产出水平、消费水平、收入状况、利税状况等。一个城市，只有经济状况运行良好，才能持续健康发展。

——经济结构

经济的发展不单指经济总量的增长，也包括经济结构的优化，居民生活水平的提高等方面。经济结构在这里主要是指产业结构。而产业结构的优化升级又是经济持续增长的一个重要原因。一般来说，在城市化初期，农业仍然占社会经济的很大比重，但工业经济已经初步占据统治地位，并且比重不断增大，但工业部门种类单一；城市化中期，工业经济已经完全占据统治地位，工业部门明显增多，分工更细，第三产业开始兴起，且比重不断增大，农业处于从属地位；到了城市化后期，即发达城市阶段，现代工业和服务业都比较发达，工业部门门类齐全，且分工更细，高技术产业在工业发展各部门中居于主导地位，服务业也从层次较低的商业、餐饮运输等发展为金融、保险、房地产、仓储、物流等现代行业。因而，一个城市的产业结构是一个城市发展阶段的明显标志。从以上的产业结构演进规律我们也可以看出，一定的城市发展阶段需要由一定的产业结构来支撑，产业结构也要与城市发展阶段相适应。协调合理的产业结构可以促进城市经济的发展，反之，对城市发展造成制约。所以，对于发达城市，第二产业特别是重工业所占的比重以及第三产业所占地比重是其经济发展水平的重要标志。

对三次产业的划分是根据社会生产活动历史发展的顺序而进行的，产品直接取自自然界的部门称为第一产业，对初级产品进行再加工的部门称为第二产业，为生产和消费提供各种服务的部门称为第三产业。它是世界上较为通用的产业结构分类，但各国的划分不尽一致。我国的三次产业划分是：第一产业，农业（包括种植业、林业、牧业和渔业）。第二产业，工业（包括采掘业，制造业，电力、煤气及水的生产和供应业）和建筑业。第三产业，除第一、第二产业以外的其他各业。由于第三产业包括的行业多、范围广，根据我国的实际情况，第三产业可分为两大部分，一是流通部门，二是服务部门。具体又可分为四个层次：第一层次，流通部门，包括交通运输、仓储及邮电通信业，批发和零售贸易、餐饮业。第二层次，为生产和生活服务的部门，包括金融、保险业，地质勘查业、水利管理业，房地产业，社会服务业，农、林、牧、渔服务业，交通运输辅助业，综合技术服务业等。第三层次，为提高科学文化水平和居民素质服务的部门，包括教育、文化艺术及广播电影电视业，卫生、体育和社会福利业，科学研究业等。第四层次，为社会公共需要服务的部门，包括国家机关、政党机关和社会团体以及军队、警察等。

——经济增长速度

经济增长速度是新中国成立以来备受关注的一个指标。我国经历了20世纪50—60年代计划经济下经济的高速增长，80年代改革开放也给经济的增长注入了新的活力。城市的增长速度也是要与城市的发展阶段相适应的。正如发达国家每年的经济增长速度在2个百分点以下，而我国则保持在8%左右。城市的发展速度既不是越快越好，因为经济的快速发展常常伴随着对资源的巨大浪费，和粗放型的生产方式。但增长速度过慢，也反映了一个城市发展能力的低下。特别是有一种增长型衰退也是一个城市不可持续发展的重要标志。增长型衰退是指经济仍然在增长，但增长的速度明显变慢，在表象上表现为经济萧条，市场不活跃，目前的英国经济即表现出这一特点，我国许多资源型城市，也面临增长型衰退的问题。另外，经济增长速度不仅仅是一个经济指标，也是一个人们的心理指数，是人们对经济形势判断的一个主要依据。

——经济运行效率

经济运行效率也是经济运行状况的一个重要指标，从前的城市发展一般是靠增加投资而获得的增长，其方式是粗放的，是建立在低水平管理和对资源的破坏性使用和对资源的巨大浪费基础上的。这也是一种与可持续发展相违背的增长方式。所以我们引入经济运行效率来检测城市的经济增长方式的变化。

——资源利用效率

资源是可被人们用于经济生产的自然存在。资源又分为可再生资源与不可再生资源。可再生资源指……不可再生资源指……为了达到可持续发展目标，调节代内与代际公平必须提高资源利用效率。它是经济效率另一个侧面的反映。

——经济竞争能力

城市竞争力是城市经济、社会、文化、科技、环境发展等的综合反映，但主要的是经济实力。经济竞争力是一个相对指标，它反映了城市在与其他城市的对比中所处的位置。经济竞争力强，该城市获得、利用资源的能力就越强，对周边地区的吸引力越大，城市的可持续发展能力就越强。

目前，国内外对城市竞争力的理解主要有三个方面的思路和观点。①围绕"建设国际大都市经济中心"这一线索展开的研究。这种观点把城市综合竞争力更多地理解为城市综合服务功能的强弱，由此界定城市综合竞争力是城市在全球经济活动中发挥聚集资源和扩散影响的能力。②以"城市产业竞争力"为核心来研究城市综合竞争力。认为不同的经济发展阶段、不同的产业结构，其竞争力要素组合和政府产业政策也是各不相同的，所以增强城市综合竞争力的对策也应有区别。总体上强调企业和产业的协调效率是综合竞争力形成的依托。③以体制和政策环境建设与政府管理等为内容来展开城市综合竞争力研究。这种研究主张城市综合竞争力的强弱取决于政府对社会资源的组织效率。认为政府提供合适的经济政策、发展战略、良好的金融体系，对城市综合竞争力的形成和强化产生功能扩张效应。

我国许多发达城市，如上海、北京等已经跻身全球发达城市之列，因而用第一种观点来衡量城市的竞争力，特别是在国际上的竞争力是有现实意义的，另外，在与国内城市的比较中，产业竞争力又是一个很重要的方面，所以，在对于发达城市的竞争力的判定上，我们将第一种与第二种观点相结合，并选取能够反映国际竞争力和产业竞争力两个方面的变量来分析。而对于中等发达城市，一般只是一个区域性中心城市，辐射力远没有达到全球的范围，因而，只要从产业竞争力反面进行判定就可以了。至于第三种观点，对于如何动员社会力量的参与等方面存在明显不足，并且政策也难以被量化，所以，这里我们将其舍去。

　　——经济发展潜力

　　一个城市经济的发展潜力不仅包括目前城市经济的发展状况，更主要的是城市经济未来的发展形势，而可持续发展的一个重要方面就是关注代际公平问题。未来经济的发展潜力越大，城市的可持续性也越强。生产要素存量是经济可持续发展潜力的重要标志，这里的生产要素，主要指资本与劳动力。

　　——经济开放度

　　市场经济是开放的经济，而现代城市经济又是以市场经济为主体的，因而一个城市的经济也必须是开放的，必须靠通过与外界的信息、能量交换才能促进经济发展。同时，城市的开放是对区域开放的，也是对国际开放的，只有在开放中才能找到自己的位置，加强与区域、国际的联系，与其他城市和区域进行分工与协作，发挥城市的比较优势。即，在开放中求发展。开放有主动与被动之分。产业结构和经济特征呈低水平，是低层次的开放；产业结构高级化，是深层次的开放。只有谋求深层次的开放，才能争取主动。

　　按照传统的概念，一国经济对外开放度是该国对外贸易额与该国 GDP 之比。但如果简单地将一国经济的开放度的衡量标准套用在一个城市上，是不确切的。因为一国只需要考虑对外开放问题，而一个城市不但要对外开放，也要对其他区域开放。所以，这里选择了对外开放的变量，也选择了对区外开放的变量。

　　（2）变量层指标构架体系

　　城市经济可持续发展总体评价指标体系是由 2 个层次、8 个系列的若干指标所构成的。见下表。各指标选取的标准是相关性强、贡献度较大、易于操作。

表 10-2　城市经济可持续发展总体评价指标体系

| 主要指标名称 | 具体变量名称 |
| --- | --- |
| 总体经济水平 | 人均 GDP<br>地均 GDP<br>城镇居民人均可支配收入<br>社会消费品零售总额<br>限额以上工业产值利税率<br>重化工业占 GDP 的比重 |
| 经济结构 | 第二产业贡献率<br>第三产业贡献率 |

| | |
|---|---|
| 经济增长速度 | GDP 增长速度<br>第三产业增长速度<br>投资增长速度 |
| 经济运行效率 | 全员劳动生产率<br>百元固定资产原价实现产值<br>资金利税率<br>万元 GDP 的综合能耗（标煤）<br>万元 GDP 的用水量 |
| 资源利用效率（土地、矿产） | 可再生能源消费所占份额<br>能源消费弹性系数<br>能源加工转换效率 |
| 经济竞争能力 | 工业部门总区位商<br>城市特色经济指标 |
| 经济发展潜力 | 居民储蓄年末余额<br>万人科技人员数（人）<br>第二产业拉动率<br>第三产业拉动率<br>FDI 占 GDP 的比重 |
| 经济开放度 | 人均国际邮电业务量（元）<br>外贸依存度 |

## 三、城市社会系统的可持续发展

### （一）以人为本的综合社会发展观

城市社会的可持续发展，是人类文明进步的最终体现。没有社会的可持续发展，是不完整的，也谈不上稳定、健康、有序；经济的增长也不可能长期、高效。社会的可持续发展要求，体现了以人为本的理念，体现了社会公平、公正的原则。

纵览城市化的过程，对于城市究竟向何处去，我们可以归纳起来存在有两种发展观：

第一种可称之为单纯的经济发展观，这种认识始于 20 世纪 50—60 年代，即认为城市发展主要是发展经济，发展工业。在这种发展观的指导下，形成了以经济为核心的城市发展战略，这种战略主要强调工业化，片面追求经济的增长，而忽视社会发展、环境质量等其他方面，并将经济发展看作是社会发展的核心问题。其特征主要表现为：①追求高速度；②推进重工业优先增长；③实行高积累、低消费。

第二种可称之为综合的社会发展观，也就是可持续发展观。20 世纪 70 年代后，人们开始对一些城市发展中的社会问题进行反思，认为单纯的经济增长并不那么让人满意，而对社会发展方面（如社会福利）未予以足够的重视。在 20 世纪 80 年代后，可持续发展观逐渐为人们所接受，正如我们今天的认识一样，经济的发展不能代表社会的、科技的、政治的、家庭的和个人的发展，社会发展不单单是一种经济现象，而是经济、科技、环境社会和人的全面、综合及协调发展的发展过程，即全面的、多元的、和谐的、科学的发展观。其主要特征有三：①强调经济发展与自然、社会发展的均衡；②强调发展的整体性；③强调以人为本的发展。

（二）城市社会可持续的识别与评价：指标层和变量层

城市社会可持续发展指标设计的目的是鼓励和指导各级政府与人民共同努力，创造一个健康、文明、向上和充满生气的和谐社会。它包括控制人口增长、提高生活质量、提升健康水平、完善基础设施、发展科技教育、维持社会稳定、建立社会保障和促进社会公平等主要任务。

1. 指标层框架结构与内容

在社会的可持续发展指标体系的框架中，与经济的可持续发展指标体系一样，我们同样设计了两个层次：指标层和变量层。在指标层中，有人口发展指数、生活质量指数、健康保健指数、基础设施指数、科技教育指数、社会稳定指数、社会保障指数和社会公平指数等 8 个方面。即下表：

表 10-3　城市社会的可持续发展指标体系

| 社会的可持续发展 | | | | | | | |
|---|---|---|---|---|---|---|---|
| 城市人口指数 | 生活质量指数 | 健康保健指数 | 基础设施指数 | 科技教育指数 | 社会稳定指数 | 社会保障指数 | 社会公平指数 |

（1）城市人口指数

城市的发展是以人类的活动为载体的。有无合适的人口规模是一个城市持续发展的前提条件之一。针对城市的可持续发展，我们希望有与城市规模相对应的人口规模、人口增长速度、较小人地压力和较大的居住区人口容纳量等。

（2）生活质量指数

生活质量是对一个社会中人们生活水平和生活状况的总体描述，主要是指环境提供给社会行为主体的生活条件的充分程度，以及社会行为主体对其自身和自身所处生活条件与环境的各种评价和满意程度。包括经济生活质量、职业生活质量、居民生活质量、婚姻家庭生活质量、休闲生活质量和社区居住环境生活质量等诸多方面。生活质量的优劣是衡量一个城市是否可持续发展的重要指标之一。

（3）健康保健指数

拥有健康的居民是城市可持续发展的前提条件之一。一个可持续发展的城市应该具有较高的医疗服务水平，多样的健康保健措施，充足的卫生技术人员和医疗设施。健康保健指数通过一些主要的监控变量来衡量一个城市的健康保健设施的完善程度和医疗服务水平的高低。

（4）基础设施指数

我们希望城市拥有发达的交通网络，强大的物流通行能力，充足的能源、水源供给，较多的绿地覆盖，较少的生活垃圾与污染等。达到这些目标状态必须拥有完善的城市基础设施，具有完善的基础设施是衡量一个城市可持续发展的主要指标之一。基础设施指数就是通过一些主要变量的设计来监控上述的城市运营状态。

（5）科技教育指数

现代社会已进入知识经济时代，科技人才优势已成为城市的主要竞争力之一。我们希望一个城市技术人才众多，研究开发能力突出，拥有一批高质量的高新技术产业，并且拥有雄厚的教育培训基础，培养专业人员，为城市的可持续发展要求进行人才储备。科技教育指数就是通过一些指标的设计来衡量一个城市在科技教育方面是否具有优势。

（6）社会稳定指数

一个可持续发展的城市必然要求社会环境的稳定。社会稳定指数从交通、刑事案件、粮食安全、突发自然灾害影响等方面来考察一个城市的社会稳定程度。社会稳定指数越高，表明该城市的可持续发展能力越强。

（7）社会保障指数

社会保障与社会稳定是密切相关的，社会的可持续发展必须要求城市拥有完善的社会保障制度。社会保障制度的完善有利于保持社会稳定。社会保障指数主要考核社会保障的覆盖范围、残疾人的就业、失业救济、医疗保险和疾病预防的公共支出等方面。

（8）社会公平指数

一个可持续发展的社会应该是一个公平的社会，包括就业机会公平、政治地位公平、收入之间的公平和男女之间的平等，等等。社会公平指数就是通过这些方面的指标设计来考察城市的社会公平程度。

2. 变量层的指标构成

城市社会可持续发展总体评价指标体系由 2 个层次，8 个系列共 81 个变量所组成，见表 10-4。

表 10-4　城市社会可持续发展总体评价指标体系

| 指标层 | 变　　量 |
|---|---|
| 城市人口指数 | 人口总量 |
| | 人口密度 |
| | 居住区人口密度 |
| | 人口自然增长率 |
| | 净迁移率 |
| | 人均预期寿命 |
| 生活质量指数 | 恩格尔系数 |
| | 住房花费占收入的比例 |
| | 在岗职工平均工资 |
| | 城市居民可支配收入 |
| | 城市居民消费性支出 |
| | 人均年末储蓄存款余额 |
| | 人均住房面积 |
| | 人均年生活用电量 |
| | 平均每百户耐用消费品量 |
| | 人均交通通信支出 |
| | 人均文化娱乐支出 |
| | 文化方面的公共支出 |
| | 电影和文艺演出观众人数（或票房收入） |
| | 电话普及率（包括手提电话） |
| | 国际互联网用户数 |

| | | |
|---|---|---|
| 生活质量指数 | 有线电视接入率 | |
| | 万人拥有的商、饮服务网点 | |
| | 万人拥有的银联终端机器数 | |
| 健康保健指数 | 5 岁以下儿童死亡率 | |
| | 孕产妇死亡率 | |
| | 儿童预防传染免疫注射率 | |
| | 避孕普及率（已婚男女节育率） | |
| | 获得安全饮用水的人口比例 | |
| | 千人拥有医疗床位数 | |
| | 千人拥有医生数 | |
| 基础设施指数 | 公共交通客运量 | |
| | 民航客运量 | |
| | 沿海主要港口货物吞吐量 | |
| | 人均货运总量 | |
| | 路网密度 | |
| | 电力供求比 | |
| | 供水富余程度 | |
| | 人均道路面积 | |
| | 绿地覆盖率 | |
| | 居住区绿化率 | |
| | 人均拥有城市维护建设资金 | |
| | 基础设施建设投资额 | |
| | 城市生活污水集中处理率 | |
| | 工业用水重复率 | |
| | 生活垃圾无害化处理率 | |
| | 集中式饮用水源水质达标率 | |
| | 城市集中供热率（只考核北方城市） | |
| 科技教育指数 | 每万人在校中学生数 | |
| | 每万人在校大学生数 | |
| | 成人二次教育实现水平（受培训人数比例） | |
| | 专任教师负担学生数 | |
| | 每万人拥有大专以上文化程度人员数 | |
| | 每万人拥有科技人员数 | |
| | 每万人拥有技师人员数 | |
| | 每万人拥有专利数 | |
| | 科研机构数 | |
| | 高技术产业产值占 GDP 比重 | |
| | 科技对经济增长的贡献率 | |
| | 科研、教育经费占 GDP 的比重 | |

续　表

| | |
|---|---|
| 科技教育指数 | 大中型企业 R&D 支出占 GDP 的比例 |
| | 地方科技事业费、科技三费占财政支出的比例 |
| | 科技经费筹集总额 |
| 社会稳定指数 | 每 10 万人判刑数 |
| | 每万人刑事案件发案率（%） |
| | 每 10 万人交通事故死亡率（%） |
| | 自杀率 |
| | 人均占有粮食（kg/人） |
| | 突发自然灾害（疾病）控制和反应 |
| 社会保障指数 | 失业救济率（%） |
| | 医疗保险率（%） |
| | 城市社会保障覆盖率（%） |
| | 残疾人就业率（%） |
| | 疾病预防的公共支出 |
| 社会公平指数 | 城镇失业率（%） |
| | 女性失业人数占总失业人数的比例（%） |
| | 妇女工资占男性工资比例 |
| | 基尼系数 |
| | 低于贫困线以下的人口百分比 |
| | 选取参与 |

## 四、城市环境系统的可持续发展

### （一）对城市发展的生态、环境方向的延伸

经过了一段时间的"唯经济发展"之后，可持续发展的理念逐步被人们接受，人类终于迎来来"生态觉醒""环境觉醒"。城市作为人类最主要的聚集地，理应是最适宜人类生活、生产的地方。而城市化的本质，本身就包含着有利于可持续发展的因素，例如高度的聚集性，可以有效地利用土地资源、人力资源、金融资源、信息资源以及自然资源和公共服务设施，进行专业化、集约化生产。

反思国内外城市化的经验教训，可以得出：在城市化进程中一定要坚持可持续发展；一定要与自然环境相平衡；一定要和社会发展相协调。

## 专栏 10-1　城市化的质量内涵

城市化的动力表征，指一个城市的发展能力、竞争能力、创新能力及其可持续性。其中包括城市的自然资本、生产资本、人力资本和社会资本的总和，以及对这四种资本的合理协调、优化提高以及对于创新能力和竞争能力的积极培育。

城市化的公平表征，指一个城市的共同富裕程度及其对于贫富差异和城乡差异的克服程度。其中包括对人均财富占有的人际公平、代际公平和区际的总和。

城市化的质量表征，指一个城市的文明程度和生活质量及其对于理性需求（包括物质的和精神的需求）的相对差距。其中包括城市对于物质支配水平、生态支出水平、精神愉悦水平和文明享受水平的综合质量。

资料来源：中国城市发展报告 2001—2002，第 98 页。

引自：张坤民等编著，《生态城市评估与指标体系》，化学工业出版社 2003 年版。

### （二）指标体系的基本框架

根据可持续发展要求，结合我国城市的发展特点，参照《生态城市评估与指标体系》[①]，提出城市环境系统可持续发展的指标体系基本框架，见下表。该指标体系由气候变化、大气环境、地表水、固体废物、噪声、自然与人文景观资源、城市基础设施、自然资源等方面构成，每一方面又由若干变量来指示。

表 10-5　城市环境系统可持续发展的识别内容框架

| 环　境　的　可　持　续　发　展 | | | | | | | |
|---|---|---|---|---|---|---|---|
| 气候变化 | 大气环境 | 地表水 | 固体废物 | 噪声 | 自然与人文景观资源 | 城市基础设施 | 自然资源 |
|  |  |  |  |  |  |  |  |

---

[①]　张坤民等编著，《生态城市评估与指标体系》，化学工业出版社，2003.8。

**表 10-6　环境系统可持续发展的指标层和变量层**

| | 指　标　层 | 变　　　量 |
|---|---|---|
| 环境支持系统 | 气候变化 | 人均 $CO_2$ 排放量 |
| | 大气环境 | 城市 TSP 平均浓度<br>城市 $SO_2$ 平均浓度<br>城市 $NO_2$ 平均浓度<br>酸雨频率（可以选择） |
| | 地表水 | I II III 类水比例（全部断面）<br>IV V 类水比例<br>V＋水比例<br>水体的富营养化水平（可以选择） |
| | 固体废物 | 固体废物堆积量 |
| | 噪　声 | 城市噪声水平 |
| | 自然与人文景观资源 | 受保护土地面积（国家公园、自然保护区面积）<br>风景名胜区面积（公园面积）<br>旅游收入占 GDP 比率 |
| | 城市基础设施 | 绿地覆盖率<br>人均拥有城市维护建设资金<br>人均道路面积<br>城市生活污水集中处理率 |
| | 自然资源 | 人均耕地面积<br>人均水域面积<br>人均森林蓄积量<br>人均海洋面积（可选择）<br>湿地面积占土地面积比例<br>人均水资源量 |
| | 城市土地资源 | 城市建成区 GDP 密度<br>城市建成区人口密度 |

# 第二节　塑造城市发展的可持续性与竞争力

现实中，我们可以看到，有的城市发展得快，有的发展慢；有的从无到有、迅速发展成为特大城市，如深圳；有的则多年停滞不前，甚至由强到弱，出现衰退，老工业基地的一些城市，原因在于什么呢？其中可持续竞争力的缺失是一个重要因素。因此，塑造有持久活力、持久带动力、持久竞争力的城市，是城市化进程健康、快速发展的有力措施。可以从以下几方面入手。

## 一、发挥市场机制的作用

市场取向对城市发展具有强大的推动作用。从西方市场经济国家的城市发展看，基本推动力就是社会及其个体争取最大效益，包括社会效益和经济效益。城市化的过程可以说是资源整合、优化配置的过程，人们在追求经济利益最大化的同时，自然促进了城市的发展，社会的进步。当然，社会的进步文明会进一步加速城市化的进程。

市场选择和市场机制作用的结果是，一方面，产生"集聚效果"，大量的人、财、物、技术流向城市，在这里汇聚出新的生产力；另一方面，产生"推陈出新"，不断引入新的技术、新的生产方式，同时淘汰旧的技术和生产方式，形成城市产业结构的不断升级。

根据劳动价值学说和价值规律理论，劳动力的自由流动是城市发展最根本的推力。这种自由流动并非随心所欲，它受劳动力价值规律的支配，简单地说就是利益支配，也就是哪里实际工资收益高就流向哪里。资本的自由流动是城市发展的第二推力。资本自由流转不是追求平均利润，而是最大利润。大量事实表明，城市与农村相比，城市才是获得最大利润的场所；高级化产业结构的城市与低级化产业结构的城市相比，高级化产业结构的城市才是获得最大利润的场所。资本向城市集聚，带动了其他要素向城市的汇聚，它使小商品生产、简单的粗放的商品生产发展成大规模的、集约化的现代商品生产，从而对城市化起了推波助澜的作用。所以，城市发展也离不开资本机制的作用。资本机制主要有两类，一是资本运行机制即资本的流动、积累、聚集、集中和不断增殖的机制；二是经营机制，即企业按照资本运行机制的要求，采取以市场为取向的经营方式来经营企业，把行政职能、社会福利等从企业分离出来，使企业成为真正的营利性经济组织。

西方市场经济国家城市发展靠的是劳动力价值规律和剩余价值规律两大推力，发展中国家的城市发展也不例外。中国目前除去城市待业人员不算，仅农村估计还有 2 亿剩余劳动力。因此，无论工业发展到何等程度，我国也不会像新加坡、日本那样出现劳动力短缺、工资大幅度上升的情况。在这种情况下，发展国民经济的战略应着眼于先建设发达的城市。城市天然具有吸引农民进城的功能。由于农民大量涌入，且对工资的高低无所奢求，工人的工资不会无节制的提高。结果是企业利润越来越多，投资也越来越大，最终城市经济上去了，农民大部分变成了工人。农村人少了，必然走农场化、机械化道路，反过来又促进城市农业机械制造业和农业服务业的发展。

　　若能使中国农村 2 亿剩余劳动力得到充分就业，无疑将成为中国城市发展的巨大推力。近年来，流入城市的农村劳动力绝大部分是青壮年劳动力，而且相当一部分是有一技之长的工匠或精明的商人，他们对城市的贡献远远大于给城市带来的麻烦。这部分人承担了城市绝大部分苦、累、脏、险活，支撑了相当一部分第三产业的发展，如：贩运来的农副产品占大城市集市成交量的 80％，同时这部分人对农村居民产生了示范作用，对彻底改革传统的城乡分割体制形成了巨大的推动力。由此看来，对进入城市的这部分农民宜采取鼓励的政策，而不是用"堵"的办法。事实上，农村结构性变革是推动城市化的一个原动力。目前，由于城乡社会收入分配不合理，导致消费断层、产品滞销，农村广阔的潜在市场尚未启动，致使城市相当一部分企业停产或半停产，失业率上升。同时由于农业生产方式落后，大大阻碍了农业生产资料的更新和城市商品经济的发展。因此，农业结构调整夜同样是我国城市化的深层推动力。

　　应当指出的是，市场取向改革对城市化的推动也不完全是自发调节的，它需要政府从宏观上进行规划和调控。

## 二、建设城市经济的高效结构和特色性

　　首先，对城市经济结构作一个一般性认识。城市经济的结构性、层次性是指城市空间地域范围内各产业部门的组合及其相互关系，它实际上构成了城市经济发展的基本原动力。城市经济结构制约和决定着城市经济的发展速度、规模和效益；制约和决定着城市的功能和发展方向；制约和决定着城市经济发展战略目标的实现。城市经济结构是一个多层次、多系统的复合概念。

　　按照经济关系分类，城市经济的结构可以分为生产关系结构和生产力结构；这两种结构又可以继续分解，如生产关系结构可分为所有制结构、分配结构、消费结构等，生产力结构可分为劳动力结构、产业部门结构、企业规模结构、生产技术结构等。

　　按照产业组成分类，城市经济的结构可以分为两产业结构、三产业结构或多产业结构。两产业结构是指依据美国经济学家亚历山大的分类法将城市经济部门分为形成发展（主导产业）部门和综合服务（辅助）产业两大类部门。

　　城市经济结构随着科学技术的进步和不断地演进发展，结构层次也在不断得到提高和优化。计算机、网络技术成果的广泛应用，加快了知识经济发展，催生了许多新的（高新技术）产业门类出现，同时，也使传统的产业焕发了生

机。从全球范围内城市的发展进程可以看到，现代城市正处于重大进步与潜在危机并存的历史时期。

城市经济的特色性，不仅关系城市形象，而且关系城市立足。对于一个城市而言，要想在新经济或知识经济的浪潮中，在激烈的竞争中立于不败之地，不仅要具备先进的、高效协调的产业结构，还需要有特色的产业门类。失去了特色的城市，也就失去了前进的方向，没有了比较优势，就难以在发展中脱颖而出。我国许多城市已经开始重视这方面的建设，如有的城市突出第三产业，打造商贸城；有的发挥自然条件优势，建设山水园林生态城市（如柳州创建绿色城市）或资源性城市；有的在向国际化发展，建设外向性城市、国际大都市，甚至都市圈；有的在追随知识经济大潮，创建学习型城市、循环经济城市，等等。

一些学者对未来城市的发展趋势做出了令人耳目一新的预测，值得一提的是网络城市和生态城市。

网络城市是高度信息化的城市。在这个新的生存空间里，人与人，人与自然将表现出一种新型的关系。全面信息网络化将使城市人的工作、教育、生活、购物、就医、娱乐等活动打破时空限制，并且更为高效和多样化；现在城市的高能耗、高污染的生产方式和生活方式将被逐步淘汰。信息文明将加强人与人的交流和情感交融，促进文化的多元化和多样性；信息网络将使人们能更方便地向社会表达自己的意思，参与公共事务的管理，城市将进一步走向公开化和民主化。网络城市将是在未来信息时代形成的不同于任何时代的城市空间结构的重组。

生态城市是一个经济发展、社会进步、生态保护三者保持高度和谐，技术与自然达到充分融合，城市环境清洁、优美、舒适，从而能最大限度地发挥人的创造力、生产力并有利于提高城市文明程度的稳定、协调、可持续发展的城市。生态城市是建立在高效益的转换系统（即在从自然资源→经济物质→废弃物的转换过程中，必须是自然资源投入少，经济物质产出多，永废弃物排泄少），高效率的流转系统（包括构筑于三维空间的交通运输系统，快速有序的信息传输系统，保障有力的物资和能源供给系统，网络完善的服务系统和设施先进的排污系统与废物处理系统），多功能、立体化的绿化系统，高度文明的人文环境系统，高质量的环境保护系统以及高效率低成本的管理系统之上的。随着人们环保意识的加强，新的生态观念必然深入人心，同时，在先进科学技术的帮助下，生态城市一定能崛起，并最大限度地促进人与自然、人与生态环境关系的和谐。

不管怎样，可以预见，现代城市的经济越来越朝着开放性、外向性、网络性、特色性的方向发展，全社会将形成以城市为中心的经济网络。

### 三、高瞻远瞩制定城市经济发展战略

1958 年美国耶鲁大学出版的赫希曼《经济发展战略》一书，把军事术语"战略"引入到了经济领域。此后，各种经济发展战略层出不穷。经济发展战略，简单地说就是对经济发展的总体构想和全局性的谋划。也就是指在一个较长的时期内，比如 5 年、10 年、20 年，对经济发展的各种因素、条件的估量，从关系经济发展全局的各个方面出发，考虑和制定经济发展的目标、重点、阶段，以及为实现上述要求所采取的力量部署和重大措施。

研究和制定城市经济发展战略，有助于科学合理的规划布局城市的各项事业，有助于在时空两个方面实现资源的优化配置，实现经济的良性循环，有助于从整体上解决城市经济发展中涉及的重大问题。诸如：城市经济发展与产业选择的趋同性、雷同性问题；城市经济发展与土地开发利用问题；城市经济发展与城市规划衔接协调问题；城市经济发展与基础设施适应性问题等。城市经济发展战略主要包括 5 个基本部分组成：

#### （一）制定战略的依据

主要包括：城市现有基础和优劣势条件；国民经济发展需要；一定区域范围内的地区分工；国际市场的需求与变动趋势；重大科技进步的影响。

#### （二）战略目标的确定

战略目标是指在一个较长的时期内，城市经济发展和城市居民生活水平预计要达到的目标。其中一个主要任务是确定城市的性质。准确地确定城市的性质对于城市各项事业的发展具有极为深远的影响。

表 10-7　一些国家城市性质分类

| | 中　国 | 美　国 | 日　本 | 苏　联 |
|---|---|---|---|---|
| 1 | 综合性城市 | 工业城市 | 政治文化城市 | 共和国和省（州）中心城市 |
| 2 | 工业城市 | 零售商业中心城市 | 地方中心城市 | 工业城市 |
| 3 | 工矿城市 | 批发商业中心城市 | 轻工业城市 | 运输中心城市 |

| 4 | 港口城市 | 非专业化城市 | 矿业城市 | 工业运输与非工业过渡城市 |
| 5 | 旅游城市 | 运输中心城市 | 工业城市 | 教育与科研城市 |
| 6 | 区域中心城市 | 矿业中心城市 | 水产业城市 | 郊区城市 |
| 7 | 交通枢纽城市 | 大学城市 | 游览城市 | 疗养中心城市 |
| 8 | | 旅游城市 | 居住城市 | |

资料来源：朱林兴《中国社会主义城市经济学》上海社会科学院出版社 1986 年 P57。

城市性质的确定有许多方法，如：定性分析法、定量分析法、综合分析法、区域对比分析法（见表 10-8）等。近年来，由于计算机等技术的发展应用，研究手段方法还在不断完善。

**表 10-8　城市性质的特殊职能分析过程**

| 地名 | 确定城市性质的特殊职能分析 | 影响城市性质的一般职能分析 | 城市性质趋向 | |
| | | | 近期 | 远期 |
| 苏州 | 具有全国意义的<br>①园林风景<br>②丝绸、手绣等传统性的轻工业 | ①机械工业（6 大类产品）<br>②电子工业（电视机、通信设备与手表等）<br>③化工原料与化肥农药（控制发展） | 园林风景旅游城市 | 园林旅游的美丽城市 |
| 无锡 | ①加工工业发达、轻纺工业以纺织、毛纺、服装、针织为主<br>②太湖风景资源 | ①轻工业中发展老三大件（自行车）和家具，电器<br>②电子工业发展五机为主<br>③机械、化工、冶金严格限制 | 轻纺机电与旅游城市 | 轻纺与旅游业发达的文明城市 |
| 常州 | ①纺织工业中的灯绒、卡其布、印花布、毛呢、真丝为重点产品<br>②机械工业中以柴油机、手扶拖拉机为主，形成外贸基地 | ①机械工业重点发展农机和轻工机械设备<br>②电子工业中大力发展民用电子产品和计算机、激光仪器等 | 轻纺机械加工、电子工业城市 | 轻纺电子工业发达的清洁城市 |

资料来源：姚士谋，苏锡常地区城市合理布局问题《地理科学》1983（1）。

## （三）经济结构的调整

经济结构问题前面已经谈到，城市的经济结构是一个多层次、多系统的复合概念。经济结构决定着城市的经济功能、发展速度和发展方向。由于各种因素的发展变化，城市的经济结构也需要适时地进行调整。在调整中，把握下述原则：①整体利益最大化，做到布局合理，功能协调，达到经济效益和社会、环境效益的统一；②经济发展可持续性，追求长久的可靠的实惠，使城市能够稳定健康发展；③功能最佳性，充分发挥城市自身的优势，节约社会劳动时间，在区域分工中做出独特的贡献。

### （四）空间结构的布局

根据前面介绍的空间结构理论，分析影响城市空间结构的经济因素，找出现有城市布局方面存在的问题和症结，然后，根据城市的性质和发展方向，选择合理的城市形态，规划设计城市的空间布局，调整城市空间结构。

### （五）实施战略的措施

为了实现上述规划和目标，需要相应的保证措施。这些措施既有行政的，也有法律的，还有经济的。在市场经济体制下，应当鼓励更多采用经济手段。首先，运用法律手段，从立法入手，如完善城市规划、土地使用、基础设施建设管理、城市资产的优化组合等方面的法规，促进城市经济结构、空间结构的提升。其次，运用经济手段，如通过制定和调整地价、房租、信贷、补贴等，调节进入城市的要素流量，调节经济活动。第三，运用行政手段，如通过审批环节、监督查处环节、奖励环节等推动战略的实现。

## 四、积极推进城市发展的可持续性

联合国在 20 世纪 90 年代制定了《21 世纪议程》，明确提出了可持续发展的战略。这个议程和战略逐步为世界各国所接受。可持续发展的本质是要求经济在人口、资源、环境三个约束条件下，健康、稳定、有序、协调发展。城市是自然、社会、经济的复合系统，人在资源与环境的复合体种处于主导地位，是矛盾的主要方面。城市可持续发展要求城市生态系统中的经济环境、社会环境和自然环境能够协调发展。评价一个城市是否达到可持续发展，不仅要看经济上的增长，还要看其经济增长对资源、环境的损害程度；不仅要看近期取得的眼前利益，还要看其未来的长远利益。可持续发展追求综合效益的最大化，只要综合效益为正值，就可认为城市发展具有可持续性。

我们知道城市经济的可持续发展依赖于它的环境、资源状况，世界上已有一些城市由于它的环境、资源状况恶化，导致了城市的衰败。历史上我国的楼兰古城的消亡，现代苏联的巴库衰落，都印证了可持续发展的规律。巴库长时期为苏联的第一大油田，曾是世界上著名的石油城。19 世纪 70 年代巴库地区就开始开采石油，累计开采出原油 10 多亿吨，巴库的经济发展一直依赖于所在区域内石油资源的开发利用。自 20 世纪 50 年代以后，巴库地区的石油资源逐步趋于枯竭，最终导致了巴库的经济陷入衰落。我国云南省的原东川市，是世界"东川式"铜矿的代表地。1958 年因在该地区大规模开发利用铜矿资源而设立地级市，为我国"一五"时期 156 个重点项目之一。在相当长时期内，铜矿资源的开发利用对全市经济发展影响很大，铜行业的产值和税收曾经占原东川市全市工业总产值和财政收入总量的 2/3 以上。20 世纪 90 年代以来，随着铜资源的不断枯竭以及市场经济体制的转轨，东川矿务局下属的 4 个铜矿全部破产。1999 年，原地级东川市降格为昆明市的一个县级区，留下了"矿竭城衰"的沉痛教训。

就首都北京而言，北京的生态环境压力则远比我们想象的严重：水资源缺乏，导致大量地下水长期超采，形成了 2000 多平方公里的地下漏斗区，最严重的东部地区过去 40 年已经下沉了 700 多毫米。地面大面积下沉最终会影响整个城市建设，导致地基不稳，墙壁开裂，道路中断等严重后果。现在，南水北调工程被很多人看作是解决京津地区缺水的"灵丹妙药"。但以最多人赞同的中线工程为例，他的投资达到 1000 多亿元，工程量大，工期长。且工程实施后，汉江中下游流域将严重缺水。何况中线工程流经的豫、冀都是缺水大省，如何在区域上合理分配将大有争议。为应对水资源紧缺局面，北京市于 2003 年 9 月不得不采取十大措施力争今年节水 1 亿方。这些措施包括继续提高综合水价；机关、学校、医院、宾馆、饭店、商场等公共场所强制安装节水器具，无营业执照、无循环设施和不以再生水或河水为水源的洗车点一律关闭，三星级以下宾馆的泳池、洗浴场所（不含定点大众浴池）暂停营业等。

北京还是世界十大污染城市之一。荒漠化的威胁也直逼京城，最近的沙丘群离北京 70 余公里，并在北京盆地的上风向。北京连遭沙尘暴袭击，其情景令人心悸。

北京的人口爆炸更让人触目惊心。16 年来，北京常住人口每年净增近 20 万人，流动人口每年净增则超过 20 万人，相当于每年增加一个中等城市的人口。上海近几年的社会经济发展很快，但主要城区的人口已呈负增长或零增长。北京城区人口密度比巴黎、伦敦、东京等大都市要高得多。北京未开发的土地资源仅占全市总面积的不足 4%，人均耕地仅为全国平均水平的一半，其后果之一是北京的蔬菜供应已离不开外省的支援。

最令人痛心的问题还是对古都的"建设性破坏"，这是北京的"内伤"。1911 年，北京大约只有相当于现在二环以内的面积，人口 76 万人，现在人口扩张到 700 多万人，大量千篇一律的高楼大厦被"克隆"在古都的中心区。而最能代表东方文化特点的城墙、护城河、胡同、四合院等被大规模吞噬，仅最近的 10 年间，北京的胡同就由 6000 多条锐减到 2000 多条。

由此，有人提出北京面临迁都的威胁。在 21 世纪，北京面临诸多挑战，应早作筹划。

可持续发展，还要求城市在发展经济中，更多地采用自然化的"绿色"措施。比如，发展农业，尽量少使用化肥，南方创造了桑基鱼塘则十分生态化；少使用农药，利用生物链的相克原理，达到治理虫害的目的。在发展工业上，在城市中，鼓励更多利用自然条件和环境，如太阳能、"无烟工业"项目；利用自然的自净能力、水的补给能力，来建设项目；道路停车场的可渗漏性地面；增加绿地，等等；实际上减少污染，节约能源节约物资，本身就是可持续措施。

让我们从建设生态城市的 10 大原则中，节选几个来体会自然化的"绿色"措施。如：改变交通建设优先权，把步行、自行车、马车和公共交通出行方式置于比小汽车方式优先的位置；修复被破坏的城市自然环境，尤其是河流、海滨、山脊线和湿地；支持城市绿化项目，实现社区花园化；修改土地利用的优先权，优先开发绿色的、安全的、令人愉快地和有活力的混合土地利用社区；提倡回收利用，采用新技术，减少污染；提倡自觉的简单化生活方式，反对过多消费资源和商品。

可持续性是城市经济现代化的一个内容，现代化的城市一定需要符合可持续发展的要求。城市现代化与可持续发展的显著表现在于：生活质量高级化；经济活动的高效化、科技信息化；高品位的城市文化。因此，现代化的城市具有高度的可持续性。

### 五、加强城市竞争力的建设

城市之间的竞争取决于城市的竞争能力，而城市竞争力的大小，是由多方面因素造成的。有经济的、历史的、政治的因素；还有自然的、技术的、社会的因素。一些因素起着较为关键的作用，如城市经济，而一些则起着辅助的作用。不管如何，城市竞争力的概念一出现，就引起了人们的广泛关注。城市竞争力是我们评判和改进一个城市重要依据。

20 世纪 90 年代，美国学者彼得发表了论文《城市竞争力：美国》和《竞争力和城市：24 个美国大城市区域》，进行了开创性研究。引起了人们的关注，由此，有关城市竞争力的研究与探索不断涌现。

城市竞争力的理论基础的一个重要来源，是国家竞争力的理论模型，即世界经济论坛（Word Economic Forum，WEF）和国际管理开发学院（International Institute for Management Development，IMD）共同提出了国际竞争力理论及其评价模型。该理论根据一个国家的财富生产能力或增值能力，来衡量开放条件下的国家竞争力。划分了 8 个方面具体评价，他们是经济实力、国际化、金融发展、企业管理、政府管理、科技发展、基础设施、国民素质。这一模型构架为城市竞争力的判别提供了有利的工具。

由于国内外这方面研究正在兴起，在我国，一些学者或机构也提出了各自的观点。比如上海、深圳、宁波、南开大学依照各自的理论与评价模型，对城市的竞争力进行了评价。这些成果对推动城市竞争力理论的进一步研究与应用起到了示范作用。

宁波市提出的城市竞争力评价指标体系（见表 10-9 和表 10-10）

上海市提出的城市竞争力评价指标体系（见表 10-11 和表 10-12）

表 10-9　城市竞争力指标体系

| 城市功能 | 指　　标 | 说　　明 |
|---|---|---|
| 生　产 | 1. GDP 总量 | 反映经济实力 |
| | 2. 人均 GDP | |
| | 3. 工业用电量 | 反映实际生产情况 |
| | 4. 全社会固定资产投资 | 反映经济增长潜力 |
| | 5. 更新改造投资 | |
| | 6. 工业企业利润总额 | |
| | 7. 工业企业成本费用利润率 | 反映加工制造业经济效率 |
| | 8. 工业企业增加值 | |
| | 9. 自营进出口总额 | 反映产业的国际化程度 |
| | 10. 协议利用外资 | |
| | 11. 三资企业总产值 | |

续 表

| | | |
|---|---|---|
| 集 散 | 12. 货物运输总量（发送） | 反映货物集散程度 |
| | 13. 民用航空货运总量 | |
| | 14. 客运量（发送） | 反映旅客运输能力 |
| | 15. 民用航空客运量 | |
| | 16. 年末金融机构各项贷款余额 | 反映资金中转能力 |
| | 17. 批发、零售贸易业商品销售总额 | 反映商品集散能力 |
| | 18. 邮电业务总量 | 反映信息中转能力 |
| | 19. 年末移动电话户数 | |
| 服 务 | 20. 市区人口 | 反映生活服务能力 |
| | 21. 在岗职工平均工资（万元） | |
| | 22. 每千人拥有医生数 | |
| | 23. 市区年末实有住宅使用面积 | |
| | 24. 承保额 | 反映综合服务能力 |
| | 25. 第三产业从业人员 | |
| | 26. 第三产业增加值（当年价） | |
| | 27. 市区建成区绿化覆盖率 | |
| 创 新 | 28. 高等学校在校学生数 | |
| | 29. 专业技术人员数 | |
| 管 理 | 30. 地方财政收入（预算内） | |
| | 31. 地方财政支出（预算内） | |

注：选择 33 个城市作为研究分析对象，包括直辖市、副省级城市、经济特区、沿海开放城市等类型。运用上述 31 个指标对 33 个城市的 1997、2000 年的城市综合竞争力进行排序。

经过主因子分析法处理数据后，排名如下：

**表 10-10 33 个城市综合竞争力排名**

| 排 名 | 1997 年 | 2000 年 | 位次变化 |
|---|---|---|---|
| 1 | 上 海 | 上 海 | 0 |
| 2 | 北 京 | 北 京 | 0 |
| 3 | 广 州 | 广 州 | 0 |

续　表

| 4 | 深　圳 | 深　圳 | 0 |
|---|---|---|---|
| 5 | 天　津 | 天　津 | 0 |
| 6 | 南　京 | 重　庆 | 5 |
| 7 | 武　汉 | 苏　州 | 1 |
| 8 | 苏　州 | 杭　州 | 2 |
| 9 | 厦　门 | 大　连 | 4 |
| 10 | 杭　州 | 南　京 | −4 |
| 11 | 重　庆 | 宁　波 | 3 |
| 12 | 无　锡 | 宁　波 | −5 |
| 13 | 大　连 | 成　都 | 4 |
| 14 | 宁　波 | 青　岛 | 4 |
| 15 | 济　南 | 无　锡 | −3 |
| 16 | 沈　阳 | 厦　门 | −7 |
| 17 | 成　都 | 沈　阳 | −1 |
| 18 | 青　岛 | 福　州 | 2 |
| 19 | 汕　头 | 珠　海 | 2 |
| 20 | 福　州 | 长　春 | 8 |
| 21 | 珠　海 | 温　州 | 6 |
| 22 | 威　海 | 济　南 | −7 |
| 23 | 哈尔滨 | 湛　江 | 7 |
| 24 | 烟　台 | 西　安 | 2 |
| 25 | 海　口 | 威　海 | −3 |
| 26 | 西　安 | 烟　台 | −2 |
| 27 | 温　州 | 哈尔滨 | −4 |
| 28 | 长　春 | 南　通 | 1 |
| 29 | 南　通 | 汕　头 | −10 |
| 30 | 湛　江 | 海　口 | −5 |
| 31 | 秦皇岛 | 连云港 | 1 |
| 32 | 连云港 | 秦皇岛 | −1 |
| 33 | 北　海 | 北　海 | 0 |

资料来源：余钟夫主编：《宁波发展研究报告（2001）》，经济出版社 2002 年版。

表 10-11　城市竞争力评价指标体系

| A1 | 总　量 | | |
|---|---|---|---|
| | B1 | 经济实力 | |
| | | C1 | GDP |
| | | C2 | GDP 占本国比重 |
| | | C3 | 人均 GDP |
| | | C4 | 固定资产投资总额 |
| | | C5 | 国内投资率 |
| | | C6 | 个人消费占 GDP 比重 |
| | | C7 | 社会商品零售总额 |
| | B2 | 金融实力 | |
| | | C8 | 年末居民储蓄存款余额 |
| | | C9 | 年末银行贷款余额 |
| | | C10 | 保险保费总额 |
| | | C11 | 外资金融机构入驻数 |
| | | C12 | 本市上市公司市值总额 |
| | B3 | 科技实力 | |
| | | C13 | 研究与发展投入总额 |
| | | C14 | 每 10 万人专利申请数 |
| | | C15 | 每万人拥有科技人员数 |
| | | C16 | 技术市场成交合同金额 |
| | | C17 | 人均教育事业费支出 |
| | | C18 | 每万人在校大学生数 |
| | B4 | 政府实力 | |
| | | C19 | 财政收入总额 |
| | | C20 | 财政支出总额 |
| A2 | 质　量 | | |
| | B5 | 经济水平 | |
| | | C21 | 当年 GDP 增长率 |
| | | C22 | GDP10 年平均增长率 |
| | | C23 | 人均 GDP10 年平均增长率 |
| | | C24 | 固定资产投资总额 10 年平均增长率 |
| | | C25 | 研究与发展投入总额占 GDP 比重 |
| | | C26 | 科技成果数量 |

| | | C27 | 从业人员平均年收入 |
|---|---|---|---|
| | | C28 | 单位 GDP 劳动者报酬 |
| | B6 | 产业结构 | |
| | | C29 | 第三产业增加值占 GDP 比重 |
| | | C30 | 第三产业对 GDP 贡献率 |
| | | C31 | 第二产业对 GDP 贡献率 |
| | | C32 | 社会服务业增加值占 GDP 比重 |
| | | C33 | 金融业增加值占 GDP 比重 |
| | | C34 | 高新技术产业产值占工业总产值比重 |
| | | C35 | 交通仓储邮电通信业占 GDP 比重 |
| | | C36 | 批零贸易餐饮占 GDP 比重 |
| | B7 | 经济效益 | |
| | | C37 | 综合生产率 |
| | | C38 | 综合生产率变化率 |
| | | C39 | 投资效果系数 |
| | | C40 | 每万元 GDP 能耗 |
| | | C41 | 每百元从业人员报酬创造的 GDP |
| | B8 | 城市服务设施 | |
| | | C42 | 公路网密度 |
| | | C43 | 人均道路面积（平方米） |
| | | C44 | 供电总量 |
| | | C45 | 供水能力 |
| | | C46 | 通信光纤长度 |
| | | C47 | 每千人口医护人员数 |
| | | C48 | 每万人拥有医院床位数 |
| | B9 | 社会环境 | |
| | | C49 | 平均预期寿命 |
| | | C50 | 失业率 |
| | | C51 | 人均居住面积 |

续　表

| | | C52 | 人均公共绿地面积 |
|---|---|---|---|
| | | C53 | 每平方公里二氧化硫排放量 |
| | | C54 | 工业废水排放达标率 |
| | | C55 | 城市环境噪音达标率 |
| A3 | 流　量 | | |
| | B10 | GDP 流量 | |
| | | C56 | GDP 流量规模 |
| | | C57 | GDP 流量规模与 GDP 总量之比 |
| | B11 | 人口流量 | |
| | | C58 | 外省市旅游者人数 |
| | | C59 | 国际旅游收入 |
| | | C60 | 境外旅游者人数 |
| | B12 | 资金流量 | |
| | | C61 | 股票市场交易额 |
| | | C62 | 国外对本地直接投资总额 |
| | | C63 | 国外对本地直接投资增长率 |
| | B13 | 实物流量 | |
| | | C64 | 年货物运输量 |
| | | C65 | 年客运量 |
| | | C66 | 年集装箱运输量 |
| | | C67 | 仓储容量 |
| | | C68 | 进出口总额 |
| | | C69 | 进出口总额占 GDP 比重 |
| | | C70 | 转口贸易额占进出口贸易额比重 |
| | B14 | 信息流量 | |
| | | C71 | 每万人互联网户主数 |
| | | C72 | 每百人拥有计算机数 |
| | | C73 | 住宅电话普及率 |
| | | C74 | 移动电话普及率 |
| | | C75 | 图书出版量（万册） |
| | | C76 | 杂志出版量（万册） |
| | | C77 | 报纸发行量（万份） |
| | | C78 | 人均邮电业务总量（元） |

**表 10-12　国内若干大城市的比较结果**

| 综合竞争<br>力排序 | 1 | 2 | 3 | 4 | 5 | 6 | 7 | 8 | 9 | 10 |
|---|---|---|---|---|---|---|---|---|---|---|
| 城　市 | 上　海 | 深　圳 | 北　京 | 广　州 | 重　庆 | 苏　州 | 武　汉 | 天　津 | 西　安 | 哈尔滨 |
| 分　值 | 176.01 | 175.26 | 171.64 | 135.51 | 119.63 | 93.49 | 85.66 | 76.80 | 59.55 | 56.00 |
| 总　量<br>指　标<br>排　序 | 1 | 2 | 3 | 4 | 5 | 6 | 7 | 8 | 9 | 10 |
| 城　市 | 北　京 | 上　海 | 深　圳 | 广　州 | 天　津 | 苏　州 | 武　汉 | 重　庆 | 西　安 | 哈尔滨 |
| 分　值 | 208.79 | 183.05 | 135.72 | 112.20 | 73.99 | 64.32 | 63.08 | 46.24 | 45.44 | 34.78 |
| 质　量<br>指　标<br>排　序 | 1 | 2 | 3 | 4 | 5 | 6 | 7 | 8 | 9 | 10 |
| 城　市 | 深　圳 | 广　州 | 上　海 | 北　京 | 西　安 | 重　庆 | 天　津 | 苏　州 | 哈尔滨 | 武　汉 |
| 分　值 | 154.25 | 129.86 | 122.66 | 114.26 | 101.88 | 96.64 | 93.20 | 88.17 | 78.93 | 75.86 |
| 流　量<br>指　标<br>排　序 | 1 | 2 | 3 | 4 | 5 | 6 | 7 | 8 | 9 | 10 |
| 城　市 | 深　圳 | 上　海 | 广　州 | 重　庆 | 北　京 | 苏　州 | 武　汉 | 天　津 | 哈尔滨 | 西　安 |
| 分　值 | 224.89 | 222.73 | 216.94 | 204.10 | 150.86 | 117.13 | 114.82 | 62.80 | 62.74 | 23.61 |

注：(1) 选择 10 个城市进行比较，他们是：北京、上海、广州、深圳（代表中国的特大型城市及社会发展水平和经济实力领先城市）；天津、武汉、苏州、哈尔滨（代表具有社会发展较高水平和具有较强经济实力的不同区域的城市）；重庆、西安（代表具有明显西部特色的大城市）。

(2) 一级指标的权重分配：总量指标占 30%，质量指标和流量指标各占 35%。

(3) 资料来源：尹继佐主编：《城市综合竞争力》，上海社会科学院出版社 2001 年版。

# 第三节　中国城市可持续发展的新动向

进入 21 世纪后，中国城市化发展出现了一些新的动向：

## 一、行政管理为城市发展开路，城市快速"扩容"

党的十六大提出，"要提高城镇化水平，走中国特色的城镇化道路。"由此，在我国兴起了轰轰烈烈的城镇化浪潮，事实上，在长江三角洲和珠江三角洲城镇化已经大规模地展开。

坐落于长江三角洲、号称人间天堂的浙江省杭州市，由于周边萧山、余杭两市的并入，地域扩大到 3000 平方公里，人口增加到 450 万人。地处中国南部珠江三角洲的花都和番禺市，不久前也划归与之接壤的广州市，使作为中心城市的广州，地域面积达到 7400 平方公里，超过了上海；人口达到 1000 万，接近北京。在长、珠三角地区，几乎所有的中心或次中心城市都在进行这样的"扩容"，目的是为了能够在更大空间范围规划城市布局，营造具有现代城市功能的区域中心，以更好地带动周边城镇的发展。

城市是先进生产力发展集聚的地方，现代文明的载体。浙江省已经明确今后一段时间的任务，就是要努力提高城市化水平。要把大量的农民变成非农民，要用市场化的办法集聚产业，形成人流物流，要做大中心城市，建一批 50 万～100 万人口的中等城市，100 万～250 万人口的特大型城市。据统计，从 1999 年至 2002 年底，浙江全省已有 288 万农民转为城镇人口，城市化水平从 36％提高到 42％。

与城市化并行的是大规模的城市建设。城市空间扩大了一倍多的广州市，通过交通的骨干网络把城市拉开，把广州和整个珠三角连起来。现在已经有 13 条道路连接南海，广源公路修到了东莞，地铁 3 号线修到了番禺。原来两个小时进不了广州城的状况已大大改观。与上海相邻的嘉兴市正着手把中心城区从 25 平方公里扩大到 50 平方公里，同时在 960 平方公里的大市区中，统一规划市政设施，形成一个中心城，六个卫星城；再加上中心村的建设，双向推动，在 3950 平方公里的大嘉兴里，构建一主、多辅、网络组团式的城市群。

## 二、城市追求和树立自己的风格、品位、品牌

如今的城市不再是单纯的经济增长，发展不再是一味大拆大建，城市开始注重文化品位建设。城市发展仅仅用国内生产总值、增长速度来衡量的做法将会过时。未来的城市以文化、以品位、以格调、以品牌声誉论成败输赢。近年来，我国不少城市的城市景观、环境都是请世界顶级的景观公司、园林策划公司来设计的。最近，南京市又多了一个景观：狮子山和阅江楼。这个山与楼的结合，就是从南京的历史文化中挖掘出 600 年前有关的"阅江楼"的典籍和史实，把朱元璋的"空中楼阁"变成城市文化的成功之作。南京本身就具有山、水、城、林的独特优势，而且有明城墙的故都文化、秦淮河的六朝文化等非常丰富的文化内涵。这种历史文化和自然景观相得益彰的城市资源在世界上也不

多见，他们却仍然在发掘着城市的文化历史财富，加大发挥文化底蕴的魅力。

上海也在打造自己"东方水都"的新风格。作为一个靠海的国际大都市，遗憾的是，上海一直没有真正意义上的滨海文化。据报道，上海将出资50亿元建设长88公里的景观海岸线，来打造碧海金沙。这个大胆的设想是，在南汇、奉贤（从三甲港到金汇港）之间挑选合适的位置来造一个水域面积约25平方公里左右、相当于四个西湖面积的一沙带水（一条人工沙滩、带状碧水），拟在2007年前建成。其实，造人工沙滩也是上海500亿元打造东方水都的重要一步。从苏州河治理、开挖七大人工湖、河道整治、开发游艇产业，一张"有水、有岸、有树、有船、有桥、有房"的都市水网呈现眼前。现在，碧水金沙的打造，更使上海超越江南水乡的概念，带来充满风情的海洋文化。这条"崛起"的景观海岸线，紧邻两港（海港、空港），它的旁边有华夏旅游度假区，奉贤海湾旅游度假区，其中我国最大的大型模拟自然热带雨林及人造海洋的热带海宫，将坐落在华夏旅游区南部，海湾度假区内则有占地500亩的奉新风筝放飞场。届时，这里将成为上海的一个滨海休闲度假区，集玩沙、戏水和休闲、娱乐度假为一体。

## 三、创造发展机会，重在创新改革

城市经济已经不仅仅是工业经济和商贸经济的天下了，许多城市的实践，把城市经济的内容扩大了，诸如近些年较有影响的：会展经济、旅游经济、房地产经济、文化经济、教育经济等。最近，南京市就从会展经济中获益匪浅。2003年6月，在南京举办的"2003中国·南京重大项目投资洽谈会"上，据不完全统计，大会期间共达成合作意向以上大项目72个，总投资达180.2亿元人民币。其中，内联项目34个，总投资131亿元，协议引进客方资金90.6亿元；外资项目32个，协议外资4.6亿美元；企业资产转让项目10个，涉及总资产10.8亿元，净转让资产1.78亿元。会上，南京市城建、国资、交通三大平台活动现场人气火旺，所推出的22个项目中，有6个项目达成了合作意向。城建集团推出的五个城市基础设施冠名权竞拍，更是首开先河，引起了众多商家的关注。这次"重洽会"共吸引了近1600名境内外客商，在参会的企业中，包括联想、创维等国内大企业；深高速、上港集箱、河北华玉等上市公司，四川新希望、广东香江、浙江天正等重量级民营企业，还包括名列世界500强的德意志银行、日本三井物、中国香港怡和等12家企业的代表。

除了经济发展的形式创新外，政策创新一直处于我国经济发展的关键和核心地位。海南利用自身特区这一独特的优势，用足用活政策杠杆，启动海南经济。作为海南经济发展的重要增长点，海南洋浦开发区一直受到世人的关注，尤其是它在政策上实现了多方面的突破和创新。进入 21 世纪以来，海南洋浦开发区发挥了自身的优势，经济形势已经走出低谷，目前，海南洋浦开发区已经具有经济特区、经济开发区和保税区"三区合一"的特点，享有全国最优惠的投资政策。洋浦目前已经初步形成了由港口、海关、检验检疫、金融、邮电、税务等部门构成的"港城区一体化"的深水避风港。据统计，2003 年 1—4 月，洋浦经济开发区共完成固定资产投资 7.1 亿元人民币，比去年同期增长了 8 倍多，创下了开发区自 1992 年设立以来的最高投资记录。总投资约 130 亿元人民币的亚洲第一大浆纸项目——洋浦金海浆纸厂 2003 年 1 月开始动工。还有一批在建项目，洋浦金海浆纸厂、海南黑豹电动车厂、椰岛淀粉工业项目、洋浦发电厂改造项目、海南洋浦海发面粉加工厂等正在加紧施工，这些项目将为特区快速发展奠定坚实的基础。

## 四、城市经济建设的空间格局由市区开始向郊区转移

随着城市规模的不断扩展，老城区土地供应越来越稀缺，价格越来越昂贵，城市建设也在相应地发生地域上的转移。经济建设的主战场由城区向郊区转移，许多城市的发展都显现出这一特点。如上海的浦东、南汇、奉贤开发力度远大于老城区。据有关报道，上海招商引资的"主战场"已经转移到占全市土地总面积九成以上的郊区。郊区招商引资的成绩已经直接影响到上海整体经济发展的全局。目前，上海已开始全面实施"城乡一体化"战略，突破过去主攻 600 平方公里（指上海中心城区）的发展格局，转而做全市 6300 平方公里整体协调发展"这篇大文章"。郊区将通过实施土地、产业及人口三大要素的集中布局和集约发展，成为上海新一轮经济拓展的"最主要空间"。

近年来上海招商引资重心向郊区转移的轨迹已十分清晰。2003 年前 4 个月，上海郊区合同引进外资 25.2 亿美元，占到全市 43.09 亿美元总额的58.6%。在 2001 年和 2002 年，郊区引进的合同外资额在全市所占比重分别达到了 60% 和 65%。而在 20 世纪 90 年代中后期，郊区外资在全市所占比重不过只有 28% 左右。截至 2002 年底，沪郊共计引进外资企业近 1.3 万家，合同利用外资近 300 亿美元。上海郊区 2003 年招商引资的目标将达到：

合同利用外资额达到 70 亿至 80 亿美元；引入国内资本 300 亿至 350 亿元人民币。

由于上海郊区日益成为上海中心城区与长江三角洲腹地的一个主要"中转点"，其对包括私人资本在内的国内资本的吸引力也在高速增强，沪郊经济所有制结构正在日趋合理。据不完全统计，仅 2002 年一年，沪郊引进注册资本超过百万元的国内企业 5100 多户，引进资金 257 亿元。至 2003 年 4 月底，沪郊的私营企业总数已超过 20 万家，占到全市私营企业总数的九成以上；注册资本为 2293 亿元，占到全市总额的 74%。目前沪郊的经济结构中，外资、引进的国内资本和郊区区县和乡镇的本地企业约各占三分之一。

由于上海中心城区商务成本在上升，正处产业升级的"爬坡阶段"，所以上海下一步发展，将倚重郊区提供招商引资的"加速度"。上海市高层领导要求郊区"思想放开、手脚放开、政策放开"，利用郊区的回旋空间和成本优势，大规模引进高新技术产业和装备工业，重点引入产业关联度高、能形成产业链和产业族群、具备核心竞争力的关键项目。同时也不排斥技术含量已完成升级的劳动密集型中小项目，以利于郊区当地农民的就业和增收。上海的航运枢纽、航空枢纽、临海综合经济区及现代钢铁、石化、汽车、高新技术产业"四大产业基地"已全部布局在郊区。

## 五、新经济在城市中逐渐占据主导地位

随着计算机技术、信息技术、空间技术的迅猛发展，人类社会正在发生着一场深刻的变革，它一方面将带来人们意识观念的改变，影响人们的生活习惯、价值判断、行为方式，另一方面将引起城市的经济结构、城市建设和企业经营的思想、经营方式等发生深刻的变化。

知识经济既是各个城市发展一次拉平的机会，也是一次拉大的机会。人类在征服自然的进程中，曾有过几次划时代的认识飞跃，其中也伴随着区位的变动特征。陆权时代，麦金德①在《地缘政治论》中宣称：谁控制了亚欧大陆谁就掌握了世界。海权时代，马汉②在《海军战略论》中宣称：谁控制住海洋，谁就统治了世界。空权时代，赫里克说：谁统治空间，谁就控制了世界。而在信息网络（知识经济）时代，可以说谁掌握了网络（知识），谁就掌握了未来。

---

① 麦金德（1861—1947）：英国地缘政治学者。
② 阿尔弗雷德·马汉（1840—1914）：美国历史学家、地缘政治学者。

谁错过了信息网络（知识经济）革命，就等于丧失了在 21 世纪取得世界领先地位的机会。因此，以网络、计算机技术、生物工程、核技术、空间技术为代表的高新技术产业，以及应用高新技术的汽车业、生物制药业、能源化工业等，已经成为各个城市竞相发展的主导产业，尤其是在知识经济的推动下，更是加快了各个城市培育新兴产业的步伐。

## 六、加快我国生态城市的建设

随着我国经济的发展及城市化进程的加快，城市环境问题也日渐突出，目前主要的城市环境问题有：大气污染、水污染、固体废弃物污染、噪声污染、有毒化学品污染、光污染、辐射污染、交通堵塞、生态破坏等，这些问题已经成为城市可持续发展的制约因素，在此背景下，生态城市的提出为我们指出了解决此类问题的出路。

### （一）生态城市的内涵

生态城市（ECOCITY）是按照生态学的原则运用系统工程方法改变生产和消费方式、决策和管理方法，建立一种社会经济自然环境协调发展的人类聚集地。生态城市是人与自然和谐发展，人的建设与自然的选择相统一的人居形态的总和。具体而言，是指城市空间布局合理，基础设施完善，人的建设与自然的选择相统一，环境清洁优美，生活安全舒适，物质能量高效利用、信息传递流畅快速，经济发展、社会进步、环境保护三者保持高度协调，人与自然互惠共生和谐发展，生态良性循环的城市复合生态系统。

现代生态城市思想直接起源于霍华德的田园城市。霍华德对田园城市的定义是：田园城市是为了安排健康的生活和工业生产而设计的城市，其规模要有可能满足各种社会生活，但不能太大；四周要有永久性农业地带围绕，城市的土地归公众所以或托人为社区代管。生态城市有完善的社会设施和基础设施，生活质量高，人工环境与自然环境相融合，环境质量高。随着城市的演化和发展，生态城市呈现出不同的发展形式。相同时间的不同区域，相同区域在不同的时间，生态城市发展的模式都是不同的。随着社会的进步、经济的发展，生态平衡也会发生相应的变化。

从国内外城市生态化建设来看，生态城市可分为两类：一类是后工业化的生态再造（Eco-reconstruction），这类城市一般出现在发达国家和地区，通过生态化改造和提升工业化和信息化，并尽量减少工业化所带来的弊端；另一类是与工业化同步的生态化（Eco-newdevelopment）城市，我国很多城市总的生态建设属于此类。

### （二）生态城市建设的基本原则

**1. 城市建设、社会发展、环境保护同经济发展相协调的原则**

科学的战略规划是生态城市建设的前提。城市战略规划要始终贯穿城市建设、社会发展、经济增长与环境保护之间协调发展的思想，建立对城市建设和企业项目建设的论证审查机制，对项目建设的环境效应、社会效应和经济效应，从长远、全局的高度进行严格论证和评估。

**2. "有形的手"与"无形的手"相结合的原则**

现代经济学认为，当外部不经济现象存在时，私人活动的水平将高于社会所需要的最优水平，由此将会使资源配置偏离帕累托最优状态。当由于外部不经济而出现"市场失灵"时，可以通过管制、损失赔偿，对外部不经济现象征收税费和对外部经济现象以财政补贴、优惠信贷等方式，用政府"有形的手"来纠正外部不经济所造成的资源配置不当。由于"政府失效"可能性的存在，我们应根据使用者付费、污染者付费和投资者受益应付费等原则，明晰国有资源的产权制度和完善排污权交易制度，充分发挥市场"无形的手"在资源配置中的基础性作用。

**3. 法律、经济、行政手段与培养绿色文明理念相结合的原则**

法律、经济和行政手段对生态城市的建设起着直接规范和调节作用，而人与人、人与社会、人与自然和谐价值观的形成是生态城市建设的核心。因此，大力加强包括生态文化在内的精神文明建设，把绿色文明理念融入经济、社会的发展中，是生态城市建设的一个基本原则。

---

### 专栏 10-2　我国的生态城市建设状况

我国自 20 世纪 80 年代开始生态环境建设的探索。1999 年海南率先获得国家批准建设生态省，2001 年吉林和黑龙江又获得批准建设生态省，陕西、福建、山东、四川也先后提出建设生态省。约有 20 多座城市如广州、上海、昆明、成都、贵阳、长沙、扬州、威海、深圳、厦门、铜川、十堰等都先后提出建设生态城市的奋斗目标。

广州、厦门、铜川等城市的主要做法是加强城市绿化、建设市郊林带，这也是各城市做法的共同之处。除此之外，上海、杭州、大连等城市采取的措施还包括污染治理；成都、昆明等城市将进行流域治理和自然保护区建设；苏州、秦皇岛等城市将进行城市环境综合整治；成都、秦皇岛等城市还加强了城市基础设施建设；扬州在生态城市规划与管理方面与德国开展合作，有关项目得到德方 500 万马克资金支持；珠海、三亚等城市成为国家生态示范区；张家港市正委托高校制定生态城市建设规划。

资料来源：《我国的生态城市建设状况》，生态经济，2003 年 04 期。

### （三）中国发展生态城市应注意的问题

自从"生态城市"概念的提出，国内外已有不少城市进行了生态城市建设方面的实践，如德国的柏林、日本的东京、西班牙的马德里、巴西的库里提巴、意大利的罗马、美国的华盛顿以及我国的北京、上海等城市。根据这些城市的实践经验，我们在建设"生态城市"的时候应做好以下工作：

#### 1. 要把城市及其周边区域作为一个生态系统，搞好整体规划

生态规划是生态城市建设的关键一环，具有科学性、综合性、预见性及可操作性。由于城市与其周边地区的区域一体性及城市生态系统的消费性，生态规划必须要兼顾到周边地区，改善城市周边地区的生态环境可缓解城市中心地区的生态压力。

#### 2. 推行以循环经济为核心的经济运行模式

循环经济是 21 世纪全球发展的大趋势，是一场深刻的工业革命。循环经济要求城市要有合理产业结构，各产业之间按照生态规律，形成互相关联、互相依存的产业链，并且其物质和能量能够建立起良性的循环体系。

#### 3. 生态城市的建设有赖于城市政府的决策和实践

首先政府作为管理者在指定政策时要尽可能考虑到政策的导向和后果，我

国历史上曾出现过因决策失误而造成重大损失的事件。因此政府在制定政策时要建立以可持续发展为导向、相互协助、相互补充的政策体系，合理经营自然资本和社会资本，提高经济效益。另外实践落实工作也至关重要，城市政府要因地制宜搞好实践工作。

### 4. 生态城市理论研究应与实践相结合

在城市生态建设过程中加大专家学者的参与力度，要尽可能地将理论与实践相结合，这会起到事半功倍的效果。同时在学习国外成功经验的基础上要联系我国城市的实际情况，因为国外许多城市的生态化建设属于后工业化的生态化改造，这与我国城市的实际情况有很大差别。

### 5. 完善可持续发展的法律法规体系

制定和完善适应生态城市发展的政策法规体系，使城市生态化发展法律化、制度化。是保证生态经济城市顺利建设的有效途径。制定的政策法规，不仅要有关于环保和绿化方面的内容，还要有节约资源、能源以及物资回收利用方面的内容。同时，对政策的实施要加强经常性的监督检查，以保证政策的有效推行。

## 七、城市与区域的协调发展

城市与区域的协调发展是保障城市以及区域可持续发展的一个重要方面。城市和区域的协调发展包括城市与乡村的协调发展和城市与周边其他城市的协调发展。2002 年我国的城镇化水平已达到 39.1％，城市化进程整体处于加速发展阶段。随着城市化进程的加快，我国城乡功能的转型已明显加快，城镇之间联系也更加密切，因此，进一步协调城乡关系和城市之间关系对于保障我国城市可持续发展以及国民经济和社会的健康发展有着重要的现实意义。

### （一）城市对其周边地区的影响

城市与其周边地区的影响一方面是指城市对农村的作用，另一方面是指主要城市对其他城镇的作用。具体来说，城市对周边地区的作用反映在以下几个方面：

1. 城市是区域的流通中心，起着商品交换、信息交流的枢纽作用

由于城市位置优越，通信交通条件相对较好，自然成为国家或地区的人才、商品、资金、信息流通网络的结节点，在区域市场经济发展中发挥着先导性作用。城市中相对发达和完善的市场体系，不仅使它成为商品流入、流出的中心枢纽，而且使它成为资金、技术、信息等生产要素的集散地。城市的流通功能，沟通了区域内城乡之间、城镇之间的经济联系，为区域社会再生产的顺利进行提供了必要的条件。

2. 城市是科学技术和文化教育的主要基地

城市集中了一定数量的教育机构、科研机构和各类医疗卫生机构，有利于大量培养人才，集中开发智力资源，成为各类科技人才的荟萃之地，为区域社会经济发展提供人才保障。

3. 城市对农村的带动作用

城市经济和农村经济，是国民经济整体中不同的组成部分，它们之间存在着紧密地联系。城市是先进生产力的聚集地，生产的社会化、专业化水平高，加之方便的交通、繁荣的市场、发达的科技、灵敏的信息，使得城市具有较高的生产效率和经济效益，因而成为农村经济发展的促进者、带动者；特别是农村要逐步实现工业化、现代化，没有城市源源不断地提供现代化装备和生产资料，提供科技人才和管理经验，是不可能的。另一方面，随着城市、农村经济联系得日益紧密，城市经济的发展也越来越离不开农村的支持。没有农村提供居民所提供居民所需要的生活资料，没有农业原材料、后备劳动力等生产要素的输入，城市也是不能健康发展的。所以，城市带动农村，农村支援城市，城乡协作，共同发展是区域城乡之间社会经济发展的基本规律。

（二）我国城市与区域协调发展过程中的问题

1. 城市与乡村的利益冲突

随着农业产业化进程的加快以及市场经济的发展，城市与其周边乡村地区在产业发展及商品市场统一方面存在的问题相对较少，而在城乡统一的要素市场、城乡规划及建设统一以及城市生态环境协调方面的问题显得较为突出。

（1）劳动力等生产要素流动不畅。由于受到户籍管理制度、社会保障制度、城市方面在外来人口就业行业和工种要求等方面的限制，以及受到城乡居民收入差距而造成的农民购买力不足的影响，农民向城市的迁移及进城就业均面临较大阻力。

（2）发展空间拓展上的矛盾。城市化的过程式城市空间份额不断扩大的过程，也就是城市周边乡村地区用地向城市用地转换的过程。我国在这一过程中既存在农民利益受损的问题，也有市区合理扩张无法顺利进行的现象，而无论哪种问题均不利于整个区域的健康发展。

（3）城乡生态环境的共同建设缺乏协调。目前，我国城市与周围乡村在生态环境建设上存在三方面的问题。一是中心城市的扩张、工业增长及人口增加影响了周边地区的生产及生活，对区域性生态系统造成压力。二是乡村地区，特别是城市水源地所在地区的乡村工业化的快速发展对区域性生态环境造成了负面影响。如浙江温岭市，乡镇企业发展过程对环境的过度开发，导致全市地表水已十余年不能饮用，而在局部地区对地下水的过度开采导致两年中地面下沉 1 米左右。三是缺乏相应的利益补偿机制。城市为了自己发展的需要往往影响其周边地区的建设和发展，而却没有给予周边地区应有的补偿，这种现象在我国很多省市都有体现。

### 2. 城市间协调发展过程中出现的问题

（1）地方保护主义问题严重。过度的竞争造就了地方保护主义的盛行，在其背后的则是区域协调机制的缺失。一些地方政府为了维护本区域的利益，大力发展当地经济，增加政府税收，不惜利用行政的、经济的、技术的、甚至法律的手段，限制商品和要素自由流通，保护本地市场和企业。2003 年 8 月份，商务部对全国 22 个省、市、自治区进行调研的结果显示，有 20 个省市均有产品或服务遭受地区封锁的侵害，有的还十分严重。但用行政力量阻挡更有竞争力的外地产品的进入，必然会损害外地经济。从总体来看，不让更有效率的企业生产而让效率较低的企业生产，显然是不利的。市场经济的好处就是通过市场的竞争，淘汰效率低的产品和企业。行政力量的介入，造成竞争的不公平，结果是损失了效率。

（2）重复建设问题突出。各城市从各自利益出发，竞相发展一些利润高的产业，从而在城市密集地区、行政级别相同及不同的各类城市间产业同构现象比较明显。例如，在长江三角洲地区 15 个地级以上城市，除舟山市外，均把汽车工业、石化工业、电子工业、新型建材工业列为其城市经济发展的支柱产业。其中，苏锡常地区的三个城市均以机械、纺织、化工、建筑为支柱产业，且行业序位与比重也十分相似。虽然城市间产业同构存在着市场经济发展的必然性，但是如果同构现象过于严重就会影响资源的配置效率，进而会影响到地区的整体利益。

### （三）我国城市与区域协调发展的政策建议

1. 要在区域之间建立公平竞争、机会均等的宏观调控机制[①]

这一调控机制的实质是政府基于社会的整体利益，为各区域发展创造一个公平竞争的外部环境。它主要包括以下内容：

（1）取消造成区域市场分割的地方性政策和法规。各区域出于税收、就业等利益考虑，往往保护本地企业的产品市场，排挤外地产品或服务，结果造成市场分割，阻碍资源优化配置，导致经济低效运行。只有打破市场分割，竞争机制才能建立，区域内外各种资源才能充分有效利用，区域经济才能协调发展。

（2）取消资源的地方所有权制度。资源是区域发展重要的自然基础。交易价格主要按调拨价格进行，这既不利于调动相关区域开发资源、发展区域经济的积极性和主动性，又造成资源所属区域的经济利益流失及资源的低效开发、浪费，从而影响了资源的可持续利用。

（3）建立区际劳动力资源的正常流动机制。发达地区往往具有产品输出的比较优势，而落后地区则往往具有劳动力优势。但在现实经济运行中，发达地区对落后地区的劳动力输入设置了种种限制性障碍。为此，必须消除阻碍落后地区劳动力资源输出的各种制度和人为因素，通过自由流动实现其最大利益。考虑到落后区域劳动力整体素质不高，为实现其正常输出，政府必须经常性地对其进行职业培训，使他们掌握必要的技术和技能，提升其人力资本含量。同时还要组织劳务输出和提供各种劳务信息。

2. 处理好区域经济发展战略与策略必须处理好公平与效率的关系

区域经济发展的效率指根据各个区域的实际状况，把稀缺的经济资源合理

---

① 光明日报（2003-04-30 09：19）。

配置，实现区域经济利益的最大化；公平指的是各个区域在享有平等发展权力和机会的前提下，使区域差距最小化，从而实现共同发展。在区域发展中，过分追求公平而忽视效率，只能是牺牲效率的低水平均衡，后果是共同贫穷。但是忽视公平追求效率，也会导致严重的社会问题。改革开放后对东部地区实行倾斜政策，极大促进了东部经济发展并带动了全国经济发展，但市场的作用又使区域差距迅速扩大，影响全社会的稳定。因此，必须坚持"效率优先，兼顾公平"的原则，一方面体现效率，发挥增长极的"聚集效应"；另一方面实现公平，发挥增长极的"扩散效应"，积极促进合理交换和联合协作，加大对欠发达区域的开发，最终实现区域协调发展。

# 第四节  案  例

## 一、宜居城市北京

### （一）北京发展宜居城市的提出

2005 年 1 月 27 日，国务院正式批复了《北京市城市总体规划》（2004—2020 年）。此次总体规划提出北京的城市性质是："北京是中华人民共和国的首都，是全国的政治中心、文化中心，是世界著名古都和现代国际城市"。北京的城市目标明确为"国家首都、国际城市、文化名城、宜居城市"。在这个总体规划里，"经济中心"淡出了人们的视线，而"宜居城市"则首次跃入了人们的眼帘。

北京市规划委员会副总规划师谈绪祥说："在制定新的北京城市总体规划时，对要不要写上'经济中心'也有很多争议。最终不再写上'经济中心'，并不是说北京就不做'经济中心'了，'经济中心'是大城市、省会城市本来就有的功能，没必要再强调。"而去掉"经济中心"这一提法，主要目的是避免城市片面追求经济功能，却忽视居民生活条件和城市环境的改善。

北京过去的总体规划执行的是 1993 年经国务院批准的《北京城市总体规划》（1991—2010 年）。这个规划确定的 2010 年完成的大部分发展目标都已经提前实现。但新的问题也开始不断涌现——城市中心区过度聚集，交通拥堵日趋严重，环境污染依然严重，历史文化名城保护压力巨大，建成区呈现无序蔓延的趋势。

一座现代化的大都市首先当然应该是一座适宜人居住的城市。因此，北京的这次新规划提出了坚持经济建设为中心，走科技含量高、资源消耗低、环境污染少、人力资源优势得到充分发挥的新型工业化道路。《北京城市总体规划》在综合了生态适宜性、工程地质、资源保护等多方面因素后，明确划定禁止建设地区、限制建设地区和适宜建设地区，用于指导城镇开发建设行为。

---

### 专栏 10-3　不堪重负的北京

北京是世界十大污染城市之一。

荒漠化的威胁也直逼京城，最近的沙丘群离北京 70 余公里，并在北京盆地的上风向。北京连遭沙尘暴袭击，其情景令人心悸。

北京的人口爆炸更让人触目惊心。16 年来，北京常住人口每年净增近 20 万人，流动人口每年净增则超过 20 万人，相当于每年增加一个中等城市的人口。上海近几年的社会经济发展很快，但主要城区的人口已呈负增长或零增长。北京城区人口密度比巴黎、伦敦、东京等大都市要高得多。北京未开发的土地资源仅占全市总面积的不足 4%，人均耕地仅为全国平均水平的一半，其后果之一是北京的蔬菜供应已离不开外省的支援。

最令人痛心的问题还是对古都的"建设性破坏"，这是北京的"内伤"。1911 年，北京大约只有相当于现在二环以内的面积，人口 76 万人，现在人口扩张到 700 多万人，大量千篇一律的高楼大厦被"克隆"在古都的中心区。而最能代表东方文化特点的城墙、护城河、胡同、四合院等被大规模吞噬，仅最近的 10 年间，北京的胡同就由 6000 多条锐减到 2000 多条。

**北京的四种选择：**

1986 年就有人提出北京面临迁都的威胁。在开发西部的热潮中，也有人提出迁都西安，以实现国家发展战略的转移。在新的世纪，北京面临诸多挑战，应早作筹划。目前，北京有四种设想可供选择：

一是维持北京的首都地位不变，只是对城市结构和职能稍作一点调整。这种设想认为北京的首都地位是历史形成的，是中国各民族的"心脏"城市，文化底蕴丰富，城建基础好，人口素质高，又集中了大量的中央级的机构、人才，是一个最能代表中国的城市。至于北京发展中的问题，不妨采用严格控制人口增长，建设卫星城，增加基础设施投入，改变部分土地使用功能等办法加以解决。这是目前占主导地位的说法。

二是建设"副都"。主要是分担目前城市中心区过于庞杂的部分功能，在中心区和周围地区的分中心区之间起桥梁作用。可以较快见到成效。总规模以 80 万～100 万人口为宜，地点可在北京近郊的顺义、昌平一线，或河北的涿州、廊坊等地。

三是实行"双都"或"陪都"制度。双都一般是指一个政治首都，一个经济首都。世界上有几个国家实施这种制度，如荷兰、南非等。两个首都的职能分开既能避免城市的过度膨胀，也能使政治中心免受利益集团的控制和影响，从而保持政治的独立性。具体策略上，有人提出以北京为政治首都，上海为经济首都；有人提出可考虑在西安、武汉、成都、兰州等城市中选择一到两个作为"陪都"，以解决中国实际存在的东西和南北巨大的不平衡问题。

四是"迁都"论。认为中国应另选一佳地建立新都，一是为北京减压，让这座古城成为真正代表中国的"文化之都"，而将其他功能分解出去。二是改变目前区域发展严重失衡的局面，树立 21 世纪中国的新形象。

摘自汤爱民"北京真的迁都吗？"《文萃》2000/23

## （二）对宜居城市概念的理解

世界上曾经统计过，大多数人认为西欧和北欧是世界上最适宜人居住的地方。那么在我国，人们是怎么样理解"宜居城市"这个概念的呢？天津，上海，四川的成都，河南的漯河，广东的番禺等地也都在制定规划，准备将自己所在的城市打造成一个"宜居城市"。

有的城市认为"宜居城市"就是要有一个好的房屋居住环境。他们认为要维护城市房地产市场可持续健康发展，确保市民百姓持续分享经济发展的成果。

也有的城市认为，建设生态宜居城市必须把生态环境建设放在城市建设中的首要位置，突出园林绿化的主体作用。他们把城市园林绿化看作是创造"宜居城市"的主体工作。比如四川成都市认为把成都"从山水名城改造成一个生态新城"，为成都人创建了一个最佳人居环境。而广东番禺、河南漯河也是从城市规划方面来理解"宜居城市"的。

从城市规划，城市的生态环境方面来理解"宜居城市"，这只是"宜居城市"的一个侧面，还没有全面的理解"宜居城市"这个概念。"宜居城市"是一个环境概念，它即包括自然的生态环境，也包括一定的社会人文环境，只有同时具备这两个环境，才真正可以被称为"宜居城市"。

北京大学中国可持续发展研究中心主任叶文虎教授认为，北京"宜居城市"目标的提出，标志着政府观念从"重物轻人"到"以人为本"发生了重大改变。究竟什么样的环境是适宜人居住的环境有很多指标，人的天性要和自然亲近，亲近的含义就是人在这个环境里感到很放松、舒适。人有物质需求，也有精神需求。所以适宜人居住的环境应该要满足三种条件，一是好的物质环境；二是一个好的人际环境；三是好的精神文明氛围。一个"宜居城市"要有充分的就业机会，舒适的居住环境，要以人为本，并可持续发展。

理解"宜居城市"这个概念要全面而科学，"宜居城市"不但应该有好的舒适的居住环境，即好的物质环境，更重要的是应该具备良好的人文社会环境，即好的人际环境和好的精神文明氛围，它还应该包括良好的社会道德风气，健全的法治社会秩序，社会福利普及和充分的社会就业等。如果仅有很好的自然生态环境，但是社会道德风尚败坏，社会治安状况恶化，社会福利没有跟上，没有充分的社会就业，这些社会人文环境因素都会影响人们的居住情绪和心情的。

当然，一个城市的绿化，一个城市的生态环境，对于创造"生态宜居"城市是基础和前提，但是一个城市在创造"生态宜居"城市时，不要忘记社会人文环境也是"宜居城市"的一个重要因素。联合国提出的口号是："让我们携起手来，共建一个充满着和平、和谐、希望、尊严、健康和幸福的家园"，这也是对"宜居城市"概念另一种全面而科学的理解。

### （三）未来15年北京市城市空间布局的三大变化和具体实施策略

从《北京城市总体规划（2004—2020)》修编来看，在宜居城市的建设过程中，未来15年北京市城市空间布局将呈现明显的三大变化[①]。

1. 空间布局变化之一：改"单中心"为"多中心"

《北京城市总体规划（2004—2020)》中提出了"两轴—两带—多中心"的

---

① 摘自：未来15年北京市城市空间布局，北京网，2005-3-4。

新的空间布局。特别是将原来的"单中心"改为"多中心",是本次规划的一大特色。

所谓"两轴"是指沿长安街的东西轴和传统中轴线的南北轴。这两条轴线凸显出北京城市的"十字空间构架"。关于中轴线的南北轴,应该以文化功能为主,以中部历史文化区、北部体育文化区、南部城市新区为核心,体现古都与现代化的完美结合。

长安街及其延长线的东西轴,是体现北京作为全国政治中心、文化中心功能的重要轴线,规划以中部的历史文化区和中央办公区为核心,在东部建设中央商务区(CBD),在西部建设综合文化娱乐区,从而完善长安街轴线的文化职能。

所谓"两带"是指包括通州、顺义、亦庄、怀柔、密云、平谷的"东部发展带"和包括大兴、房山、昌平、延庆、门头沟的"西部发展带"。

国务院批复的《总规修编》方案和最初版的最大区别就是对"两带"的定位做出了调整,将最初的"东部发展带""西部生态带"一律调整为"东部和西部发展带"。调整后的"两带"将根据北京东西部各自的资源优势和环境优势,发展不同特征的产业,如西部主要发展高新技术、休闲旅游、教育等产业,而东部主要发展现代制造业等。

所谓"多中心"是指在市域范围内建设多个服务全国、面向世界的城市职能中心,提高城市的核心功能和综合竞争力,包括中关村科技园区核心区、奥林匹克中心区、中央商务区(CBD)、海淀山后地区科技创新中心、顺义现代制造业基地、通州综合服务中心、亦庄高新技术产业发展中心和石景山综合服务中心等。

2. 空间布局变化之二:实现"中心城—新城—镇"新结构

《北京城市总体规划(2004—2020)》还进一步提出了村镇重新整合,从而实现"中心城-新城-镇"的全新市域结构。本次规划提出了建设 11 个"新城"的概念。新城即是在原有卫星城的基础上,承担疏解中心城人口和功能、聚集新的产业、带动区域发展的规模化城市地区,应该成为北京"两轴—两带—多中心"城市空间结构中两个发展带上的 11 个重要节点,它们分别是通州、顺义、亦庄、大兴、房山、昌平、怀柔、密云、平谷、延庆、门头沟。重点发展位于东部发展带上的通州、顺义和亦庄 3 个新城。

此外,作为中心城最主要的组成部分,城八区的功能定位依次是:

东城区——北京市政治中心主要载体，全国性文化机构聚集地之一，传统文化重要旅游地区和国内知名的商业中心。

西城区——国家政治中心主要载体，国家金融管理中心，传统风貌重要旅游地区和国内知名商业中心。

崇文区——北京体育产业聚集区、都市商业区和传统文化旅游、娱乐地区。

宣武区——国家新闻媒体聚集地之一，宣南文化发祥地和传统商业区。

朝阳区——国际交往的重要窗口，中国与世界经济联系的重要节点，对外服务业发达地区，现代体育文化中心和高新技术产业基地。

海淀区——国家高新技术产业基地之一，国际知名的高等教育和科研机构聚集区，国内知名的旅游、文化、体育活动区。

丰台区——国内知名企业代表处聚集地，北京南部物流基地和知名的重要旅游地区。

石景山区与门头沟新城——共同构成城市西部发展带的重要节点，是城市综合服务中心之一，同时也是文化娱乐中心和重要旅游地区。

### 3. 空间布局变化之三：今后危改不再大拆大建

《北京城市总体规划（2004—2020）》的第三大特色，就是坚持对旧城风貌的整体保护原则以及"微循环"的模式，即今后的旧城危改将有可能和产权制度相结合，不再大拆大建。要从整体上加强旧城城市设计，重点保护 10 种旧城的传统空间格局与风貌：

（1）保护从永定门至钟鼓楼 7.8 公里长的明清北京城中轴线的传统风貌特色；

（2）保护明清北京城"凸"字形城郭。保护由宫城、皇城、内城、外城四重城郭构成的独特城市格局；

（3）整体保护皇城；

（4）保护旧城内的历史河湖水系，部分恢复有重要历史价值的河湖，形成一个完整的系统；

（5）保护旧城内胡同格局和"棋盘"式路网骨架；

（6）保护北京特有的"胡同—四合院"的传统建筑形态；

（7）严格控制建筑高度，保持旧城平缓开阔的空间形态；

（8）保护重要景观线，严禁插建对景观保护有影响的建筑；

（9）保护旧城红墙黄瓦、青灰民居的传统色调，旧城新建筑应与旧城整体风貌协调一致；

（10）保护古树名木及大树，突出旧城以绿树衬托建筑和城市的传统特色。（北京青年报）

### （四）北京宜居城市发展的具体目标

在《北京城市总体规划（2004—2020 年）》的报告中，我们可以看出北京市发展为宜居城市的具体目标[①]。

#### 1. 发展目标：进入世界城市行列

2004 年至 2008 年，率先在全国基本实现现代化，构建国际大都市的基本框架；2009 年至 2020 年，全面实现现代化，确立具有鲜明特色的国际大都市地位；2021 年至 2050 年左右，将建设成为经济、社会、生态全面协调可持续发展的城市，进入世界城市行列。

#### 2. 人口规模：2020 年总人口 1800 万

2020 年，北京市总人口规划控制在 1800 万人左右，年均增长率 1.4%。其中户籍人口 1350 万人左右，居住半年以上外来人口 450 万人左右。2020 年，北京市城镇人口规模规划控制在 1600 万人左右，占全市人口的比例为 90%左右。城镇人口预计每年增加 0.6%至 0.8%。考虑到影响城市人口集聚的多方面不确定性，本次规划的城市基础设施等相关目标暂时按 2000 万人预留。

#### 3. 交通发展：2020 年机动车保有量 500 万辆

预计到 2020 年，全市民用机动车拥有量达 500 万辆左右，全市出行总量将达 5200 万～5500 万人次/天。中心城市公共交通出行占出行总量的比例，由 2000 年的 27%，提高到 50%以上，其中轨道交通及地面快速公交承担的比重占公共交通的 50%以上。

本市交通由铁路交通枢纽、区域快速轨道交通、公共系统等组成。北京将调整完善客运站设施，继续改造并完善北京南站及北京北站。以北京站、北京

---

① 北京宜居城市发展的具体目标，中国经济网，2004-11-12。

西站、北京南站和北京北站为主要客站，丰台站和新北京东站（通州站）为辅助客站，形成"四主两辅"的总体布局。

4. 基础设施：2020 年中水将成为重要水源

2020 年全市城镇人均生活综合用水量标准为 185 至 300 升/人。城市自来水普及率达 100％。完善城市雨水排除系统。2020 年，中心城、新城区的雨水管道覆盖率达到 90％以上。提高城市重点地区、交通干道、立交桥等排水系统对超标准降雨的排泄能力，消除内涝。预计 2020 年全市污水总量约 18 亿立方米，其中，中心城和新城污水量约 16 亿立方米。尽快配套完善污水处理设施和回收利用系统，2020 年全市污水管道普及率和污水处理率达 90％以上。另外，建立中水回用系统，逐步使中水成为城市绿化、河湖生态、道路浇洒、生活杂用、工业冷却等主要水源。

5. 市政系统：中心城实现燃气管道化

供电——2020 年全市用电量约为 1100 亿～1200 亿千瓦时，将依托京津唐电网及华北电网，保障供应；

供气——中心城及新城基本实现燃气管道化，保障液化石油气用量 60 万～70 万吨/年的需求；

供热——进一步加大清洁能源替代煤供热力度，改善大气环境质量，2020 年清洁能源采暖供热量达 60％以上；

城市信息——加快首都信息社会建设，全面建设"数字北京"，社会信息化各项指标达到与国际大都市相适应的水平。

6. 城市安全：成立综合减灾中心

新规划提出，将成立首都综合防灾减灾的专门机构及北京综合减灾中心。加强防洪设施建设，保证防洪安全；完善防震减灾和地质灾害减灾体系；增加消防站点，加强消防水源建设，提高综合消防能力；完善人防工程配套设施，全面提升城市防空防灾能力，形成结构合理、技术先进、稳定可靠、符合信息化战争条件下人民防空特点的控制与管理体系。

7. 新城发展：重点是通州顺义亦庄

新城是在原有的卫星城基础上，承担疏散中心城人口和功能、集聚新的产业，带动区域发展的规模化城市地区，具有相对独立性。规划新城 11 个，分别为通州、顺义、亦庄、大兴、房山、昌平、怀柔、密云、平谷、延庆、门头沟。

其中，重点发展位于东部发展带上的通州、顺义和亦庄 3 个新城。重点发展的 3 个新城应成为中心城人口和职能疏散及新的产业集聚的主要地区，形成规模效益和聚集效益，共同构筑中心城的反磁力系统。

8. 空间结构：规划"两轴—两带—多中心"

在两轴两带多中心的城市空间结构中，"多中心"是在市域范围内建设多个服务全国、面向世界的城市职能中心，提高城市的核心功能和综合竞争力。其中，包括中关村高科技园区核心区、奥林匹克中心区、中央商务区、海淀山后地区科技创新中心、顺义现代制造业基地、通州综合服务中心、亦庄高新技术产业发展中心和石景山综合服务中心等 8 大城市职能中心区。

9. 旧城保护：积极疏散旧城居住人口

在旧城保护和复兴中，首先统筹考虑旧城保护、中心城调整优化和新城发展，合理确定旧城的功能和容量，疏导不适合在旧城内发展的城市职能和产业，鼓励发展适合旧城传统空间特色的文化事业和文化旅游产业。积极疏散旧城的居住人口，综合考虑人口结构、社会网络的改善与延续问题，提升旧城的就业人口和居住人口的素质。

积极探索适合旧城保护和复兴的危房改造模式，停止大拆大建。制定合理的房屋质量评判和保护修缮标准，逐步改造危房，消除安全隐患，提高生活质量。严格控制旧城的建设总量和开发强度。逐步拆除违法建设以及严重影响历史文化风貌的建筑物和构筑物。

10. 城市环境：2020 年生态城市成型

坚持生态保护、生态恢复与生态建设并重原则，将北京建设成山川秀美、空气清新、环境优美、生态良好、人与自然和谐、可持续发展的生态城市。

根据规划，2010 年以前为生态城市起步阶段，2010—2020 年为生态城市成型阶段。规划明确划定禁止建设地区、限制建设地区和适应建设地区，指导城镇开发，确保生态环境。

11. 城市绿化：2020 年人均绿地 40 至 45 平方米

根据规划，2010 年以前北京为生态城市起步阶段，2010 年为生态城市的成型阶段。北京将促进经济从资源消耗型向生态友好型转变，即从传统产品经济向服务经济、循环经济和知识经济转型；促进城市及区域生态环境向绿化、净化、美化、活化的可持续生态系统演变。

在城市绿地系统规划中，到 2020 年，全市林木覆盖率达到 55％，森林覆盖率达到 38％；城市绿地率达到 44％到 48％；人均绿地面积 40 到 45 平方米，人均公共绿地面积 15 到 18 平方米。

市域绿地系统由中心城、平原地区、山区三个层次构成。（北京日报）

（五）北京发展宜居城市对房地产业的冲击

《北京城市总体规划（2004—2020 年）》首次提出"宜居城市"目标，到 2020 年全面实现现代化。这一目标的提出，不仅对北京城市发展、经济发展有着重要影响，而且对北京房地产市场发展影响重大[①]。

但是，发展"宜居城市"，将会面临三大矛盾——如何解决"质"和"量"的冲突、如何解决房价上涨和所有人安居乐业的冲突以及如何解决居住区贫富两极化的冲突。

1. "质""量"难两全

中国规划设计研究院总规划师杨保军提出，北京发展"宜居城市"目前面临两难问题，即如何把握好"量"和"质"的问题。

亚里士多德曾给城市下过一个非常经典并广为后人认可的定义："人们为了生活来到这个城市，为了更好地生活而居留于这个城市。"因此，杨保军认为，这个定义是城市发展目标最好的定义，必须要从安全、交通、居住、工作四个方面入手，提高安全性，方面交通出行，所有的人能各得其所，有良好的就业机会，这样，才能使得居民能真正"安居乐业"，实现"宜居城市"的终极目标。

北京原本就是一个资源比较丰富的城市，经济繁重、文化昌盛，已经构成了对外来人口极大的吸引要素，如今再着力于"宜居城市"的发展，必然会引

---

① 鲁欢，北京发展宜居城市对房地产业的冲击，京华时报：山西新闻网，2005-2-4。

起更多人口的进入。面对这种情况，控制城市规模、限制人口似乎成为北京发展"宜居城市"的必然途径。但是，在市场经济的环境中，无法真正限制人口的自然流动，如果简单地控制"量"、提高"质"，其结果就是导致北京成为"富人城"。

发展"宜居城市"，如果仅仅着眼于目前北京行政区内的自然资源，很难平衡"量"和"质"的关系，既然无法真正限制人口，那么解决北京发展的必要途径就是一方面发展区域经济，使北京和周边地区形成联动，形成环渤海湾区域经济，以北京金融优势、第三产业优势，带动周边区域，扩散其经济影响力，从而达到疏散人口密度、减轻资源负担、发展"宜居城市"的目的。

### 2. 涨价不易调控

我们知道，随着居住环境的改善、居住品质的提高，带来的一个影响则是房价的上涨。宜居的目标应当是既满足居民不断提高的住房要求，又要使房价保持一个适当的水平，满足居民收入的承受力和也满足房地产投资者的要求。

发展"宜居城市"，并不意味着要多盖房子，相反，根据北京目前的发展阶段，正处于控制发展城市规模的阶段，从而使居住人口的数量不至于超过自然资源负载能力。因此，北京提出发展"宜居城市"，对北京房地产的影响主要有三方面：

第一，"住在北京"将在不久会成为一种许多人尤其是北京人向往的目标。以前，北京对外来人口的吸引主要是工作机会、发展空间，但很少有人冲着北京的居住环境来的，但"宜居城市"的提出和打造，将以良好的居住环境吸引来自世界及来自全国的人口定居。

第二，控制城市规模将导致新增住宅用地减少。北京要在现有阶段发展"宜居城市"，不可能再扩大城市规模，而是要提高居住的质量，所以今后将会严格控制住宅用地的批租量，进而转向以城市更新和旧区改造为主。

第三，将引发大城市居住权的相对稀缺。控制城市规模、人口，将意味着进入门槛提高，居住权的稀缺将是不可避免的。在此背景下，房价上涨是必然的和正常的，应该讨论如何控制房价比较健康的平稳上涨。

### 3. 警惕两极分化

市场经济下，人口的流动有其自身的规律，政府很难控制，根据世界不少城市的发展经验，如果单纯由市场经济主导，那么同质化人群的群居效应，必然会导致高收入人群和低收入人群居住地区的对立，高收入人群居住区越来越繁荣，低收入人群居住区越来越衰败，因此，有专家提出北京发展"宜居城市"要警惕这种贫富两极分化。

对此，杨保军提出，发展"宜居城市"的目的，是建设一个各收入阶层能各得其所的城市。因此，在打造"宜居城市"的具体操作过程中，一定要借鉴其他国际化大都市的发展经验，通过公共设施建设，很好地融合不同收入阶层的居住问题。比如中国香港，为了避免旧城发展中形成的"贫富两极化"现象，中国香港在新城建设中，通过建设医院、学校、公园、娱乐运动场所等公共设施和公共场合，将不同收入阶层很好地融合在一起，形成了共同发展的态势。

## 二、首钢搬迁与北京可持续发展

正所谓"成也萧何，败也萧何"，首钢集团在为北京带来巨大经济利益的同时，多年来也一直顶着北京"黑帽子"的头衔。首钢距北京市中心天安门只有 17 公里，其厂区集中了高耗能、高耗水及高排放的生产设备，对北京市区空气环境产生了巨大的负面影响。北京市环保监测中心的统计数据显示，2004年，首钢所在的石景山区全年二级和好于二级的天数仅占全年的 50.4%，在全市环境倒数之列。尽管首钢不遗余力地投入大量资金进行环保治理，然而再大的努力也无法调和它与这种千年古都天空的矛盾。

首钢，这个中国特大型钢铁企业，当年正是因为地处首都而成为新中国工业企业的一面旗帜，也正是位于首都，这个"巨无霸"的钢铁企业便被列为对北京环境"施暴"的四大杀手之一。在现实面前，首钢所有涉钢产业只能迁出北京。否则，北京市的空气质量无法达标，也难以实现申办奥运会时对环境质量做出的承诺。

从经济学角度讲，首钢的原材料主要来自于迁安铁矿，把大量的铁矿石运到首钢，冶炼成铁，再运出去，这种迂回的运输生产本身就很不合理，是一种低效的生产力配置方式。

所以，无论从环境较度，还是从经济角度首钢搬迁已经是大势所趋，也别无选择。而在中国的历史上，还没有一个像首钢这么大型的工业企业，从大城市向海港搬迁的行动。首钢搬迁，有可能为中国更大范围内的钢铁企业区域布局调整模式提供线索。首钢搬迁，有利于北京搭建城市宜居生活平台，实施可持续发展。

### （一）首钢搬迁的方案

2005年年初，首钢董事长朱继民向外界透露，首钢搬迁方案已制定完成，总部经济仍然留在北京，高污染的钢铁冶炼项目将迁至河北唐山南80公里的曹妃甸。目前，这一搬迁方案已经得到国务院批准。

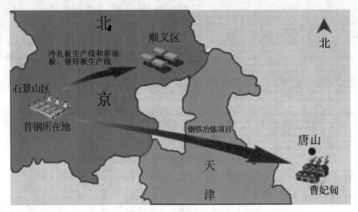

**图10-2　首钢搬迁示意（制图：杨毅飞）**

据介绍，首钢的加工业不动，其中放在顺义发展的汽车用板、建筑用板项目只是企业的调整，而不是搬迁。首钢搬迁的主要是高污染的钢铁冶炼项目，搬迁地点位于河北唐山南80公里的曹妃甸，规划面积约20平方公里。据悉，在2004年市发改委承办政协委员提案办理情况会上，市发改委曾针对政协委员倪国锋的提案——《关于尽早批复首钢结构调整规划方案，促进石景山区加快发展的建议》，提出了《首钢结构调整方案》，方案内容是：计划在2007年前在北京顺义区建成150万吨冷轧板生产线和与之配套的彩涂板、镀锌板生产线；计划在2010年前，在河北唐山曹妃甸地区建成具有21世纪国际先进水平、800万吨规模的大型钢铁企业。新钢厂将按照循环经济理念，结合首钢工业调整，建设成具有国际先进水平的、生态环保型、循环经济型、产品高档型、工艺装备先进型的工厂。新钢厂将是一个以首钢为主，联合河北唐钢、吸收国内外和部分民营资本的股权多元化的钢铁联合企业。新钢厂在向社会提供国内紧缺的、高附加值钢材产品的同时，将基本实现污水和固体废弃物零排放，能耗、水耗等指标达到国际先进水平。

首钢搬迁拟分三个阶段：

2005年年底，压缩200万吨钢产量。

2007年年底，再压缩200万吨钢产量。

2010 年年底，涉钢部分全部搬迁。

## （二）为首都长远发展、宜居发展的付出

### 1. 发展成本

首钢搬迁后将会对北京经济产生很大的影响，这是不容置疑的。仅就地区生产总值来说，北京每年要减少近百亿元。最近三年，钢铁业平均每年为北京提供的社会增加值为 80 多个亿。首钢搬走后，这部分增加值就要转移到河北去了。另外，首钢对北京市财政上的贡献，也要随着首钢的搬迁而相应地转移。此外，首钢在北京地区留下的其他产业、离退休职工和原首钢的物产等，都需要首钢和北京来共同解决。

对于外界关心的税收问题，国家有关部门已经批准了首钢享受国家特殊政策的申请，即企业所得税还在总部地区交，但增值税不包括在内。首钢董事长朱继民强调说，不管首钢未来怎么发展，首钢的总部经济永远在北京。据了解，首钢 2004 年销售收入是 620 亿，2005 年的目标是 650 亿。

### 2. 首钢搬迁后的职工安置

根据现有的政策和安置能力。职工的安置大体有三种方式。

第一，部分职工转移到新钢厂。

第二，部分职工退出工作岗位；由于首钢搬迁到 2010 年才能完成，期间将有一部分职工陆陆续续到了或接近到了退休年龄，需妥善安置到期退休职工。

第三，部分职工进入新领域；考虑到随着新钢厂的建设，一些与钢铁相关联的产业也将会实现新的转移和发展，比如检修、建筑施工业、服务业等。这些相关产业将借新钢厂建设契机，发展壮大，成为容纳就业的新渠道。

## （三）首钢搬迁对北京生态和产业的影响巨大

### 1. 社会、生态影响

首钢搬迁后，带来的是更多的社会、生态效益。首钢搬迁后，一方面将会对北京的大气治理、环境建设起到积极作用，对北京建设宜居城市，对城市的可持续发展的意义不言而喻；另一方面，从更大的区域空间范围整合了资源，

优化了资源配置，提高了全社会的整体运行效益。

### 2. 首钢"脱胎换骨"

首钢搬后自身的产业调整。首钢集团董事长朱继民曾表示，首钢此次搬迁主要是钢铁冶炼项目，其总部还在北京。北京总部将侧重搞技术研发和资本运营，以及集团性的经营管理，留在北京还有一些高端产品的加工制造，比如冷轧板、镀锌板的加工制造、机电制造、微电子机电制造产业、建筑产业等。但是可以看出，能够提供大量就业的劳动密集型产业已经不复存在。

结合首钢的搬迁改造，其原址将建设石景山综合服务中心，大力发展以金融、信息、咨询、休闲娱乐、高端商业为主的现代服务业。据一位多次参加石景山区域规划会议的人士透露，目前石景山区政府对这一带规划的主流意见是不急于作大量的房地产，先把新的产业做起来。

首钢集团原厂区今后的定位是综合服务区，国家旅游局已经确定把首钢的部分厂区作为工业旅游示范点，利用原来的设备设施改造成一个旅游景点的可能性很大。具体的厂区土地规划正在制定当中，房地产开发方面肯定会留一些用地。

### 3. 刺激房地产业

首钢搬迁计划刚刚得到国务院的同意，就引起市场上的强烈反响。近期来询问首钢搬迁事宜的企业非常多，都很关注首钢搬迁可能带来的巨大商机，其中房地产企业对这些土地用途最为关切。由于北京各个区位的可供开发的用地十分拮据，这10平方公里的黄金地带被房地产开发商看好。

首钢搬迁成为房产开发重大利好。"京西的房子不愁卖，"这是北京开发商对这一首钢所处区域的评价[①]。正在首钢厂区西侧的永定镇做大面积土地一级开发的京西新南城发展总公司，是一个典型的首钢搬迁的受益者。

两年前首钢开始运作搬迁一事时，该公司应时成立，其开发的门头沟新城（其规划目前已通过北京市批准）将与石景山区共同构成北京西部发展带的重要节点。而这个节点是否打得通，关键取决于首钢搬迁是否顺利，近期的消息对他们无疑是重大利好。

"香港大的投资家都在关注这个区域"，京西新南城发展总公司常务副总经理郑延林对记者说，"现在来洽谈的很多，相当有实力，成功开发福州中亭街

---

的利嘉集团也在和我们洽谈，首钢搬迁的提速促进了这种变化。"

据了解，首钢此次搬迁将分三个阶段，2005 年底压缩 200 万吨钢产量，2007 年底再压缩 200 万吨钢产量，2010 年底涉钢部分全部搬迁。这一搬迁过程由于环境改善、土地供应可能放量等因素向许多房地产商提供了开发商机。

对于京西的房地产开发，北京城市总体规划（2004—2020 年）做了这样的要求：西部区域将以优化、整合、完善现有的发展空间为主，改善生态环境，防止高密度连片开发。

### 4. 引出新概念规划

有专家预测，首钢搬迁后，可能在这一地区出现主题公园群，主题公园这种形式将会成为西部城区的代表性产业。首钢所在区域是"总规"提的西部生态带中心的位置，这一带的交通条件不错，而且这个区域的旅游产业基础比较强。要发展旅游，但不仅仅是旅游景点，而是以旅游服务为主。

选择这样的产业对石景山和门头沟地区发展最为有利。开发之后不仅能很好的吸引旅游消费，而且能提供大量就业机会，并且会使当地的房地产获得很大的升值空间。

西部生态带的核心区不是作商务区，而是主题公园群，在这个基础之上再发展一些商务区。赵认为应鼓励一种差异性的开发，开发的模式更要注重对生态的保护，而且充分利用现有生态环境。

据报道，首钢以西不远的地方已经在筹备建一个叫"米高梅娱乐中心"的大型主题公园，预计将包括 150 多个娱乐项目，配套修建大型购物中心和若干个五星级酒店。首钢搬迁后的土地规划应该充分考虑对生态环境的把握，对可持续发展的把握，这是北京最新开发的一个城区，北京城市建设的最高水平应该体现在这里。

### 5. 推动总部经济

总部是区别与新基地的提法。按照首钢集团的说法，冶炼项目搬到唐山后，原来的地盘将把其他非钢产业纳进来。经过多年的调整，首钢集团繁杂的产业目前有几大块：电子机电业、建筑地产业和餐饮旅游等服务业。其中，首钢集团搬迁后，最引人注目的是房地产业的发展。

首钢集团的房地产业从自有土地资源的开发已走向北京乃至全国各地。来自首钢集团的资料显示，除了已拿到总投资 54 亿元的北京市危房改造工程——

万年花城项目之外，首钢地产业已进入山东、河北和吉林等地的房地产业。

与宝钢地产类似，首钢集团也想打造首钢地产，而搬迁后空出的地盘将是首钢地产的最为有利的武器。2004 年底，北京市规划委主任陈刚到石景山区现场办公时提出，石景山区的规划编制应充分考虑首钢集团搬迁后，其用地功能调整要与周围环境相协调。来自首钢集团的消息说，搬迁后空出的土地，北京市正在整体运作，如何操作及要哪些项目进入尚未敲定。

首钢的另一大产业电子机电业将留在原地。这是首钢增长比较迅速的产业，其 2003 年实现了外部收入 1.83 亿元，同比增长 56％，今年这种增长势头还在继续。机电业就地发展，一方面，符合北京市发展高附加值新兴工业的战略；另一方面，首钢集团也希望将来机电业能成为总部经济的一大支柱。

而对于其他产业，首钢集团的态度很明确，能放弃则放弃，能股份化则股份化，职工能买断则买断。首钢集团曾邀请了 60 多家北京知名的民营企业来考察，集团总经理王青海明确表态："首钢是开放的，各位看上了下属的哪个企业，尽管说出来，咱们都可以谈。"

**本章参考文献：**

1. 张坤民等编著，《生态城市评估与指标体系》，化学工业出版社 2003 年版

2. 刘再兴，《中国区域经济：数量分析与对比研究》，中国物价出版社 1993 年版

3. 史健洁、林炳耀，经济全球化背景下的城市化，《城市问题》2002 年第 4 期

4. 陈甬军，中国城市化道路的新探索，《中国经济问题》2001（6）

5. 王小鲁，城市化与经济增长，《经济社会体制比较》2002（1）

6. 陈甬军、陈爱民，《中国城市化：实证分析与对策研究》，厦门大学出版社 2002 年版.

7. 顾朝林，《经济全球化与中国城市发展》，商务印书馆 1999 年版.

8. 王小鲁、夏小林，优化城市规模，推动经济增长，《经济研究》1999（9）.

9. 王放，《中国城市化与可持续发展》，科学出版社 2000 年版.

10. 张曙霄、李秀敏，《国际贸易理论政策与实践》，中国经济出版社 2001 年版

11. 沈开艳、屠启宇、杨亚琴，《聚焦大都市——上海城市综合竞争力的国际比较》，上海社会科学出版社 2001 年版

12. 朱启贵，《可持续发展评估》，上海财经大学出版社 1999 年版

13. 张敦富，《区域经济学原理》，中国轻工业出版社 2003 年版

14. 张坤民、温宗国、杜斌等：《生态城市评估与指标体系》，化学工业出版社 2003 年版

15. 付崇兰、周明俊，《中国特色城市发展理论与实践》，中国社会科学出版社 2003 年版

# 结 束 语

.

　　城市化与可持续发展战略对于中国社会和经济的发展具有十分重要的意义，要从中国人民的根本利益上来认识这个问题。城市化是人类社会发展和国家现代化的规律。城市化与可持续发展，是事关中国每一个人的利益，是国家、民族的战略选择。城市是最能体现中国先进生产力的，也是最能标志先进文化的发达地方。人口进入城市，是反映了中国最大多数人的根本利益的，而可持续性则决定着城市的兴衰。城市化与可持续发展不仅是我们必须从现在开始大力推进的一项事业，而且是今后相当长一段时期内推进中国经济增长和社会发展的一个中心环节，抓住这个中心环节，我们就可以有就业的增长、工业竞争力的提高、国内需求的扩大、教育水平的提高、健康保健、环境保护的改善，使经济社会的发展进入良性循环、和谐发展。

　　城市化是人类文明的方向，可持续发展是城市不断追求的目标。